北京外国语大学比较文明与人文交流高等研究院、
中国文化走出去协同创新中心资助出版

文明互鉴丛书
张西平 主编

丝绸之路与汉唐文史论集

石云涛 著

中原出版传媒集团
中原传媒股份公司

大象出版社
·郑州·

图书在版编目（CIP）数据

丝绸之路与汉唐文史论集／石云涛著．— 郑州：
大象出版社，2018.11
（文明互鉴丛书／张西平主编）
ISBN 978-7-5347-9939-6

Ⅰ.①丝… Ⅱ.①石… Ⅲ.①丝绸之路—文集②文史
—中国—汉代—文集③文史—中国—唐代—文集
Ⅳ.①C53

中国版本图书馆 CIP 数据核字（2018）第 232179 号

丝绸之路与汉唐文史论集
SICHOUZHILU YU HAN-TANG WENSHI LUNJI

石云涛　著

出 版 人	王刘纯
责任编辑	吴韶明
责任校对	李婧慧　安德华　牛志远
装帧设计	王晶晶

出版发行　大象出版社（郑州市开元路16号　邮政编码450044）
　　　　　　发行科　0371-63863551　总编室　0371-65597936
网　　址　www.daxiang.cn
印　　刷　新乡市龙泉印务有限公司
经　　销　各地新华书店经销
开　　本　787mm×1092mm　1/16
印　　张　25.5
字　　数　388 千字
版　　次　2018 年 11 月第 1 版　2018 年 11 月第 1 次印刷
定　　价　65.00 元
若发现印、装质量问题，影响阅读，请与承印厂联系调换。
印厂地址　河南省新乡经济开发区中央大道中段
邮政编码　453731　　　　电话　0373-5590988

目录

汉代丝绸之路的开拓与中外交流途径 …………………… 1
汉代骆驼的输入及其影响 ………………………………… 17
汉代狮子入贡与狮形艺术 ………………………………… 34
汉代域外和边疆医药与医术的传入 ……………………… 44
汉代珍珠的来源与用途 …………………………………… 63
胡麻的引种及其文化意义 ………………………………… 78
丝绸之路与汉代香料的输入 ……………………………… 102
谢朓的悲剧及其宣城诗情感特征 ………………………… 118
王勃《滕王阁序》详解 …………………………………… 133
唐方镇及文职僚佐考补正 ………………………………… 174
源出韩愈散文的汉语成语 ………………………………… 203
韩愈散文中的成语典故探源 ……………………………… 222
李杨故事与唐代诗人对安史之乱的反思 ………………… 242
唐诗中流寓和出入长安之外域人 ………………………… 277
唐诗中长安生活方式的胡化风尚 ………………………… 299
河湟的失陷与收复在唐诗中的反响 ……………………… 309
唐诗咏海上丝绸之路行旅 ………………………………… 336
唐诗咏海上丝绸之路舶来品 ……………………………… 347
唐诗中的阳关意象 ………………………………………… 370
唐诗中的玉门关意象 ……………………………………… 381
后记 ………………………………………………………… 400

汉代丝绸之路的开拓与中外交流途径

汉武帝时代中外交通与文化交流进入新时期。汉朝反击匈奴、张骞通西域、武帝平南越和朝鲜半岛汉四郡的建立是中外文化交流史上具有标志性的事件，标志着中外交通与文化交流进入第一个高潮。中国丝绸开始大量输出域外，成为欧亚大陆普遍欢迎的产品。同时，周边民族和域外各国各种珍禽异兽、奇花异草和器物产品也随着中外贸易和文化交流进入中国。不仅有物质文化产品，也有精神文化产品，南亚佛教和西域艺术也开始传入中国。中外文化交流与汉武帝时代的开拓有密切关系，而文化交流是通过不同途径实现的。本文对汉代丝绸之路的开拓和中外交流的途径略加探讨。

一

汉代与域外大规模的交往和交流是从汉武帝时代开始的，整个中外文化交流史也是如此。汉武帝是一位开拓进取的皇帝，反击匈奴的胜利让汉王朝的声威远达异域。汉武帝时代中外交通与交流取得了空前的发展。汉朝建立之初，匈奴的强盛阻断了中西交通的开展，造成中原地区与西域的隔绝。为了联合大月氏和乌孙夹击匈奴，张骞两次出使西域，"于是西北国始通于汉矣"[1]。张骞出使西域之后，汉朝通过河西走廊进入西域，越过葱岭进入中亚、西亚、南亚甚至埃及的道路逐渐走通。汉武帝平南越后，汉朝使节出太平洋，进入印度洋，来到了印度和斯里兰卡，与东来的罗马人共同完成了东西方海上交通的联结。汉朝对匈奴战争的胜利，使东北亚和西域

---

[1] 《史记》卷一二三《大宛列传》，中华书局，1982年，第3169页。

各民族纷纷归附汉朝。汉朝灭卫氏朝鲜后,朝鲜半岛北部直接进入汉王朝统治之下,半岛南部也受到汉文化的强烈辐射。通过朝鲜半岛,日本感受到汉文化的巨大魅力,开始遣使入贡,踏上有意识向中国学习的道路。汉武帝努力打通西南夷道,发展了与西南地区各民族的联系。其开疆拓土和对外交往的辉煌功业,开创了中外交通与交流的新局面。① 从此中外交往不断扩大,造成了周边民族和域外国家的内属和入贡,同时带来了大量异域物产的输入。从丝绸之路发展史看,汉武帝时代是开拓时期。中外文化交流经过数千年的发展,至此才形成规模,为此后的发展奠定了基础。

促进中外交通和交流进入这样一个新局面,需要具备各种条件。汉武帝的个人素质是一个重要因素,在汉朝经过六十多年休养生息,经济发展和国力强盛之时,他及时改变了统治方针,变无为为有为,积极进取,成功地扭转了北方被动挨打的局势;向西、西南、南方和东北方向扩展势力,其气魄之雄伟史无前例。汉朝对周边民族和域外国家军事上的胜利是创造这一局面的重要推动力量。"武帝情存远略,志辟四方,南诛百越,北讨强胡,西伐大宛,东并朝鲜。"②人们历来把汉代域外文明的输入归功于汉武帝的开疆拓土。汉宣帝《褒先帝诏》颂扬汉武帝的功业云:"孝武皇帝躬仁谊,厉威武,北征匈奴,单于远遁,南平氐羌、昆明、瓯骆两越,东定薉、貊、朝鲜,廓地斥境,立郡县,百蛮率服,款塞自至,珍贡陈于宗庙"③。东汉杜笃《论都赋》云:

是时孝武因其余财府帑之蓄,始有钩深图远之意,探冒顿

---

① 按:近代论中外交通,其实包括了中外交通、交流和交往等多种含义,例如方豪《中西交通史》、向达《中西交通史》、冯承钧《中国南洋交通史》等,都是在这个意义上使用"交通"一词的。如今,随着语言的变化,"交通""交流"与"交往"的词义具有互相区分的明确的概念。本文取这些词的现代意义,"交通"指道路、路线和途径,"交流"指彼此间文化的互相传播,"交往"指双方的政治关系和经济等方面的往来。至于"中外"之"中"与"外"一般以现在中国版图为界限,但也考虑到两汉时期疆域和势力范围的实际状况,有时对周边族群(包括可能活动在今天中国版图之内的古代族群)与中原地区即胡汉间的交通、交流和交往也加以论及。

② 〔东汉〕蔡邕:《遣兵击鲜卑议》,《后汉书》卷九〇《乌桓鲜卑列传》,中华书局,1965年,第2990页。

③ 《汉书》卷七五《夏侯胜传》,中华书局,1962年,第3156页。

之罪,校平城之雠。遂命票骑,勤任卫青,勇惟鹰扬,军如流星,深入匈奴,割裂王庭,席卷漠北,叩勒祁连,横分单于,屠裂百蛮。烧罽帐,系阏氏,燔康居,灰珍奇,椎鸣镝,钉鹿蠡,驰坑岸,获昆弥,虏儌汦,驱骡驴,驭宛马,鞭駃騠。拓地万里,威震八荒。肇置四郡,据守敦煌。并域属国,一郡领方。立候隃北,建护西羌。捶驱氐、僰,寥狼邛莋。东擪乌桓,踩辚濊貊。南羁钩町,水剑强越。残夷文身,海波沫血。郡县日南,漂概朱崖。部尉东南,兼有黄支。连缓耳,琐雕题,摧天督,牵象犀,椎蚌蛤,碎琉璃,甲玳瑁,戕觜觿。于是同穴裹褐之域,共川鼻饮之国,莫不袒跣稽颡,失气房伏。非夫大汉之盛,世藉廱土之饶,得御外理内之术,孰能致功若斯!①

武帝开创的事业,后世发扬光大,《后汉书·南蛮西南夷列传》史官论曰:

> 汉氏征伐戎狄,有事边远,盖亦与王业而终始矣。至于倾没疆垂,丧师败将者,不出时岁,卒能开四夷之境,款殊俗之附。若乃文约之所沾渐,风声之所周流,几将日所出入处也。著自山经水志者,亦略及焉。虽服叛难常,威泽时旷,及其化行,则缓耳雕脚之伦,兽居鸟语之类,莫不举种尽落,回面而请吏,陵海越障,累译以内属焉。故其录名中郎、校尉之署,编数都护、部守之曹,动以数百万计。若乃藏山隐海之灵物,沉沙栖陆之玮宝,莫不呈表怪丽,雕被宫幄焉。又其宝怪火毳、驯禽封兽之赋,辇积于内府;夷歌巴舞、殊音异节之技,列倡于外门。岂柔服之道,必足于斯?然亦云致远者矣。②

两汉与域外的交往不断扩大,中外交流取得前所未有之成就。这种成就不仅是赫赫武功的结果,也是文教德治的辉煌成果。汉民族先进文明吸引周边民族和域外国家倾心仰慕和学习,纳贡称臣。班固《东都赋》颂扬汉明帝时的功业,云:

---

① 费振刚等辑校:《全汉赋》,北京大学出版社,1993年,第267页。
② 《后汉书》卷八六《南蛮西南夷列传》,第2860页。

至乎永平之际，重熙而累洽。盛三雍之上仪，修衮龙之法服。铺鸿藻，信景铄，扬世庙，正雅乐。人神之和允洽，群臣之序既肃。乃动大辂，遵皇衢，省方巡狩，穷览万国之有无，考声教之所被，散皇明以烛幽。然后增周旧，修洛邑，扇巍巍，显翼翼。光汉京于诸夏，总八方而为之极。是以皇城之内，宫室光明，阙庭神丽，奢不可逾，俭不能侈。外则因原野以作苑，填流泉而为沼，发蘋藻以潜鱼，丰圃草以毓兽，制同乎梁邹，谊合乎灵囿。若乃顺时节而蒐狩，简车徒以讲武，则必临之以《王制》，考之以《风》《雅》，历《驺虞》，览《驷铁》，嘉《车攻》，采《吉日》，礼官整仪，乘舆乃出。于是发鲸鱼，铿华钟，登玉辂，乘时龙，凤盖棽丽，和銮玲珑，天官景从，寝威盛容。山灵护野，属御方神，雨师泛洒，风伯清尘，千乘雷起，万骑纷纭，元戎竟野，戈铤彗云，羽旄扫霓，旌旗拂天。焱焱炎炎，扬光飞文，吐焰生风，喝野歍山，日月为之夺明，丘陵为之摇震。遂集乎中囿，陈师案屯，骈部曲，列校队，勒三军，誓将帅。然后举烽伐鼓，申令三驱，辒车霆激，骁骑电骛，由基发射，范氏施御，弦不睼禽，辔不诡遇，飞者未及翔，走者未及去。指顾倏忽，获车已实，乐不极盘，杀不尽物，马踠余足，士怒未渫，先驱复路，属车案节。于是荐三牺，效五牲，礼神祇，怀百灵，觐明堂，临辟雍，扬缉熙，宣皇风，登灵台，考休征。俯仰乎乾坤，参象乎圣躬，目中夏而布德，瞰四裔而抗棱。西荡河源，东澹海湄，北动幽崖，南耀朱垠。殊方别区，界绝而不邻。自孝武之所不征，孝宣之所未臣，莫不陆詟水栗，奔走而来宾。遂绥哀牢，开永昌，春王三朝，会同汉京。是日也，天子受四海之图籍，膺万国之贡珍。①

东汉张衡《东京赋》称扬东汉之声威云："惠风广被，泽洎幽荒。北燮丁令，南谐越裳。西包大秦，东过乐浪。重舌之人九译，金稽首而来王。"②马融《广成颂》歌颂汉之声威达于四夷云："是以明德曜乎中

---

① 〔南朝梁〕萧统编：《文选》卷一，上海书店，1988年，第11~13页。
② 〔南朝梁〕萧统编：《文选》卷三，第45~46页。

夏,威灵畅乎四荒,东邻浮巨海而入享,西旅越葱岭而来王,南徼因九译而致贡,朔狄属象胥而来同。"①李尤《辟雍赋》写汉朝兴太学,重文教,先进文明吸引世界各国入朝纳贡:

> 太学既崇,三宫既章。灵台司天,群耀弥光。太室宗祀,布政国阳。辟雍崇崇,规圆矩方。阶序牖闼,双观四张。流水汤汤,造舟为梁。神圣班德,由斯以匡。喜喜济济,春射秋飨。王公群后,卿士具集。攒罗鳞次,差池杂遝。延忠信之纯一兮,列左右之貂珰。三后八番,师尹群卿,加休庆德,称寿上觞。戴甫垂毕,其仪跄跄。是以乾坤所周,八极所要。夷戎蛮羌,儋耳哀牢。重译响应,抱珍来朝。南金大路,玉象犀龟。②

班固、张衡、马融、李尤都强调汉朝的文治武功吸引了周边四夷的称臣入贡,从而获得域外的文明成果。他们概括了汉代强盛、四夷纳贡的盛况以及域外文明输入的内容和途径,但并不全面。古代中外文化交流的内容和途径非常复杂。法国汉学家布尔努瓦这样描述:"矿物、植物、动物在20个世纪之前是怎样从一个国家传到另一个国家呢?某些植物是通过近邻关系而几近于自动传播的。另一些产品是通过使节之手而从一个地区逐渐地传到另一个地区的,如作为'贡物'或'礼物',或者是通过商贾们的媒介作用。这些传播有时具有军事的原因,或者是与经济实力的迫切需要有关,通过权力和暴力、劫持或绑架、抢劫而完成,还有某些传播是通过阴谋诡计而走私完成的;最后,某些传播又是通过王室通婚而完成的。"③其说不免笼统或者片面,但也说明了古代文化交流途径的复杂性。

二

西汉都城长安西郊有上林苑,置上林尉。汉文帝至上林苑,"问

---

① 《后汉书》卷六〇《马融列传》,第1967页。
② 费振刚等辑校:《全汉赋》,第380页。
③ [法]布尔努瓦:《丝绸之路》,耿昇译,山东画报出版社,2001年,第256~257页。

上林尉《禽兽簿》,十余问,尉左右视,尽不能对"①。这个记载反映了管理上林苑的官员的失职,也说明苑中禽兽数量之多。汉武帝时上林苑周围扩展至二百多里,苑中养着来自域外的狮子、孔雀、大象、骆驼、汗血马等成群的珍禽异兽,种植着来自域外的奇花异草、瓜果树木。苑中离宫别观数十处,其中建章宫有奇华殿,"四海夷狄器服珍宝"②充塞其中。其他宫殿里都陈设着来自域外的奇珍异宝,种植着异域的植物。"离宫别观旁尽种蒲萄、苜蓿极望"③。这些都反映域外产品已成为汉代社会生活的重要内容。汉代是中外文化交流史上第一个高潮时期,然而汉代传入中国的域外产品究竟有哪些?这些域外产品又是如何传入中国的? 这是值得探讨的问题。古代文化交流的途径与近现代极不相同,汉代中外交流的动因和途径有其特殊性。

战争曾经是推动汉朝与域外交往的重要动因,甚至可以说汉朝与域外大规模的交往起源于战争的需要。战争会造成交战国之间交往、贸易的暂时中断,但也从某种意义上加强了双方的联系,还造成一种特殊的文化交流的机会。战争双方都有必要研究和关注对方的状况,"知己知彼,百战不殆"。这种研究和关注必然造成对对方的了解、学习和借鉴。战争还造成俘虏和掠夺,这也是获取对方文化成果的机会。战争还要求建立联盟,拉拢各方对付共同的敌人。张骞出使西域这个中外文化交流史上划时代的重大事件,跟汉朝对匈奴的战争有关。汉武帝为了拉拢大月氏和乌孙以夹击匈奴,达到"断匈奴右臂"的目的,先后两次派张骞出使西域。张骞出使西域的直接目的没有达到,却种桃得李,打破了中西交通的隔绝状态。汉朝与西域的交通和交往得以展开,战争手段是重要因素。张骞出使西域之后,卫青、霍去病等率军进击匈奴获胜和李广利远征大宛,对于中西交通的开展都具有重要意义。《汉书·西域传》云:"汉兴

---

① 《汉书》卷五〇《张释之传》,第 2307 页。
② 佚名撰,何清谷校注:《三辅黄图校注》卷三《建章宫》,三秦出版社,1995 年,第 168 页。
③ 《史记》卷一二三《大宛列传》,第 3174 页。

至于孝武,事征四夷,广威德,而张骞始开西域之迹。其后骠骑将军击破匈奴右地,降浑邪、休屠王,遂空其地,始筑令居以西,初置酒泉郡,后稍发徙民充实之,分置武威、张掖、敦煌,列四郡,据两关焉。自贰师将军伐大宛之后,西域震惧,多遣使来贡献,汉使西域者益得职。"①汉武帝以后实现了经过海上交通与海外国家的交通和交往,那是汉朝出兵平南越的直接成果。平南越的战争使汉朝获得大量沿海地区的物产,而且为此后的海外贸易活动创造了条件。因此讲到汉代中西间海上交通,《汉书·地理志》云:"自合浦、徐闻南入海,得大州,东西南北方千里,武帝元封元年略以为儋耳、珠崖郡。……自日南障塞徐闻、合浦船行可五月,有都元国;又船行可四月,有邑卢没国;又船行可二十余日,有谌离国;步行可十余日,有夫甘都卢国。自夫甘都卢国船行可二月余,有黄支国,民俗略与珠崖相类。其州广大,户口多,多异物,自武帝以来皆献见。"②与朝鲜半岛和日本的交往在汉武帝时代也进入一个新时期,"汉四郡"的建立是新时期的开始。元封三年(前108),汉武帝派遣的水陆两路大军,夹击王险城。卫右渠被他的部下所杀,卫氏朝鲜灭亡。在对朝鲜半岛的战争中汉朝得到其地物产,无须赘言。汉武帝灭了卫氏朝鲜后,在其管辖地先后设置了乐浪、临屯、玄菟和真番四郡。声威所及,远在乐浪之外的海岛国家日本也向汉王朝称臣纳贡。北方对匈奴的战争,虽然从汉朝建立起就持续不断,而摆脱被动局面取得军事优势则是从汉武帝时代开始的,汉朝在对匈奴的战争中也获得不少战利品。武帝元朔二年(前127)《益封卫青》诏书中表彰卫青进击匈奴的战功,云"执讯获丑,驱马牛羊百有余万"③。李广利远征大宛,获得大批汉武帝孜孜以求的汗血宝马。汉武帝还努力开通"西南夷道"和"灵山道"④,加强了与西南各民族的联系。汉成帝时,扬雄著《校猎赋》,颂扬汉朝的功德:"仁声惠于北狄,武义动于南邻。是以旃裘之

---

① 《汉书》卷九六上《西域传》上,第3873页。
② 《汉书》卷二八下《地理志》下,第1670~1671页。
③ 《汉书》卷五四《卫青传》,第2473页。
④ 《汉书》卷五七下《司马相如传》下,第2580~2581页。

王,胡貉之长,移珍来享,抗手称臣。"①又著《长杨赋》论汉武帝的武功:"夫天兵四临,幽都先加;回戈邪指,南越相夷;靡节西征,羌僰东驰。是以遐方疏俗殊邻绝党之域,自上仁所不化,茂德所不绥,莫不跷足抗手,请献厥珍……"②东汉时对匈奴战争的胜利和对西域的经营,保证了丝绸之路的通畅,发展了与西南夷、朝鲜、日本、东南亚、南亚、西亚以及大秦的关系,让东汉王朝获得了更多的域外珍奇。故《后汉书·和帝纪》传论云:"自中兴以后,逮于永元,虽颇有弛张,而俱存不扰,是以齐民岁增,辟土世广。偏师出塞,则漠北地空;都护西指,则通译四万。"③

贸易本身是互通有无的经济活动,国际间的贸易是世界上各个国家、地区和民族间文化交流的主要途径。古代贸易有两种形式,一是国家政府组织的贸易,二是商人经营的个体贸易,其共同特点都是物资交换,中外商人共同完成了这种交换。在漫长的历史时期内,丝绸之路上奔波着无数的商人和商队。"天下熙熙,皆为利来;天下壤壤,皆为利往"④是对商业目的的准确概括。商人们跋山涉水,甘冒风波之险和旅途之苦,长途贩运,从事交换,为的是牟利。"利"驱使着历代无数的商人在极其艰苦的条件下进行商品贩运,同时促进了彼此间的文化交流。在相当长的历史时期内,中国的丝绸是世界各地各个民族共同喜欢的产品,丝绸贸易开辟了世界上最长的一条商道,带动了中外物质文化的交流。不仅物质文化产品,精神文明产品同样是历代商人贩卖的对象,商人贸易与文化交流也是密切相关的。汉代中外贸易活动的大规模开展是从汉武帝时代开始的,按照《史记·大宛列传》记载,张骞出使西域,了解到西域各国对中国丝绸的喜爱和渴求,同时也了解到中国所需要的西域各国的物产,汉与西域的贸易随之出现了前所未有的兴盛局面。来往于丝

---

① 《汉书》卷八七上《扬雄传》上,第3552页。
② 《汉书》卷八七下《扬雄传》下,第3561页。
③ 《后汉书》卷四《和帝纪》,第195页。
④ 《史记》卷一二九《货殖列传》,第3256页。

绸之路上的外国商使络绎不绝,"西北外国使,更来更去"①,"(汉朝)使者相望于道,诸使外国一辈大者数百,少者百余人,……汉率一岁中使多者十余,少者五六辈。远者八九岁,近者数岁而反"②。而在汉朝平南越之后,汉朝商使便冒风波之险,经海路西行,远至印度、斯里兰卡从事商贸交换活动,"有译长,属黄门,与应募者俱入海市明珠、璧流离、奇石异物,赍黄金杂缯而往。所至国皆禀食为耦,蛮夷贾船,转送致之"③。汉代个体商贾的活动也值得注意。西汉焦延寿卜筮书《易林》中卜辞有云:"东市齐鲁,南贾荆楚,羽毛齿革,为吾利宝。"④实际上这是对当时东奔西走、南来北往的商人活动的反映。《汉书·地理志》记载:"(粤地)处近海,多犀、象、毒冒(玳瑁)、珠玑、银、铜、果布之凑,中国往商贾者多取富焉。"⑤这些物产有的来自海外,中国内地商人往南方沿海地区经商,把这些海外输入的珍货转手贩卖到中原地区,以此致富。在与朝鲜半岛的交往中,汉朝商业活动也深入到今朝鲜境内的汉四郡:"郡初取吏于辽东,吏见民无闭臧。及贾人往者,夜则为盗,俗稍益薄。"⑥商人唯利是图的行为破坏了那里的淳朴之风。汉与匈奴之间尽管不断发生军事上的冲突,但边境地区长期存在互市贸易,汉景帝时,"复与匈奴和亲,通关市,给遗匈奴";汉武帝即位,"明和亲约束,厚遇,通关市,饶给之"⑦。在各关口都有所谓"关市",这是汉地与匈奴百姓之间交易的固定场所,农耕与游牧民族间必需的物资交换得以正常进行,汉朝从互市中获得匈奴的骆驼、马、牛、羊等草原地区产品。马邑之战中穿插活动于汉匈之间的聂壹,就是一位在汉地和匈奴交界地区经商的人。汉与匈奴和亲关系破裂,双方进行军事对抗,"然匈奴贪,尚乐关市,

---

① 《史记》卷一二三《大宛列传》,第3173页。
② 《史记》卷一二三《大宛列传》,第3170页。
③ 《汉书》卷二八下《地理志》下,第1671页。
④ 〔西汉〕焦延寿:《易林》卷三《家人》"蛊"条,收入中国国家图书馆编:《原国立北平图书馆甲库善本丛书》,国家图书馆出版社据明末刻本影印,2013年,第1041页。
⑤ 《汉书》卷二八下《地理志》下,第1670页。
⑥ 《汉书》卷二八下《地理志》下,第1658页。
⑦ 《史记》卷一一〇《匈奴列传》,第2904页。

嗜汉财物,汉亦尚关市,不绝以中之"①,显然这种边境互市对双方都是有利的。不仅与匈奴如此,汉与周边民族都存在互市贸易。《后汉书·乌桓鲜卑列传》记载,汉与乌桓"岁时互市"②。安帝永初年间,鲜卑入贡朝贺,"令止乌桓校尉所居宁城下,通胡市,因筑南北两部质馆"③。质馆是接纳外族或外国降者质子的馆舍。李贤注:"筑馆以受降质。"解释并不全面,为通胡市而筑之质馆并非仅仅为安排质子和降人。由于相互间贸易活动的开展,双方来往人员增多,东汉在东北边境地区建立了专门接待鲜卑入华商使的馆舍。

使节往还是国家、政府之间的官方交往活动,这种活动具有政治、经济、军事和文化等多方面的性质。在这种交往中双方会互赠礼品,这些礼品往往都是代表本国特色的物品。这是古代各个国家和民族间文化交流的一条重要渠道。古代中国地大物博,又是世界上最文明的国家,因此在这种交往中很早就形成优势地位,中国人也很早就形成文化上的优越感。古代统治者往往以大国天子自命,在与异域交往中取居高临下之姿态,视周边和域外民族为"四夷",把其他国家和民族来访称为"朝",称出访其他国家和民族为"使";把其他国家和民族向汉朝赠送礼品称为"贡献",把赠送其他国家和民族礼品称为"赏赐"。汉武帝追求的政治理想是"日月所烛,莫不率俾。周之成康,刑错不用,德及鸟兽,教通四海。海外肃慎,北发渠搜,氐羌徕服"④。四夷入贡是"教通四海"的象征。西汉文学家司马相如《谕巴蜀民檄》盛赞汉武帝的功业造成四夷入贡,云:"陛下即位,存抚天下,辑安中国。然后兴师出兵,北征匈奴,单于怖骇,交臂受事,诎膝请和。康居西域,重译请朝,稽首来享。移师东指,闽越相诛;右吊番禺,太子入朝。南夷之君,西僰之长,常效贡职,不敢怠堕,延颈举踵,喁喁然皆争归义,欲为臣妾。"⑤《汉书·西域传》论汉

---

① 《史记》卷一一〇《匈奴列传》,第 2905 页。
② 《后汉书》卷九〇《乌桓鲜卑列传》,第 2982 页。
③ 《后汉书》卷九〇《乌桓鲜卑列传》,第 2986 页。
④ 《汉书》卷六《武帝纪》,第 160 页。
⑤ 《史记》卷一一七《司马相如列传》,第 3044 页。

武帝交通四方获各国贡献的盛况：

> 孝武之世，图制匈奴，患其兼从西国，结党南羌，乃表河西，列四郡，开玉门，通西域，以断匈奴右臂，隔绝南羌、月氏。单于失援，由是远遁，而幕南无王庭。遭值文、景玄默，养民五世，天下殷富，财力有余，士马强盛。故能睹犀布、玳瑁则建珠崖七郡，感枸酱、竹杖则开牂柯、越巂，闻天马、蒲陶则通大宛、安息。自是之后，明珠、文甲、通犀、翠羽之珍盈于后宫，蒲梢、龙文、鱼目、汗血之马充于黄门，巨象、师子、猛犬、大雀之群食于外囿。殊方异物，四面而至。于是广开上林，穿昆明池，营千门万户之宫，立神明通天之台，兴造甲乙之账，落以随珠和璧，天子负黼依，袭翠被，冯玉几，而处其中。设酒池肉林以飨四夷之客，作巴俞都卢、海中砀极、漫衍鱼龙、角抵之戏以观视之。①

张骞出使西域、汉武帝平南越和灭卫氏朝鲜之后，与周边各民族和国家交往频繁，汉朝在这种朝贡中获得不少域外珍奇。据汉代文献记载，自汉武帝以后，屡有称周边民族和域外国家来献的记载。《汉书·武帝纪》记载，元狩二年（前121）夏"南越献驯象、能言鸟"②。元狩六年（前117）冬十月，"赐……蛮夷锦各有差"③。四夷来访皆称"贡""献"，赠送礼品给周边或域外民族皆用"赐"或"赏赐"。④ 李广利伐大宛获胜，汉之声威震动西域。《汉书·武帝纪》记载，天汉元年（前100）"匈奴归汉使者，使使来献"⑤；二年秋，"渠黎六国使使来献"⑥。《汉书·西域传》记载，楼兰国"降服贡献"⑦；罽宾国"遣使献"，"罽宾实利赏赐贾市，其使数年而壹至"⑧；安息国"以大鸟卵及

---

① 《汉书》卷九六下《西域传》下，第3928页。
② 《汉书》卷六《武帝纪》，第176页。
③ 《汉书》卷六《武帝纪》，第179页。
④ 《汉书·西域传》记载，张骞出使乌孙，"昆莫见骞如单于礼，骞大惭，谓曰：'天子至赐，王不拜，则还赐。'昆莫起拜，其它如故"。可见当时处理彼我关系时非常重视"赐"字的使用。
⑤ 《汉书》卷六《武帝纪》，第202页。
⑥ 《汉书》卷六《武帝纪》，第203页。
⑦ 《汉书》卷九六上《西域传》上，第3877页。
⑧ 《汉书》卷九六上《西域传》上，第3886、3887页。

犁靬眩人献于汉"①；康居"遣子侍汉，贡献"②；大宛"岁献天马二匹"③；乌孙"发使送骞，因献马数十匹报谢"，"使使献马"④。经过汉武帝以来的军事打击，匈奴日益衰落，因此对汉称臣。匈奴使节入朝，向汉朝贡献，并恢复和亲关系。宣帝神爵二年(前60)，"匈奴单于遣名王奉献，贺正月，始和亲"⑤。甘露二年(前52)，"匈奴呼韩邪单于款五原塞，愿奉国珍朝三年正月"，这件事被汉朝大臣视为"自古未之有也"的大事。⑥ 此后匈奴单于来皆称"来朝"。东汉时南匈奴降汉，北匈奴日益衰落，则"遣使称臣，诣敦煌奉献"。⑦ 在西域国家中，乌孙最早与汉朝建立友好关系，并发展为和亲关系。哀帝元寿二年(前1)春正月，"匈奴单于、乌孙大昆弥来朝"⑧，"汉以为荣"⑨。汉朝置西域都护以后，越来越多的西域国家入汉朝贡，"其来贡献则相与报"⑩。南方海外国家来访赠送礼品，亦称"献"。平帝时，王莽秉政，为了炫耀威德，吸引域外国家入贡，"元始元年春正月，越裳氏重译献白雉一，黑雉二"，"二年春，黄支国献犀牛"⑪。东汉时"四夷来宾，虽时有乖畔，而使驿不绝"⑫。由于汉朝掌握了西域的控制权，丝绸之路通畅，因此西域国家向汉朝"贡献"更加频繁，汉朝由此得到更多的外来器物产品。击灭匈奴之后，汉朝在亚洲处于中心地位，与当时欧亚大陆上的贵霜王国、安息王国和大秦王国成为政治舞台上的四大帝国，不仅与这些强大帝国发生交往，而且接受周边各落后和弱小国家的入朝贡献。因此，史书上记载东汉后期周边民族和域外国家向中原政权朝贡的材料更多。除了西域，东

---

① 《汉书》卷九六上《西域传》上，第3890页。
② 《汉书》卷九六上《西域传》上，第3892页。
③ 《汉书》卷九六上《西域传》上，第3895页。
④ 《汉书》卷九六下《西域传》下，第3902、3903页。
⑤ 《汉书》卷八《宣帝纪》，第262页。
⑥ 《汉书》卷八《宣帝纪》，第270页。
⑦ 《后汉书》卷四《殇帝纪》，第196页。
⑧ 《汉书》卷一一《成帝纪》，第344页。
⑨ 《汉书》卷九六下《西域传》下，第3910页。
⑩ 《汉书》卷九六下《西域传》下，第3928页。
⑪ 《汉书》卷一二《平帝纪》，第348、352页。
⑫ 《后汉书》卷八五《东夷列传》，第2810页。

亚、东北亚、东南亚、南亚诸海外国家,远至西亚安息、欧洲大秦,皆有贡献之举。汉朝在朝鲜半岛置四郡后,影响所及,日本开始与汉朝发生往来关系,"乐浪海中有倭人,分为百余国,以岁时来献见云"①。东汉时倭人"使驿通于汉者三十许国"②。《后汉书·光武帝纪》记载,中元二年(57)正月"东夷倭奴国王遣使奉献"③。此后屡见记载。如《后汉书·安帝纪》记载,永初元年(107)冬十月,"倭国遣使奉献"④。东北亚诸族如扶余、高句骊、东夷等屡有奉献。永初三年(109)正月"高句骊遣使贡献"⑤。西南夷从东汉初便臣服贡献。《后汉书·明帝纪》记载,永平十七年(74)"西南夷哀牢、儋耳、僬侥、槃木、白狼、动黏诸种,前后慕义贡献;西域诸国遣子入侍"⑥。西域极远之大秦国亦遣使贡献。《后汉书·桓帝纪》记载,延熹九年(166)九月"大秦国王遣使奉献"。章怀太子注:"时国王安敦献象牙、犀角、玳瑁等"⑦。《后汉书·西域记》记载,班超遣甘英西使归来后,"远国蒙奇兜勒皆来归服,遣使贡献"⑧。"蒙奇兜勒"被认为是"马其顿"之音译。⑨《后汉书·灵帝纪》记载,灵帝熹平二年(173)

---

① 《汉书》卷二八下《地理志》下,第1658页。关于"倭人",当指日本。颜师古注引如淳曰:"如墨委面,在带方东南万里。"又引臣瓒曰:"倭是国名,不谓用墨,故谓之委也。"颜师古云:"如淳云'如墨委面',盖音委字耳,此音非也。倭音一戈反,今犹有倭国。《魏略》云倭在带方东南大海中,依山岛为国,度海千里,复有国,皆倭种。"
② 《后汉书》卷八五《东夷列传》,第2820页。
③ 《后汉书》卷一下《光武帝纪》下,第84页。
④ 《后汉书》卷五《安帝纪》,第208页。
⑤ 《后汉书》卷五《安帝纪》,第212页。
⑥ 《后汉书》卷二《明帝纪》,第121页。
⑦ 《后汉书》卷七《桓帝纪》,第318页。
⑧ 《后汉书》卷八八《西域记》,第2910页。
⑨ 对于"蒙奇兜勒"指何地何国,是一国,还是两国,向有争议,多数学者认为乃"马其顿"之音译。参张星烺:《中西交通史料汇篇》第1册《古代中国与欧洲之交通》,民国丛书本,上海书店,1930年,第38页。在公元2世纪的西方文献中,有马其顿商人遣使到达中国(Seres,希腊、罗马人对中国的称呼)首都赛拉(Sera,洛阳)的记载,或许与中国文献这一记载有关。成书于公元150年的地理学家托勒密的著作《地理志》记载:有一位名叫马埃斯(又名蒂蒂亚诺斯)的马其顿人(Macedones)记录了从石堡到赛拉城的路程。他自己没有到过中国,而是派遣手下的人去的。在另一处又说,这条道路遥远崎岖,旅途中伴随着强劲的风暴。为走完这段路,马埃斯手下的人总共花了七个月的时间(托勒密:《地理志》第1章,第11节)。托勒密在书中说明,他所引用的材料来源于马利努斯的著作,马利努斯为推罗人。参[法]戈岱司编:《希腊拉丁作家远东古文献辑录》,耿昇译,中华书局,1987年,第21~23页。

冬十二月,"日南徼外国重译贡献","三年春正月,夫余国遣使贡献"①。西域诸国在东汉时都"遣子入侍",朝贡不断。至献帝建安七年(202),"于寘国献驯象"②。史书上记载各国入贡或奉献的贡物,有的明言何物,有的只是笼统交代,因此我们并不清楚每次进献的贡物是什么,只能从其国物产的记载中了解一些信息。这种官方的入贡,不仅仅是器物产品,也有精神产品,如宗教、艺术等。魏晋时人鱼豢《魏略·西戎传》记载,西汉末哀帝时博士弟子景卢曾受大月氏使臣伊存口授《浮屠经》。③ 西汉时,安息国曾献"犁靬眩人"。东汉时,在今缅甸的掸国曾遣使向汉朝"献乐及幻人"④。汉代中国从这种"贡献"中获得大量域外文明成果。

宗教本身就是文化,宗教的传播就是文化交流,同时宗教又是文化交流的载体和媒介。宗教是古代最容易突破民族、国界和政治隔阂进行文化交流的媒介和载体。在中外文化交流史上,宗教作为文化交流的一种载体,发挥过重要的作用。佛教产生于南亚,最早是汉代传入中国的,西汉末已有大月氏使节向中国人口授《浮屠经》,东汉末年西域入华僧人翻译出第一批佛经。随着佛教传入中国,印度富有思辨性的哲学、逻辑学、天文学、历法以及文学、音乐、绘画、雕塑、舞蹈等都伴随着佛教的传入而来,大大丰富和充实了魏晋到隋唐七百年间的中国思想学术与社会文化生活。东汉末年,东来的域外高僧不少人都会一些方术,有的僧人还在自然科学方面有一定的造诣。康僧会《安般守意经序》称安世高"博学多识,贯综神模,七正盈缩,风气吉凶,山崩地动,针脉诸术,睹色知病;鸟兽鸣啼,无音不照"⑤。《高僧传》卷一《安清传》说他"外国典籍及七曜五行医方异术,乃至鸟兽之声,无不综达"⑥。"七正"即七政、七曜,指日月和金、木、水、火、土五星。"风气吉凶"则是占卜之术。"山崩地

---

① 《后汉书》卷八《灵帝纪》,第335页。
② 《后汉书》卷九《献帝纪》,第382页。
③ 《三国志》卷三〇《乌丸鲜卑东夷传》,裴松之注引,中华书局,1959年,第859页。
④ 《后汉书》卷五一《陈禅传》,第1685页。
⑤ 〔南朝梁〕释僧祐:《出三藏记集》卷六,中华书局,1995年,第244页。
⑥ 〔南朝梁〕释慧皎:《高僧传》卷一,中华书局,1992年,第4页。

动"则是地质学、地震知识。这段记载说明他懂天文学、医学和其他自然科学知识。来自安息国的安清曾译《㮈女耆域因缘经》，其中记载神医耆域诸奇术。东汉末年来华的印度高僧竺律炎和大月氏高僧支越曾译有《佛说佛医经》，说明汉时印度古医书已经传入中国并有汉译本问世。

除上述几个方面之外，还有一种容易为人们忽略的途径和方式，就是民间的交往和交流。这是一种持久不断、一直存在的交流，但常常又无迹可寻，不为古代史书所记载，然而我们不能忽视这一途径和方式的重要性。统治者为了获取生活的奢侈品，不惜代价遣使远出，厚待贡使，用中国的丝绸和黄金去换取异域的珍禽异兽、佳果名卉和珠宝，他们的活动被记入史册。与此同时，人民却在进行着最有利于社会和经济发展的交流活动，一个明显的事实就是棉花、粮食作物及其种植技术的传播，这些在封建社会中促进经济增长的重要因素常常看不到统治者的有意提倡，也看不到史书上的认真记载。这是人民的自发的活动，它源于社会生活的需要。汉代棉花种植已经从南亚传入中国西南地区，但其传播方式和途径，却不见史书的具体记载。

在现代化的交通和通信技术出现之前，中外交通和交流的传统方式主要就是上述几种，汉代开启了这些传统的交流途径和方式。回顾中外交通与文化交流的历程，可以知道汉代是丝绸之路发展的重要时期，中外交通和交流在规模和成就上是空前的。在全部中外交通和文化交流史上，这一时期特别是汉武帝时代以后的两汉时期都堪称一个高潮，而且是第一次高潮，不仅在当时成果丰硕，而且对后世影响深远。中国人对外部世界的了解和认识以及对外交往从此发生了质的飞跃。经济文化交流一经产生，就像一泻千里奔腾不息的江河，其本身潜在的动因推动这种交流必然发展下去，不以人们的意志而转移。尽管先秦时期中外交通与交流就已经发生，但得到国家有效的组织、有意识的提倡和大力推行，并形成较大规模，不能不承认在中国历史上是从汉武帝时代开始的。汉武帝时代在中西交通和文化交流上具有独特的地位。从汉武帝开始，不仅两汉历朝统治者,而且中国历朝历代统治者都大力开展以朝贡贸易为主的交往活动。历史研究喜欢追根溯源,这被人称为历史学家的源头崇拜。因为只有了解源头,才能对一条江河的流向、流程有更清楚的认识。因此,汉代中外文化交流研究具有重要意义。

汉代骆驼的输入及其影响

骆驼是古代交通和运输的重要工具,可用于骑乘、驮运、挽曳等。汉代随着丝绸之路的开辟,北方草原民族和西域民族的骆驼通过战争、入贡和商业贸易源源不断地传入中国中原地区。在西北地区很早就有以骆驼殉葬的习俗。骆驼对沙漠环境有特殊的适应能力,历史上著名的丝绸之路途经广大沙漠地区,在现代化的交通工具产生之前,骆驼是古代丝绸之路上最重要的交通运载工具。骆驼异于中原牲畜的形象及其耐劳品格受到汉地人们的喜爱,汉朝出现了更多的以骆驼为题材的造型艺术。本文探讨汉代骆驼的输入及其社会影响。

一

骆驼是骆驼科骆驼属动物,在古代不同的汉文文献中被写作"橐驼""馲驼""橐它""橐他""橐佗""骆驼"等。骆驼,最早见于西汉陆贾《新语·道基》。颜师古注《汉书》云:"橐驼者,言其可负橐囊而驼物,故以名云。"①从体型上分,骆驼有单峰驼和双峰驼两种。单峰驼比较高大,在沙漠中能走能跑,可以运货,也能驮人。双峰驼四肢粗短,更适合在沙砾和雪地上行走。骆驼科的进化最早发生于北美,后来其分布范围扩大到南美和亚洲,而在其原产地却消失了。英国学者梅森主编《驯养动物的进化》云:"在冰川时期,由于阿拉斯加和西伯利亚之间的白令海峡是相连的,使得早期的骆驼能从美洲扩散到亚洲。不同类型的化石表明,它们穿过干旱的亚洲大陆中部

---

① 《汉书》卷五七上《司马相如传》上,中华书局,1962年,第2557页。

而进入欧洲东部(南俄罗斯和罗马尼亚)。某些早期的骆驼通过中东和北非,一直向西迁移到大西洋或向南到达坦桑尼亚北部。"[1]传统观点认为现代骆驼的祖先4000万年前生活在北美,有可能体形巨大,没有脚趾。在大约300万年前来到亚洲,并进而到达中东和非洲。也有一种观点是100万年前骆驼远祖越过白令海峡到达亚洲,进而至非洲,并演化出双峰驼和人类驯养的单峰驼。[2]

按照贺新民《中国骆驼资源图志》的介绍,骆驼起源于距今5500万年的新生代始新世时期北美洲的"原踝蹄类",在距今约3000万年的渐新世中期演化成二趾原驼。距今约2500万年的中新世末期进化为原驼,外形与现代骆驼仍有差异,但在解剖学上已经非常相近。距今约100万年,原驼开始自北美大批迁徙。一支经白令海峡到东半球,在中亚细亚进化为双峰驼;一支越过大陆干旱地区,至西亚、北非热带沙漠地区,演化为单峰驼;另有一支南下,越过巴拿马海峡,进入南美地区,演化为四种无峰驼:驼马、原驼、羊驼和美洲驼。[3]罗运兵指出,大迁徙后的骆驼,各自适应迁入地区的自然环境,繁衍生息,逐渐进入人类驯化的历史。距今约6000年,西亚、北非和阿拉伯南部地区驯化出单峰驼;距今约4500年,中亚地区则驯化出双峰驼。[4]

单峰驼最早在阿拉伯半岛中部或南部被驯养。有人认为单峰驼早在公元前4000年已被驯养,而大部分人则认为是公元前1400年。约于公元前2000年,单峰驼逐渐在撒哈拉沙漠地区普及,但在公元前900年左右消失,它们大多是被人类捕杀的。后来埃及入侵波斯,波斯阿契美尼德王朝国王冈比西斯二世(Cambyses Ⅱ,公元前529—前522年在位)把已经被驯养的单峰驼传入波斯地区。被驯养的单峰驼在北非被广泛使用,罗马人使用骆驼骑兵在沙漠边缘巡

---

[1] [英]梅森(I. L. Mason)主编:《驯养动物的进化》,中译本,南京大学出版社,1991年,第121~122页。
[2] 贺新民、杨宪孝:《中国骆驼发展史(上)》,《农业考古》1981年第1期。
[3] 贺新民:《中国骆驼资源图志》,湖南科学技术出版社,2002年,第1~2页。
[4] 罗运兵:《我国骆驼的早期驯养与扩散》,《中国〈活兽慈舟〉学术研讨会论文集》,四川威远,2013年。

逻。波斯骆驼不适合用来穿越撒哈拉沙漠,起初穿越大沙漠的长途旅行通常是靠战车实现的。更强壮和更具耐久力的双峰驼,原产于亚洲中部土耳其、中国北方和蒙古,大约在公元前8世纪至公元前9世纪被驯化。亚述王室碑文记载了公元前8世纪的地区香料贸易:"从阿拉伯女王撒木斯(Samsi)那里,我得到了1100名囚犯,30000头骆驼,20000头牛,5000蒲式耳各种各样的香料,而她却像野驴一样逃往没有水源的巴祖去了。摩挚、特马、萨芭、阿帕、巴达那、海地等国的居民知道我的势力后也纷纷臣服于我的统治。他们每年要为我纳贡,有公骆驼、母骆驼,还有香料。"《圣经·旧约全书·列王纪》记载,示巴女王拜访所罗门,"跟随她到耶路撒冷的人甚多,又有骆驼驮着香料、宝石和许多金子"①。在公元前4世纪,双峰驼传入非洲,在这里越来越多的人开始使用它们。这种骆驼适合做穿越大漠的长途旅行之用,而且可以驮运更多更重的货物,跨撒哈拉沙漠的贸易活动得以进行。

关于中国双峰驼的起源和驯养的时间问题,学术界存在争议。《驯养动物的进化》的作者认为:"直至公元前四世纪末,在中国尚不知晓骆驼的存在,这就近乎排除了中国是早期驯化地的可能。"②中国学者贺新民、杨宪孝考证的结果是,内蒙古、新疆、甘肃河西以及青海柴达木盆地等省区的荒漠、半荒漠地带,既是中国双峰驼的发源地区,也是亚洲驯养双峰驼最早的地方。中国驯养双峰驼的时期"是在公元前五千年到公元前三千年的氏族公社时代"③。2012年11月14日,中国科学家破译了世界上首例双峰驼全基因组图谱,完成了世界首例双峰驼全基因序列图谱的绘制和解析工作。他们的结论是双峰驼同牛遗传关系最近,在5500万~6000万年前有了最近的共同祖先。他们的成果发表在英国《自然通讯》(Nature Commmunications)

---

① 《圣经》,中国基督教三自爱国运动委员会、中国基督教协会出版发行,上海,2008年,第331页。
② [英]梅森(I. L. Mason)主编:《驯养动物的进化》,第123页。
③ 贺新民、杨宪孝:《中国双峰骆驼起源考》,《中国农史》1986年第2期。

网刊上。① 这项成果说明中国西北地区早有双峰驼生存。在塔里木盆地至柴达木盆地之间,向东至蒙古,汉代时仍有野双峰驼栖居。野双峰驼驼峰比家驼小而尖,躯体比家驼细长,脚比家驼小,毛较短。野双峰驼数量稀少,单独、成对或结成4~6只的小群聚在一起,很少见12~15只的大群。双峰驼特别耐饥渴,它可以十多天甚至更长时间不饮水,在极度缺水时,能将驼峰内的脂肪分解,产生水和热量。双峰驼一次饮水可达57升,以便恢复体内的正常含水量。它们以梭梭、胡杨、沙拐枣等各种荒漠植物为食,吃沙漠和半干旱地区生长的几乎任何植物,包括盐碱植物。而且双峰驼比较驯顺,易骑乘,适于载重,四天内可运载170~270公斤东西,每天行走约47公里,最高速度约每小时16公里。居延汉简中有西北边境地区驿置人员出塞捕获野骆驼的记载,其中一简记载,张宗骑"驿牝胡马"看望其生病的哥哥,"见塞外有野橐佗□□□□/□宗马出塞逐橐佗,行可卅余里,得橐佗一匹"②。张宗所获野骆驼应该是这种双峰驼。陕北绥德延家岔出土一狩猎图案的画像石,所绘被围猎的对象是一只在漠北才有可能作为猎物的野骆驼。③ 从考古发现的骆驼化石或骨骼遗存来看,中国北方更新世时期就有骆驼生存。晋东地区下更新世地层中发现"类驼"化石,河南、北京周口店出现年代较晚的更新世"巨类驼"化石,内蒙古萨拉乌苏河流域晚更新世地层中出土"诺氏驼"的骆驼化石。④ 根据古生物学家的研究,类驼可能是现生骆驼的较早祖先,而诺氏驼是现生双峰驼的近祖。内蒙古朱开沟遗址出土双峰驼上臼齿一枚,年代相当于夏代晚期,因无法判断是否驯化,被考古界定性为野生动物。新疆地区,特别是北疆地区,考古发现大量的随葬骆驼骨骼遗存,说明最迟在西周中晚期中国西北地区已驯

---

① 科学人网:http://www.guokr.com/article/384798/2012-11-16 16:00。按:《自然通讯》(*Nature Communications*)是英国自然出版集团旗下的子刊,一个仅在网上出版的多学科杂志,发表生物学、物理学和化学等领域的学术论文。
② 中国社会科学院考古研究所编:《居延汉简甲乙编》下册,中华书局,1980年,第158页。
③ 吕静:《陕北汉画像石探论》,《文博》2004年第4期。
④ 史庆礼:《沙漠之舟》,《化石》1979年第1期。

养骆驼。①

骆驼可用于骑乘、驮运、挽曳等。首先是骑乘,骆驼是荒漠半荒漠地区尤其是沙漠地区的主要骑乘工具。骆驼虽不善于奔跑,但其腿长,步幅大而轻快,持久力强,加之其蹄部的特殊结构,非常适合作为沙漠中的交通工具。在短距离骑乘时,双峰驼的速度可达每小时 10~15 公里;长距离骑乘时,每天行程可达 30~35 公里。其次是驮运,在沙漠、戈壁、盐碱地、山地及积雪很深的草地上运送物资,其他交通工具往往难以发挥作用,而骆驼则是这些地区最为重要的驮畜,发挥着其他家畜及交通工具难以替代的作用。骆驼在气候恶劣、水草供应不足的情况下,仍可坚持运输。一般说来,双峰驼的驮重约为体重的 33.8%~43.1%,即 160~200 公斤,短途运输时可驮重 250~300 公斤。驮用单峰驼一般比骑乘用驼体格粗壮,速度约为每小时 2~3 公里,负重为 165~220 公斤。第三是挽曳,骆驼可用于耕地、挽车、抽水等。据测定,骆驼最大挽力为 369 公斤,相当于本身体重的 80%。古代丝绸之路沿线各国和各地区常以它为驮畜,跋涉戈壁、沙漠。汉代时骆驼除了用于商业活动,也用于战争。战争中骆驼是军事物资的运载工具,特别是在北方和西北沙漠地区。汉武帝《轮台诏》讲到汉伐大宛国云:"朕发酒泉驴、橐驼负食,出玉门迎军。"②

二

骆驼在秦汉之前即已传入中国内地。《逸周书·王会解》记载商时伊尹奉汤之命为《四方献令》云:"正北空同、大夏、莎车、姑他、

---

① 参中国社会科学院考古研究所新疆工作队等:《新疆轮台县群巴克墓葬第二、三次发掘简报》,《考古》1991 年第 8 期;新疆文物考古研究所等:《新疆尼勒克县加勒克斯卡茵特墓地发掘简报》,《考古与文物》2011 年第 5 期;新疆文物考古研究所等:《新疆鄯善三个桥墓葬发掘简报》,《文物》2002 年第 6 期;新疆文物考古研究所、西北大学文化遗产与考古学研究中心:《新疆巴里坤县东黑沟遗址 2006—2007 年发掘简报》,《考古》2009 年第 1 期。
② 《汉书》卷九六下《西域传》下,第 3913 页。

旦略、貊胡、戎翟、匈奴、楼烦、月氏、孅犁、其龙、东胡，请令以橐驼、白玉、野马、駃騠、良弓为献。"①说明先秦时北方的骆驼已经输入中原地区。汉代时中原地区从北方、西北游牧民族以及西域国家那里得到骆驼。②陆贾《新语·道基》里提到："夫驴、骡、骆驼、犀、象、玳瑁、琥珀、珊瑚、翠羽、珠玉，山生水藏，择地而居。"③把骆驼与各种外来物品相提并论，说明他也是把骆驼看作外来牲畜的。从汉代文献可知，汉人对骆驼产地尚无完整的知识，但知道燕、代、匈奴、康居、鄯善、大月氏、东离国、蒲类国等有骆驼：

大王诚能用臣之愚计，则……燕、代橐驼良马必实外厩。④

匈奴……居于北蛮，随畜牧而转移。其畜之所多则马、牛、羊，其奇畜则橐驼、驴、骡、駃騠、駒騟、驒騱。⑤

康居亦遣贵人，橐它驴马数千匹，迎郅支。⑥

鄯善国，本名楼兰……民随畜牧逐水草，有驴马，多橐它。⑦

大月氏国……出一封橐驼。⑧

东离国……乘象、骆驼，往来邻国。⑨

蒲类国……有牛、马、骆驼、羊畜。⑩

移支国居蒲类地，……随畜逐水草，不知田作。所出皆与蒲类同。⑪

这是古代处于北方、西北、西域、中亚和南亚的国家和地区。

骆驼是北方草原民族的普通家畜，但在中原地区少见。桓宽

---

① 《逸周书》卷七《王会解》，收入〔明〕程荣纂辑：《汉魏丛书》，吉林大学出版社，1992年影印本，第286页。
② 罗运兵：《我国骆驼的早期驯养与扩散》，《中国〈活兽慈舟〉学术研讨会论文集》，四川威远，2013年。
③ 〔西汉〕陆贾：《新语》卷上《道基》，《汉魏丛书》，第323页。
④ 《史记》卷六九《苏秦列传》，中华书局，1982年，第2260页。
⑤ 《史记》卷一一〇《匈奴列传》，第2879页。
⑥ 《汉书》卷九下《匈奴传》下，第3802页。
⑦ 《汉书》卷九六上《西域传》上，第3875～3876页。
⑧ 《汉书》卷九六上《西域传》上，第3890页。
⑨ 《后汉书》卷八八《西域传》，中华书局，1965年，第2922页。
⑩ 《后汉书》卷八八《西域传》，第2928页。
⑪ 《后汉书》卷八八《西域传》，第2928～2929页。

《盐铁论·崇礼》云:"骡驴馲驼,北狄之常畜也。中国所鲜,外国贱之。"①直至东汉末年,牟子《理惑论》中尚以"睹骆驼言马背肿"以喻"少所见多所怪"。② 在中原政权和北方游牧民族的交往中,北方草原民族往往以骆驼献赠,如著名的冒顿单于《遗文帝书》云:"使郎中系雩浅奉书请,献橐他一匹,骑马二匹,驾二驷。"③东汉时匈奴南单于降汉,向光武帝进献骆驼。《东观汉记·匈奴南单于传》记载:"建武二十六年,南单于遣使献骆驼二头,文马十匹。"④华峤《汉书》记载:"南单于遣使诣阙,奉蕃称臣,入居于云中,遣使上书,献骆驼二头,文马十匹。"⑤汉朝从匈奴获得骆驼,更多的还是通过贸易所得。桓宽《盐铁论·力耕》记载,桑弘羊论与匈奴贸易之利,云:"夫中国一端之缦,得匈奴累金之物,而损敌国之用。是以骡驴馲驼,衔尾入塞;驒騱騵马,尽为我畜。"⑥汉朝与匈奴时战时和,在与匈奴的战争中也获得不少骆驼。西汉时,宣帝本始三年(前71),常惠率汉与乌孙联军击败匈奴,获"马牛羊驴橐驼七十余万头"⑦。《后汉书·窦宪传》记载,和帝永元三年(91),窦宪率军出塞击北匈奴,与北单于战于稽落山,大破之,虏众崩溃,"获生口马牛羊橐驼百余万头"⑧。汉军对匈奴战争的每一次胜利,其战利品都少不了大量骆驼。美国汉学家薛爱华(E. H. Schafer)说:"汉朝人不得不依赖像匈奴这样的边境游牧民族,以满足汉朝对这些贵重牲畜的需求。大夏驼在运送士兵、商品通过戈壁和塔里木的高原荒漠时表现出来的安全性能,使它身价百倍,备受珍爱。"⑨

---

① 〔西汉〕桓宽:《盐铁论》卷七,上海人民出版社,1974年,第81~82页。
② 〔南朝梁〕僧祐编:《弘明集》卷一,《中华大藏经》第62册,中华书局,1993年,第710页。
③ 《史记》卷一一〇《匈奴传》,第2896页。
④ 〔东汉〕刘珍等撰,吴树平校注:《东观汉记校注》卷二〇,中华书局,2008年,第885页。
⑤ 《艺文类聚》卷九四《兽部》,上海古籍出版社,1982年,第1630页。
⑥ 〔西汉〕桓宽:《盐铁论》卷一,第5页。
⑦ 《汉书》卷九六下《西域传》下,第3905页。
⑧ 《后汉书》卷二三《窦宪传》,第814页。
⑨ [美]薛爱华:《撒马尔罕的金桃——唐代舶来品研究》,吴玉贵译,社会科学文献出版社,2016年,第198页。

汉朝从西北地区和西域获得骆驼,有时是作为战利品获得的。东汉时西北地区的羌人时有反叛,中原政权在对羌人的战争中常缴获其骆驼。汉安帝永初七年(113),马贤与侯霸掩击零昌别部牢羌于安定,获驴、骡、骆驼、马、牛、羊两万余头。① 汉安帝元初四年(117),任尚、马贤破羌酋狼莫,获牛、马、驴、羊、骆驼十余万头。② 汉灵帝建宁二年(169),伐东羌,获牛、马、羊、骡、驴、骆驼四十二万七千五百余头。③ 汉敦煌马圈湾木简中有"湖部尉得虏橐也"④的记载,可能就是缴获的战利品。《后汉书·耿恭传》记载:"建初元年正月,会柳中击车师,攻交河城,斩首三千八百级,获生口三千余人,驼驴马牛羊三万七千头。"⑤汉殇帝延平元年(106),梁慬在西域平龟兹、温宿和姑墨诸国反叛,"获生口数千人,骆驼畜产数万头"⑥。有的则出于贡献。《通典·边防》"条支"条云:"条支,汉时通焉,……出封牛、孔雀。"⑦敦煌悬泉置汉代简牍中有西域国家疏勒、鄯善、莎车、乌孙、康居、大宛诸国贡献骆驼的记录:

1. 甘露元年二月丁酉朔己未,县(悬)泉厩佐富昌敢言之,爰书:使者段君所将疏勒王子橐佗三匹,其一匹黄、牝,二匹黄、乘,皆不能行,罢(疲)亟死。即与假佐开、御田遂、陈……复作李则、耿癸等六人杂诊橐佗丞所置前,橐佗罢(疲)亟死、审。它如爰书。敢言之。(Ⅱ0216③:137)⑧

2. 大宛贵人乌莫塞献橐他一匹,黄、乘、须两耳、絜一丈,死县(悬)泉置……(Ⅱ0214②:53)⑨

3. 乌孙、莎车王使者四人,贵人十七,献橐佗六匹,阳赐记□(A)

---

① 《后汉书》卷八七《西羌传》,第2888页。
② 《后汉书》卷八七《西羌传》,第2891页。
③ 《后汉书》卷六五《段颎传》,第2153页。
④ 胡之主编:《甘肃敦煌汉简》(四),重庆出版社,2008年,第9页。
⑤ 《后汉书》卷一九《耿恭传》,第722页。
⑥ 《后汉书》卷四七《梁慬传》,第1591页。
⑦ 〔唐〕杜佑:《通典》卷一九二《边防》八,中华书局,1988年,第5237页。
⑧ 胡平生、张德芳:《敦煌悬泉汉简释粹》,上海古籍出版社,2001年,第106~107页。
⑨ 胡平生、张德芳:《敦煌悬泉汉简释粹》,第108页。

十九日薄(簿)至今不移,解何?(B)(Ⅰ0309③:20)①

4.□守府卒人,安远侯遣比胥健……者六十四人,献马二匹,橐他十四,私马。□名藉(籍)畜财财物。(A)

……□□辛酉日出时受遮要御。……□行。(B)(Ⅱ0214③:83)②

5.甘露二年正月庚戌敦煌太守千秋库令贺兼行丞事敢告酒泉大□/罢军候丞赵千秋上书送康居王使者二人贵人十人从者□/九匹驴卅一匹橐他廿五匹牛戍申入玉门关已閤□□(Ⅱ90DXT0213③:6)③

悬泉置汉简中关于西域国家入贡活动有不少记载,其贡物品种和数量一般要记录在案,特别是当有一些特殊情况发生,更要详细叙述。以上诸条大都是有特殊情况发生,如疏勒王子入贡,所携三匹骆驼都在半途疲累病死;大宛国贵人所献骆驼死在悬泉置;乌孙、莎车使节入贡的六匹骆驼一直未到,因此被悬泉置守吏记入竹简文书。

汉朝从西域得到单峰驼。汉代从匈奴那里获得的骆驼,应当是双峰驼,所以从西域得到单峰驼时便感到稀奇。《汉书·西域传》记载大月氏"出一封橐驼"。颜师古注云:"脊上有一封也。封言其隆高,若封土也。今俗呼为封牛。封音峰。"④汉朝人所谓"封牛",即单峰驼,除了大月氏,还产于条支、罽宾。《汉书·西域传》记载,罽宾"出封牛"。颜师古注云:"封牛,项上隆起者也。"⑤汉朝还通过地处今缅甸的僬侥国得到单峰骆驼。《后汉书·南蛮西南夷列传》记载,安帝永初元年(107),"徼外僬侥种夷陆类等三千余口举种内附,献

---

① 胡平生、张德芳:《敦煌悬泉汉简释粹》,第109页。
② 胡平生、张德芳:《敦煌悬泉汉简释粹》,第123页。
③ 这是一枚记载康居王遣使贡献的木牍。第三行"九匹"前缺字应该是"马",此牍记载了康居王贡献马、驴和骆驼的数量。甘露是宣帝年号,说明至迟宣帝时汉与康居已经发生通贡关系。见张德芳:《悬泉汉简中若干西域资料考论》,载荣新江、李孝聪编:《中外关系史:新史料与新问题》,科学出版社,2004年,第146页。
④ 《汉书》卷九六上《西域传》上,第3890页。
⑤ 《汉书》卷九六上《西域传》上,第3885页。

象牙、水牛、封牛"①。这种单峰驼是作为奇兽进献的,因此数量较少。我们没有看到汉代有关单峰驼的考古资料。山东益都一北齐石室墓曾发掘出一件刻绘商旅驼运图的石板,葬于武平四年(573)。画面中央有一仆人牵一头骆驼、一匹马。骆驼乃较为罕见的单峰驼,张口昂首,背负兽面纹鞍具,上挂一水囊。仆人短发,深目高鼻,上穿翻领衫,下着紧腿裤,脚穿尖头鞋,其长相衣着显示其为西域胡人。②

无论从匈奴还是从西域、西南夷获得骆驼,主要的途径应该是贸易。汉与北方的匈奴和东北、西北边地其他民族都存在互市贸易,汉地通过互市贸易从游牧民族那里主要获得其骆驼和马畜。"汉魏以降,缘边郡国皆有互市,与夷狄交易,致其物产也"③。敦煌汉简中有骆驼和骆驼笼头买卖的记载:

> 元平元年七月庚子,禽(擒)寇卒冯时卖橐络六枚杨卿所,约至八月十日……与时小麦七石六斗,过月十五日以日斗计,盖卿任……(敦 1449A)④

这是一份债券簿,据分析,杨卿购买擒寇卒冯时骆驼笼头六枚,应在八月十日以前支付给冯时小麦七石六斗,超过八月十五日,每日就要额外加付一斗小麦。

由于汉代得到大量骆驼,太仆寺有专门负责饲养骆驼的机构,如橐泉厩;有负责饲养骆驼的官员,称橐泉监长、橐泉监丞、牧橐令和牧橐丞。⑤ 司马相如《上林赋》云:"其兽则麒麟角端,騊駼橐驼,蛩蛩驒騱,駃騠驴骡。"⑥说明上林苑中养有骆驼。东汉卫宏《汉仪注》云:"太仆、牧师诸苑三十六所,分布北边、西边,以郎为苑监,宦官奴

---

① 《后汉书》卷八六《南蛮西南夷列传·哀牢夷》,第2851页。
② 夏名采:《益都北齐石室墓线刻画像》,《文物》1985年第10期。
③ 《大唐六典》卷二二,三秦出版社,1991年,第415页。
④ 参李天虹:《居延汉简簿籍分类研究》,科学出版社,2003年,第141页。
⑤ 《汉书》卷一九上《百官公卿表》上,第729页。颜师古注曰:"牧橐,言牧养橐佗也。"又引如淳曰:"橐泉厩在橐泉宫下。"
⑥ 费振刚等辑校:《全汉赋》,北京大学出版社,1993年,第64页。

婢三万人,养马三十万匹。"①饲养骆驼归太仆寺管理,因此北边、西边监苑饲养的也有骆驼。上文中提到李广利伐大宛,汉武帝能够调发酒泉橐驼,他所调发的就是西北牧苑饲养的骆驼。敦煌悬泉置出土汉简有一简云:"所遣骊轩苑监侍郎古成昌,以诏书送驴、橐他。"(Ⅳ0317③:68)②"苑监侍郎"是朝廷派遣到边地牧苑任职的官吏,牧苑饲养的不仅有马,还有驴、骆驼。汉代在西北边地设苑养马始于汉景帝,其时尚不包括河西。汉武帝时开始在河西地区设苑养马,同时饲养驴、骆驼等。这件文书是朝廷命担任苑监的古成昌向指定地点输送驴和骆驼的记录。

三

在古代途经许多沙漠地带的丝绸之路上,骆驼是重要的交通运输工具。骆驼和其他动物相比,特别耐饥渴。骆驼鼻孔能开闭,足底有肉垫厚皮,适合在沙漠中行走;背有肉峰,肉峰内蓄藏脂肪,在骆驼得不到食物的时候,能够分解成骆驼身体所需要的养分,因此骆驼能够连续四五天不进食;骆驼的胃有三室,第一室有 20~30 个水脬,即瓶子形状的小泡泡,那是贮存水的地方,水脬里贮存的水使骆驼即使几天不喝水,也不会有生命危险。骆驼可以多日不吃不喝,一旦遇到水草,可以大量饮水贮存。骆驼的平均寿命可长达30~50 年。成年骆驼到肩膀身高 1.85 米,到驼峰身高可达 2.15 米。冲刺速度可达每小时 60 公里,长途持续速度可达每小时 40 公里。骆驼熟悉沙漠里的气候,有大风或沙尘暴将要来临,它就会跪下应对,旅行的人可以预先做好准备。骆驼对地下水也特别敏感。西晋张华《博物志》记载:"敦煌西渡流沙,往外国,济沙千余里中,无水,时

---

① 黄清谷校注:《三辅黄图校注》卷四引,三秦出版社,1995 年,第 231 页。按:《汉仪注》,东汉卫宏撰。又名《汉旧仪》,后人见该书所载多官制,又名之为《汉官旧仪》。该书原本有注,魏晋唐人引曰《汉仪注》,皆指此书。主要记述皇帝起居、官制、名号职掌、中宫及太子制度、二十等爵等内容,是研究汉史的重要资料之一。原为四卷,今本《汉官旧仪》二卷,系残本,清人孙星衍有校证,并辑补遗二卷。

② 胡平生、张德芳:《敦煌悬泉汉简释粹》,第 60 页。

有伏流处，人不能知。骆驼知水脉，过其处，辄停不行，以足踏地，人于所踏处掘之，辄得水。"①骆驼行走缓慢，但有很强的驮载能力。

骆驼有"沙漠之舟"的美誉。早在汉代，随着丝绸之路的开辟，骆驼就成为人们穿越大漠进行长途贩贸的重要运载工具。骆驼也是战争中重要的驮载工具，其负重驮载能力优于驴骡牛马，在战争中常常被用来运输军用物资，特别在西北到处是戈壁沙漠的自然环境恶劣的地区。正如有人指出的："西汉时与西域各国的经济交流，主要是依靠骆驼商队。往来西域的商人，成群结队，骑着骆驼，根据沿路的骆驼遗粪认识路线，越过四面茫茫的流沙。"②据说那时人们使用的主要是大夏双峰驼。美国汉学家薛爱华说："在唐朝统治的初年，北方的中国人知道使用大夏双峰驼至少已经有一千多年的历史了。早在汉代时，在新开拓的西域地区，商业性和军事性的驼队中就使用了成千上万的大夏驼。"③骆驼也是供人们食用的牲畜。汉武帝《轮台诏》中讲到伐大宛之战："汉军破城，食至多，然士自载不足以竟师，强者尽食畜产，羸者道死数千人。朕发酒泉驴、橐驼负食，出玉门迎军。"④这段记载告诉我们，远征大宛的汉军在军粮不足的情况下，曾食其畜产，当然包括军中的骆驼。汉朝迎接凯旋的汉军，亦用驴和骆驼"负食"。驼蹄羹作为一种美味，可能在东汉末年已经出现。明董斯张《广博物志》引《晋书》："陈思王（曹植）制驼蹄羹，一瓯值千金。"唐沈如筠《异物志》云，曹植所制驼蹄羹又号"七宝羹"。考古发现的材料说明，汉代也用骆驼驾车。河南新密市发现一块汉代骆驼御车空心画像砖，图案为两头骆驼拉着一辆张着伞盖的车子，后乘一人，似胡人。前有一御者，手拉四条缰绳。⑤ 在中亚、西亚、北非和阿拉伯等干旱沙漠地区，很早就在日常生活、商业活动和战争中把骆驼运用于骑乘、驮载和运输，在这些地区陆上贸易活动主要是通过驼队进行的。驼鞍的使用使骆驼能够承载重负，在公

---

① 《艺文类聚》卷九四《兽部》，第1630页。
② 陈竺同：《两汉和西域等地的经济文化交流》，上海人民出版社，1957年。
③ ［美］薛爱华：《撒马尔罕的金桃——唐代舶来品研究》，第198页。
④ 《汉书》卷九六下《西域传》下，第3913页。
⑤ 魏殿臣：《汉代骆驼御车空心画像砖》，《史学月刊》1984年第1期。

元初的几个世纪里,驼鞍加工业曾遍布上述地区。骆驼运输的发展,造成西亚和中亚的主要城市中为驼队服务的客栈的兴起。汉代丝绸之路上的贸易活动越来越繁荣,骆驼及其利用方式传入中国,骆驼也越来越引起中国人的重视。骆驼的利用极大地促进了欧亚非世界的沟通和往来,在中国与中亚、西亚、阿拉伯地区和北非的商贸文化交流中,骆驼发挥了重要作用,驼铃悠扬成为古代丝绸之路上富有诗意的一大景观。

在西北地区很早就有以骆驼殉葬的习俗。新疆轮台县群巴克墓葬二号墓地单室墓的墓室周围封土边缘下的一些小墓中,葬有幼儿、成人,陪葬物多是马头,个别的则有骆驼头或完整的马或狗。其墓葬时间在公元前810年至公元前610年,相当于西周中期至春秋中期。① 尼勒克县加勒克斯卡茵特山墓地M80号墓出土有牛、羊、骆驼头骨,墓葬时间在公元前6世纪至前4世纪。② 新疆鄯善县三个桥墓地中,相当于战国或稍晚时期的墓葬共18座,另发现祭祀坑6座,其中有用完整骆驼随葬的现象,坑内葬有马和骆驼。③ 新疆巴里坤县东黑沟遗址是一处战国末期至西汉前期的规模较大和具有代表性的古代游牧文化聚落遗址,其M012封堆西侧发现3座殉牲坑,分别殉有一头骆驼和两匹马,皆为完整骨架,经鉴定为家养双峰驼。④ 新疆吐鲁番交河故城沟北墓地一号台地墓葬发掘汉代墓葬55座,殉牲坑55座(其中殉马坑51座、殉驼坑4座),全肢殉葬者39座,即将马、驼杀死后整匹整头殉葬,有的骨骼保存完好,甚至有的皮毛还附着在骨架上。⑤ 这种杀驼殉葬的现象在汉代中原地区也有发现。在汉代帝陵陪葬坑中,发现有以骆驼随葬的现象。咸阳汉昭

---

① 中国社会科学院考古研究所新疆工作队等:《新疆轮台县群巴克墓葬第二、三次发掘简报》,《考古》1991年第8期。
② 新疆文物考古研究所等:《新疆尼勒克县加勒克斯卡茵特墓地发掘简报》,《考古与文物》2011年第5期。
③ 新疆文物考古研究所等:《新疆鄯善三个桥墓葬发掘简报》,《文物》2002年第6期。
④ 新疆文物考古研究所、西北大学文化遗产与考古学研究中心:《新疆巴里坤县东黑沟遗址2006—2007年发掘简报》,《考古》2009年第1期。
⑤ 联合国教科文组织驻中国代表处、新疆文物事业管理局、新疆文物考古研究所:《交河故城——1993、1994年度考古发掘报告》,东方出版社,1998年,第15~74页。

帝平陵陪葬坑中有大量骆驼骨骼，这也是陕西乃至中原地区发现的最早的骆驼骨架，经鉴定确认为33头骆驼。① 此墓还发现一乘木制四头双峰驼驾车模型，说明除骑乘、驮载之外，当时还以骆驼驾车。

　　骆驼很早就成为艺术表现的对象。甘肃嘉峪关黑山石刻画像中有三幅刻画骆驼形象的岩画：一幅上层刻骆驼、牛各一头，下层刻鹿两头；一幅刻骆驼一头，后一人持长绳，绳系于骆驼后腿，人后跟随一匹马；一幅是狩驼图，刻有八位猎人围捕三峰、双峰骆驼，猎人手持捕猎工具。这些岩画反映了我国西北地区古代游牧民族的生活，也是野双峰驼在嘉峪关一带生活的证明。② 内蒙古阴山山脉狼山地区岩画中有骑驼和野生骆驼的形象。③ 新疆吐鲁番托克逊县柯尔加依地区有两处面积较大的岩画，即盘吉尔山岩画和托格拉克布拉克岩画，刻画有驯养家畜马、骆驼、骡和牛等。④ 托格拉克布拉克岩画中有一幅牵驼狩猎图，画面上刻有大角羊八只、双峰骆驼五头，还有骑驼和牵驼者七人。据考证，这里属早期姑师人生活的地区，其年代在春秋至西汉时期。湖北江陵望山二号楚国贵族墓、荆门后港楚墓出土有战国中期的形制相同的人骑骆驼铜灯，表明当时这种铜灯是成批生产的。⑤ 河北易县燕下都辛庄头战国晚期墓地30号墓出土一件人骑骆驼饰牌，同墓出土的其他器物如剑和金银器上也有骆驼纹图案。⑥

　　随着汉代丝绸之路的开拓，更多的骆驼输入中原地区，骆驼异于中原牲畜的形象以及其耐劳性格受到汉地人们的喜爱，汉朝出现了更多的以骆驼为题材的造型艺术。西安沙坡村出土的西汉陶骆驼塑像，没有任何装饰，比较写实，整体造型十分高大，高73.5厘米，长90厘米，这与汉代流行制作其他大型动物塑像一致。⑦ 汉代画像

---

① 袁靖：《动物考古学研究的新发现与新进展》，《考古》2004年第7期。
② 嘉峪关市文物清理小组：《甘肃地区古代游牧民族的岩画——黑山石刻画像初步调查》，《文物》1972年第12期。
③ 盖山林：《阴山史前狩猎岩画研究》，《内蒙古师大学报》（自然科学版）1984年第1期。
④ 克由木·霍加、夏克尔·赛伊德：《柯尔加依岩画》，《文艺理论研究》1992年第6期。
⑤ 陈振裕：《湖北发现战国西汉的骆驼图像》，《农业考古》1987年第1期。
⑥ 陈平：《北方幽燕文化研究》，群言出版社，2006年，第362页。
⑦ 齐东方：《丝绸之路的象征符号——骆驼》，《故宫博物院院刊》2004年第6期。

石中有胡人、骆驼、狮子、象以及佛教人物等许多外来艺术形象,这些艺术形象反映了汉代战争、丝绸之路、佛教的传入所带来的外来文化对汉代文化艺术的影响,其中有不少骆驼形象。汉代骆驼的使用主要在西北地区,内地还比较少见,故被《史记》称为"奇畜",在河南南阳、山东长清、沂南、江苏徐州、洪泗、四川新都、陕北等地汉墓出土的画像石上,都发现有骆驼形象,刻画比较稚拙。江苏徐州汉画像石馆收藏的画像石中有骆驼。① 陕北大保当汉城址出土的画像石中有牵驼图。② 河南南阳画像石中出现的骆驼,以四肢纤细、如马狂奔为特色。齐东方指出:"这些汉代的骆驼形象显得有些稚拙,特别是蹄子,与同时期塑像、画像上的马蹄无异,反倒与骆驼差距很大。骆驼与其他有蹄类动物的最大差别是蹄趾特别发达,趾端有蹄甲,两趾之间有很大的开叉,外面有海绵状胼胝垫,增大接触地面的面积,能在松软的流沙中行走而不下陷,还可以防止足趾在夏季灼热、冬季冰冷的沙地上受伤。汉代对骆驼的塑造中忽视了这一关键的细节,似乎作者对骆驼并不十分了解。在汉代动物塑像中,骆驼大都混同在各类动物之中,没有数量上的优势和变化多样的姿态,显然与其他大量动物等同起来,没有明显的特别含义。"③四川成都新都区东汉墓出土的骆驼载乐画像砖,画面上一头双峰骆驼背负一建鼓,前后有两人击鼓成乐,骆驼稳步前进,人物和骆驼的刻画非常具有动态感。骆驼形象的刻画比较稚拙,驼蹄与马蹄相似,尾巴亦似马尾,刻画者或许对骆驼形象尚无直接观感。中国古代骆驼的形象更多地出现在魏晋南北朝和唐代造型艺术中,艺术性大大提高,特别在与丝绸之路有关的造型艺术中,骆驼更是主角。茫茫大漠上一队骆驼行走于夕阳残照之中,令人对古代丝绸之路产生无限遐想。因此,骆驼被称为"丝绸之路的形象大使"。但汉代作为艺术表现中的新的对象,骆驼形象的刻画还处于初级阶段。

---

① 郝利荣、杨孝军:《试析徐州汉画像石中的"胡人"及其文化影响》,收入顾森等主编:《大汉雄风——中国汉画学会第十一届年会论文集》,高等教育出版社,2008年。
② 吕静:《陕北汉画像石探论》,《文博》2004年第4期。
③ 齐东方:《丝绸之路的象征符号——骆驼》,《故宫博物院院刊》2004年第6期。

北方草原民族的斗骆驼游戏曾流行于丝绸之路沿线国家和民族。汉代匈奴地区盛行的赛骆驼和斗骆驼游戏,随着匈奴向汉朝进贡骆驼也传入中原。《后汉书·南匈奴列传》记载:"匈奴俗,岁有三龙祠,常以正月、五月、九月戊日祭天神。南单于既内附,兼祠汉帝,因会诸部,议国事,走马及骆驼为乐。"①《东观汉记·匈奴南单于传》记载:"南单于上书献橐驼。单于岁祭三龙祠,走马斗橐驼,以为乐事。"②史书上记载单于向汉朝进献骆驼,特意交代其赛马和斗骆驼的活动,显然单于进献的骆驼就是用以比赛的骆驼,这些骆驼在汉朝进行了表演。后世文献记载,北方草原与西域一直流行斗骆驼游戏。《新唐书·回鹘传》记载,黠戛斯"戏有弄驼、师子、马伎、绳伎"③。黠戛斯即汉时之坚昆国,在康居西北,坚昆王庭所在地位于俄罗斯阿巴干城以南8公里处,现地名改为阿巴坎。阿巴坎所在的叶尼塞河东岸是历史悠久的米努辛斯克买卖城。坚昆曾被北匈奴郅支单于征服,在文化上与匈奴有密切联系。《新唐书·西域传》记载:"(龟兹国)岁朔,斗羊马橐它七日,观胜负以卜岁盈耗云。"④龟兹国乃西域古国,在今新疆库车、拜城和新和一带,匈奴曾长期统治西域,龟兹是亲匈奴的国家之一,其文化上自然受到匈奴影响。土耳其现在仍然流行斗骆驼活动,可能是古代草原民族斗骆驼游戏传统的传承。在土耳其南部地中海和爱琴海沿岸各省份如塞尔柱、艾菲斯、穆拉、丹尼兹利等地,斗骆驼是一种传统娱乐项目,每年进行两次,都是在雄骆驼发情时的12月至次年3月间。斗骆驼有专门的场地,往往是一个长着青草的大广场,四周围着木栅栏。角斗在两头双峰雄驼之间进行,这种骆驼是由单峰雌驼与双峰雄驼杂交培育而来的斗驼。在斗骆驼之前,饲养骆驼的人要用红胡椒、香料和白面做成饼喂骆驼,并将酒精兑上水给它们喝,借以刺激骆驼的斗志,使它们格斗时完全处于疯狂状态。土耳其有全国性的斗骆驼比赛,

---

① 《后汉书》卷八九《南匈奴列传》,第2944页。
② 〔东汉〕刘珍等撰,吴树平校注:《东观汉记》卷二〇,中华书局,2008年,第886页。
③ 《新唐书》卷二一七下《回鹘传》下,中华书局,1975年,第6148页。
④ 《新唐书》卷二二一上《西域传》上,第6230页。

即斗骆驼节,这是土耳其最重要的民族传统节日。土耳其当代的斗骆驼游戏活动,让我们可以想象到当年匈奴人斗骆驼活动的激动人心的场面。有人说这种比赛活动是在约两百年前兴起的,古代一些商队之间和游牧人家之间常让骆驼彼此角斗以争高低。其实在两千年前匈奴人已有此类活动,说明草原民族中斗骆驼是一种具有悠久传统的娱乐活动。

汉代狮子入贡与狮形艺术

中国不产狮子,古代中国通过丝绸之路获得域外贡献的狮子。狮子传入中国,主要作为奇兽供观赏之用。狮子传入中国之前,狮形艺术品已经传入中国。汉代丝绸之路开辟后,西域国家不断有狮子入贡中国。狮子异于其他野兽的形象引起了中国人的兴趣,因而制造出狮子造型的艺术品。狮子又因其凶猛的特性,而成为镇墓辟邪的形象。

一

狮子,古代波斯语音译,[①]分类学上属哺乳纲食肉目猫科大型猛兽。狮是现代猫科动物中进化得最为成功的种类,其演化在第四纪达到顶峰。[②] 狮子曾广泛分布于非洲、欧亚和北美大陆,在最后一次冰期一度进入南美中南部。在其进化过程中分化出许多形态以适应各大洲不同的气候、地理环境及猎物基础,如洞狮(Panthera spelaea)和美洲拟狮(Panthera atrox)。古生物学证据显示,最早的大型猫科动物豹属化石出土于非洲坦桑尼亚,在地质年代上属于晚上新世,距今350万年。这种大型猫科动物在形态上具有很多现代狮的骨学特征,大部分学者将其视为最古老的狮类动物。后来在东非

---

① 狮子,古代文献中常写作"师子",源于东伊兰语 šē/ši。关于其语源,其说不一。一说来自伊兰šary;一说来自波斯 šēr(shír);一说来自粟特 sryw\šaryə;另有人认为即"狻猊",来自梵语 simia;一说即"酋耳",来自巴比伦 UR。参刘正埮等编:《汉语外来词词典》,上海辞书出版社,1984年,第315页。狻猊,或作狻麑,一说来自塞语,见林梅村:《狮子与狻猊》,《汉唐西域与中国文明》,文物出版社,1998年,第89页。
② 第四纪(Quaternary Period)是地质时期中最新的一个纪,包括更新世和全新世两个世,从约181万年前开始,一直延续至今。其间生物界已进化到现代面貌,灵长目中完成了从猿到人的进化。

发现距今180万年~170万年的早更新世的狮子化石。

狮子这类大型猫科动物的扩散和辐射能力非常惊人,中更新世早期已广泛分布于非洲大陆东部和南部,同时化石记录显示起源于非洲的狮子已开始进入欧亚大陆。至更新世中晚期,狮子便扩散到欧洲大陆、英伦群岛、亚洲的中东、西伯利亚、西南亚的大部分地区。狮子从西伯利亚经白令陆桥迁徙至北美的阿拉斯加,仅用了大约一百年时间。① 至最近的一次冰期,狮子从北美进入南美中南部今秘鲁一带。美国汉学家薛爱华(E. H. Schafer)说:"在古代亚洲,在印度、波斯、巴比伦、亚述以及小亚细亚地区,狮子这种巨大的猫科动物是很常见的动物。在古典时代,甚至在马其顿和色萨利也可以见到狮子的身影。"②可知狮子在古代分布很广。亚洲虽然盛产狮子,但是包括中国在内的亚洲东部地区却不产狮子,亚洲狮原产于美索不达米亚,③主要生活于南亚和西亚,即中国古代称之为西域的地区。狮类没有扩散到东亚,很可能是由于东亚的山地森林不适于狮类这样的集群动物生存,而更适于另一个崛起的大型豹属动物——虎的生存。化石证据表明,虎与狮在辐射、扩散过程中,总是采取生态位的分离来避免直接的进化竞争,虎倾向于封闭型生存环境,狮倾向于开放型生存环境。人类种群的繁盛,导致狮和虎在最后一次冰期中种群衰退,那些曾经占有统治地位的大型猫科动物,最终被智人所取代。

在中国古代文献中,狮子常常被写作"师子"。在汉代狮子传入

---

① 2015年夏,科学家在西伯利亚雅库特冻土带中发现两具上万年前的洞穴狮子的尸体,为狮子的早期传播提供了新的证据。这是迄今为止在该地区发现的保存最为完整的洞穴狮子尸体,其外形与现代狮子十分相像,这一发现有助于对这些在1万年前已灭绝生物的研究。这种动物的尸体大多在西伯利亚、阿拉斯加、加拿大等地区被发现。参黄蓉编辑:《西伯利亚发现冰冻万年狮子尸体,保存完整极为罕见》,《国际在线》专稿,http://gb.cri.cn/42071/2015/10/28/7651s5146932.htm,2015年10月28日;姜泽菲编辑:《西伯利亚冰冻万年狮子尸体展出 专家称有望被克隆》,《国际在线》专稿,http://china.ynet.com/3.1/1512/26/10661574.html,2015年12月26日。

② [美]薛爱华:《撒马尔罕的金桃——唐代舶来品研究》,吴玉贵译,社会科学文献出版社,2016年,第229页。

③ 尚永琪:《莲花上的狮子——内陆欧亚的物种、图像与传说》,商务印书馆,2014年,第2页。

中国之前,中国文献中已经提到这种猛兽,但在先秦文献中称作"狻猊"。《穆天子传》云:"名兽使足□走千里,狻猊□野马走五百里。"晋人郭璞注云:"狻猊,狮子,亦食虎豹。"①《穆天子传》出自战国汲冢墓,说明至迟战国时代中原人民已经知道狮子。先秦文献《尔雅》对狮子作了这样的介绍:"狻麑,如虦猫,食虎豹。"郭璞注:"即师子也,出西域。汉顺帝时疏勒王来献犎牛及师子。"②可见先秦时人对狮子的特点已有了解。林梅村认为"狻猊"一词应来自塞语,或称斯基泰语,这是游牧于欧亚草原的古代游牧民族斯基泰人使用的语言。先秦时期斯基泰人在东方的分布已达哈密盆地。据英国语言学家贝利研究,于阗塞人称狮子为 sarau。该词的形容词形式作 sarvanai,抽象名词作 sarauna。汉语"狻猊"可能来自塞语表示狮子的词 sarvanai(形容词)或 sarauna(抽象名词)。③ 汉代有了"师子"之称,《汉书·西域传》"乌弋"条云乌弋有"师子",颜师古注曰:"师子即《尔雅》所谓狻猊也。"④乌弋山离国是公元前 2 世纪至公元 1 世纪位于西亚伊朗高原东部的古国。狮子又称虓,东汉时许慎《说文解字》云:"虓,虎鸣也,一曰师子。"⑤据三国魏鱼豢《魏略·西戎传》,古代中国人听说大秦国"有猛虎、狮子为害,行道不群则不得过"⑥。

汉朝人知道乌弋山离国、月氏国、条支国、安息国、大秦国有"师子"⑦。西汉时狮子传入中国,汉语中便有了"师子"这个新的称谓。⑧ 相传西汉东方朔撰《海内十洲记》记载,征和三年(前 90),汉

---

① 《穆天子传》卷一,收入〔明〕程荣纂辑:《汉魏丛书》,吉林大学出版社,1992 年影印本,第 294 页。
② 〔晋〕郭璞注,〔南朝宋〕邢昺疏:《尔雅注疏》卷一○,《十三经注疏》,中华书局,1980年,第 2651 页。
③ H. W. Bailey, *Dictionary of Khotan Saka*, Cambridge University Press, 1979, P.421;林梅村:《狮子与狻猊》,《汉唐西域与中国文明》,第 89 页。
④ 《汉书》卷九六上《西域传》上,中华书局,1962 年,第 3889 页。
⑤ 〔汉〕许慎:《说文解字》卷五上,中华书局,1963 年,第 103 页。
⑥ 《三国志》卷三○《乌丸鲜卑东夷传》裴注引,中华书局,1959 年,第 861 页。
⑦ 余太山:《两汉魏晋南北朝正史西域传研究》,中华书局,2003 年,第 290 页。
⑧ 一般认为狮子是东汉时才开始由西域使臣向中国皇帝进贡,如林梅村:《狮子与狻猊》,《汉唐西域与中国文明》,第 92 页;尚永琪:《莲花上的狮子——内陆欧亚的物种、图像与传说》,第 3 页。此说不确。

武帝幸安定，西胡月氏国曾献猛兽一头，据其描写，"形如五六十日犬子，大似狸而色黄"①，当即狮子。西汉时上林苑有"兽圈九"②，其中有狮子圈。《三辅黄图》记载，上林苑建章宫旁奇华殿兽圈内有"师子"③。《太平御览·居处部》引《三辅故事》云："师子圈，在建章宫西南。"又引《汉宫殿疏》云："有虥圈，有师子圈，武帝造。"④《汉书》描述西汉所获异域物产："明珠、文甲、通犀、翠羽之珍盈于后宫，蒲梢、龙文、鱼目、汗血之马充于黄门，巨象、师子、猛犬、大雀之群食于外囿。殊方异物，四面而至。"⑤敦煌悬泉置出土汉代简牍中有西域国家向汉朝进献狮子的信息：

　　☐其一只以食折垣王一人师使者

　　☐只以食钧耆使者迎师子

　　☐☐以食使者弋君（Ⅱ90DXT0214S:55）⑥

折垣、钧耆都是汉代文献中没有见过的西域国名。第一行简文中"师使者"可能指折垣王遣送狮子的使者；第二行简文大意是供应钧耆使节饮食，并迎接其送来的狮子。

　　东汉时继续从西域的大月氏、安息、疏勒获得狮子。司马彪《续汉书》记载：章帝章和元年（87），"安息国遣使献狮子、符拔，形似麟而无角"⑦。《后汉书·章帝纪》记载，章和元年，"月氏国遣使献扶拔、师子"⑧。《后汉书·班超传》记载："月氏尝助汉击车师有功，是岁贡奉珍宝、符拔、师子，因求汉公主。超拒还其使，由是怨恨。"⑨说明月氏曾贡献狮子给西域都护，由西域都护班超转送京师。《后汉书·西域传》记载，章和元年，安息国"遣使献师子、符拔。符拔形似

---

① 〔汉〕东方朔：《海内十洲记》，《景印文渊阁四库全书》第1042册，台湾商务印书馆，1986年，第277页。
② 何清谷校注：《三辅黄图校注》卷三，三秦出版社，1995年，第338页，注（一）。
③ 何清谷校注：《三辅黄图校注》卷三，第168页。
④ 《太平御览》卷一九七《居处部》，上海古籍出版社，2008年，第3册，第5页。
⑤ 《汉书》卷九六下《西域传》下，第3928页。
⑥ 张德芳：《悬泉汉简中若干西域资料考论》，收入荣新江、李孝聪主编：《中外关系史：新史料与新问题》，科学出版社，2004年，第130页。
⑦ 《太平御览》卷八八九《兽部》，第9册，第27页。
⑧ 《后汉书》卷三《章帝纪》，中华书局，1965年，第158页。
⑨ 《后汉书》卷四七《班超传》，第1580页。

麟而无角"。《后汉书·和帝纪》记载,章和二年(88),"安息国遣使献师子、扶拔"①。又云,永元十三年(101)冬十一月,"安息国遣使献师子及条支大爵"②。《后汉书·顺帝纪》记载,阳嘉二年(133)六月,"疏勒国献师子、封牛"。李贤注引《东观记》云:"疏勒王盘遣使文时诣阙。"又云:"师子似虎,正黄,有髯耏,尾端茸毛大如斗。"③《东观汉记》记载:"阳嘉中,疏勒国献狮子、封牛。狮子形似虎,正黄,有髯耏,尾端茸毛大如斗。"④阳嘉,汉顺帝年号。疏勒即今新疆喀什一带,此地并不产狮子,疏勒王进献中原地区的狮子应该来自更远的西亚地区。汉代文献中的这些描写"已经是非常写实、准确地对亚洲雄狮的描写"⑤。这反映了中国人对狮子的认识已经超越传说的性质。由于狮子的入贡,人们更多地接触到真实的狮子,因此对其形象的描写便更加写实了。

二

汉代以前,狮子的艺术形象就已经在中国境内被发现,新疆考古工作者在伊犁河流域的塞人墓地以及天山东部的塞人墓地相继发现带有狮子图案的先秦文物。1983年,在伊犁河支流巩乃斯河河畔发现的青铜器中,有一件高足承兽方盘,盘上的对兽表现的正是狮子形象。类似的方盘在中亚七河流域的塞人墓地也有发现。1976年发掘的新疆阿拉沟战国墓地也发现了一件带有对狮的同类器物,与之共出的还有一件狮形金牌饰,长20厘米,其年代在距今2345至2040年之间。金牌狮体作昂首跳跃状,张口卷尾,振鬣奋足,造型极为生动。俄罗斯阿尔泰山区巴泽雷克发现的塞王墓中有许多狮子

---

① 《后汉书》卷四《和帝纪》,第168页。按:此处所记疑与司马彪《续汉书》中所记章和元年"安息国遣使献师子、符拔"为同一事件。
② 《后汉书》卷四《和帝纪》,第189页。"爵",通"雀"。《后汉书》卷八八《西域传》记载,和帝永元十三年(101),"安息王满屈复献师子及条支大鸟,时谓之安息雀"(第2918页)。
③ 《后汉书》卷六《顺帝纪》,第263页,注[一]。
④ 《太平御览》卷八八九《兽部》,第9册,第27页。
⑤ 尚永琪:《莲花上的狮子——内陆欧亚的物种、图像与传说》,第4页。

纹饰,其年代相当于中国战国时期,其中同出的还有其他中国文物。①

　　狮子的形象尤其为人喜爱,是中国古典造型艺术的重要素材,狮子艺术成为中国传统文化艺术的重要组成部分。日本东京大学工学部收藏有汉代山东济宁晋阳山慈云寺画像石,画面中的犬敏捷强悍,有的却作狮子姿态。②画像石出现于西汉末和东汉初,类似埃及的浅浮雕,图案则有西域题材和表现手法的影响,有马、狮、象、骆驼、有翼兽、有翼天禄、鹰头兽、裸体人像等。四川新都雒阳令王稚子二阙画像石中有狮子和大象的形象。③新疆尼雅东汉墓出土有带狮子图案的棉布残片。④河南南阳、陕北等地出土汉画像石上都出现浮雕石狮子图像。狮子舞是中国传统艺术,历史悠久,《汉书·礼乐志》记载,朝贺置酒为乐,"常从象人四人"。三国时魏国人孟康解释,象人"若今戏虾鱼师子者也"⑤,即扮演鱼、虾、狮子进行表演的艺人。由此可知在汉代,至迟三国时已有装扮狮子的表演。在东汉黄香《九宫赋》中,狮子成为仙人的坐骑:"招摇丰隆骑师子而侠毂,各先后以为云车。"⑥丰隆,中国古代神话中的云神。屈原《离骚》云:"吾令丰隆乘云兮,求宓妃之所在。"《九歌·云中君》汉王逸注云:"云神,丰隆也,一曰屏翳。"⑦狮子成为中国神话中云神的坐驾。

　　西域狮形饰品或其创意也传入中国西南地区。云南晋宁石寨山13号墓出土一镏金铜饰物,被称为"二怪兽镂花铜饰物"。据考

---

① 林梅村:《狮子与狻猊》,《汉唐西域与中国文明》,第89~90页。
② 法国巴黎大学北京汉学研究所编:《汉代画象全集》(初编、二编),学苑出版社,2014年。
③ 王士禛《秦蜀驿程后记》详录阙上题记之文:"过汉王涣稚子墓,观两石阙。阙下方上锐,叠石如累棋,其巅有盖覆之,望之如窣堵坡状,叠石凡五层。……二层刻人物之形,三层象虎海马,五层师子。"王士禛此记作于康熙三十五年(1696)丙子,其时不但双阙俱存,且阙上所刻人物、象、虎、海马、狮子之形象及逐层后人题记之字皆保存完好。参袁世硕主编:《王士禛全集》第5册,齐鲁书社,2007年,第3584页。按:原文"望之如窣堵坡状,叠石凡五层",断为"望之如窣堵,坡状叠石凡五层"不妥。"窣堵坡"即佛塔,不当断开。
④ 林梅村:《狮子与狻猊》,《汉唐西域与中国文明》,第93页。
⑤ 《汉书》卷二二《礼乐志》,第1075页。
⑥ 费振刚等辑校:《全汉赋》,北京大学出版社,1993年,第372页。
⑦ 〔南宋〕洪兴祖:《楚辞补注》卷二,中华书局,1957年,第103页。

古工作者描述:"二怪兽交股站立,兽形似狮而有如鹿之角及獠牙,耳上及足上皆戴圆环,上、下端有四蛇缠绕,蛇口咬住二兽的面颊。"①童恩正细审原图,认为此二怪兽是从狮子变化而来。石寨山13号墓的时代是公元前2世纪中期,或在公元前175年至公元前118年之间,正值西汉时期。童恩正认为这种主题肯定不是起源于古代黄河流域或云南的装饰文化中,但在古伊朗(Achaemenid Iran)带角的狮饰却非常普遍,例如在苏萨(Susa)宫殿发现的公元前5世纪铸在戒指上带角的狮形饰以及著名的上釉砖砌浮雕。这个图案两头狮子相背而立的构图,在公元前1世纪的早期贵霜石雕中可以见到。这件作品或许为当地滇人所制,但其构思可能来自印度。②汉代铜镜制作工巧,常常采用西域传入的动植物如葡萄、有翼兽、石榴、海兽、飞马、狮、犀、大象、孔雀、宝相花等做装饰图案。汉代铜镜装饰图案明显受到印度和西方风格的影响。拜占庭时期,罗马赖文那出土古棺,在葡萄唐草纹饰中刻有孔雀,象征不死的灵鸟。安息王朝和罗马装饰图像中流行飞马和狮子题材。则自通西域后,西域各国商人一定有将此类工艺品输入者,而中国铜镜工匠则吸收或参用了此类纹饰图案。

　　狮子形象凶猛,传说可以辟邪,所以人们用石刻狮子镇门、镇墓。我们现在所看到的狮子艺术形象,大约在西汉时已经定型,20世纪80年代汉元帝渭陵寝殿遗址曾出土玉狮子。③ 1976年,苏州虎丘农机厂出土有汉成帝河平元年(前28)铭文的辟邪形铜座,属有翼狮形兽。④ 以石刻狮子作为镇墓兽,至迟在东汉时已经出现。山东嘉祥东汉武氏家族墓葬石阙前的一对石狮子,长约4尺6寸,两相对立,形态生动。据石阙铭文可知这对石狮子造于桓帝建和元年(147)。⑤

---

① 云南省博物馆:《云南晋宁石寨山古墓群发掘报告》,文物出版社,1959年,第90页。
② 童恩正:《古代中国南方与印度交通的考古学研究》,《考古》1999年第4期。
③ 李宏涛、王丕忠:《汉元帝渭陵调查记》,《考古与文物》(创刊号)总第1期,陕西人民出版社,1980年。
④ 沈福伟:《中西文化交流史》,上海人民出版社,2006年,第64页。
⑤ 武氏祠石阙铭文录文,见阎文儒:《关中汉唐陵墓石刻题材及其风格》,《考古与文物》1986年第3期。

北魏郦道元《水经注》卷二三"汳水"条引《续述征记》云："西去夏侯坞二十里,东一里,即襄乡浮图也。汳水径其南,汉熹平中某君所立。死因葬之,其弟刻石树碑,以旌厥德。隧前有狮子、天鹿,累砖作百达柱八所,荒芜颓毁,凋落略尽矣。"①熹平乃东汉灵帝年号(172—178)。隧,墓道,古墓中运送棺材到墓室的通道。隧前狮子,应当是镇墓石刻狮子。四川省雅安县的东汉高颐墓前的石狮子,立于汉献帝建安十四年(209),雄壮威武,胸前刻有飞翼,具有古代波斯艺术风格,可能是受波斯文化影响的结果。辟邪是古代汉族民间传说中的一种神兽,形似狮,头有角,身有翅,具有祈福祛邪的作用。辟邪古已有之,汉代的辟邪形象应是吸收了狮子、虎、豹等猛兽体形元素而形成的新的神兽形象,其中以狮子形象为主。狮子在佛教中具有某种神圣性,这种观念随着佛教一同传入中国。东汉末牟子《理惑论》记载佛"颊车如师子"②。

在中国的考古发现中,有相当数量的珠饰制作成狮子形象,其年代最早的是汉代珠饰,据统计琥珀质的狮形珠至少有40颗(含被定名为兽、虎的珠饰)。③考古报告中明确为狮形者也有如下多例。广西合浦风门岭M23西汉后期墓出土赫石色琥珀狮形珠子1颗,横孔,长2.4厘米,高1.5厘米。同墓还出土浅蓝琉璃狮形珠2颗、紫色水晶狮形珠1颗,都作为串饰组成部分。M26西汉后期墓出土玛瑙珠31颗,其中有狮形珠,作为串饰组成部分。M27西汉中期墓出土玛瑙狮形珠1颗,微残,橘红色,作伏地状,可见前足,横穿孔,长1.8厘米,高1厘米;刻有线条以表现头部及身体细部;小巧精致,形象动人。④广西贵县(今贵港市)汉墓出土琥珀珠199颗,有琥珀小狮1件,带乳白和黑白斑纹,作伏状,长5厘米,高3厘米,宽2.5厘米。⑤

---

① 〔北魏〕郦道元著,陈桥驿校证:《水经注校证》卷二三,中华书局,2013年,第534页。
② 〔南朝梁〕僧祐编:《弘明集》卷一,《中华大藏经》第62册,中华书局,1993年,第709页。
③ 赵德云:《西周至汉晋时期中国外来珠饰研究》,科学出版社,2016年,第122页。
④ 广西壮族自治区文物工作队、合浦县博物馆编著:《合浦风门岭汉墓:2003—2005年发掘报告》,科学出版社,2006年,第42、83、16页。
⑤ 广西文物管理委员会(黄增庆执笔):《广西贵县汉墓的清理》,《考古学报》1957年第1期。

贵州安顺宁谷东汉晚期石室墓出土2颗琥珀珠,形似伏狮,身中部有一穿孔,红色半透明体,长3厘米,高约2厘米。① 贵州兴仁东汉墓M5、兴义东汉墓M4各出土琥珀狮饰3件。② 贵州清镇M1、M14西汉末期到东汉墓分别出土玻璃狮形珠1颗、骨制狮形珠1颗。③ 广东广州东汉前期墓M4018出土琥珀珠7颗,多为象生形状,有鱼、蛙、狮等。东汉后期墓M5001出土浅棕色伏兽形琥珀珠一粒,长1.8厘米。其他东汉后期墓也出土有伏兽形琥珀珠一粒,作为串饰的组成部分。④ 广东顺德(今佛山市顺德区)猪仔岗东汉墓M1出土琥珀珠3颗,其中兽形饰1件,雕刻成狮虎之形,有穿孔。⑤ 四川绵阳何家山东汉晚期崖墓2号墓出土琥珀狮形珠1颗,头、五官、身体均为粗线条刻成,卧姿。腰部有一小孔,长3.1厘米,高2.2厘米。⑥ 湖南常德南坪公社东汉晚期墓M5、M10出土琥珀珠饰6件,暗红色,2件椭圆形,雕成虎、狮等动物形象,作蹲伏状,中心有穿孔。⑦ 内蒙古科左中旗六家子鲜卑墓葬,年代在东汉末至西晋,出土琥珀珠3颗,1颗作卧狮形,长2.9厘米,宽1.8厘米,高1.6厘米,腹下有一椭圆形穿孔。⑧ 陕西旬阳汉墓出土煤精狮形珠1颗,墨黑色,卧状,腹间横穿一圆孔,长2厘米,高、宽各1.7厘米。⑨ 湖北当阳刘家冢子东汉末年画像石墓出土金狮1件,长1.5厘米,通高1.1厘米。昂首卷尾,张口露牙,蜀坐,作欲扑状。身躯中间有一圆孔,报告者以为"可能是某器零件"。⑩ 湖北宜都陆城东汉晚期墓出土金狮子,长1.1厘米,

---

① 贵州省博物馆:《贵州安顺宁谷发现东汉墓》,《考古》1972年第2期。
② 贵州省博物馆考古组:《贵州兴义、兴仁汉墓》,《文物》1979年第5期。
③ 贵州省博物馆:《贵州清镇平坝汉墓发掘报告》,《考古学报》1959年第1期。
④ 广州市文物管理委员会、广州市博物馆:《广州汉墓》,文物出版社,1981年,第453页、图版173∶1,第454页、图版174∶1。
⑤ 广东省博物馆、顺德县博物馆:《广东顺德县汉墓的调查和清理》,《文物》1991年第4期。
⑥ 绵阳博物馆:《四川绵阳何家山2号东汉崖墓清理简报》,《文物》1991年第3期。
⑦ 湖南省博物馆:《湖南常德东汉墓》,《考古学集刊》第1集,中国社会科学出版社,1981年,第174页。
⑧ 张柏忠:《内蒙古科左中旗六家子鲜卑墓群》,《考古》1989年第5期。
⑨ 张沛:《陕西旬阳出土汉代煤精狮》,《文博》1988年第6期。
⑩ 沈宜扬:《湖北当阳刘家冢子东汉末年画像石墓发掘简报》,《文物资料丛刊》(1),文物出版社,1977年,第126页;图版拾壹:2。

高0.7厘米,作向天怒吼状,腿蹬头昂,制作精细,生动美观。① 山东莒县双合村汉墓出土绿松石兽形珠,报告称:"兽双手扶膝,作蹲踞状,瞋目龇牙,神态凶猛。"②应该也是狮形珠,或狮子的变形。那些制成蹲踞的狮子形象的珠饰被学者们称为"辟邪形珠"③。这样的狮形珠饰被葬于墓中,其中的辟邪意味是明显的。从最早的发现属西汉后期来看,狮形珠饰的出现与汉武帝时代陆上丝绸之路、海上丝绸之路的开辟和西域狮子入贡有密切关系。

---

① 宜昌地区博物馆、宜都县文化馆:《湖北宜都陆城发现一座东汉墓》,《考古》1988年第10期。
② 刘云涛:《山东莒县双合村汉墓》,《文物》1999年第12期。
③ 赵德云:《西周至汉晋时期中国外来珠饰研究》,第104页。

汉代域外和边疆医药与医术的传入

疾病是人类共同面临的问题,解除病痛的需要使世界各地都产生了各具特色的医药学和医疗技术。中国有源远流长的传统医学,但在与疾病的对抗中也吸收、借鉴了其他国家和地区的医药学成果和医疗经验。随着丝绸之路的开辟,汉代域外和边疆地区医药和医术传入中原。本文对此略加探讨,从而说明中外文化交流对促进中医药学的发展所发生的重要作用。

一、伴随佛教传入的印度医术和药物

印度有古老的医学传统,印度古典医学主流体系"生命吠陀"以及佛教医学的理论和实践,对中亚和中国产生过重要影响。佛教于两汉之际传入中国,东汉桓帝时一批西域高僧入华,佛教开始在社会上广泛流行,印度医药和医术伴随佛教的东传而传入。

东汉时入华西域僧人有借医传道者。安世高于东汉桓帝时至洛阳传教,他通晓印度医术,可能是最早将印度医术传入中国的僧人。三国吴康僧会《安般守意经序》说他"针脉诸术,睹色知病"[1]。释僧祐《出三藏记集·安世传》称安清"兼洞晓医术,妙善针脉,睹色知病,投药必济"[2]。释慧皎《高僧传·安清传》亦称他"外国典籍及七曜五行医方异术,……无不综达"[3]。汤用彤先生据此指出,汉代"西域来人有传针药者。后汉时针脉诸术盛行,如郭玉著《针经》《诊脉法》传于世。又传华佗善针脉术。又见严昕而谓其有急病

---

[1] 〔南朝梁〕释僧祐:《出三藏记集》卷六,中华书局,1995年,第244页。
[2] 〔南朝梁〕释僧祐:《出三藏记集》卷一三,第508页。
[3] 〔南朝梁〕释慧皎:《高僧传》卷一,中华书局,1992年,第4页。

(《后汉书·方技传》《三国志·华佗传》),则系睹色知病也。《黄帝素问》依阴阳五行叙针脉诸术,颇疑其为汉时所作(《古今伪书考》)。牟子曰:'黄帝稽首受针于岐伯。'即出于《素问》。此又西域沙门与中夏道术可以相通之又一事也"①。汉地针脉之法可能借鉴了印度医学,与天竺、西域僧人东来传播有关。

东汉末年早期汉译佛典有与医学关系密切的著作。安清译《佛说柰女祇域因缘经》记载了名医祇域的神奇医术。经云瓶沙王与柰女生一男儿,儿生则手持针药囊,梵志预言此子未来必为医王,取名祇域。祇域从名医阿提梨学医七年后行医,"所治辄愈,国内知名"。又获药王树,可以洞见人体内疾病。此后归本国婆迦陀城行医,城中有大长者,其妇十二年中常头痛;拘睒弥国有长者子,肠结腹内,食饮不消;迦罗越家女儿,临当嫁日头痛而死;迦罗越家男儿,骑马落地而死……这些人皆被祇域一一治愈或医活。② 此经让我们了解到古代印度学医、行医和一些常见病及其常用医药等方面的知识。佛借祇域行医的经历,宣扬了医治外疾、佛治内病的道理。佛教认为医能治身之病,不能治心之疾。所谓内病即佛教说的业障,业障是医术不能治的,只有佛法才能克服业障。唐释智昇《开元释教录》记载,安清译有《人身四百四病经》《人病医不能治经》,③显然都是佛理与医学兼具的著作。据隋法经等撰《众经目录》,此二经皆出于《修行道地经》。此经略称《道地经》,或《修行经》,西晋竺法护译。④在法护译出之前,众护曾"目其次序,以为一部二十七章",安清据众护本已经出节译本。史载安清"析(众)护所集者七章译为汉文"⑤。安清之节译本即《道地经》,其中包括《人身四百四病经》《人病医不能治经》。

东汉末年来华的印度僧竺律炎和大月氏僧支越译有《佛说佛医经》,此经以印度哲学"四大"观念为依据,把人体疾病概括为四病,

---

① 汤用彤:《汉魏两晋南北朝佛教史(增订本)》,北京大学出版社,2011年,第32页。
② 《佛说柰女祇域因缘经》,《中华大藏经》第34册,中华书局,1988年,第595~602页。
③ 〔唐〕释智昇:《开元释教录》卷一,《中华大藏经》第55册,中华书局,1992年,第8页。
④ 〔隋〕法经等:《众经目录》卷四,《中华大藏经》第54册,中华书局,1992年,第118页。
⑤ 〔南朝梁〕释僧祐:《出三藏记集》卷一〇,第367页。

论述诸病缘起,其中论述了疾病与自然环境的关系,疾病与不同月份和季节的关系,不同季节饮食调理问题。① 其中显然具有某种科学意义,与中国人从五行观念出发研究疾病缘起有相通之处。此经又从宣扬佛法的目的出发,论述"人得病有十因缘":"一者,久坐不饭;二者,食无贷;三者,忧愁;四者,疲极;五者,淫泆;六者,瞋恚;七者,忍大便;八者,忍小便;九者,制上风;十者,制下风。从是十因缘生病。佛言:有九因缘,命未当尽为横尽:一、不应饭为饭;二、为不量饭;三、为不习饭;四、为不出生;五、为止熟;六、为不持戒;七、为近恶知识;八、为入里不时不如法行;九、为可避不避。如是九因缘,人命为横尽。"②其中当然充满佛教说教,但也论证了人的疾病与生活方式和习惯有关,还说明人的疾病与精神因素有关。这些对于中国医家来说,都具有借鉴和启发意义。

东汉末年名医华佗的事迹反映了印度医学对中国的影响。陈寅恪考证华佗的姓名来自梵语,开启中国与域外医学交流史研究之先声。《三国志·华佗传》云:"华佗字元化,……一名旉。"③陈寅恪指出天竺语有"agada"一词,乃药之义,旧译为"阿伽陀"或"阿羯陀"。华佗即"阿伽陀"省去"阿"字后之读音,"元化固华氏子,其本名为旉而非陀,当时民间比附印度神话故事,因称为'华佗',实以'药神'目之"。安清译《佛说柰女祇域因缘经》记载祇域诸奇术与华佗治病奇效不异,或相类似,有递相因袭之迹,说明华佗故事中有将外来故事附会于本国人物的迹象。④ 华佗观色知病也与安清的事迹相仿佛。华佗的医术有的来自印度。

印度药物有的汉代时已传入中国。《后汉书·西域传》记载天竺国物产"有细布、好毾㲪、诸香、石蜜、胡椒、姜、黑盐。和帝时,数遣使贡献。……至桓帝延熹二年、四年,频从日南徼外来献"⑤。印

---

① 《佛说佛医经》,《中华大藏经》第51册,中华书局,1992年,第630页。
② 《佛说佛医经》,《中华大藏经》第51册,第630页。
③ 《三国志》卷二九《华佗传》,中华书局,1959年,第799页。
④ 陈寅恪:《三国志曹冲华佗传与佛教故事》,《寒柳堂集》,上海古籍出版社,1980年,第157~161页。
⑤ 《后汉书》卷八八《西域传》,中华书局,1965年,第2921~2922页。

度诸香、石蜜、胡椒、姜、黑盐等皆有医药价值,其使节入汉,必然成为其入贡的物品。"石蜜"一词最早见于汉代文献,并明言来自域外。东汉张衡《七辩》云:"沙饧石蜜,远国储珍。"① 季羡林考证,石蜜又称为"西极石蜜"或"西国石蜜",来自古代印度。他举出西方各国表示"糖"和"蔗糖"的单词都是外来词,来自梵文的"śarkarā",还有"khaṇḍaka",巴利文"sakkharā",说明欧洲的糖或蔗糖是从印度来的。② 原产于印度的糖通过丝绸之路传入中国和世界各地。印度制蔗糖的方法,是将甘蔗汁晒成糖浆,用火煮练成为蔗糖块(śarkarā)。这正是《凉州异物志》所谓"实乃甘蔗汁煎而曝之"制成法。梵文又有"石"的含义。印度的"石"糖在汉代传入中国,汉代文献中的"石蜜""西极石蜜""西国石蜜"即由西域进口的"石"糖。其中"西国""西极"正是梵文"śarkarā"的对音,"石蜜"是梵文的意译。石蜜既是美食,也有药性。汉代中国人对其已经有所认识。汉代医药学著作《神农本草经》把石蜜列为药之上品:"石蜜,一名石饴。味甘,平,无毒。治心腹邪气,诸惊,痫,痓,安五脏,诸不足,益气补中,止痛,解毒,除众病,和百药。久服强志,轻身,不饥,不老。生山谷及诸山中。"③汉代最早通过南方沿海地区得到印度石蜜。《西京杂记》记载闽越王曾献给汉高帝"石蜜五斛"④,应当是南越国经海路获得的印度产品。汉朝后来又直接从天竺国贡献中获得石蜜。以蜜和蔗糖入药是印度医学传统。古代印度人所谓"药"(bhaiṣajya)由四种成分组成,即酥、油、蜜和石蜜。⑤ 吉敦谕指出,蔗糖的制造开始于汉代。⑥ 林梅村指出,古代中草药方剂称"汤"或"散",丸药在我国出现较晚,蜜和蔗糖是制作丸药必不可少的原料,石蜜来自印度,中国制作丸药的技术无疑学自印度。⑦

---

① 《艺文类聚》卷五七《杂文部》,上海古籍出版社,1982年,第1026页。
② 季羡林:《文化交流的轨迹——中华蔗糖史》引言,经济日报出版社,1997年,第2页。
③ 马继兴主编:《神农本草经辑注》卷二,人民卫生出版社,1995年,第186页。
④ 〔东晋〕葛洪集:《西京杂记》卷四,《汉魏丛书》,吉林大学出版社,1992年,第308页。
⑤ 〔日〕荻原云来:《汉译对照梵和大辞典》(下),新文丰出版公司,1979年,第977页。
⑥ 吉敦谕:《糖和蔗糖的制造在中国起于何时》,《江汉学报》1962年第9期。
⑦ 林梅村:《麻沸散与汉代方术之外来因素》,《汉唐西域与中国文明》,文物出版社,1998年,第336~337页。

黑盐出于天竺,汉代有可能获得黑盐。在中国古代医书中,黑盐被视为域外传入的药物之一,南朝梁陶弘景说:"黑盐,主腹胀气满……疑是卤碱。"①大概黑盐在汉代偶有传入,此后中国人久不见黑盐,故不知其为何物。陶弘景不能肯定黑盐是卤碱,实际上也不是。苏恭《唐本草》指出:"卤碱生河东,河东盐不釜煎,明非凝泽,又疑是黑盐,皆不然。"②唐代又从域外传入黑盐,并知道在其本地用为药物。玄奘《大唐西域记》记载,信度国"多出赤盐,色如赤石,白盐、黑盐及白石盐等,异域远方以之为药"③。慧立、彦悰《大慈恩寺三藏法师传》亦云信度国出"赤盐、白盐、黑盐"④。信度国方位其说不一,康宁哈姆考证,在今巴基斯坦信德省北部上信德(Upper Sindh)以苏库尔为中心的地带。海格认为玄奘记载的信度应包括 Salt Range 在内,其国都应求之于德拉贾特(Derajāt)附近。瓦特斯则认为在现今巴基斯坦的旁遮普省南部。⑤ 各家说法不同,但都在今巴基斯坦境内。美国汉学家薛爱华说:"天宝五载(746),突骑施、石国、史国、米国以及罽宾的联合使团向唐朝贡献了'黑盐'——同时贡献的还有一种'红盐'。天宝十载(751)、天宝十二载(753)位于乌浒水以南,以'国有车牛,商贾乘以行诸国'著称的火寻国,也向唐朝贡献了黑盐。"⑥如果唐时的黑盐与汉代的黑盐是同一种矿物的话,黑盐出自域外更无疑问。但几个国家组成联合使团进贡某一种物品的说法则不近情理。查其原始出处,天宝五载的贡献,依据《册府元龟·外臣部》记载:"闰十月,……突骑施、石国、史国、米国、罽宾各遣使来朝,献绣舞筵、氍毹、红盐、黑盐、白戎盐、余耳子、质汗、千金藤、琉璃、

---

① 〔明〕李时珍:《本草纲目》卷一一引,中医古籍出版社,1994年,第275~276页。
② 〔明〕李时珍:《本草纲目》卷一一引,第277页。
③ 〔唐〕玄奘、辩机著,季羡林等校注:《大唐西域记校注》卷一一,中华书局,2000年,第928页。
④ 〔唐〕慧立、彦悰:《大慈恩寺三藏法师传》卷四,中华书局,2000年,第94页。
⑤ 〔唐〕玄奘、辩机著,季羡林等校注:《大唐西域记校注》卷一一,第929页。
⑥ 〔美〕薛爱华:《撒马尔罕的金桃——唐代舶来品研究》,吴玉贵译,社会科学文献出版社,2016年,第532页。

金、银等物。"①显然这是把入贡国家及其贡物相提并论的说法,并不是几个国家共同贡献了黑盐等。火寻国天宝十载献黑盐,据《新唐书·西域传下》记载:"天宝十载,君稍施芬遣使者朝,献黑盐。"②火寻国与石国、史国、米国皆属粟特人昭武九姓国,其地皆近今巴基斯坦,因此向唐朝入贡黑盐的应该是这几个中亚小王国。火寻国方位在"乌浒水之阳",按照山之南、水之北为阳,③其地在乌浒水(今阿姆河)之北,薛爱华理解为"乌浒水以南"有误。不管是汉代,还是唐代,这种得之入贡的黑盐数量极少,并没有普遍应用,因此提到黑盐,诸医家都言之不确。

诃梨勒,或写作"诃黎勒",落叶乔木。叶长椭圆形,叶里呈粉白色,开秋结果,果实为青黄色,为五六棱形之卵状,简称"诃子",意译为"帝释天持来的妙药",具有很好的药用价值,可治眼疾、风邪,且有通便之效。法云《翻译名义集》云:"此果为药,功用至多,无所不入。"④汉文医籍中最早把诃梨勒当作药物记录的文献是东汉末张仲景《金匮要略》:"气利(痢),诃黎勒散主之。"⑤书中又有"诃黎勒散方":"诃黎勒十枚,煨。右一味为散,粥饮和顿服。"⑥其"杂疗方"又记载"长服诃梨勒丸方",主治腹胀。其配方:"诃梨勒、厚朴、陈皮各三两,右三味,末之,炼蜜丸如桐子大,酒饮服二十丸,加至三十丸。"⑦诃梨勒果实在汉代传入中国,作为药用。后来也移植中国,因是经过海路而来,所以先见于南方沿海地区。晋嵇含《南方草木状》云:"诃梨勒树,似木梡,花白,子形如橄榄、六路,皮肉相著,可作饮,

---

① 〔北宋〕王钦若等编修:《册府元龟》卷九七一《外臣部·朝贡四》,中华书局,1960年,第11412页。
② 《新唐书》卷二二一下《西域传》下,中华书局,1975年,第6247页。
③ 《春秋穀梁传注疏》卷九,《十三经注疏》,中华书局,1980年,第2402页。
④ 〔南宋〕法云:《翻译名义集》卷八,《中华大藏经》第84册,中华书局,1994年,第377页。
⑤ 〔东汉〕张仲景著,〔清〕高学山注:《高注金匮要略》,上海卫生出版社,1956年,第251页。
⑥ 〔东汉〕张仲景著,〔清〕高学山注:《高注金匮要略》,第252页。
⑦ 〔东汉〕张仲景著,〔清〕高学山注:《高注金匮要略》,第301页。

变白髭发令黑,出九真。"①九真郡在今越南境内,说明原来生长于印度的诃梨勒是经过东南亚而来。雷云飞指出:"诃子原产波斯、印度、缅甸,马来西亚亦产。……到汉代时,诃子沿着丝绸之路传入我国,并开始栽于云南西部和广东南部。唐代鉴真和尚东渡日本时,广州乾明寺(今光孝寺)就栽有诃子数株。"②但这种栽种数量极少,唐代仍从域外传入,非常珍贵。诃梨勒不仅果实具有药用价值,树叶也具有药效,可以祛除久治不愈的疾病。唐代诗人包佶《抱疾谢李吏部赠诃黎勒叶》诗云:"一叶生西徼,赍来上海查(槎)。岁时经水府,根本别天涯。方士真难见,商胡辄自夸。此香同异域,看色胜仙家。茗饮暂调气,梧丸喜伐邪。幸蒙祛老疾,深愿驻韶华。"③说明他获得的诃梨勒叶是经海上丝绸之路传来,并认为诃梨勒叶有"调气""伐邪"和"祛老疾"之功效。明胡震亨《唐音癸签·诂笺五》引逌叟语:"包佶《诃梨勒叶》诗:'茗饮惭调气,梧丸喜伐邪。'按《本草》:'诃梨勒树似木槵,花白,子似栀子,主消痰下气等疾。来自南海舶上,广州亦有之。'茗亦能下气,此言其功胜茗。梧丸,谓入用丸如梧子也。今医家所用诃梨勒,是其子,不闻用叶者,应是《本草》失收耳。"④佛教经典中非常强调诃梨勒的医药价值,自然引起中国医家对诃梨勒的重视,其医药价值应该是随着佛经的翻译为汉地所认识的。

二、汉代医药学中的东南亚、中亚、西亚元素

张骞通西域后,汉朝与中亚、西亚地区的经济文化交流得到大规模的开展。域外各种特产源源不断地输入中国中原地区。传入中国的各种动物、植物往往具有某种医药价值,其医药学知识随着

---

① [西晋]嵇含:《南方草木状》卷中,《中国风土志丛刊》第61册,广陵书社,2003年,第20页。
② 雷云飞等:《佛教圣树诃子及其开发利用展望》,《广东林业科技》2010年第4期。
③ 《全唐诗》卷二〇五,中华书局,1960年,第2140页。
④ [明]胡震亨:《唐音癸签》卷二〇,上海古籍出版社,1981年,第218页。

这些物品的传入逐渐为中国医家所认知,在汉地都被用为中药药材。汉代平南越和通西南夷后,与东南亚各国的联系日益加强,文化交流频繁,其地各种物产传入中国,其医药价值也被医家所重视。

从东南亚输入的物品中有不少具有医药价值。薏苡仁,禾本科植物薏苡的种仁,来自今越南之地的薏苡仁品质最好。《后汉书·马援传》记载:"初,援在交阯,常饵薏苡实,用能轻身省欲,以胜瘴气。南方薏苡实大,援欲以为种,军还,载之一车。"①薏苡仁有健脾渗湿、除痹止泻之功效,中医用于治疗水肿、脚气、小便不利、湿痹拘挛、脾虚泄泻等。《神农本草经》把薏苡仁列为上品,云:"气味甘,微寒,无毒。主筋急拘挛,不可屈伸,久风湿痹,下气。久服轻身益气。"薏苡根茎也有药效,"其根下三虫,一名解蠡"②。张仲景《金匮要略》中有治风湿之"麻黄杏仁薏苡甘草汤方",此方以薏苡仁半两入药,主治风湿,"病者一身尽疼,发热,日晡所剧者,名风湿。此病伤于汗出当风,或久伤取冷所致也"③。又有"千金苇茎汤",以薏苡仁半升入药,治疗肺痈。又有"薏苡附子散方",以薏苡仁十五两入药,治疗胸痹缓急者,即胸痹各种症状。④

槟榔树原产马来西亚,从马来半岛移植中国南方的时间不可考。汉武帝时曾从南方沿海地区移植中原。《三辅黄图·甘泉宫》记载:"扶荔宫,在上林苑中。汉武帝元鼎六年,破南越起扶荔宫(宫以荔枝得名),以植所得奇草异木",其中有槟榔。但由于南北方气候差异太大,移植未获成功,从南方移植而来的多种植物"岁时多枯瘁",经过反复试植,终于失败,"遂不复莳矣,其实则岁贡焉"⑤。北方还是通过入贡直接获取南方的果实。槟榔树的果和皮既可食用,又皆具药性。《金匮要略》记载"退五脏虚热"之"四时加减柴胡饮子方",配方有柴胡、白术、大腹槟榔(四枚,并皮可用)、桔梗、陈皮、生

---

① 《后汉书》卷二四《马援传》,第 846 页。
② 肖钦朗校注:《神农本草经读》卷一,《新校注陈修园医书》,福建科学技术出版社,1982 年,第 27 页;张登本注译:《神农本草经》卷一,新世界出版社,2009 年,第 26 页。
③ 〔东汉〕张仲景著,〔清〕高学山注:《高注金匮要略》,第 27 页。
④ 〔东汉〕张仲景著,〔清〕高学山注:《高注金匮要略》,第 111 页。
⑤ 黄清谷校注:《三辅黄图校注》卷三,三秦出版社,1995 年,第 195~196 页。

姜(冬三月方),春三月加枳实,减白术;夏三月仍减白术,加枳实,外加生姜、甘草;秋三月加陈皮。① 东汉杨孚《交州异物志》记载了槟榔的特性和药用价值:"槟榔若笋竹生竿,种之精硬。引茎直上,不生枝叶,其状如柱。其颠近上末五六尺间,洪洪肿起若瘣木焉。因拆裂,出若黍穗,无花而为实,大如桃李。又棘针重累其下,所以卫其实也。剖其上皮,煮其肤,熟而贯之,硬如干枣。以扶留、古贲灰并食,下气及宿食、白虫、消谷。饮啖设为口实。"②

龙眼、荔枝、犀角等也来自东南亚地区,其药用价值为中国医家所认识。汉代医家发现了龙眼的医药价值。《神农本草经》云:"龙眼,一名益智,味甘,平,无毒。治五脏邪气,安志,厌食。久服强魂魄,聪明,轻身,不老,通神明。生南海山谷。"③王逸《荔支赋》极写荔枝之有益身心:"仰叹丽表,俯尝嘉味。口含甘液,心受芳气。兼五滋而无常主,不知百和之所出。卓绝类而无俦,超众果而独贵。"④《神农本草经》称犀角"味苦,寒,无毒。治百毒、蛊疰、邪鬼、障气,杀钩吻、鸩羽、蛇毒,除邪,不迷惑,魇寐。久服轻身"⑤。张仲景《金匮要略·果实菜谷禁忌并治》以为犀牛角可以鉴别食物是否有毒:"犀角箸搅饮食沫出,及浇地坟起者,食之杀人。"他开列的治疗饮食中毒烦满之方:"犀角汤亦佳。"⑥

西亚是文明最早发达地区之一,其医药学随着丝绸之路的开辟通过不同途径传入中土。南越王墓出土文物中有一件波斯银盒,内有十盒药丸,是产于阿拉伯地区的乳香。波斯银盒和阿拉伯乳香的发现,说明南越国与古代波斯地区已经有医药学方面的交流,其传入路线当经过海上丝绸之路。1990年10月至1992年12月,在甘肃敦煌汉代悬泉置遗址中发掘出西汉武帝、昭帝时期的纸文书,其

---

① 〔东汉〕张仲景著,〔清〕高学山注:《高注金匮要略》,第301页。
② 〔北魏〕贾思勰著;石声汉校释:《齐民要术今释》卷一〇,中华书局,2009年,第1055页。
③ 马继兴主编:《神农本草经辑注》卷三,第277~278页。
④ 费振刚等辑校:《全汉赋》,北京大学出版社,1993年,第517页。
⑤ 马继兴主编:《神农本草经辑注》卷四,第425页。
⑥ 〔东汉〕张仲景著,〔清〕高学山注:《高注金匮要略》,第354页。

中有三张包裹药物的纸,纸面分别写有所包药物的名称,字体为隶书,其中TO212④:2标明为"薰力"。1993年2月在江苏连云港尹湾村汉墓中发掘出的尹湾汉代简牍,其第六号木牍《武库永始四年兵车器集簿》,反面第四栏第三行记载了一种物品,整理小组的释文为"薰毒八斗"。张显成认为"薰毒"应释作"薰毒",并根据音韵学知识,将"薰力"与"薰毒",训释为"薰陆",即乳香。① 说明早在西汉武帝、昭帝时期(前140—前74)乳香也通过西北丝路输入我国。

胡麻是油用型亚麻,具有医药价值,汉代传入中国。《神农本草经》把胡麻列为药之上品,云:"上药一百二十种,为君,主养命,以应天,无毒。多服、久服不伤人。欲轻身益气、不老延年者,本上经。"② 关于其药性,《神农本草经》云:"味甘平,主伤中虚羸,补五内,益气力,长肌肉,填髓脑。久服轻身,不老。一名巨胜。叶名青蘘,生川泽。"③ 后世医家都注意到胡麻的医药价值。胡麻在伊朗有着古老的历史。据希罗多德《历史》记载,花剌子模人、赫尔卡尼亚人、帕提亚人、沙伦几亚人和塔门尼亚人都种植胡麻。在波斯,胡麻油至少从阿克门王朝的第一代起就已为人们所知道。美国汉学家劳费尔说,胡麻肯定是由伊朗地区传到中国的。④

红蓝花即红花。晋张华《博物志》云:"张骞得种于西域。"⑤ 此说并不可靠,但汉代医家已经发现其药用价值。张仲景《金匮要略》记载有"红蓝花酒方",治妇人六十二种风及腹中血气刺痛⑥。《史记·货殖列传》云:"若千亩卮茜,千畦姜韭,此其人皆与千户侯等。"东晋末徐广注云:"'茜',音'倩',一名红蓝。其花染缯赤黄也。"⑦ 说明汉晋时已经种植红蓝花。劳费尔推测这种植物是从伊朗传入的。⑧

---

① 张显成:《西汉遗址发掘所见"薰毒"、"薰力"考释》,《中华医史杂志》2001年第4期。
② 马继兴主编:《神农本草经辑注》卷一,第2页。
③ 〔清〕黄奭辑:《神农本草经》,中医古籍出版社,1982年,第140页。
④ 〔美〕劳费尔:《中国伊朗编》,林筠因译,商务印书馆,1964年,第117页。
⑤ 〔明〕李时珍:《本草纲目》卷一五引,第421页。
⑥ 〔东汉〕张仲景著,〔清〕高学山注:《高注金匮要略》,第296页。
⑦ 《史记》卷一二九《货殖列传》,中华书局,1982年,第3272、3273页。
⑧ 〔美〕劳费尔:《中国伊朗编》,第153页。

胡桐泪又称胡桐律,胡桐树的树脂。胡桐是胡杨的别名,又名异叶杨、野梧桐。《汉书·西域传》上记载,鄯善国"出玉,多葭苇、柽柳、胡桐、白草"。颜师古注:"胡桐亦似桐,不类桑也。虫食其树而沫出下流者,俗名为胡桐泪,言似眼泪也。可以汗(焊)金银也,今工匠皆用之。流俗语讹呼泪为律。"①胡桐的习性是能吸收大量盐分,在含盐量达2%的土壤内仍能茂盛生长,故塔里木盆地绕塔克拉玛干大沙漠的边缘盐碱地带大量生长,西汉时罗布泊地区多有这种植物。胡桐通过庞大根系大量吸收含盐水分,为了保持体内液态平衡,将多余的盐分排出体外。这种带盐液体干后,初为白色盐结晶,久之变为米黄色,被称为胡桐泪。②唐刘恂《岭表录异》云:"胡桐泪,出波斯国,是胡桐树脂也,名胡桐泪。"③劳费尔推测"是伊朗人发现了这种树液的药性"④。《本草纲目·木部》"胡桐泪"条集解引苏恭曰:"胡桐泪,出肃州以西平泽及山谷中,形似黄矾而坚实。有夹烂木者,云是胡桐树脂沦入土石碱卤地者。"李时珍说它"主治大毒热,心腹烦满,水和服之,取吐。牛马急黄黑汗,水研三二两灌之,立瘥"。又引《唐本草》云:"主风虫牙齿痛,杀火毒、面毒。"⑤现代医学研究说明,胡桐树脂有清热解毒、制酸止痛之功能。用于咽喉肿痛,牙痛,淋巴结结核,胃、十二指肠溃疡,胃痛,胃酸过多;外用治中耳炎、痔疮等。胡杨是古老树种,在6000多万年前就在古地中海沿岸地区陆续出现,成为山地河谷小叶林的重要成分。在第四纪早、中期,胡杨逐渐演变成荒漠河岸林最主要的建群种,主要分布在新疆南部、柴达木盆地西部和河西走廊。新疆库车千佛洞、甘肃敦煌铁匠沟、山西平隆等地都曾发现胡杨化石,距今已有6500万年以上的历史。

华佗的医术可能也受到波斯影响。《三国志·华佗传》记载华

---

① 《汉书》卷九六上《西域传》上,中华书局,1962年,第3876页。
② 雪犁主编:《中国丝绸之路辞典》,新疆人民出版社,1994年,第581~582页。
③ 〔唐〕刘恂著,商壁、潘博校补:《岭表录异校补》卷中,广西民族出版社,1988年,第121页。
④ 〔美〕劳费尔:《中国伊朗编》,第167页。
⑤ 〔明〕李时珍:《本草纲目》卷三四,第840页。

佗医术:"若病结积在内,针药所不能及,当须刳割者,便饮其麻沸散,须臾便如醉死无所知,因破取。病若在肠中,便断肠湔洗,缝腹膏摩,四五日差,不痛,人亦不自寤,一月之间,即平复矣。"①其中提到的麻沸散显然是一种用于全身的麻醉剂。南宋周密认为华佗的麻沸散就是押不芦,其《癸辛杂识》"押不芦"条云:"回回国之西数千里地,产一物极毒,全类人形,若人参之状,其酋名之曰'押不芦'。生土中深数丈。人或误触之,著其毒气必死。取之法,先于四旁开大坎,可容人,然后以皮条络之,皮条之系则系于犬之足。既而以杖击逐犬,犬逸而根拔起,犬感毒气随毙。然后就埋土坎中,经岁,然后取出曝干,别用他药制之。每以少许磨酒饮人,则通身麻痹而死,虽加以刀斧亦不知也。至三日后,别以少药投之即活,盖古华佗能刳肠涤胃以治疾者,必用此药也。今闻御药院中亦储之。"②回回国即阿拉伯地区。李时珍《本草纲目》引周密说,也认为华佗的麻醉药是押不芦,云:"昔华佗能刳肠涤胃,岂不有此等药耶?"③劳费尔《押不芦》考证,周密书中记载的传说来自回教国家,押不芦即曼陀罗果,中世纪阿拉伯波斯作家阿布·曼苏尔(Abu Mansur)最早将押不芦著录于他的药书《药物原理》(约成书于975年)。④林梅村《麻沸散与汉代方术之外来因素》一文认为,押不芦即洋金花,麻沸散中有洋金花的配方。因为从中医学界所做实验和临床研究看,洋金花是目前所知唯一和麻沸散性能相符的草药。⑤洋金花所制胡药可能被汉代来华的中亚或印度僧人带入中国。后世医家所用麻醉药多以洋金花为主要配方。中国古代不产洋金花,宋代高僧法云编《翻译名义集》提到印度有此植物,梵名"曼陀罗"(mandāra)。⑥曼陀罗植物至迟宋代在我国南方广西已有栽培,周去非《岭南代答》一书中有所记载。"麻沸"二字难以在汉语中得到解释,可能来自梵语。古希

---

① 《三国志》卷二九《华佗传》,第799页。
② 〔南宋〕周密:《癸辛杂识》续集,中华书局,1988年,第158页。
③ 〔明〕李时珍:《本草纲目》卷一七,第522页。
④ 冯承钧译:《西域南海史地考证译丛五编》,商务印书馆,1956年,第84~109页。
⑤ 林梅村:《汉唐西域与中国文明》,第322~342页。
⑥ 〔南宋〕法云编:《翻译名义集》卷八,《中华大藏经》第84册,第378页。

腊人对曼陀罗的麻醉性能也非常了解,亚里士多德等古希腊哲学家的著作中常常提到曼陀罗,古希腊的曼陀罗很有可能也是从印度传去的。

胡粉是指外来的用于化妆的粉,亦可作药用,此种化妆品可能来自中亚地区。汉灵帝喜欢西域胡人的生活方式,京师洛阳贵族之家纷纷效仿,造成一时的胡化风气,喜欢以胡粉化妆便是这种生活方式的表现之一。东汉末年男女都喜欢用胡粉化妆,《后汉书·李固传》记载,顺帝时,诸所奏官多不以次,李固奏免一百多名。顺帝死,这些人一方面怨恨李固,一方面又想讨梁冀欢心,乃飞章诬奏李固,说他"大行在殡,路人掩涕,固独胡粉饰貌,搔头弄姿"①。张衡《舞赋》中有"粉黛施兮玉瑱粲,珠簪挺兮绲发乱"的句子。②《魏略》记载,何晏"动静粉白不去手,行步顾影"③。曹植初得邯郸淳,"甚喜,延入座,不先与谈,时天暑热,植因呼常从取水自澡讫,傅粉"④。胡粉应该具有香气,因此又是一种香料,汉代还被官署用来涂壁。应劭《汉官仪》记载:"尚书郎奏事明光殿,省中皆胡粉涂壁,其边以丹漆地,故曰丹墀。"⑤胡粉还用作绘画的颜料,尚书省"皆胡粉涂画古贤人烈女"⑥。或作为壁画打底的颜料,"省中皆胡粉涂壁,画古烈士"⑦。东汉末年至魏初,洛阳市场上胡粉买卖极盛。《北堂书钞》引《魏名臣奏》中有刘放《奏停卖胡粉》,云:"今官贩粉卖胡粉,与百姓争锥刀之末利,宜乞停之。"⑧说明百姓卖胡粉早已成为一种洛阳市场上的生意,由于有利可图,政府也开始从事经营。可见当时从境外运销至中原地区的胡粉数量之多。西晋张华《博物志》记载一则以胡粉作原料的染发配方:"胡粉、白石灰等以水和之,涂鬓须不

---

① 《后汉书》卷六三《李固传》,第2084页。
② 〔唐〕徐坚等:《初学记》卷一五,中华书局,1962年,第382页。
③ 《三国志》卷九《何晏传》,裴松之注引,第292页。
④ 《三国志》卷二一《王粲传》,裴松之注引,第603页。
⑤ 〔清〕孙星衍等辑:《汉官六种》,中华书局,1990年,第143页。
⑥ 〔清〕孙星衍等辑:《汉官六种》,第143页。
⑦ 〔清〕孙星衍等辑:《汉官六种》,第115页。
⑧ 〔隋〕虞世南:《北堂书钞》卷一三五,学苑出版社,1998年,第391页。

白。"①汉代传入的化妆品还有一种燕支粉,《古今注》云:"燕支,叶似蓟,花似捕公(蒲公,一作菖蒲),出西方,土人以染,名为燕支。中国亦谓为红蓝。以染粉为妇人色,谓之燕支粉。"②

中亚地区的葡萄在汉代传入中国,其药用价值也被认识。《史记·大宛列传》记载,大宛国"俗嗜酒(葡萄酒),马嗜苜蓿。汉使取其实来,于是天子始种苜蓿、蒲陶(葡萄)肥饶地。及天马多,外国使来众,则离宫别观旁尽种蒲萄、苜蓿极望。"③汉代医书已经列入葡萄,并论述其药性。《神农本草经》将其列入上品,云:"葡萄,味甘,平,无毒。治筋骨湿痹,益气,倍力,强志,令人肥健,耐饥,忍风寒。久食轻身,不老,延年。可作酒(逐水,利小便),生山谷。"④与之相关的是葡萄酒及酿制方法,东汉末也从中亚和西域传入。

三、边疆民族地区疗疾养生的医药和偏方

汉朝时边疆地区各民族往往有疗疾养生的医药和偏方,在汉朝与其交往的过程中,彼此间都获得了不少对方的药材和医药医学方面的知识。

南方沿海地区产的药材传入中原地区。《汉书·南粤王传》记载,南越王赵佗曾遣使向汉文帝入贡,其贡物中有"桂蠹一器"。颜师古注云:"应劭曰:'桂树中蝎虫也。'苏林曰:'汉旧常以献陵庙,载以赤縠小车。'师古曰:'此虫食桂,故味辛,而渍之以蜜食之也。'"⑤此种桂蠹显然是医药保健类食品。《后汉书·南蛮西南夷列传》记载:"冉駹夷者,武帝所开。元鼎六年,以为汶山郡。……出名马。有灵羊,可疗毒。又有食药鹿,鹿麑有胎者,其肠中粪亦疗毒疾。又有五角羊、麝香、轻毛毦鸡、牲牲。其人能作旄毡、班罽、青顿、毞毲、

---

① 〔西晋〕张华著,范宁校证:《博物志校证》卷四,中华书局,1980年,第49页。
② 〔西晋〕崔豹:《古今注》卷下,辽宁教育出版社,1998年,第15页。
③ 《史记》卷一二三《大宛列传》,中华书局,1959年,第3173~3174页。
④ 马继兴主编:《神农本草经辑注》卷二,第137~138页。
⑤ 《汉书》卷九五《南粤王传》,第3853页。

羊羧之属。特多杂药。地有咸土,煮以为盐。麠羊牛马,食之皆肥。"灵羊,或作零羊,即羚羊。李贤注引《本草经》云:"零羊角味咸无毒,主疗青盲、蛊毒,去恶鬼,安心气,强筋骨。"①在冉駹夷人那里,怀胎之鹿麂肠中粪也有医药价值,有解毒作用。"特多杂药",说明中原地区的人们从其地学到不少医药知识。

中原地区很早就从西域输入药物和医术,汉代也更多地从西域输入药物和药方,这一点古人早有认识。《黄帝内经·异法方宜论》云:"西方者,金玉之域,沙石之处,天地之所收引也。其民陵居而多风,水土刚强,其民不衣而褐荐,其民华食而脂肥。故邪不能伤其形体,其病生于内,其治宜毒药。故毒药者,亦从西方来。"②《山海经·西山经》记载:"有兽焉,其状如羊而马尾,名曰羬羊,其脂可以已腊。"③又云:"其草有萆荔,状如乌韭,而生于石上,亦缘木而生,食之已心痛。"④"有木焉,名曰文茎,其实如枣,可以已聋。"⑤"文鳐鱼,状如鲤鱼,……其味酸甘,食之已狂。"⑥又云:"有草焉,名曰蒉草,其状如葵,其味如葱,食之已劳。"⑦"中曲之山……有木焉,其状如棠,……名曰櫰木,食之多力。"⑧"崦嵫之山,其上多丹木,其叶如谷,其实大如瓜,赤符而黑理,食之已瘅。"⑨已,治的意思。可知中原地区很早就知道西域有可治各种疾病的植物类或动物类的药物。《汉书·西域传》记载,鄯善国"多葭苇、柽柳、胡桐、白草"⑩,乌秅国"有白草"⑪,姑墨国"出铜、铁、雌黄"⑫。这里提到的西域国家的物产,

---

① 《后汉书》卷八六《南蛮西南夷列传》,第2858页。
② 〔唐〕王冰订补:《黄帝内经素问》卷四,《二十二子》,上海古籍出版社,1986年,第890页。
③ 袁珂:《山海经校注》卷二,上海古籍出版社,1980年,第21页。
④ 袁珂:《山海经校注》卷二,第23页。
⑤ 袁珂:《山海经校注》卷二,第23页。
⑥ 袁珂:《山海经校注》卷二,第44页。
⑦ 袁珂:《山海经校注》卷二,第47页。
⑧ 袁珂:《山海经校注》卷二,第63页。
⑨ 袁珂:《山海经校注》卷二,第65页。
⑩ 《汉书》卷九六上《西域传》上,第3876页。
⑪ 《汉书》卷九六上《西域传》上,第3882页。
⑫ 《汉书》卷九六下《西域传》下,第3910页。

大多为当地出产的药材。《后汉书·西域传》记载了西夜国对白草的加工利用："地生白草,有毒,国人煎以为药,傅箭镞,所中即死。"①经过西夜国人的加工,白草可以作为制作毒箭的药物。柽柳在新疆、甘肃、内蒙古等地广泛分布,是一种重要的中药材,味甘辛,性平,能疏风、解表、利尿、解毒。

肉苁蓉是寄生在沙漠树木梭梭等灌木根部的寄生植物,素有"沙漠人参"之美誉,具有极高的药用价值,是中国传统的名贵中药材。肉苁蓉在历史上是西域各国入贡中原朝廷的珍品,也是历代补肾壮阳类处方中使用频率较高的滋补药物。《神农本草经》云："肉苁蓉,气味甘,微温,无毒。主五劳七伤,补中,除茎中寒热痛,养五脏,强阴,益精气,多子,妇人癥瘕。久服轻身。生山谷中。"②可见至迟东汉时中原地区已经获得这种药材,并掌握了它的药性,甚至已经有移植。北宋人苏颂《本草图经》曰："今陕西州郡多有之,然不及西羌界中来者,肉厚而力紧。旧说是野马遗沥所生,今西人云大木间及土堑垣中多生,乃知自有种类尔。或疑其初生于马沥,后乃滋殖,如茜根生于人血之类是也。五月采取,恐老不堪,故多三月采之。"③

西域多琅玕,琅玕一名青珠,是一种天然玉珠。在传统医学中,玉有医药价值,可延年益寿,但不可多服和常服。敦煌汉简反映,昆仑山下之精绝国往往以琅玕作为信物和贵重礼品相赠。罗振玉、王国维编著的《流沙坠简》一书中,有多件出于尼雅精绝国遗址的木简书信以琅玕随书信相赠："王母谨以琅玕一致问"(第二十八简),"休乌宋耶谨以琅玕一致问"(第三十简),"君华谨以琅玕一致问"(第三十一简),"苏且谨以琅玕一致问"(第三十三简),"苏且谨以黄琅玕一致问"(第三十四简),"奉谨以琅玕一致问"(第三十五简)。④精绝国是西汉时期西域一个较小的城邦国家,位于昆仑山北麓尼雅

---

① 《后汉书》卷八八《西域传》,第2917页。
② 〔清〕黄奭辑:《神农本草经》,第72页。
③ 〔明〕李时珍:《本草纲目》卷一二,第316页。
④ 罗振玉、王国维编著:《流沙坠简》,中华书局,1993年,第223~224页。

河畔一处绿洲上，容易得到琅玕。琅玕也产于地中海、红海等地。《后汉书·西域传》记载："大秦国……土多金银奇宝，有夜光璧、明月珠、骇鸡犀、珊瑚、虎魄、琉璃、琅玕、朱丹、青碧。"①《神农本草经》把青琅玕列入药之下品，云："味辛，平。主身痒，火创，痈伤，疥搔，死肌。一名石珠。生平泽。"②说明琅玕已经受到汉代医家关注。

戎盐，从其名称看当是来自西北边疆地区的一种矿物，在古代文献中主要用于医疗。戎盐有解毒消炎作用。《神农本草经》云："药种有五物：一曰狼毒，占斯解之；二曰巴豆，藿汁解之；三曰黎，卢汤解之；四曰天雄乌头，大豆解之；五曰班茅，戎盐解之。"③《神农本草经》把戎盐列入"下品"，云："一名胡盐，味咸、寒、无毒，主明目，目痛，益气，坚肌骨，去毒蛊（心腹痛、溺血、吐血、齿舌血出），生北地。"④张仲景《金匮要略》记载有"茯苓戎盐汤"，取茯苓半斤、白术二两、戎盐弹丸大一枚，"以水六升，煎取三升，分温三服"，治小便不利。⑤苏恭把沙州和廓州作为戎盐的产地："戎盐即胡盐也，沙州名'秃登盐'，廓州名为'阴土盐'。生河岸山坡之阴土石间，故名。"⑥1972年，从甘肃武威汉墓中出土78枚医药汉简，其中记载着"驼苏"（酥油）、"戎盐"与"白羊粪"等西北边地常用药品。⑦日本奈良正仓院收藏的一个无釉陶罐中有戎盐的样品，根据对这些样品的分析，可以辨认出其混合物中含有多种成分。研究这些混合物的日本学者朝比奈泰彦和益寿富之助称之为"中国盐湖中采集的一种泥土"⑧。美国汉学家薛爱华根据日本学者的鉴定指出："'戎盐'实际上是一种混合盐，除钾和氯化钠之外，它还包括含有镁、钙、钠等成

---

① 《后汉书》卷八八，第2919页。
② 〔清〕黄奭辑：《神农本草经》，第260页。
③ 〔西晋〕张华著，范宁校证：《博物志校证》卷四引，第48~49页。
④ 马继兴主编：《神农本草经辑注》卷四，第416页。
⑤ 〔东汉〕张仲景著，〔清〕高学山注：《高注金匮要略》，第179页。
⑥ 〔明〕李时珍：《本草纲目》卷一一，第275页。
⑦ 王孝先：《丝绸之路医药学交流研究》，新疆人民出版社，1994年，第73页。
⑧ ［日］朝比奈泰彦编：《正倉院藥物》，植物文献刊行會发行，大阪：便利堂株式會社，1955年，第496~497页；［日］益富壽之助：《正倉院藥物を中心とする古代石藥の研究》，《正倉院の鉱物》1，京都：日本地學研究會館，1973年，第46、48页。

分的水合硫酸盐,由于所含的杂质的多少不同,其颜色也就各不相同。戎盐是从甘肃、青海等西北干旱地区的'碱土'中采集来的"①。汉代从域外输入各种禽兽动物,随之也传入医治这些禽兽动物伤病的医药医学知识,戎盐的使用即其一例。居延汉简中有一简:"治马头涕出方,取戎盐三指挟三□□"②。李时珍《本草纲目·石部》"戎盐"条引大明曰:"西番所食者,故号戎盐、羌盐。"又引陶弘景曰:"柔盐,疑是戎盐,而此戎盐又名胡盐,二三相乱。今戎盐房中甚有,从凉州来,亦从敦煌来。其形作块片,或如鸡鸭卵,或如菱米,色紫白,味不甚咸,口常气臭正如煆鸡子臭者乃真。又河南盐池泥中,自有凝盐如石片,打破皆青黑色,善疗马脊疮,又疑此是戎盐。"③居延汉简中之"戎盐"当即治疗马脊疮的胡盐,"马头涕"应该是一种与马脊疮相类的炎症。

羚羊是对一类偶蹄目牛科动物的统称。羚羊类动物总计86种,分属于11个族、32个属。从分类学上看,羚羊并没有特定的专指哪个科或属。其特征是长有空心而结实的角,区别于牛、羊这一类的反刍动物。《山海经·西山经》提到的"麢"就是羚羊。跳羚羊主要分布在非洲,小羚羊分布在非洲和亚洲。阿拉伯半岛是阿拉伯大羚羊和小鹿瞪羚的栖息地。印度是印度大羚羊、印度瞪羚和印度黑羚的栖息地。俄国和东南亚则是四角羚、藏羚羊和高鼻羚羊的栖息地。产于中国的有藏原羚、鹅喉羚、藏羚和斑羚等,藏羚主要分布在中国青藏高原。中国新疆所产赛加羚羊的角,常用来制作平肝息风药。据研究,东汉时安息国入贡的符拔,就是羚羊之一种,称叉角羚。羚羊角在汉代已经被医家用于医药。《神农本草经》云:"羚羊角,味咸,寒,无毒。主明目,益气,起阴;去恶血,注下,辟蛊毒、恶鬼、不祥,安心气,常不魇寐。久服强筋骨,轻身,生川谷。"④《尔雅》

---

① 〔美〕薛爱华:《撒马尔罕的金桃——唐代舶来品研究》,第531页。
② 中国社会科学院考古研究所编:《居延汉简甲乙编》下册,中华书局,1980年,第108页。
③ 〔明〕李时珍:《本草纲目》卷一一,第275~276页。
④ 马继兴主编:《神农本草经辑注》卷三,第315页。

云:"羱,如羊。"郭璞云:"羱羊,似吴羊而大角,角椭,出西方。"①

麻黄在中医药物中具有重要地位,考古学成果告诉我们,古楼兰人很早就开始了麻黄药用的实践。夏雷鸣指出,《神农本草经》和《伤寒论》这两部成书于汉代的医学著作都对麻黄的药性、药效和主治多种疾病的临床经验进行了成功的总结,其珍贵经验可能跟西域人的麻黄医用实践有关。②

从上述考察可知,汉代丝绸之路的开拓为中国人吸收和借鉴域外医学成果提供了条件,外来文明丰富了中国古代医学宝库。在中国医家眼里,各种动物、植物和矿物都有药性,汉代输入的各种外来物品往往都有医药价值,但对这些外来物品的医药价值有一个认识的过程。有的本来就是作为药物传入的,有的其医药价值是传入后为汉代人所认识的,有些则是传入中国后其医用价值为后来的中国医家逐渐认识。汉代是中国中医理论和实践发展的重要阶段,这一时期获得的域外医学成果相当丰富。从《神农本草经》《金匮要略》等汉代文献来看,外来的医药医术确实丰富了汉代中医药学知识。可以推测,传入中国的各种物品,其药性价值可能有的是经中国医家实验所得,有的则是伴随其传入一并为中国医家所了解,被收录于本草书中。

---

① 〔西晋〕郭璞注,〔南朝宋〕邢昺疏:《尔雅注疏》卷一〇,《十三经注疏》,第 2651 页。
② 夏雷鸣:《古楼兰人对生态环境的适应——罗布泊地区墓葬麻黄的文化思考》,《中国社会科学》1997 年第 3 期。

汉代珍珠的来源与用途

通常说的珍珠指蚌珠。蚌珠是一种古老的有机宝石，主要产在珍珠贝类和珠母贝类软体动物体内，是由于其内分泌作用而生成的含碳酸钙的矿物珠粒，由大量微小的文石晶体集合而成，非常漂亮。根据地质学和考古学的研究，在两亿年前，地球上就已经有了珍珠。珍珠美观而珍贵，因珠光晶莹似月光，故又名明月珠。人们用它比喻心爱的人或美好贵重的事物，汉语中有"掌上明珠"的成语。在古代的中外交往中，珠宝是帝王和贵族们孜孜以求的域外物品，珍珠是其一。丝绸是古代中国主要的输出产品，统治者用丝绸换取的往往是域外奇珍异宝。

一、汉代珍珠的来源

据地质学家研究，两亿年前的三叠纪时代地球上已有大量贝类繁衍。有了贝类，才可能孕育出珍珠。但人类是何时何地最早发现并利用珍珠已经无从考证。偏爱珍珠是世界上不同民族和不同地区的人们共同的心理。天然珍珠的采撷史至少已达数千年之久，印度洋上的马尔代夫、印度沿海、斯里兰卡西部马纳尔湾、孟加拉湾、红海、波斯湾都是久负盛名的天然珍珠产地。波斯湾等地的采珠史至少有四千年之久。《圣经·旧约全书·创世记》记载，从伊甸园里流出的比逊河里到处都是"珍珠和玛瑙"。埃及人、波斯人及印度人都对珍珠有着浓厚的兴趣。古罗马人也对珍珠情有独钟，他们往往通过各种途径从波斯湾地区购回珍珠。由于珍珠难得，非常昂贵，佩戴珍珠便成为古罗马权贵身份的象征。公元前数百年，古埃及的贵族就盛行珍珠装饰，埃及历代女王都以拥有大量的珍珠为莫大荣耀。

早在数千年之前,印度人就对珍珠产生极大的喜好。印度洋浅海水域是优质珍珠的原产地,印度人早在四千年之前就已知道珍珠的华贵,无论是佛学经典还是古印度的文化典籍,有关珍珠的描述和记载比比皆是。在佛教经典《法华经》《阿弥陀经》的记载里,珍珠是"佛家七宝"之一。古印度珍珠已难以寻觅,但从一些遗迹中仍能找出它们的倩影。印度巴罗达市珍藏着一条珍珠饰带,上面镶缀着一百排珍珠。欧洲人喜好珍珠是公元之后的事。一位西班牙冒险家东游印度归来,感慨道:"每一间茅舍里都能发现宝石,庙宇则是用珍珠装饰起来的。""珍珠之多,即使有九百个人和三百匹马,也无法将它们全部拿走。"16世纪上半叶,欧洲各国开始为珍珠立法,人们必须按照身份等级佩戴珍珠,珍珠开始像其他贵重宝石一样,成为贵族们炫耀财富与地位的标识。

汉代人知道珍珠是怎么来的。东汉末蔡邕《汉津赋》云:"明珠胎于灵蚌兮,夜光潜乎玄洲。"①《青衣赋》又云:"金生砂砾,珠出蚌泥。叹兹窈窕,产于卑微。"②牟子《理惑论》云:"剖三寸之蚌,求明月之珠,探枳棘之巢,求凤凰之雏,必难获也。"③徐幹《齐都赋》云:"其宝玩则玄蛤抱玑,驳蚌含珰。"④中国出珍珠,广西合浦、海南岛都以出产珍珠闻名。秦时合浦的采珠业已相当兴盛,《崖州志》云:"秦开疆百越,尉屠睢采南海之珠以献。"⑤汉武帝平南越,在今海南岛置珠崖郡,取名即因其地盛产珍珠。但如汉元帝时贾捐之所说:"又非独珠崖有珠犀玳瑁也。"⑥西汉时置有"采珠玉金银铸钱之官"⑦。汉代合浦采珠业非常兴盛。康熙二十五年(1686)修《合浦县志》云:

---

① 费振刚等辑校:《全汉赋》,北京大学出版社,1993年,第571页。
② 费振刚等辑校:《全汉赋》,第573页。
③ 〔南朝梁〕僧祐撰,李小荣校笺:《弘明集校笺》卷一,上海古籍出版社,2013年,第17页。
④ 费振刚等辑校:《全汉赋》,第623页。
⑤ 〔清〕张嶲、邢定纶、赵以谦:《崖州志》,《故宫珍本丛刊》第194册,海南出版社,2001年。
⑥ 《汉书》卷六四下《贾捐之传》,中华书局,1964年,第2834页。
⑦ 《汉书》卷七二《贡禹传》,第3076页。

"合浦南部地瘠人贫,不种粮食,耕海采珠,以珠易米。"古代合浦是壮族先民聚居之地,沿海土地贫瘠,在王命和生计的双重逼迫下,百姓以采珠为业,"年十余岁使教入水"的乌浒人、珠儿、珠户、珠民不顾安危采来的珍珠,一是作为贡赋上交官府,二是以珠易米赖以生存。西汉时内地有至合浦以采珠致富者,①"合浦珠还"是产生于东汉时的著名故事。② 东南沿海地区皆出珍珠。王粲《游海赋》写大海出"贡蛟大贝,明月夜光"③。但汉代中国也从域外输入珍珠。《汉书·西域传赞》描述西汉所获异域物产云:"明珠、文甲、通犀、翠羽之珍盈于后宫,蒲梢、龙文、鱼目、汗血之马充于黄门,巨象、师子、猛犬、大雀之群食于外囿。殊方异物,四面而至。"④

珍珠贸易历史悠久。先秦时的《韩非子》一书就记载了楚国商人到郑国卖珍珠的事。《战国策·秦策》记载:"濮阳人吕不韦贾于邯郸,见秦质子异人,归而谓其父曰:'耕田之利几倍?'曰:'十倍。''珠玉之赢几倍?'曰:'百倍。'"可见当时已经有了经营珍珠的专业商人。汉代域外和国内皆有经营珠宝的商人活动。《史记·货殖列传》写汉朝各地商埠:"番禺亦其一都会也,珠玑、犀、玳瑁、果布之凑。"⑤说明广州是珠宝商品的集散地。珍珠产在合浦,先运至广州再转售岭北各地。晁错《论贵粟疏》云:"夫珠玉金银饥不可食,寒不可衣……其为物轻微易藏,在于把握,可以周海内而亡饥寒之患。"⑥说明汉代各地都有经营珠玉的商号。《后汉书·朱晖传》记载尚书张林上言"宜因交阯、益州上计吏往来,市珍宝,收采其利"⑦,建议借

---

① 《汉书》卷七六《王章传》记载,王章受诬陷被杀,妻子皆徙合浦。后王章平反,"其家属皆完具,采珠致产数百万"(第3239页)。
② 《后汉书》卷七六《孟尝传》记载,东汉时合浦当地百姓以采珠为生,以此向交阯郡换取粮食。合浦地方官吏贪赃枉法,强迫珠民连年滥采,导致合浦沿海珍珠贝逐渐迁移到邻近的交阯郡的边海。汉顺帝时派孟尝担任合浦太守。孟尝到任后,改革前弊,以保护珠蚌的资源。不到一年,珍珠贝又回到了合浦的沿海。
③ 《艺文类聚》卷八《水部》,上海古籍出版社,1982年,第152页。
④ 《汉书》卷九六下《西域传》下,第3928页。
⑤ 《史记》卷一二九《货殖列传》,中华书局,1982年,第3268页。
⑥ 〔清〕严可均校辑:《全汉文》卷一八,《全上古三代秦汉三国六朝文》,中华书局,1958年,第228页。
⑦ 《后汉书》卷四三《朱晖传》,中华书局,1965年,第1460页。

上计吏往来之便经营此业。焦延寿《易林》中卜辞有云："范公陶夷，善贾俙资，东之管丘，易字子皮。把珠载金，多福利归。"①同卷《讼》"大壮"条云："处高不伤，虽危不亡。握珠怀玉，还归其乡。"②同卷《大有》"履"条云："商人行旅，资无所有，贪贝利珠，留连王市。还家内顾，公子何咎！"③显然这些都是对商贾活动的一种预言。

汉代中原地区的珍珠有的来自西域。丝绸之路的开拓让汉代中国人大开眼界，中国人知道大秦多珍珠。大秦即罗马，古代罗马产珍珠被汉朝人称为"大秦珠"。自古以来，大秦以珠宝众多而著称。三国时吴国康泰撰《吴时外国传》云："外国称天下有三众：中国人众，大秦宝众，月氏马众。"④魏晋时鱼豢《魏略·西戎传》记载大秦物产，有"明月珠、夜光珠、真白珠"⑤。随着丝绸之路的开辟，西汉时大秦珍珠已经传入中国。汉乐府诗有《陌上桑》，其中写罗敷的首饰，说她"头上倭堕髻，耳中明月珠"。"明月珠"应该就是大秦珠。东汉末年辛延年《羽林郎》诗写当垆卖酒的胡姬："头上蓝田玉，耳后大秦珠。"⑥说明至迟辛延年的时代，已有胡人在中国开酒店，那位胡姬的首饰有"大秦珠"。汉武帝时通过战争手段从西域获得珍珠。李广利伐大宛胜利，汉武帝《封李广利为海西侯诏》云："贰师将军广利征讨厥罪，伐胜大宛。赖天之灵，从溯河山，涉流沙，通西海，山雪不积，士大夫径度，获王首虏，珍怪之物毕陈于阙。"⑦李广利伐宛大捷，重要的战利品就是"珍怪之物"。《后汉书·西域传》记载，东汉光武帝建武二十一年(45)冬，"车师前王、鄯善、焉耆等十八国俱遣子入侍，献其珍宝"⑧。东汉时继承西汉的传统，继续在西域置官护守，西域各国往往贿赂汉朝官员，行贿物中就有珠宝。《东观汉记·

---

① 〔西汉〕焦延寿：《易林》卷一《蒙》"需"条，收入中国国家图书馆编：《原国立北平图书馆甲库善本丛书》，国家图书馆出版社据明末刻本影印，2013年，第956页。
② 〔西汉〕焦延寿：《易林》卷一《讼》"大壮"条，第962页。
③ 〔西汉〕焦延寿：《易林》卷一《大有》"履"条，第974页。
④ 〔唐〕司马贞《史记索隐》引，《史记》卷一二三《大宛列传》，第3160页。
⑤ 《三国志》卷三〇，裴松之注引《魏略·西戎传》，中华书局，1959年，第861页。
⑥ 逯钦立辑校：《先秦汉魏晋南北朝诗》，中华书局，1983年，第198页。
⑦ 《汉书》卷六一《李广利传》，第2703页。
⑧ 《后汉书》卷八八《西域传》，第2924页。

李恂传》记载:"为西域副校尉,西域殷富,多珍宝,诸国侍子及督使贾胡数遗恂奴婢、宛马、金银、香、罽之属,一无所受。"①《后汉书·李恂传》李贤注:"督使,主蕃国之使也;贾胡,胡之商贾也。"②这种贿赂行为在当时可能是常例,只因李恂清廉,才"一无所受",其他官员通常是接受的。大秦著名的"木难珠",在东汉时似乎已经传入中国。三国曹植诗《美女篇》写采桑歧路的美女:"明珠交玉体,珊瑚间木难。"③"木难"为何物?来自何处?中国古代文献有不同记载。晋郭氏《玄中记》:"木难出于大秦。"④《文选》李善注引《南越志》:"木难,金翅鸟所成碧色珠也,大秦国珍之。"⑤唐杜佑《通典·边防》记载大秦"有木难,出翅鸟口中结沫,所成碧色珠也,土人珍之"⑥。《新唐书·西域传》记载拂菻国物产有"木难"⑦。晋崔豹《古今注》:"莫难珠,一名木难,色黄,出东夷。"⑧郭义恭《广志》:"木难珠,其色黄,生东夷。"⑨明代杨慎《升庵集》云木难"按其形色,则今夷方所谓祖母绿也"⑩。所谓鸟口中结沫云云近乎神话。德国学者夏德指出木难是一种珍珠,美国汉学家劳费尔认为是一种宝石,近人章鸿钊《石雅》认为即琉璃,木难珠即琉璃珠。⑪中国古代文献中,有的称"木难"出自大秦,有的称出于东夷。日本学者白鸟库吉认为"木难"即大秦之木难珠和印度的如意珠。⑫

汉武帝之前,中原地区就从南方沿海地区获得珠宝。刘邦为汉

---

① 〔东汉〕刘珍等撰,吴树平校注:《东观汉记校注》卷一六,中华书局,2008年,第730页。
② 《后汉书》卷五一《李恂传》,第1684页。
③ 〔三国魏〕曹植撰,赵幼文校注:《曹植集校注》卷三,人民文学出版社,1984年,第384页。
④ 《太平御览》卷八〇九《兽部》,上海古籍出版社,2008年,第8册,第227页。
⑤ 〔南朝梁〕萧统编:《文选》卷二七,上海书店,1988年,第381页。按:《南越志》有清刻《说郛》本,作者沈怀远,晋代人。
⑥ 〔唐〕杜佑:《通典》卷一九三《边防·大秦》,中华书局,1988年,第5265页。
⑦ 《新唐书》卷二二一下《西域传》下,中华书局,1975年,第6261页。
⑧ 〔西晋〕崔豹:《古今注》卷下,辽宁教育出版社,1998年,第16页。
⑨ 《太平御览》卷八〇九《兽部》,第8册,第227页。
⑩ 〔明〕梅鼎祚:《古乐苑·衍录卷三》,明万历十九年(1591),吕胤昌校刊本,第14页。
⑪ 章鸿钊:《石雅》卷上,百花文艺出版社,2010年,第33页。
⑫ [日]白鸟库吉:《大秦の木難珠と印度の如意珠》,《西域史研究》(下),岩波书店刊行,1944年,第597~641页。

王,赐张良"金百溢,珠二斗"①。汉朝建立,高祖刘邦派遣大夫陆贾出使南越,劝赵佗归汉。在陆贾劝说下,赵佗接受了汉高祖赐给的南越王印绶,臣服于汉朝。②此后,南越国和汉朝互派使者往来,并通互市。惠帝时赵佗仍"称臣奉贡"③。吕后时汉朝与南越国交恶,但公元前179年汉文帝派陆贾第二次出使南越国,赵佗再次去帝号,归附汉朝。这段臣属期维持时间非常长,共经历了四代南越王。直到汉景帝时,南越都向汉朝称臣,每年春秋两季派人到长安朝贡。在这样的往来中,南越国贡献汉朝的主要是包括珍珠在内的南方特产。吕太后死后,郦寄劝说吕禄放弃兵权,吕禄接受了这一建议。吕禄的姑母吕嬃听说此事,大怒,"悉出珠玉宝器散堂下,曰:'无为它人守也!'"④除通过西北陆上交通与西域各国交往外,汉武帝还遣使出南海,交通东南亚、南亚诸沿海国家和地区,远至黄支国(在今印度)、已程不国(今斯里兰卡)。《汉书·地理志》提到汉朝商使出海至黄支国,"赍黄金杂缯而往",目的是"市明珠、璧流离、奇石异物"。汉朝人特别欣赏南方沿海各国的大珠,从其地得"大珠至围二寸以下"⑤。东方朔《化民有道对》批评当时奢侈之风,云:"木土衣绮绣,狗马被缋罽,宫人簪玳瑁,垂珠玑。"⑥

汉武帝以后汉朝人从交阯得到各种珠宝,更多的南海珠玑不断传入内地,进入皇宫和达官贵人之手。东汉初公孙述称帝蜀中,光武帝建武十一年(35),汉廷遣兵征讨,公孙述被破时,"珍宝珠玉,委积无数","珍宝山积,卷握之物,足富十世"⑦。章帝时朝廷还以"均输"的名义,让交阯、益州市珍宝输纳,朝廷转手"收采其利"。⑧在南方沿海地区任职的官员贪腐,珍珠成为其蓄意收藏的对象。汉章帝

---

① 《汉书》卷四〇《张良传》,第2027页。
② 《汉书》卷一《高帝纪》,第73页。
③ 《汉书》卷二《惠帝纪》,第89页。
④ 《汉书》卷三《高后纪》,第101页。
⑤ 《汉书》卷二八下《地理志》下"粤地",第1671页。
⑥ 《汉书》卷六五《东方朔传》,第2858页。
⑦ 〔东汉〕刘珍等撰,吴树平校注:《东观汉记校注》卷一四,第587页。
⑧ 《后汉书》卷四三《朱晖传》,第1460页。

时交阯太守张恢因贪赃被"征还伏法",朝廷"以资物簿入大司农,诏班赐群臣",钟离意"得珠玑,悉以委地而不拜赐",以为"此臧秽之宝,诚不敢拜"。① 和熹皇后时,"宫中亡大珠一箧"②。安帝时"至有走卒奴婢被绮縠,著珠玑"③。东汉末年,王允设计诛杀董卓,"长安中士女卖其珠玉衣装市酒肉相庆者,填满街肆"④。说明当时从海外传入珍珠之多。东汉安帝时,桂阳太守文砻向皇帝进献大珠,受到朝廷的批评。《后汉书》卷六《顺帝纪》记载永建四年(129)五月壬辰诏曰:"海内颇有灾异,朝廷修政,太官减膳,珍玩不御。而桂阳太守文砻,不惟竭忠,宣畅本朝,而远献大珠,以求幸媚,今封以还之。"桂阳在今湖南省郴州市,位于湖南省东南部,地属岭南,毗邻南方沿海地区,文砻的大珠应该来自南海地区。

汉朝还从周边民族和东亚民族获得珍珠。西汉宣帝甘露二年(前52),"匈奴呼韩邪单于款五原塞,愿奉国珍朝三年正月",大臣称颂:"匈奴单于乡风慕义,举国同心,奉珍朝贺,自古未之有也。"⑤东汉时,匈奴分为南北二部,南匈奴降汉,南单于给汉朝的贡物有珠宝。《后汉书·南匈奴列传》记载,光武帝建武二十五年(49),"南单于复遣使诣阙,奉藩称臣,献国珍宝"⑥。汉朝还从西南夷哀牢国获得珠宝。扬雄《蜀都赋》写西南所出有"玉石江珠"⑦。《后汉书》卷八六《南蛮西南夷列传》记载:"(哀牢国)出铜、铁、铅、锡、金、银、光珠、虎魄、水精、瑠璃、轲虫、蚌珠、孔雀、翡翠、犀、象、猩猩、貊兽。""西部都尉广汉郑纯为政清洁,化行夷貊,君长感慕,皆献土珍,颂德美。"其君长所献土珍应有光珠和蚌珠。李贤注引《华阳国志》云:"兰沧水有金沙,洗取融为金。有光珠穴。"又引《博物志》云:"光珠即江珠也。""哀牢"是达光王国国王的名字,因哀牢是最早与汉朝有

---

① 《后汉书》卷四一《钟离意传》,第1407页。
② 〔东汉〕刘珍等撰,吴树平校注:《东观汉记校注》卷六,第204页。
③ 《后汉书》卷五《安帝纪》,第228页。
④ 《后汉书》卷七二《董卓传》,第2332页。
⑤ 《汉书》卷八《宣帝纪》,第270页。
⑥ 《后汉书》卷八九《南匈奴列传》,第2943页。
⑦ 费振刚等辑校:《全汉赋》,第160页。

接触的达光王,达光王国也就被汉史称作"哀牢国"。达光王国是濮人(傣族先民)在怒江-澜沧江流域建立的部落联盟国家,前期被汉史称作"哀牢国"或"滇越乘象国",后期被汉史称作"掸国"。《后汉书·南蛮西南夷列传》记载,和帝永元九年(97)"徼外蛮及掸国王雍由调遣重译奉国珍宝,和帝赐金印紫绶,小君长皆加印绶、钱帛"①。汉朝在从东北亚地区的入贡中也获得大珠。《后汉书·东夷列传》记载,夫余国"出名马、赤玉、貂豽,大珠如酸枣"②。光武帝建武二十五年,"夫余王遣使奉贡"。此后"使命岁通",安帝、顺帝、桓帝和灵帝时都"诣阙贡献"③。夫余人的贡献中少不了如上物产。倭国"出白珠、青玉"。白珠是玉珠。汉武帝灭卫氏朝鲜,倭人"使驿通于汉者三十许国",东汉光武帝时封其国为倭奴国,并赐以印绶。倭国向汉朝进贡除"生口"(奴隶)之外,应该还有"白珠、青玉"④。三国魏曹植《美女篇》诗云:"明珠交玉体,珊瑚间木难。"⑤《新唐书·西域传》记载:"(拂菻)土多金、银、夜光璧、明月珠、大贝、车渠、码碯、木难、孔翠、虎魄。"⑥拂菻,即东罗马。

二、汉代珍珠的用途

珍珠是皇室贵族之家富贵的陈设和华丽的装饰。传说中刘邦的斩蛇剑是汉朝诸帝传家之宝,被历朝珍藏。据说"剑上有七采珠、九华玉以为饰"⑦。刘邦起兵时不可能这样阔气,这当然是后来加工的。西汉时文帝、景帝都崇尚节俭,汉武帝时开始追求奢侈,宫殿装饰趋向豪华。东汉辛氏《三秦记》记载,西汉时,"未央宫渐台西有桂宫,中有明光殿,皆金玉珠玑为帘箔,处处明月珠。金阶玉阶,昼夜

---

① 《后汉书》卷八六《南蛮西南夷列传》,第2849~2851页。
② 《后汉书》卷八五《东夷列传》,第2811页。
③ 《后汉书》卷八五《东夷列传》,第2812页。
④ 《后汉书》卷八五《东夷列传》,第2820~2821页。
⑤ 〔南朝梁〕萧统编:《文选》卷二七,第381页。
⑥ 《新唐书》卷二二一下《西域传》下,第6261页。
⑦ 〔东晋〕葛洪集:《西京杂记》卷一,《汉魏丛书》,吉林大学出版社影印本,1992年,第303页。

光明"①。葛洪《西京杂记》卷二记载："武帝为七宝床,杂宝案,厕宝屏风,列宝帐,设于桂宫,时人谓为四宝宫。"②何清谷解释说:七宝床,用多种宝物装饰的床;杂宝案,用杂宝装饰的几案;厕宝屏风,厕所里装有屏风,③屏风上饰以各种珍宝;列宝帐,用一排一排的宝物装饰的帐幔。④ 未央宫之北宫"珠帘玉户如桂宫"⑤。《西京杂记》卷二记载："昭阳殿织珠为帘,风至则鸣,如珩佩之声"⑥。后世托名汉人小说《赵飞燕外传》写赵飞燕和妹妹赵合德都受到成帝宠幸,"真腊夷献万年蛤、不夜珠,光彩皆若月,照人亡妍丑,皆美艳。帝以蛤赐后,以珠赐婕妤"。后赵合德又以"枕前不夜珠"赠姐姐。⑦ 大概是由此生发的想象。东汉刘梁《七举》写宫殿之装饰:"镂以金碧,杂以夜光。""随珠明月,照曜其陂。"⑧

汉代女性常用明珠作为佩饰。司马彪《续汉书》记载:"太皇后花胜上为金凤,以翡翠为毛羽,步摇贯白珠八。"⑨东汉傅毅《舞赋》写舞女之美:"珠翠的皪而照曜,华袿飞髾而杂纤罗。"⑩张衡《舞赋》写舞女:"粉黛施兮玉质粲,珠簪挺兮緇发乱。"⑪刘桢《鲁都赋》写舞女:"插曜日之珍笄,珥明月之珠珰。"⑫刘骝䮄《玄根赋》有"戴金翠,珥珠玑"的句子。⑬ 杜笃《祓禊赋》写三月三日上巳王公贵族富贾大商的郊外宴饮,其娇妻美妾亮相郊外水滨:"若乃窈窕淑女,美媵艳

---

① 何清谷:《三辅黄图校注》卷二,三秦出版社,1995年,第127页。
② 〔东晋〕葛洪集:《西京杂记》卷二,《汉魏丛书》,第305页。
③ "厕宝屏风"之"厕"字,有参与、掺杂之意,意思是镶嵌有珠宝的屏风。何清谷解释为"厕所里装有屏风",有误。见《三辅黄图校注》卷二,第128页。《西京杂记》卷一云:刘邦的斩蛇剑被汉朝诸帝作为传家之宝收藏,"杂厕五色琉璃为剑匣",意思是剑匣上镶嵌有五色琉璃。见《汉魏丛书》,第303页。
④ 何清谷校注:《三辅黄图校注》卷二,第128页。
⑤ 何清谷校注:《三辅黄图校注》卷二,第128页。
⑥ 〔东晋〕葛洪集:《西京杂记》卷二,《汉魏丛书》,第305页。
⑦ 〔西汉〕伶玄:《赵飞燕外传》,《汉魏丛书》,第745页。
⑧ 费振刚等辑校:《全汉赋》,第543页。
⑨ 〔南朝梁〕萧统编:《文选》卷一九,曹植《洛神赋》李善注引,第255页。
⑩ 《艺文类聚》卷四三《乐部》,第769页。
⑪ 《艺文类聚》卷四三《乐部》,第770页。
⑫ 费振刚等辑校:《全汉赋》,第711页。
⑬ 〔南朝梁〕萧统编:《文选》卷一九,曹植《洛神赋》李善注引,第255页。

姝,戴翡翠,珥明珠,曳离袿,立水涯。"①东汉末乐府长诗《焦仲卿妻》中,刘兰芝自言其美:"腰若流纨素,耳著明月珰。"②曹植《美女篇》诗写盛年未嫁的美女云:"攘袖见素手,皓腕约金环。头上金爵钗,腰佩翠琅玕。明珠交玉体,珊瑚间木难。"③曹植《洛神赋》写女神宓妃:"戴金翠之首饰,缀明珠以耀躯。"④王粲《神女赋》写神女:"戴金羽之首饰,珥昭夜之珠珰。"⑤汉代郊庙典礼上的娱神乐舞中,那些舞女的衣着亦装饰珠玉,《汉郊祀歌·练时日》写众灵下降,人间以乐舞娱之:"众嫭并,绰奇丽,颜如荼,兆逐靡;被华文,厕雾縠,曳阿锡,佩珠玉。"⑥男性喜用明珠装饰佩剑。曹植《乐府》云:"所贵千金剑,通犀间碧玙。翡翠饰鸡璧,标首明月珠。"⑦珍珠代表美好而珍贵的东西。东汉赵壹《刺世嫉邪赋》讽刺社会上的是非颠倒、黑白混淆云:"埶(势)家多所宜,咳唾自成珠。被褐怀金玉,兰蕙化为刍。"⑧

珍珠是奢侈品,是财富的象征。扬雄《校猎赋》写天子苑囿中的珠宝:"方椎夜光之流离,剖明月之珠胎。"颜师古注云:"珠在蛤中若怀妊然,故谓之胎也。"⑨《汉书·梁孝王传》言梁王之富:"府库金钱且百巨万,珠玉宝器多于京师。"⑩《汉书·田蚡传》云:"后房妇女以百数,诸奏珍物狗马玩好,不可胜数。"⑪西汉时昌邑王被立为帝,无道,大将军霍光欲废之。皇太后下诏召昌邑王,《汉书·霍光传》记载:"太后被珠襦,盛服坐武帐中。"颜师古注引如淳曰:"以珠饰襦也。"又引晋灼曰:"贯珠以为襦,形若今革襦矣。"颜师古同意晋说。⑫

---

① 费振刚等辑校:《全汉赋》,第274页。
② [北宋]郭茂倩编:《乐府诗集》卷七三,中华书局,1979年,第1035页。
③ [南朝梁]萧统编:《文选》卷二七,第381页。
④ [南朝梁]萧统编:《文选》卷一九,第255页。
⑤ 《艺文类聚》卷七九《灵异部》,第1352页。
⑥ [北宋]郭茂倩编:《乐府诗集》卷一,第3页。
⑦ 《北堂书钞》卷一二二《剑》作傅玄《九思》,钱氏校云:"此是陈思王《乐府》,今案本篇下文引陈思王《乐府》同,惟璧作必,考璧必同音,戈璧即郭必,可通借也。"学苑出版社,1998年,第275页。
⑧ 《后汉书》卷八〇下《赵壹传》,第2631页。
⑨ 《汉书》卷八七上《扬雄传》上,第3552页。
⑩ 《汉书》卷四七《梁孝王传》,第2208页。
⑪ 《汉书》卷五二《田蚡传》,第2380页。
⑫ 《汉书》卷六八《霍光传》,第2939页。

贯珠为饰的短衣,称为珠襦,乃皇帝、皇后在正式场合所服。汉成帝时赵飞燕被立为皇后,姐妹受到宠幸,《汉书·外戚传》记载:"皇后既立,后宠少衰,而弟绝幸,为昭仪,居昭阳舍。其中庭彤朱,而殿上髹漆,切皆铜沓(冒)黄金涂;白玉阶,壁带往往为黄金釭,函蓝田璧,明珠、翠羽饰之。"①王莽时天下大乱,但朝廷仍颇有资财,"时省中黄金万斤者为一匮,尚有六十匮,黄门、钩盾、臧府、中尚方处处各有数匮。长乐御府、中御府及都内、平准帑藏钱帛珠玉财物甚众"②。《后汉书·梁冀传》记载,梁冀贪图富豪孙奋的家财,诬告孙奋母为其守臧婢,"盗白珠十斛、紫金千斤以叛"。虽然这是诬告,但梁冀曾"遣客出塞,交通外国,广求异物",而且"四方调发,岁时贡献,皆先输上第于冀",其家拥有域外购取的大量白玉珠应为事实。梁冀与其妻孙寿大起第舍,对街为宅,其中"金玉珠玑,异方珍怪,充积臧室"③。东汉黄琼批评梁氏"羽毛齿革、明珠南金之宝,殷满其室"④。珠玉珍贵,正如牟子《理惑论》云:"珠玉少而贵,瓦砾多而贱。"⑤但珠玉毕竟不实用,因此任昉《述异记》引汉代谚语云:"虽有神药,不如少年;虽有珠玉,不如金钱。"⑥

贱珠玉被认为是帝王的良好品德。扬雄《长杨赋》赞美汉文帝云:"逮至圣文,随风乘流,方垂意于至宁,躬服节俭,绨衣不敝,革鞜不穿,大夏不居,木器无文。于是后宫贱玳瑁而疏珠玑,却翡翠之饰,除雕琢之巧,恶丽靡而不近,斥芬芳而不御,抑止丝竹晏衍之乐,憎闻郑卫幼眇之声,是以玉衡正而太阶平也。"⑦《后汉书·和帝邓皇后传》记载,邓皇后节俭,"御府、尚方、织室锦绣、冰纨、绮縠、金银、珠玉、犀象、玳瑁、雕镂玩弄之物,皆绝不作"。邓皇后的行为说明在汉室宫廷中一直是以这些珍贵的东西制作器物的。汉文帝和邓皇

---

① 《汉书》卷九七下《外戚传》下,第3989页。
② 《汉书》卷九九下《王莽传》下,第4188页。
③ 《后汉书》卷三四《梁冀传》,第1181~1182页。
④ 《后汉书》卷六一《黄琼传》,第2037页。
⑤ 〔南朝梁〕僧祐撰,李小荣校笺:《弘明集校笺》卷一,第16页。
⑥ 《太平御览》卷九八四《药部》,第9册,第665页。
⑦ 《汉书》卷八七下《扬雄传》下,第3560页。

后的节俭特别得到社会的赞扬,正反映了汉代皇室贵族及整个社会上的奢靡风习。张衡《东京赋》颂扬朝廷的节俭之风:"改奢即俭,则合美乎《斯干》。登封降禅,则齐德乎黄轩。为无为,事无事,永有民以孔安。遵节俭,尚素朴。思仲尼之克己,履老氏之常足。将使心不乱其所在,目不见其可欲。贱犀象,简珠玉。藏金于山,抵璧于谷。翡翠不裂,玳瑁不蔟,所贵惟贤,所宝惟谷。"①东汉王符批评当时的社会风气:"昔孝文皇帝躬衣弋绨,革舄韦带。而今京师贵戚,衣服饮食,车舆庐第,奢过王制,固亦甚矣。且其徒御仆妾,皆服文组彩牒,锦绣绮纨,葛子升越,筒中女布。犀象珠玉,虎魄玳瑁,石山隐饰,金银错镂,穷极丽靡,转相夸咤。其嫁娶者,车軿数里,缇帷竟道,骑奴侍童,夹毂并引。富者竞欲相过,贫者耻其不逮,一飧之所费,破终身之业。古者必有命然后乃得衣缯丝而乘车马,今虽不能复古,宜令细民略用孝文之制。"②

珍珠贵重,成为赐赠的礼品,也成为官场贪赃枉法行贿受贿的赃物。汉乐府诗《有所思》云:"有所思,乃在大海南。何以为问遗?双珠玳瑁簪。"③《汉书·江都王建传》记载:"(刘建)遣人通越繇王闽侯,遗以锦帛奇珍,繇王闽侯亦遗建荃、葛、珠玑、犀甲、翠羽、蝯熊奇兽,数通使往来,约有急相助。"④江都王和繇王闽侯的封地都靠近南方沿海地区,故能获得大量珠宝。《汉书·佞幸传》记载,董贤受到哀帝的宠幸,哀帝"诏将作大匠为贤起大第北阙下,重殿洞门,木土之功穷极技巧,柱槛衣以绨锦。下至贤家僮仆皆受上赐,及武库禁兵、上方珍宝,其选物上弟尽在董氏,而乘舆所服乃其副也。及至东园秘器、珠襦玉柙,豫以赐贤,无不备具"⑤。东汉末繁钦《定情诗》云:"何以致区区?耳中双月珠。"⑥《汉书·元后传》记载王太后专

---

① 〔南朝梁〕萧统编:《文选》卷三,第 46 页。
② 《后汉书》卷四九《王符传》,第 1635 页。
③ 《太平御览》卷六八八《服章部》,第 7 册,第 235 页。
④ 《汉书》卷五三《江都王建传》,第 2417 页。
⑤ 《汉书》卷九三《佞幸传》,第 3733~3734 页。
⑥ 〔南朝陈〕徐陵编,〔清〕吴兆宜注,〔清〕程琰删补:《玉台新咏笺注》卷一,中华书局,1985 年,第 40 页。

权,其兄弟五人皆封侯,王凤秉政,"五侯群弟,争为奢侈,赂遗珍宝,四面而至"①。《后汉书·乌桓鲜卑列传》记载,光武帝建武二十二年(46),"是时四夷朝贺,络驿而至,天子乃命大会劳飨,赐以珍宝"②。《后汉书·马援传》记载:"初,援在交阯,常饵薏苡实,用能轻身省欲,以胜瘴气。南方薏苡实大,援欲以为种。军还,载之一车。时人以为南土珍怪,权贵皆望之。援时方有宠,故莫以闻。及卒后,有上书谮之者,以为前所载还,皆明珠、文犀。"马援因而坐罪,葬不归墓,史称"薏苡之谤"。③ 这个事例说明,东汉时往南方沿海地区任职的官员常常带明珠、文犀归来,而马援"载之以车",数量巨大,才成为"上书谮之者"诬陷的口实。内地至交阯任职的官员往往贪赃纳贿获得南海的珠宝,携之以归。他们又用这种珠宝贿赂权贵,以求升迁。《后汉书·贾琮传》记载:"旧交阯土多珍产,明玑、翠羽、犀、象、玳瑁、异香、美木之属,莫不自出。前后刺史率多无清行,上承权贵,下积私赂,财计盈给,辄复求见迁代。"④进入中原地区的珠宝也被用于行贿。《后汉书·宦者传》记载宦官张让擅权,人们以为扶风富豪孟佗与之友善,贿赂孟佗,"皆争以珍玩赂之"⑤,孟佗又分给张让,获得凉州刺史之职。

汉代盛行厚葬,"送死过度"⑥。贵族帝王不仅生前享用珠玉,也幻想死后跟生前一样,所以珠玉成为陪葬物。"汉帝送死,皆珠襦玉匣"⑦。汉代人相信,口含、手握珠玉,裹以金缕玉衣,尸身不腐。故丧礼中以珠、玉、贝、米等物纳于死者之口,称为饭唅。饭唅珠玉是帝王贵族之礼。《后汉书·礼仪志》"大丧"云:"登遐,……守宫令兼东园匠将女执事,黄绵、缇缯、金缕玉柙如故事。饭唅珠玉如礼。"李贤注引《礼稽命征》曰:"天子饭以珠,唅以玉;诸侯饭以珠,唅以(珠)

---

① 《汉书》卷九八《元后传》,第4023页。
② 《后汉书》卷九〇《乌桓鲜卑列传》,第2982页。
③ 《后汉书》卷二四《马援传》,第846页。
④ 《后汉书》卷三一《贾琮传》,第1111页。
⑤ 《后汉书》卷七八《宦者传》,第2534页。
⑥ 何清谷:《三辅黄图校注》卷一,第64页。
⑦ 〔东晋〕葛洪集:《西京杂记》卷一,《汉魏丛书》,第303页。

[璧]；卿大夫、士饭以珠，唅以贝。"①西汉大将军霍光死，朝廷"赐金钱、缯絮，绣被百领，衣五十箧，璧珠玑，玉衣"②。《汉书·佞幸传》记载："贤自杀伏辜，死后父恭等不悔过，乃复以沙画棺四时之色，左苍龙，右白虎，上著金银日月，玉衣珠璧以棺，至尊无以加。"颜师古注云："以此物（玉衣珠璧）棺敛也。"③《东观汉记·梁商传》记载，梁商病笃，遗嘱薄葬，他说："吾以不德，享受多福，生无以辅益朝庭，死必耗费帑藏，衣衾饭唅玉匣珠贝之属，何益朽骨？百僚劳扰，纷华道路，只增尘垢。虽云礼制，亦有权时。今边郡不宁，盗贼未息，岂宜重为国损！"④据此可知，按照当时的礼制，达官贵族是应该以珠贝之类陪葬的。

王符《潜夫论·浮侈》批评当时的厚葬之风："今京师贵戚，郡县豪家，生不极养，死乃崇丧。或至刻金缕玉，檽、梓、楩、楠，良田造茔，黄壤致藏，多埋珍宝偶人车马，造起大冢，广种松柏，庐舍祠堂，崇侈上僭。"⑤《后汉书·顺帝纪》记载，东汉顺帝崩，"遗诏无起寝庙，敛以故服，珠玉玩好皆不得下"⑥。这种特殊规定正说明，一般情况下帝王陵墓中往往以珠玉玩好陪葬。西汉前期，贵族官僚大都把死人当作活人看待，将人生前所用的车马、金银珠玉、佩饰、丝织衣物、铜漆器皿、食品、钱币等葬入墓中。考古发现证明了这一点。尽管汉墓大多被盗，而盗者往往盗取珠宝，但在北京市石景山区老山汉墓发掘中发现了一片玉片残片，并在女尸尸骨下清理出一件新疆和田羊脂玉质的螭首带钩及一串珍珠胸饰。在南越王墓中发现一件珍珠枕头，在墓主玉衣头套下的丝囊内装了470颗珍珠，珍珠直径0.1~0.4厘米，是未经加工的天然珍珠，专家们认为这是一个丝囊珍

---

① 《后汉书》志第六《礼仪》下，第3141页。
② 《汉书》卷六八《霍光传》，第2948页。
③ 《汉书》卷九三《佞幸传》，第3740页。
④ ［东汉］刘珍等撰，吴树平校注：《东观汉记》卷一五，中华书局，2008年，第613~614页。
⑤ ［东汉］王符著，［清］汪继培笺，彭铎校正：《潜夫论笺校正》卷三，中华书局，1985年，第137页。
⑥ 《后汉书》卷六《顺帝纪》，第274页。

珠枕头。用珍珠做成枕头,在考古发掘中尚属首次发现。在主棺室"头箱"中的一个大漆盒内,原盛放有重量为4117克的珍珠,出土时漆盒已朽,珍珠散落满地。珍珠直径0.3~1.1厘米。考虑到南越国海外贸易的兴盛,这批珍珠有来自域外的可能。

厚葬引起盗墓,死葬而含珠握玉,恰是招惹盗墓者的诱饵。焦延寿《易林》卜辞云:"把珠入口,为我畜宝。得吾所有,欣然嘉喜。"①"把珠入口,蓄为玉宝。得吾所有,欣然嘉喜。"②说的正是贪恋财货却为别人所有的结局。西汉末年,天下大乱,出现大规模盗墓的情况。赤眉军"发掘诸陵,取其宝货"③。东汉末年再次出现盗墓之风,规模空前。《后汉书·董卓传》记载,何皇后入葬,开汉灵帝文陵,董卓把"藏中珍物"悉数盗取。董卓迁都长安,"又使吕布发诸帝陵,及公卿以下冢墓,收其珍宝"。《后汉书·袁绍传》记载,袁绍指斥曹操:"梁孝王,先帝母弟,坟陵尊显。松柏桑梓,犹宜恭肃。操率将吏士,亲临发掘,破棺裸尸,掠取金宝,至令圣朝流涕,士民伤怀。又署发丘中郎将、摸金校尉,所过毁突,无骸不露。"④这可以说都是珠宝惹的祸。

---

① 〔西汉〕焦延寿:《易林》卷一《同人》"复"条,第978页。
② 〔西汉〕焦延寿:《易林》卷二《复》"损"条,第1003页。
③ 《后汉书》卷一一《刘盆子传》,第483页。
④ 《后汉书》卷七四上《袁绍传》,第2396页。

胡麻的引种及其文化意义

胡麻是一种外来植物,随着丝绸之路的开辟传入中国。胡麻应该是在汉代时已经传入中国,由于对中国古代文献掌握不足或理解有误,美国汉学家劳费尔有关胡麻以及其他外来植物的论述,存在某种失误。胡麻传入中国以后,中国人不仅把它作为食品原料,而且注意到它的医药价值,方士、道家夸大其养生长寿的功用,在中国古代各种仙话传说中,食之可以成仙,而神仙都好以胡麻为饭食。胡麻为人所喜食,又有许多神奇传说,因此常常引起诗人的歌咏,成为古代诗歌中的常见意象。

一、胡麻的引种

胡麻是通过丝绸之路传入中国的域外植物,最早见于汉代淮南王刘安及其门客所著《淮南子》:"汾水濛浊,而宜胡麻。"①冠名"胡"字,跟胡桃、胡萝卜一样,指域外传入之品物。东汉崔寔《四民月令》云:"二月可种胡麻,谓之上时也。"②杜笃《边论》曰:"汉征匈奴,取其胡麻、稗麦、苜蓿、葡萄,示广地也。"③大约成书于东汉时的《神农本草经》也记载了胡麻。④ 至迟东汉时汉地人已引进胡饼的做法,而

---

① 《太平御览》卷九八九《药部》,第9册,上海古籍出版社,2008年,第695页。
② 《太平御览》卷九八九《药部》,第9册,第696页。
③ 《太平御览》卷九七二《果木部》,第9册,第584页。
④ 关于《神农本草经》成书年代有不同观点,或谓成书于秦汉时期,或谓成书于战国时期。南朝梁阮孝绪撰《七录》始记有《本经》,计有三卷。是书云:"世谓神农尝药。黄帝以前,文字不传,以识相付,至桐雷乃载篇册。然所载郡县多汉时,疑张仲景、华佗窜记其语。"宋代叶梦得《书传》云:"《神农本草》初但三卷,所载甚略,议者考其记出产郡名,以为东汉人所作。"书中收有来自域外的物品,如薏苡仁、菌桂、胡麻、葡萄、戎盐等。其成书年代当在这些药物传入中土之后。《史记·大宛列传》记载,(转下页)

胡饼需要胡麻。一般认为因此饼出自胡地，以胡麻做配料，故称胡饼。东汉人刘熙的《释名·释饮食》云："饼，并也，溲面使合并也。胡饼，作之大漫冱也，亦言以胡麻著上也。"①按照刘熙的解释，一般意义的饼是面与水的并合，而胡饼之所以被称为胡饼，因为"作之大漫冱"（极言其大），还因为它是面与胡麻并合制成。居延汉简中有一简云"□（当为戍）卒芳胡麻因得　桼视老　母书"（一二三·六三乙玖伍版）②，又一简云"儋胡麻会甲寅旦毋留如律令/尉史寿昌"（三一二·二五　甲一六七二）③。芳胡麻、儋胡麻似乎皆是人名，或许与其地种植胡麻有关。东汉末年，"灵帝好胡服、胡帐、胡床、胡坐、胡饭、胡空侯、胡笛、胡舞"④。胡饭中包括胡饼，应该配有胡麻。以上这些材料说明胡麻在汉代时已经引种中国。

南朝梁陶弘景云："胡麻，八谷之中，惟此为良。纯黑者名巨胜，巨者大也。本生大宛，故名胡麻。"⑤北魏贾思勰《齐民要术》引《汉书》云："张骞外国得胡麻，今俗人呼为'乌麻'者，非也。"⑥北宋沈括

（接上页）大宛国以葡萄为酒，马嗜食苜蓿，"汉使取其实来，于是天子始种苜蓿、蒲陶肥饶地。及天马多，外国使来众，则离宫别观旁尽种蒲萄、苜蓿极望"。胡麻原产中东，汉代来自大宛，故陶弘景云："本生大宛，故名胡麻。"贾思勰《齐民要术》云："张骞使外国，得胡麻。"葡萄、胡麻都是张骞通西域以后传入中国，所以现代学者一般认为《神农本草经》为汉人著作，而非先秦古书。参尚志钧：《神农本草经辑校》卷二，学苑出版社，2014年，第73页；李楠等：《刘民叔〈神农古本草经〉探析》，《中国中医基础医学杂志》2013年第4期。有的学者进一步指出当为东汉时人作。清代姚恒《古今伪书考》云："《汉志》无《本草》，按《汉书·平帝纪》，诏天下举知方术本草者。书中有后汉郡县地名，以为东汉人作也。"陈叔方《颍川语小》认为书中使用的某些药名有故意做雅的痕迹，如把"黄精"写成"黄独"，"山芋"写成"玉延"，"莲"写成"藕实"，"荷"写成"水芝"，"芋"写成"土芝"，"蟹"写成"拥剑"。这种华而不实的故意做雅，是东汉学风的典型表现。

① 〔东汉〕刘熙撰，〔清〕毕沅疏证，王先谦补：《释名疏证补》卷四，中华书局，2008年，第135页。毕沅指出，《初学记》引此段文字，"面"字之前有"麦"字；《太平御览》引此段文字，"面"作"麦"。
② 中国社会科学院考古研究所编：《居延汉简甲乙编》下册，中华书局，1980年，第86页。
③ 中国社会科学院考古研究所编：《居延汉简甲乙编》下册，第217页。
④ 《后汉书》志第十三《五行志》，中华书局，1965年，第3272页。
⑤ 〔明〕李时珍：《本草纲目》卷二二《谷部》，中医古籍出版社，1994年，第612页。
⑥ 〔北魏〕贾思勰著，石声汉校释：《齐民要术今释》卷二，中华书局，2009年，第175页。石声汉考证，《汉书》中没有提到过胡麻，疑"书"乃"使"或"时"字之误。见氏著《试论我国从西域引入的植物与张骞的关系》，《科学史集刊》1963年第4期。

《梦溪笔谈·药议》区别了汉地大麻与西域传入之胡麻，云："胡麻直是今油麻，更无他说，……张骞始自大宛得油麻之种，亦谓之麻，故以'胡麻'别之，谓汉麻为'大麻'也。"①宋人寇宗奭则以为"胡麻与白油麻为一物"②。李时珍《本草纲目·谷部》云："汉使张骞始自大宛得油麻种来，故名胡麻，以别中国大麻也。"③胡麻是否"本生大宛"，中国古代文献的记载并不可靠，因为这些文献注重的是从哪里传入，并不关注其最早的产地和培育演化过程。汉代文献中并没有张骞带回胡麻的直接证据，胡麻未必是张骞带回的，很可能跟苜蓿、葡萄之类一样，也是其他汉使带回，或经其他途径传入，但因为是在丝绸之路开辟后传入，故后代传说中都记在了张骞名下。胡麻传入中国，最早主要在北方地区种植，尤其山西上党种植比较集中。至宋代在北方就普遍种植了。所以苏颂《图经本草》云："胡麻，巨胜也，生上党川泽；青蘘，巨胜苗也。生中原川谷，今并处处有之，皆园圃所种，稀复野生。"④然而胡麻与巨胜是何关系，亦有不同说法。寇宗奭指出："《广雅》云：'狗虱，巨胜也；藤苰，胡麻也。'陶隐居云：'其茎方者名巨胜，圆者名胡麻。'如此巨胜、胡麻为二物矣。或云本生胡中，形体类麻，故名胡麻；又八谷之中，最为大胜，故名巨胜。如此似一物二名也。然则仙方乃有服食胡麻、巨胜二法，功用小别，疑本一物，而种之有二，如天雄、附子之类。故葛稚川亦云胡麻中有一叶两荚者为巨胜是也。"⑤苏敬等《唐本草》云："此麻以角作八棱者为巨胜，四棱者名胡麻。"⑥李时珍在总结诸家之说后云："至陶弘景始分茎之方圆。雷敩又以赤麻为巨胜，谓乌麻非胡麻。《嘉祐本草》复出白油麻，以别胡麻。并不知巨胜即胡麻中丫叶巨胜而子肥者，

---

① 〔北宋〕沈括撰，胡道静校注：《新校正梦溪笔谈》卷二六，中华书局，1957年，第267页。
② 〔北宋〕寇宗奭：《图经衍义本草》卷三七引，《道藏》第17册，文物出版社、上海书店、天津古籍出版社，1988年，第736页。
③ 〔明〕李时珍：《本草纲目》卷二二，第612页。
④ 〔北宋〕寇宗奭：《图经衍义本草》卷三七引，《道藏》第17册，第735页。
⑤ 〔北宋〕寇宗奭：《图经衍义本草》卷三七，《道藏》第17册，第735页。按：所引陶隐居之说，见于《名医别录》，该书作者或作陶弘景，或云佚名。
⑥ 〔北宋〕寇宗奭：《图经衍义本草》卷三七引，《道藏》第17册，第735~736页。

故承误启疑如此。"①他认为可以说胡麻是脂麻,但不能说脂麻就是胡麻,因为芝麻也是脂麻。所以他说:"寇宗奭据沈存中之说,断然以脂麻为胡麻,足以证诸家之误矣。"但仅从茎之方圆区分胡麻与巨胜也不妥,而且容易引起另一种混淆:"今市肆间,因茎分方圆之说,遂以茺蔚子伪为巨胜,以黄麻子及大藜子伪为胡麻,误而又误矣。茺蔚子长一分许,有三棱。黄麻子黑如细韭子,味苦。大藜子状如壁虱及酸枣核仁,味辛甘,并无脂油。不可不辨。梁简文帝《劝医文》有云:世误以灰涤菜子为胡麻。则胡麻之讹,其来久矣。"②综合各家之说,巨胜当是胡麻之一种,其形相似而性相近,纯黑而大、茎方、角作八棱和一叶两荚者为巨胜。虽然人们曾将二者混为一谈,但知道胡麻与巨胜有别,对其区别是有明确认识的。

　　胡麻是亚麻,在中国古代文献中还有其他名称。三国魏张揖撰《广雅》:"狗虱、钜胜、藤苰,胡麻也。"③亚麻是人类最早使用的天然植物纤维,距今已有一万年以上的历史。亚麻分为纤维型、油用型和纤维、油用两用型三种。亚麻纤维是纯天然纤维,由于具有吸汗、透气性良好和对人体无害等优点而受到人们重视。亚麻还是油料作物,营养丰富。亚麻油含多量不饱和脂肪酸,可以用来预防高血脂症和动脉粥样硬化。亚麻起源于近东、中东和地中海沿岸。早在石器时代,古代埃及人已经栽培亚麻并用其纤维纺织衣料,埃及各地的"木乃伊"就是用亚麻布包裹的。油用型亚麻被中国人称为胡麻。如上所述,胡麻在汉代已经传入中国,在中国已有两千年栽培历史,至迟东汉时中国人已经种植胡麻。纤维型亚麻传入中国很晚,20世纪初始从日本引进。

---

① 〔明〕李时珍:《本草纲目》卷二二,第612页。
② 〔明〕李时珍:《本草纲目》卷二二,第612~613页。
③ 《太平御览》卷九八九《药部》,第9册,第695页。按:《证类本草》引《图经本草》有《广雅》文:"狗虱,巨胜也;藤苰,胡麻也。"吴征镒等认为,按照《图经本草》的记载,巨胜和胡麻非一物,《广雅》将二物并列,初为二条,后合为一条,这从另一个方面说明二物性味、功能相近。之后历代本草中巨胜和胡麻混淆难辨,可能与该书的记载有关。吴征镒等:《胡麻是亚麻,非脂麻辨——兼论中草药名称混乱的根源和〈神农本草经〉成书年代及作者》,《植物分类学报》2007年第4期。

在中国古代文献和后世的议论中,曾长期把胡麻与芝麻混淆。芝麻,在古代文献中写作"脂麻",脂者,油也,脂麻与油麻同义,都是说芝麻是油料作物。寇宗奭《图经衍义本草》云:"胡麻,诸家之说,参差不一,止是今脂麻,更无他义。盖其种出于大宛,故言胡麻。今胡地所出者皆肥大,其纹鹊,其色紫黑,故如北(当作此)区别,取油亦多。"①20世纪50年代,浙江省吴兴县(1981年撤销并入湖州市)钱山漾新石器时代遗址考古发现芝麻几百粒,②杭州水田畈史前遗址(良渚文化后期)也发现古代芝麻种子,③说明胡麻并非芝麻。中国本有芝麻,汉代传入胡麻,冠名胡字,与之相区别。但因为同是油料作物,后来又把二者混而为一。陶弘景引《五符巨胜丸方》云:"叶名青蘘,本生大宛,度来千年尔。"④"千年"不可确指,《诗经》中有"黍稷重穋,禾麻菽麦"的诗句,⑤那时胡麻并未传入中国,"麻"与各种谷物并列,应当指芝麻,而非通常说的大麻。张骞通西域之后,胡麻传入。陶弘景引董仲舒语:"禾是粟苗,麻是胡麻,枲是大麻,菽是大豆。"⑥便把芝麻与胡麻混为一物。此后的文献相沿此说。宋人已经不清楚胡麻为何物,却几乎异口同声以为胡麻即脂麻,苏轼《服胡麻赋》序云:"始余尝服伏苓,久之良有益也。梦道士谓余伏苓燥,当杂胡麻食之。梦中问道士何者为胡麻,道士言脂麻是也。既而读《本草经》,云胡麻一名狗虱,一名方茎,黑者为巨胜,其油正可作食。则胡麻之为脂麻信矣。"⑦宋人所谓胡麻即巨胜,将巨胜(胡麻)与脂麻相混,主要有两个原因,一是芝麻普遍种植,而胡麻只在局部地区种植,制作胡饼的胡麻籽早被芝麻取代。许多人只见过芝麻,吃过芝麻油和芝麻食品,未曾见过胡麻,也不曾吃过胡麻油和真正的胡

---

① 〔北宋〕寇宗奭:《图经衍义本草》卷三七,《道藏》第17册,第736页。
② 浙江省文物管理委员会:《吴兴钱山漾遗址第一、二次发掘报告》,《考古学报》1960年第2期。
③ 浙江省文物管理委员会:《杭州水田畈遗址发掘报告》,《考古学报》1960年第2期。
④ 〔北宋〕寇宗奭:《图经衍义本草》卷二七引,《道藏》第17册,第736—737页。
⑤ 〔南宋〕朱熹:《诗集传》卷八,中华书局,1958年,第92页。
⑥ 〔北宋〕唐慎微:《证类本草》卷二六引,《文津阁四库全书》第245册,商务印书馆,2005年,第271页。
⑦ 〔北宋〕苏轼:《苏东坡集》第4册,商务印书馆,1930年,第111页。

麻食品。二是胡麻与芝麻性能相近，都是油料作物，只凭书中的记载无法区分。于是沈括、苏轼、寇宗奭等都断然论定胡麻即脂麻，此后长期沿袭下来。

　　近代吴其濬著《植物名实图考》仍云："胡麻即巨胜，本经上品，今脂麻也。"但这并不代表古人一直未区分胡麻与芝麻。胡麻、巨胜与芝麻性状差别明显，古代本草学家不仅认识到胡麻与巨胜的区别，后来也知道胡麻不是芝麻。陶弘景之误至迟明代李时珍时已经澄清，他认同胡麻是脂麻（即油麻）的说法，但与芝麻相区别。胡麻和芝麻同为油料作物，因此皆可称为"脂麻"，脂者，油也，即油麻之义。但胡麻不是芝麻，《本草纲目》引《食疗本草衍义》云："俗作芝麻，非。"①1935年，吴征镒做植物分类学野外调查，为撰写四年级毕业论文收集材料，发现小五台山附近做饼饵用的胡麻油和北京常用的"香油"（即芝麻油）味道不同，虽未见实物，已知名"胡麻"。在那里这种油还用作骡车车轴的润滑油。1938年年初，他在昆明北郊菜园见到田边种一两行所谓"胡麻"，查看植物才认识到即清人吴其濬《植物名实图考》卷二"谷类"最后所列的"山西胡麻"。他感到大惑不解，胡麻何时与脂麻相混称？为什么"胡麻"一名用在两种植物上？吴征镒所谓"脂麻"与古人不同，指芝麻。吴征镒等人考证了中国文献中胡麻与芝麻被混为一谈的原因和过程，指出中国历史上最早记载的胡麻当为"Linum usitatissimum"，其"胡麻"之名在种植区民间一直沿用至今，《植物名实图考》中的胡麻（Linum usitatissimum L.）是中国古代文献中的"巨胜"。把巨胜误解为胡麻，源于《神农本草经》和沈括、李时珍等人的观点，而沈、李是南方人，没有见过真正的胡麻。古代文献中的"巨胜"应为"Sesamum indicum"，与胡麻不同。吴其濬是沿袭传统的误解。他们的论文还探讨了胡麻与芝麻两种植物混淆的原因，进一步推及中草药名称混淆的根源在于其性味、功能相似，而古人不重视其形态、地理差别所致。他们认为"传统民间口传身授的本草用药胡麻，可能就是亚麻而非脂麻"。《神农

---

① 〔明〕李时珍：《本草纲目》卷二二《谷部》，第612页。

本草经》被他们认为是陶弘景在《本草经集注》中的托古之作,该书确定以性味、功能归类是导致此后中药名称混淆的根本原因。① 吴征镒等人对吴其濬书中的论断提出批评是对的,但径指中国古代文献中巨胜即芝麻则有可商榷之处,他们认为自古以来那些本草学家和医药学家一直未能区别胡麻、巨胜和芝麻,也不符合实际。

美国汉学家劳费尔极力否定陶弘景"胡麻本生大宛"和后人以为胡麻乃汉时张骞带回的观点。他的观点可以接受,但他的理由和论证的方法却颇有可商榷之处。他说:

> 《本草纲目》里有陶宏景(公元451—536年)的这样一句话:"胡麻本生大宛,故名胡麻(伊朗麻)。"他没提到张骞,也没提胡麻传播到中国的年月,这段话由于缺乏准确性和缺乏年代及其他情况的证据,对任何熟悉中国记述的人看来,它必定会引起怀疑。有关大宛的记载都没提到胡麻,这名字在史书里也没有见过。陶宏景是一个道教大家,采药师,炼丹术士,迷于长生不老术,他从来没出过国门,对大宛绝对不会有什么特殊知识。他只凭想象说因为苜蓿和葡萄是由大宛(胡人的国家)来的,那么胡麻既然也是胡国的植物,必定也是从那个地方来的。这种幻想不能当作历史看待。②

劳费尔强调中国人所谓"胡麻"不是从"大宛"而是从伊朗来的,他说,中国人称为"胡麻","从语言学上说来,这情形有些和'胡豆'的情形相似。很可能这两种都是由伊朗地区来的,只不过在中国适应了水土,因为这两种植物都是古代亚洲西部所特有的栽培植物"③。但他仅从陶弘景一人的见闻来说明胡麻"本生大宛"是陶弘景的误解,可能并不符合实际,因为陶弘景的观点并不是他一个人"幻想"的结果,只是沿袭传统说法而已。陶弘景的《本草经集注》实际上是中国人长期药物学知识的总结。中国人认为胡麻"本生大宛",可能

---

① 吴征镒等:《胡麻是亚麻,非脂麻辨——兼论中草药名称混乱的根源和〈神农本草经〉成书年代及作者》,《植物分类学报》2007年第4期。
② [美]劳费尔:《中国伊朗编》,商务印书馆,1964年,第113~114页。
③ [美]劳费尔:《中国伊朗编》,第115页。

中国人是从大宛获得胡麻,而不是直接从它的原产地伊朗获得的。胡麻原产于近东和中东,两河流域和埃及可能是亚麻最早的演化中心,劳费尔把胡麻原产地局限于伊朗一地,似乎并不准确。在古代中国人观念中,"胡"字代表的区域包括北方游牧民族、西域国家以及中亚、西亚甚至欧洲。在《中国伊朗编》中,劳费尔常常把中国人所谓"胡"理解为今伊朗之地和伊朗人,过于狭义化了。

劳费尔还指出胡麻不是张骞带回的:"虽然这种植物肯定是由伊朗地区传到中国,然而在什么年代传来的却仍然不清楚。第一,关于这事历史上没有可靠的记载;第二,中国人对这问题所造成的混乱看法简直无法解释明白。"①在中国古代文献中,往往把汉代传入中国的西域舶来品都记到张骞身上,这是一种误解。劳费尔指出胡麻也不是张骞带回的,这个观点可以接受,因为我们并没有看到有关张骞带来胡麻的可靠史料。但他极力否定胡麻在汉代已经传入中国,则又有失偏颇。他说:

> 李时珍引用第十一世纪沈括所著的《梦溪笔谈》里的话,说:"古者中国止有大麻(Cannabis sativa),其实为蕡,汉使张骞始自大宛得油麻种来,故名胡麻,以别中国大麻也。"宋朝的郑樵(1108—1162年)著的《通志》(卷75,第33页)更加发挥了这个张骞的传说。公元983年出版的《太平御览》(卷841,第6页)引用一部不知年月的《本草经》的话,说张骞从外国得到胡麻和胡豆。因此这个传说看来是出现于宋朝(公元960—1278年),那就是张骞死后一千多年。可是偏偏有一些有头脑的学者们要我们把这种话当作汉朝的真正历史。②

劳费尔否定胡麻在汉代已经传入,忽略了我们上引史书上和考古资料中有关汉代胡麻的史料的价值。他甚至推测张骞带入胡麻的传说产生在张骞死后一千多年的宋代,也忽略了上引诸如北魏贾思勰《齐民要术》之类宋代以前的各种史料。中国史料浩如烟海,国外汉

---

① [美]劳费尔:《中国伊朗编》,第117页。
② [美]劳费尔:《中国伊朗编》,第114页。

学家的阅读存在局限性,博学如劳费尔尚且如此,其论断并不是都可以轻易信从的。

二、胡麻引种的文化意义

人们通常把文化分为物质文化和精神文化,但是精神的和物质的意义有时又是互相联系、密不可分的。思想、观念、情感这些抽象的东西常常通过具体的物质的东西表现出来。物质的东西总是蕴含着和反映着抽象的思想、观念和情感。在不同的文化场域,人们会赋予同样的器物以不同的文化内涵。一种异质文化进入另一文化环境,与其文化会发生冲突、碰撞,也会发生融通、化合,造成新质,赋予新意,产生新的文化意义。胡麻虽小,当它进入中国这块具有悠久文化传统的丰厚土壤,其自然品性在新的文化环境中引发出新的意蕴,居然产生了许多意想不到的结果和文化现象。

(一)胡麻的传入丰富了中国农耕种植技术和品种

胡麻的传入丰富了汉地农耕文化的种植技术和品种,这是自然的。中国自古以农业立国,在外来文明中重视农作物的引进和改良,胡麻是其一。胡麻传入后,汉地人很快掌握了胡麻的适宜土壤、种植时令和收藏方法。胡麻原产于近东、中东地区,汉代传入中国西北少数民族地区,因为其独特的习性,所以无法在热带地区生长。在中国,传统的胡麻主要分布在山西北部、河北北部、河南、山东、甘肃、宁夏、内蒙古等地。成书于2世纪中期的崔寔《四民月令》云,二月"可种植禾、大豆、苴麻、胡麻"[1],三月"时雨降,可种秔稻及植禾、苴麻、胡豆、胡麻"[2],四月"蚕入簇,时雨降,可种黍、禾(谓之上时)及大、小豆、胡麻"[3],五月"时雨降,可种胡麻"[4]。但最合适的时令是二月,所以他说:"二月可种胡麻,谓之上时也。"[5]胡麻作为食材和

---

[1] 〔东汉〕崔寔著,石声汉校注:《四民月令校注》,中华书局,1965年,第20页。
[2] 〔东汉〕崔寔著,石声汉校注:《四民月令校注》,第26页。
[3] 〔东汉〕崔寔著,石声汉校注:《四民月令校注》,第32页。
[4] 〔东汉〕崔寔著,石声汉校注:《四民月令校注》,第41页。
[5] 《太平御览》卷九八九引,第9册,第696页。

榨油之用，也是重要的经济作物，因此成为市场上交易的农产品。关于胡麻的出售，《四民月令》云，五月"粜大、小豆，胡麻"①。《四民月令》是东汉后期崔寔模仿古时月令所著的农学著作，叙述一年中从正月到十二月的例行农事活动。此后的农书一般都对胡麻的种植进行介绍，内容上则沿袭其说。汉代通过丝绸之路传入的域外植物有不少，但进入《四民月令》记载的只有胡蒜、胡葱、胡豆、胡麻等数种，可见胡麻在当时农作物和经济领域里的重要性。

北魏贾思勰《齐民要术》对胡麻的用途和种收有更具体的记载，他说胡麻是张骞从西域带回，未必可信。但指出北魏时胡麻分为两种，即白胡麻和八棱胡麻，白胡麻"油多，人可以为饭"。胡麻适宜的土壤："胡麻宜白地种。"所谓白地，即空地，没有树木或建筑物的土地。种植的季节"二、三月为上时，四月上旬为中时，五月上旬为下时"。并注云："月半前种者，实多而成；月半后种者，少子而多秕也。"所谓"上时"就是最好的季节。种植的方法："种，欲截雨脚；若不缘湿，融而不生。一亩用子二升。漫种者，先以耧耩，然后散子，空曳耢。（耢上加人，则土厚不生）耧耩者，炒沙令燥，中和半之。（不和沙，下不均。垄种若荒，得用锋耩）"意思是说，种胡麻要趁刚下过雨，如果不趁地湿下种，就难以发芽。一亩地用两升种子。如果撒播，就要先用耧耩地，然后撒籽。再用空耢耢平。所谓空耢，就是耢上不上人，如果加了人的重量，土盖得厚实，种子不易发芽。如果用耧下种，要先把沙子炒干，拌上种子，一半对一半拌匀。如果不拌沙子，种子不能下匀。如果在田垄上种，而垄上长有杂草，要用锋耩除草。关于胡麻的管理，云："锄不过三遍。"胡麻的收割也有讲究："刈束欲小。（束大则难燥，打手复不胜）以五六束为一丛，斜倚之。（不尔，则风吹倒，损收也）候口开，乘车诣田斗薮，（倒竖，以小杖微打之）还丛之。三日一打，四五遍乃尽耳。（若乘湿横积，蒸热速干，虽曰郁裛，无风吹亏损之虑。裛者，不中为种子，然于油无损

---

① 〔东汉〕崔寔著，石声汉校注：《四民月令校注》，第46页。

也)"①即,收割时扎成的把要小,把大了就难干燥,打胡麻籽时手也不好把持。五六束互相斜靠着堆成一丛,这样可以防止被风吹倒,一旦吹倒,麻籽就会损失。等干燥到胡麻角裂开了口,就装上车拉到田里打籽。打籽时把胡麻束倒竖起,用小棍轻轻敲打,麻籽就从开口处落下。然后仍然堆成一丛丛的,每三天敲打一次,打上四五次才能把麻籽打尽。如果刚割下尚未晾干就横着堆起来,里面也会闷干。这样打的麻籽没有损失,也可以榨油,但不能用作种子。关于胡麻种植的株距,《农桑辑要》引《四时类要》云:"每科(棵)相去一尺为法。"②

胡麻原产地与中土气候水土不同,在种植季节、管理、收割、脱籽等方面应有不同。胡麻的种植方法既伴随着胡麻的输入而传入,汉地人也根据本土的自然条件进行了适应性的改进,这是肯定的。贾思勰的记载包含着汉地人长期种植经验的总结。由于后来胡麻被道家宣扬成食之可以长生的食品,关于其种植也产生了离奇的说法。比如在古代就有"俗传胡麻须夫妇同种则茂盛"的说法,并以此曲解唐人诗"胡麻好种无人种,正是归时又不归"③。胡麻的茂盛与否与一人种或两人同种无关,这可能与中国人的阴阳和合化生万物的观念有关,在胡麻的种植方面凭空添加了一层神秘色彩。

(二)胡麻的输入和引种丰富了中国人的饮食文化

通过丝绸之路,域外饮食文化传入中国,胡麻制饼、胡麻制丸和胡麻制羹等也传入中国,胡麻的种植为这些饮食提供了基本的食材和调料。东汉末灵帝好"胡饭"④,公卿大臣竞相仿效,造成京师洛阳一时流行胡风的习气。从东汉末年起,胡地食品即传入中国,人们越来越喜欢吃胡食,甚至成为日常生活的常用食品。这种胡食主要是来自西域各民族的食品,人们对北方游牧民族的饮食并不太热衷,那种"肉为食兮酪为浆"的饮食,只是作为调剂和点缀。胡麻本

---

① 〔北魏〕贾思勰著,石声汉校释:《齐民要术今释》卷二,第175~176页。
② 石声汉:《农桑辑要校注》卷二引,中华书局,2014年,第48页。
③ 〔明〕李时珍:《本草纲目》卷二二,第613页。
④ 《后汉书》志第十三《五行志》,第3272页。

身可以充饥,又是制作胡食的原料,因此作为食材很早就受到重视。《晋书·殷仲堪传》记载,殷仲堪举兵反,其巴陵粮仓为桓玄所取,"城内大饥,以胡麻为廪"①。这说明胡麻并不是作为主食的理想食材,殷仲堪是在无奈之下才充作军粮的。而通常所谓"胡麻饭"并不是单纯用胡麻做原料。李时珍指出:"刘、阮入天台,遇仙女,食胡麻饭,亦以胡麻同米做饭,为仙家食品焉尔。"②因此,胡麻在饮食中主要是用于榨油和做调料。

首先,胡麻可以榨油,胡麻油即亚麻籽油,是一种古老的食用油。胡麻生性喜寒耐寒,在中国只适合生长在西部、北部高寒干旱地区。胡麻油在中国有着悠久的食用历史,上引贾思勰《齐民要术》中就讲到用胡麻籽榨油,陶弘景和寇宗奭的书中指出胡麻油有多种用途,一是燃灯,二是供食,三是入药。③ 正是由于可以榨油,因此胡麻在宋代被称为"油麻"④。胡麻只适宜生长在寒冷地区,因此很少被其他地方的人们所熟知。加之胡麻产量、出油率非常低,所以胡麻油一直未能广泛普及。东南沿海各地的人们没见过胡麻,也没见过胡麻油,很多人误将芝麻油称为胡麻油。但据前引吴征镒等《胡麻是亚麻,非脂麻辨——兼论中草药名称混乱的根源和〈神农本草经〉成书年代及作者》可知,直到近代小五台山附近的百姓还用胡麻油做饼饵,还用作骡车车轴的润滑油。这种油用亚麻主要在内蒙古中西部、山西北部、甘肃会宁等地区种植,在这些地区亚麻油如今仍称胡麻油。

其次,作为胡饼的原料。胡食中有胡饼,最初即带胡麻的大烧饼,胡麻是必备的原料。《释名·释饮食》云:"胡饼,作之大漫沍也,亦言以胡麻著上也。"大漫沍,《太平御览》引作"大漫汗",意思是无边际,形容其饼很大。可知最初传入中国的"胡饼"是大型的"饼",表面有胡麻。这种大饼在西域称"馕",乃波斯语发音,说明它最初

---

① 《晋书》卷八四《殷仲堪传》,中华书局,1974年,第2199页。
② 〔明〕李时珍:《本草纲目》卷二二,第613页。
③ 〔明〕李时珍:《本草纲目》卷二二,第614页。
④ 〔北宋〕沈括撰,胡道静校注:《新校正梦溪笔谈》卷二六,第267页。

是西亚的食物,丝绸之路古道上考古发现过古代的胡饼。秦汉以前,中国人主食是煮饼或蒸饼。崔寔《四民月令》云:"距立秋,毋食煮饼及水溲饼。"①这说明日常饮食中是少不了煮饼及水溲饼的,只是在特殊的日子才不吃。据《汉书·百官表》,"少府"属下有"汤官",颜师古注云:"汤官主饼饵。"②煮汤作饼即汤饼,或称煮饼。关于蒸饼,《晋书·何曾传》记载,何曾奢豪,蒸饼上不坼作十字不食。③李德裕《次柳氏旧闻》记载,太子李亨陪唐玄宗用餐,食物中有羊臂臑(煮羊前腿),太子用刀割,余污漫刃,以饼洁之。④这里讲的饼是蒸饼,因为薄软,所以用来擦拭刀刃。胡饼不用煮或蒸,而是用炉子烤熟的。贾思勰《齐民要术》中记载有制髓饼法:"以髓脂、蜜,合和面。厚四五分,广六七寸。便著胡饼炉中,令熟。"⑤说明汉地髓饼的制法借鉴了胡饼的经验。《太平御览》引《续汉书》云:"灵帝好胡饼,京师皆食胡饼。"又引《魏志》云:"汉末赵岐避难逃之河间,不姓字。又转诣北海,著絮巾袴,常于市中贩胡饼。"⑥可见汉代已有"胡饼",此后成为常见的食品。王隐《晋书》记载:"王羲之幼有风操,郗虞卿闻王氏诸子皆俊,令使选婿。诸子皆饰容以待客,羲之独坦腹东床,食胡饼,神色自若。"⑦《晋书·王长文传》:"州辟别驾,乃微服窃出,举州莫知所之。后于成都市中蹲踞啮胡饼。"⑧正是因为胡饼以胡麻为配料,故后来石勒才改称其为"麻饼"。《太平御览》同卷引崔鸿《十六国春秋·赵录》:"石勒讳胡,胡物皆改名。胡饼曰'抟炉',石虎改曰'麻饼'。"⑨《艺文类聚》引《邺中记》:"石勒讳胡,胡物皆改名。胡饼曰'麻饼',胡绥曰'香绥',胡豆曰'国豆'。"⑩

---

① 〔东汉〕崔寔著,石声汉校注:《四民月令校注》,第44页。
② 《汉书》卷一九上《百官公卿表》,中华书局,1962年,第731、732页。
③ 《晋书》卷三三,第998页。
④ 〔唐〕李德裕:《次柳氏旧闻》,《开元天宝遗事十种》,上海古籍出版社,1985年,第6~7页。
⑤ 〔北魏〕贾思勰著,石声汉校释:《齐民要术今释》卷九,第921页。
⑥ 《太平御览》卷八六〇《饮食部》,第8册,第570、571页。
⑦ 《太平御览》卷八六〇《饮食部》,第8册,第571页。
⑧ 《晋书》卷八二,第2138页。
⑨ 《太平御览》卷八六〇《饮食部》,第8册,第572页。
⑩ 《艺文类聚》卷八五《百谷部》,上海古籍出版社,1982年,第1453页。

在唐代开放的社会里,生活方式胡化之风甚盛。饮食方面更加流行胡食。《旧唐书·舆服志》记载,开元以后,"贵人御馔,尽供胡食"①。唐代慧琳《一切经音义》云:"胡食者,即饆饠、烧饼、胡饼、搭纳等是。"胡饼不完全是馕,还有一种煮食油炸的酥饼,俗称为"齉䴺"。颜之推《证俗音》、中古小学书《字镜》、韵书《考声》、祝氏《切韵》都提到这种食品,《一切经音义》引顾公云:"今内国齉䴺以油酥煮之。"慧琳说:"油饼本是胡食,中国效之,微有改变,所以近代方有此名。"②唐人皇甫枚小说《三山小牍》卷下记:"(陆存)为贼所虏,其酋问曰:'汝何等人也?'存绐之曰:'某庖人也。'乃令溲面煎油,作齉䴺者,移时不成。"唐代街市上往往有专营胡食的商铺,其中胡饼最为常见。《资治通鉴》卷二一八记载,安史之乱中,唐玄宗出逃至咸阳集贤宫,正值中午,"上犹未食,杨国忠自市胡饼以献"③。白居易《寄胡饼与杨万州》云:"胡麻饼样学京都,面脆油香新出炉。寄与饥馋杨大使,尝看得似辅兴无?"④说明胡饼制法已从长安传至外地。日本僧人圆仁《入唐求法巡礼行记》记载:"开成六年……(正月)六日,立春节。赐胡饼、寺粥。时行胡饼,俗家皆然。"⑤说明胡饼在唐代十分流行。前蜀杜光庭小说《虬髯客》写李靖遇虬髯客,"客曰:'饥甚。'靖出市买胡饼"⑥。这是现实生活的反映。宋代人们仍习惯于食用胡饼。北宋黄朝英《缃素杂记》记载:"有鬻胡饼者,不晓名之所谓,易其名曰炉饼。"⑦南宋洪迈《夷坚丁志·鸡子梦》中董某任泽州凌川县令,"县素荒寂,市中唯有卖胡饼一家,每以饮馔萧索为苦"⑧。孟元老《东京梦华录》记载北宋都城汴京食店出售的食品有胡饼:"大凡食店,大者谓之分茶,则有头羹、石髓羹、白肉胡

---

① 《旧唐书》卷四五,中华书局,1975年,第1958页。
② 〔唐〕慧琳:《一切经音义》卷三七,上海古籍出版社,2008年,第1154页。
③ 《资治通鉴》卷二一八,中华书局,1956年,第6972页。
④ 《白居易集》卷一八,中华书局,1979年,第382页。
⑤ 〔日〕圆仁:《入唐求法巡礼行记》卷三,上海古籍出版社,1986年,第146页。
⑥ 《太平广记》卷一九三,中华书局,1961年,第1446页。
⑦ 《资治通鉴》卷二一八,胡三省注引,第6972页。
⑧ 〔南宋〕洪迈:《夷坚丁志》卷一六,《夷坚志》,中华书局,1981年,第673页。

饼……"①也有专营烧饼的饼店:"有油饼店,有胡饼店",出售油饼、胡饼、糖饼、髓饼等,其中胡饼和髓饼入炉烤制,有的饼店烧饼炉多达五十多炉。②周密《武林旧事》记载南宋临安(今杭州)"市食"即市面上出售的食品有猪胰胡饼、羊脂韭饼、七色烧饼。③灌园耐得翁《都城纪胜》记载临安食店有猪胰胡饼。

  大概在与南宋对峙的北方金国和元代以后的文献中,便较少见到有关胡饼的记载,只有个别史料偶尔提及,如清人王士禛《池北偶谈》记载:"李沧溟(攀龙)先生身后最为寥落。其宠姬蔡,万历癸卯年,七十余矣,在济南西郊卖胡饼自给。"④这并不是说胡饼不存在了,金人、蒙古人皆属"胡"族,大都忌讳"胡"字,故文献和口语中避之。《资治通鉴》"肃宗至德元载"条,胡三省注云:"胡饼,今之蒸饼。"⑤《武林旧事》和《都城纪胜》的作者都由南宋入元,他们的著作中除猪胰胡饼外,其他都只称饼、油酥饼、炊饼等。吴自牧的《梦粱录》中连猪胰胡饼也不提了。而猪胰胡饼店是从东京迁至临安的,仅此一家。⑥作为店名,无法避讳。如此下去,作为一种常用食物,称"麻饼""蒸饼"习以为常,其外来色彩和观念日渐淡薄,明清便几乎不见胡饼之称,可能只在民间沿袭旧称,就如"洋火"后来通常被称为"火柴","番茄"通常被称作"西红柿"一样。

  另外,胡麻还被用来制作胡麻羹。贾思勰《齐民要术》记载了"作胡麻羹法":"用胡麻一斗,捣,煮令熟,研取汁三升。葱头二升,米二合,著火上。葱头米熟,得二升半在。"⑦葛洪书中介绍了用胡麻制蜜饯:"蜜水和作饼如糖状,炙食一饼。"⑧胡麻的食用价值还表现

---

① 〔南宋〕孟元老著,邓之诚注:《东京梦华录注》卷四,中华书局,1982年,第127页。
② 〔南宋〕孟元老著,邓之诚注:《东京梦华录注》卷四,第129页。
③ 〔南宋〕四水潜夫(周密)辑:《武林旧事》卷六,西湖书社,1981年,第97页。
④ 〔清〕王士禛著,文益人校点:《池北偶谈》卷一二,齐鲁书社,2007年,第222页。
⑤ 《资治通鉴》卷二一八,第6972页。
⑥ 〔南宋〕耐得翁:《都城纪胜》:"其余店铺夜市不可细数,如猪胰胡饼,自中兴以来只东京脏三家一分,每夜在太平坊巷口,近来又有效之者。"《文津阁四库全书》第195册,第746页。
⑦ 〔北魏〕贾思勰著,石声汉校释:《齐民要术今释》卷八,第837~838页。
⑧ 《太平御览》卷九八九《药部》,第9册,第695页。

在胡麻叶、花可以食用。胡麻(巨胜)叶叫做青蘘,在古代医书中本来放在草部上品中,后来通常置于胡麻条下。苏颂《图经本草》云:"苗梗如麻,而叶圆锐光泽,嫩时可作蔬,道家多食之。"①《唐本草注》称其"堪食"②。李时珍说:"按服食家有种青蘘作菜食法,云:秋间取巨胜子种畦中,如生菜之法。候苗出采食,滑美不减于葵。则《本草》所著者,亦茹蔬之功,非入丸散也。"关于胡麻花的食法,《本草纲目》引孙思邈云:"七月采最上标头者,阴干用之。"又引陈藏器说:"阴干渍汁,溲面食,至韧滑。"③中国本来就是饮食文化发达的国家,胡麻籽、叶和花的食用,丰富了中国饮食文化的内容。

(三)胡麻药用价值的发掘及其道家文化意蕴

胡麻传入中国后,其医药价值也为中国医家所发现。在中国医学传统中,中药主要由植物药(根、茎、叶、果)、动物药(内脏、皮、骨、器官等)和矿物药组成,但植物药占中药的大多数,所以中药也称中草药,"药"便是带草头的字。在中国医家观念里,百草皆有药性,因此从域外传入的胡麻自然引起他们的关注和探讨。医家重视胡麻之医药价值,历代医药学著作皆著录胡麻,并论述其药性。在中国医药学著作中,最早著录胡麻的是《神农本草经》:"胡麻,味甘,平,主治伤中虚羸,补五内,益气力,长肌肉,填髓脑。久服轻身,不老。一名巨胜,叶名青蘘,生上党川泽。"④南朝陶弘景的医学著作中也著录胡麻,并论其服食方法和功效,他说:"服食胡麻,取乌色者,当九蒸九暴,熬捣饵之。断谷,长生,充饥。虽易得,而学者未能常服,况余药耶?蒸不熟,令人发落。其性与茯苓相宜。俗方用之甚少,时以合汤丸耳。"⑤陶弘景是道士,他的著作既讲治病,又讲养生和长生。关于胡麻的功用,在他这里已经神秘化了,其"九蒸九暴"的加工方法包含着某种数字崇拜的意义,"断谷,长生"的目的体现着道教成仙信仰。

---

① 〔北宋〕寇宗奭:《图经衍义本草》卷三七引,《道藏》第17册,第735页。
② 〔北宋〕寇宗奭:《图经衍义本草》卷三七引,《道藏》第17册,第737页。
③ 〔明〕李时珍:《本草纲目》卷二二引,第615页。
④ 尚志钧辑校:《神农本草经辑校》卷二,第73页。
⑤ 〔明〕李时珍:《本草纲目》卷二二引,第613页。

北宋科学家沈括在《梦溪笔谈·药议》中云："胡麻直是今油麻，更无他说，予已于《灵苑方》论之。"①沈括撰《灵苑方》乃古代医方著作，二十卷，惜原书已佚，佚文散见于《证类本草》《幼幼新书》等后世医药著作中，其中关于胡麻的论述应该是从医药价值探讨的。苏轼对胡麻的养生医药价值也有论述，他在《与程正辅书》中介绍了治痣之方："以九蒸胡麻（即黑脂麻），同去皮茯苓，入少白蜜为炒食之。日久气力不衰而百病自去，而痣渐退。"李时珍《本草纲目》综合诸家之说，对胡麻的医药性能有这样的概括："气味：甘，平，无毒。""主治：伤中虚羸，补五内，益气力，长肌肉，填髓脑。久服，轻身不老（《本经》）。坚筋骨，明耳目，耐饥渴，延年。疗金疮，止痛，及伤寒温疟大吐后，虚热羸困（《别录》）。补中益气，润养五脏，补肺气，止心惊，利大小肠，耐寒暑，逐风湿气、游风、头风，治劳气、产后羸困，催生落胞。细研涂发令长。白蜜蒸饵，治百病（日华）。炒食，不生风。病风人久食，则步履端正，语言不蹇（李廷飞）。生嚼涂小儿头疮，煎汤浴恶疮、妇人阴疮，大效（苏恭）。"②这是对中国医家长期医药学经验的总结。胡麻的药用价值，还体现在胡麻油的功效上。按照陶弘景的说法，作为药用，胡麻油"生榨者良，若蒸炒者，止可供食及燃灯耳，不入药用"。根据诸医家的经验，胡麻油主治："利大肠，产妇胞衣不落。生油摩肿，生秃发。""主喑哑，杀五黄，下三焦热毒气，通大小肠，治蛔心痛。傅一切恶疮疥癣，杀一切虫。"③胡麻叶（青蘘）、花和茎（麻秸）皆有药用价值，古代医家皆有探讨。④寇宗奭《图经本草衍义》云："食甚甘，当丸蒸曝熬捣之，可以断谷。又以白蜜合丸，曰静神丸，服之益肺润五脏；压取油，主大热秘肠结，服一合则通利。"⑤胡麻叶亦有医用价值，胡麻叶汁有润发之功效，且可用于兽医。陶弘景说："胡麻叶也，甚肥滑，亦可以沐头。"如作药用，其用法是"阴干，捣为丸散"，但如果服食胡麻籽实，这种胡麻叶制品是不必食用

---

① 〔北宋〕沈括撰，胡道静校注：《新校正梦溪笔谈》卷二六，第267页。
② 〔明〕李时珍：《本草纲目》卷二二，第613页。
③ 〔明〕李时珍：《本草纲目》卷二二，第614页。
④ 〔明〕李时珍：《本草纲目》卷二二，第615页。
⑤ 〔北宋〕寇宗奭：《图经衍义本草》卷三七引，《道藏》第17册，第735页。

的,所以说"既服其实,故不复假苗"。《药性论》云:"叶捣汁沐浴,甚良;又牛伤热,捣汁灌之,立差。"① 其沐头之法,日华子(李日华)云:"叶作汤沐,润毛发,乃是今人所取胡麻叶,以汤浸之良久,涎出,汤遂稠,黄色。妇人用之梳发。"② 其药性,《图经衍义本草》云:"味甘,寒,无毒;主五脏邪气、风寒、湿痹;益气,补脑髓,坚筋骨。"③

中医自古重视食疗养生,"药食同源"是中国传统医学中对人类最有价值的贡献之一。中国医家很早就认识到食物不仅有营养,而且还能疗疾祛病。在中医观念里,食品和药品没有截然分开的界线。胡麻是食品,其医药价值也为人所认识,故成为医家食疗的原料之一。古代医书中记载不少胡麻食疗之方。《图经本草衍义》引《新注》云:"胡麻、白大豆、枣三物,同九蒸九曝,作团,良,令人不饥,延年,断谷;又合苍耳子为散,服之治风。"又引《食疗》云,胡麻"润五脏,主火灼。山田种,为四棱。土地有异,功力同。休粮人重之,填骨又补虚气"。《圣惠方》云:"治五脏虚损羸瘦,益气力,坚筋骨。巨胜蒸曝各九遍,每取二合,用汤浸布裹,挼去皮再研,水滤取汁,煎,和粳米煮粥食之。"《外台秘要》认为胡麻"治手脚酸疼兼微肿:乌麻五升,碎之。酒一升,浸一宿,随多少饮"。《千金方》:"常服明目洞视:胡麻一石,蒸之三十遍,末酒服,每日一升。又方治腰脚疼痛:胡麻一升,新者熬,冷香,杵筛,日服一大升许,一升即永差,酒饮、羹汁、蜜汤,皆可服之。"《经验后方》:"治暑毒救生散:新胡麻一升,内炒令黑色,取出,摊冷碾末,新汲水,调三钱匕,或丸如弹子,新水化下。凡著热,外不得以冷逼,外得冷即死。"④

胡麻是富有营养的健康食品,又有医药价值,其强身治病的功效被道家过分夸大,便成为食之可以延年益寿甚至得道长生的仙药,所谓"巨胜者,仙经所重"⑤。在汉代谶纬迷信和神仙信仰流行的时代,胡麻已经被赋予神奇色彩。汉代纬书《孝经援神契》云:"巨胜

---

① 〔北宋〕寇宗奭:《图经衍义本草》卷三七引,《道藏》第17册,第735页。
② 〔北宋〕寇宗奭:《图经衍义本草》卷三七引,《道藏》第17册,第737页。
③ 〔北宋〕寇宗奭:《图经衍义本草》卷三七引,《道藏》第17册,第736页。
④ 〔北宋〕寇宗奭:《图经衍义本草》卷三七引,《道藏》第17册,第736页。
⑤ 〔北宋〕寇宗奭:《图经衍义本草》卷三七引,《道藏》第17册,第735页。

延年。"①道教在东汉时形成,胡麻被道家当作保健长生食品。魏伯阳《周易参同契》云:"巨胜尚延年,丹药可入口。"②大约成书于汉魏间的《列仙传》编撰了老子、尹喜西适流沙,"服巨胜实,莫知所终"的故事。③ 晋郭义恭《广志》云:"胡麻一名方茎,服之不老。"④以胡麻做成的食物被称为"胡麻饭"。南朝宋刘敬叔撰《异苑》记载,刘晨、阮肇共入天台山,迷不得返,在山中持杯取水,"一杯流出,有胡麻饭"。他们在山中遇到仙女,被邀至其家,仙女亦以胡麻饭招待。⑤胡麻被方士们和道门人士视为长生食物。在中国古代流传下来的各种仙话传说中,胡麻成为神奇的食物,普通人食用胡麻可以得道成仙,而神仙都好以胡麻为饭食。《汉武帝内传》云:"鲁女生,长乐人,初饵胡麻,乃永绝谷,八十余年,少壮色如桃花。一日与亲知故人别,入华山。后五十年,先识者逢女于庙前,乘白鹿,从王母,人因识之,谢其乡里而去。"⑥东晋葛洪《抱朴子·仙药篇》云:"巨胜一名胡麻,饵服之不老,耐风湿,补衰老也。"⑦他说胡麻制丸可以令人延年益寿,长生不老。他介绍胡麻丸制法:"用上党胡麻三斗,淘净甑蒸,令气遍。日干,以水淘去沫再蒸。如此九度。以汤脱去皮,簸净,炒香为末,白蜜或枣膏丸弹子大。每温酒化下一丸,日三服。忌毒鱼、狗肉、生菜。服至百日,能除一切痼疾,一年身面光泽不饥,二年白发返黑,三年齿落更生,四年水火不能害,五年行及奔马。久服长生。"⑧《修真秘旨》也记载了类似的服食之法:"神仙服胡麻法,服之能除一切痼病,至一年面光泽不饥,三年水火不能害,行及奔马,久服长生。上党者尤佳,胡麻二斗,净淘上甑蒸,令气遍出,日干,以水淘去沫,即蒸。如此九度,以汤脱去皮,簸令净,炒令香,杵为末,

---

① 〔东晋〕葛洪著,王明校释:《抱朴子内篇校释》卷一一引,中华书局,1980年,第177页。
② 〔东汉〕魏伯阳《周易参同契》卷上,《道藏》第20册,第76页。
③ 《太平御览》卷九八九《药部》引,第9册,第695页。
④ 《太平御览》卷九八九《药部》引,第9册,第695页。
⑤ 《太平御览》卷四一《地部》,第1册,第476页。
⑥ 何清谷:《三辅黄图校注》卷三引,三秦出版社,1995年,第189页。
⑦ 〔东晋〕葛洪著,王明校释:《抱朴子内篇校释》卷一一,第186页。
⑧ 〔明〕李时珍:《本草纲目》卷二二引,第613页。

蜜丸如弹子大,每温酒化下一丸,忌毒物、生菜等。"①按照道家的说法,胡麻的叶子青蘘也具有增寿长生的功效:"久服耳目聪明,不饥,不老,增寿。巨胜苗也,生中原川谷。"②由于相信道家食之长生的仙话,古代不少人修炼时服食胡麻。《南齐书·刘虬传》记载:"虬少而抗节好学,须得禄便隐。宋泰始中,仕至晋平王骠骑记室,当阳令。罢官归家,静处断谷,饵术及胡麻。"③

　　道家过分夸大胡麻的神奇作用,年深日久,其夸张成分便被人们逐渐识破。胡麻叶久食可以成仙之说,连道士陶弘景也予以否定:"不知云何服之仙也,并无用此法。"④苏轼《服胡麻赋》云:"世间人闻服脂麻以致神仙,必大笑。"⑤至明代,食之可以延年长生的神话已经没有多少人相信了。李时珍对其食用和医用价值进行了总结:"胡麻取油以白者为胜,服食以黑者为良,胡地者尤妙。取其黑色入通于肾,而能润燥也。赤者状如老茄子,壳厚油少,但可食尔,不堪服食。唯钱乙治小儿痘疮变黑归肾百祥丸,用赤脂麻煎汤送下,盖亦取其解毒耳。"⑥这是对胡麻食用价值和医用价值的客观认知。所谓"可食"即指食用,而"服食"则指仙家养生长生之用。对于胡麻食之成仙的说法,他基本上予以否定:"《五符经》有巨胜丸,云即胡麻,本生大宛,五谷之长也。服之不息,可以知万物,通神明,与世常存。《参同契》亦云,巨胜可延年,还丹入口中。古以胡麻为仙药,而近世罕用,或者未必有此神验,但久服有益而已耶?"⑦虽然肯定了其于健康"有益",却没有认为它具有长生不死的效用。

(四)胡麻成为诗歌中的道教意象

　　胡麻的新奇和神奇使它成为诗人喜欢吟咏的对象,因此成为古

---

① 〔北宋〕寇宗奭:《图经衍义本草》卷三七引,《道藏》第17册,第736页。
② 〔北宋〕寇宗奭:《图经衍义本草》卷三七,《道藏》第17册,第736页。
③ 《南齐书》卷五四《高逸传》,中华书局,1972年,第939页。
④ 〔北宋〕寇宗奭:《图经衍义本草》卷三七引,《道藏》第17册,第736页。
⑤ 〔北宋〕苏轼:《苏东坡集》四,第111页。
⑥ 〔明〕李时珍:《本草纲目》卷二二,第613页。按:钱乙(约1032—1113),字仲阳,郓州(治今山东东平)人,著名儿科医家,翰林医学士。《四库全书总目提要》云:"钱乙幼科冠绝一代。"著有《伤寒论发微》《婴孺论》《钱氏小儿方》《小儿药证直诀》等。现存《小儿药证直诀》。
⑦ 〔明〕李时珍:《本草纲目》卷二二,第613页。

代诗歌中的常见意象。跟胡麻在社会生活中扮演的角色相同,它首先作为一种食物进入诗歌领域的。唐代诗人王绩《食后》写自己的晚饭云:"田家无所有,晚食遂为常。菜剪三秋绿,飧炊百日黄。胡麻山崦样,楚豆野麋方。始暴松皮脯,新添杜若浆。葛花消酒毒,蕙蒂发羹香。鼓腹聊乘兴,宁知逢世昌。"①王缙《送孙秀才》写招待朋友的饮食:"帝城风日好,况复建平家。玉枕双纹簟,金盘五色瓜。山中无鲁酒,松下饭胡麻。莫厌田家苦,归期远复赊。"②秦系《山中奉寄钱起员外兼简苗发员外》写自己的穷困:"空山岁计是胡麻,穷海无梁泛一槎。稚子唯能觅梨栗,逸妻相共老烟霞。高吟丽句惊巢鹤,闲闭春风看落花。借问省中何水部,今人几个属诗家?"③牟融《题道院壁》:"山中旧宅四无邻,草净云和迥绝尘。神枣胡麻能饭客,桃花流水荫通津。星坛火伏烟霞暝,林壑春香鸟雀驯。若使凡缘终可脱,也应从此度闲身。"④皮日休《太湖诗·雨中游包山精舍》写游山时受到山中道人的招待:"道人摘芝菌,为予备午馔。渴兴石榴羹,饥慊胡麻饭。如何事于役,兹游急于传。却将尘土衣,一任瀑丝溅。"⑤有粮食时胡麻并不用来作为主食,用胡麻为饭往往是不得已而为之。这些诗中写到用胡麻为饭,都是在强调生活的穷困或简朴,胡麻成为珍馐佳肴的对应物,乃隐者、贫穷之家聊以度日和待客的食材。

因为在道家修道理论中服食胡麻可以长生,修道者往往服食胡麻,胡麻成为道教意象。李白诗残句有云:"举袖露条脱,招我饭胡麻。"⑥招食者显然乃修道之士。在诗人笔下那些修道者往往服食胡麻。王维《奉和圣制幸玉真公主山庄因题石壁十韵之作应制》写玉真公主的生活:"碧落风烟外,瑶台道路赊。如何连帝苑,别自有仙家。此地回鸾驾,缘溪转翠华。洞中开日月,窗里发云霞。庭养冲天鹤,溪流上汉槎。种田生白玉,泥灶化丹砂。谷静泉逾响,山深日

---

① 《全唐诗》卷三七,中华书局,1960年,第485页。
② 《全唐诗》卷一二九,第1311页。
③ 《全唐诗》卷二六〇,第2898页。
④ 《全唐诗》卷四六七,第5312页。
⑤ 《全唐诗》卷六一〇,第7036页。
⑥ 《全唐诗》卷一八五,第1893页。

易斜。御羹和石髓,香饭进胡麻。大道今无外,长生讵有涯。还瞻九霄上,来往五云车。"①王昌龄《题朱炼师山房》:"叩齿焚香出世尘,斋坛鸣磬步虚人。百花仙酝能留客,一饭胡麻度几春。"②姚合《过张云峰院宿》:"不吃胡麻饭,杯中自得仙。隔篱招好客,扫室置芳筵。家酝香醪嫩,时新异果鲜。夜深唯畏晓,坐稳岂思眠。棋罢嫌无敌,诗成贵在前。明朝题壁上,谁得众人传?"③意为服食胡麻饭可以成仙,而逍遥自在的生活其实可比神仙,所以说自己不食胡麻饭也可成仙。这里包含着服食胡麻可以成仙的意思。钱起《柏崖老人号无名先生男削发女黄冠自以云泉独乐命予赋诗》:"古也忧婚嫁,君能乐性肠。长男栖月宇,少女炫霓裳。问尔餐霞处,春山芝桂旁。鹤前飞九转,壶里驻三光。与我开龙峤,披云静药堂。胡麻兼藻绿,石髓隔花香。帝力言何有,椿年喜渐长。窅然高象外,宁不傲羲皇。"④李端《杂歌呈郑锡司空文明》:"昨宵梦到亡何乡,忽见一人山之阳。高冠长剑立石堂,鬓眉飒爽瞳子方。胡麻作饭琼作浆,素书一帙在柏床。啖我还丹拍我背,令我延年在人代。乃书数字与我持,小儿归去须读之。觉来知是虚无事,山中雪平云覆地。东岭啼猿三四声,卷帘一望心堪碎。蓬莱有梯不可蹑,向海回头泪盈睫。且闻童子是苍蝇,谁谓庄生异蝴蝶。学仙去来辞故人,长安道路多风尘。"⑤王建《隐者居》:"山人住处高,看日上蟠桃。雪缕青山脉,云生白鹤毛。朱书护身咒,水噀断邪刀。何物中长食?胡麻慢火熬。"⑥宋代诗人胡则《题紫霄观》:"绮霞重叠武陵溪,溪岭相逢路不迷。白石洞天人不到,碧桃花下马频嘶。深倾玉液琴声细,旋煮胡麻月色低。犹恨此身闲未得,好同刘阮灌芝畦。"⑦表现出对神仙生

---

① 〔唐〕王维撰,〔清〕赵殿成笺注:《王右丞集笺注》卷一一,上海古籍出版社,1984年,第196页。
② 〔唐〕王昌龄著,胡问涛、罗琴校注:《王昌龄集编年校注》卷四,巴蜀书社,2000年,第217页。
③ 《全唐诗》卷五〇〇,第5683页。
④ 《全唐诗》卷二三八,第2664~2665页。
⑤ 《全唐诗》卷二八四,第3239页。
⑥ 《全唐诗》卷二九九,第3398页。
⑦ 北京大学古文献研究所编:《全宋诗》卷九六,北京大学出版社,1991年,第1082页。

活的钦羡与向往。从这些诗里可以知道,胡麻是古代修道者的重要饮食内容,而在诗人笔下,胡麻已然包蕴着浓厚的宗教观念和意趣。

胡麻是养生良品,因此道侣间互赠胡麻或胡麻饭。陆龟蒙《秋日遣怀十六韵寄道侣》:"尽日临风坐,雄词妙略兼。共知时世薄,宁恨岁华淹。且把灵方试,休凭吉梦占。夜然烧汞火,朝炼洗金盐。有路求真隐,无媒举孝廉。自然成啸傲,不是学沉潜。水恨同心隔,霜愁两鬓沾。鹤屏怜掩扇,乌帽爱垂檐。雅调宜观乐,清才称典签。冠敧玄发少,书健紫毫尖。故疾因秋召,尘容畏日黔。壮图须行行,儒服谩襜襜。片石聊当枕,横烟欲代帘。蠹根延穴蚁,疏叶漏庭蟾。药鼎高低铸,云庵早晚苦。胡麻如重寄,从消我无厌。"①张贲《以青饵饭分送袭美鲁望因成一绝》:"谁屑琼瑶事青饵,旧传名品出华阳。应宜仙子胡麻拌,因送刘郎与阮郎。"②

诗是现实生活的写照,既然胡麻可以食用,还有药用价值,又是道家必备饮食,因此种胡麻也进入诗歌的吟咏范围。张籍《太白老人》云:"日观东峰幽客住,竹巾藤带亦逢迎。暗修黄箓无人见,深种胡麻共犬行。洞里仙家常独往,壶中灵药自为名。春泉四面绕茅屋,日日唯闻杵臼声。"③戴叔伦《题招隐寺》云:"昨日临川谢病还,求田问舍独相关。宋时有井如今在,却种胡麻不买山。"④唐代朱滔时有河北士人某氏《代妻答诗》云:"蓬鬓荆钗世所稀,布裙犹是嫁时衣。胡麻好种无人种,合是归时底不归?"⑤张祜《题赠崔权处士》:"读尽儒书鬓皓然,身游城市意林泉。已因骏马成三径,犹恨胡麻欠一廛。真玉比来曾不磷,直钩从此更谁怜?遗民莫恨无高躅,陶令而今亦甚贤。"⑥廛,古代城市平民的房地,意为遗憾的是未有一廛之地可种胡麻。宋代诗人梅尧臣《种胡麻》:"悲哀易衰老,鬓忽见二

---

① 《全唐诗》卷六二三,第 7166 页。
② 《全唐诗》卷六三一,第 7237 页。
③ 《全唐诗》卷三八五,第 4338 页。
④ 《全唐诗》卷二七四,第 3107 页。
⑤ 《全唐诗》卷七八四,第 8848 页。此诗一作葛鸦儿作,见《全唐诗》卷八〇一,第 9014 页,题曰《怀良人》。
⑥ 孙望:《全唐诗补逸》卷九,收入陈尚君辑校:《全唐诗补编》,中华书局,1992 年,第 194 页。

毛。苟生亦何乐,慈母年且高。勉力向药物,曲畦聊自薅。胡麻养气血,种以督儿曹。傍枝延扶疏,修筴繁橐韬。霜前未坚好,霜后可炮熬。诚非腾云术,顾此实以劳。"①明知食胡麻非成仙之术,种植它只是作为药用。

胡麻在西域只是植物、油料和食品之一种,只有到了中国,其功用才得到进一步的认识和发挥。胡麻的食用价值在汉地得到传播和发扬,而其药用价值、道家文化色彩和文学作品中的道教意象则只有在中国文化土壤里才可能生成。

---

① 〔北宋〕梅尧臣著,朱东润编年校注:《梅尧臣集编年校注》卷一九,上海古籍出版社,1980年,第519页。

丝绸之路与汉代香料的输入

香料分为天然香料和人造香料,天然香料又分为动物性香料和植物性香料。前者得自某些动物的生殖腺分泌物或病态分泌物,种类较少。后者种类繁多,由芳香植物的花、叶、果实、根茎、树皮等部分或分泌物加工而成。香料有多种用途,除熏香、调味之外,还有医药价值。香料的产地多在域外,很早便传入中国中原地区,有的芳香植物也通过丝绸之路移植而来。但香料和芳香植物最早何时传入中国,通过什么途径传入,学术界并没有一致的认识。文献记载香料最早传入中国始于汉代,但这些文献是否可靠,汉代传入哪些香料,亦众说纷纭。香料传入中国,对中国社会发生了什么影响,也值得研究。本文拟在前人研究的基础上略陈管见,以就正于方家。

一、汉代香料的输入及其用途

汉代丝绸之路的开辟为域外香料的输入提供了条件。根据文献记载和考古发现可知,汉代时香料有的经陆上丝绸之路从西域传入,也经过海上交通从南方海外传入。

古代传说中有西域香料传入汉代中国的记载。相传东方朔撰《海内十洲记》记载,西海中有聚窟洲,洲上有大山名神鸟山,"多大树,与枫木相类,而花叶香闻数百里,名为反魂树。……伐其木根心,于玉釜中煮取汁,更微火煎如黑饧状,令可丸之,名曰惊精香,或名之为震灵丸,或名之为反生香,或名之为震檀香,或名之为人鸟精,或名之为却死香,一种六名。斯灵物也,香气闻数百里,死者在地,闻香气乃却活,不复亡也。以香薰死人,更加神验"①。西海在古代文献中是模糊概念,具体所指各有不同,但在西域却是共同的观念。同书又记载:"征和三年,武帝幸安定,西胡月支国王遣使献香四两,大如雀卵,黑如桑椹。帝以香非中国所有,以付外库。"据说,"神香起夭残之死疾","后元元年,长安城内病者数百,亡者大半。帝试取月支香烧之于城内,其死未三月者皆活,芳气经三月不歇"②。月支西迁中亚,是汉武帝反击匈奴前听闻的史实;征和三年乃公元前90年,是在张骞出使西域之后,这个故事是以汉通西域为背景产生的。这些传说虽不免有夸张成分,但故事的产生当以西域传入香料的史实为根据。作为香料,从植物中提取也符合自然事实。

晋人张华《博物志·异产》记载:"汉武帝时,弱水西国有人乘毛车以渡弱水来献香者。帝谓是常香,非中国之所乏,不礼其使。留久之,帝幸上林苑,西使千乘舆闻,并奏其香。帝取之,看大如燕卵,三枚,与枣相似。帝不悦,以付外库。后长安中大疫,宫中皆疫病。帝不举乐,西使乞见,请烧所贡香一枚,以辟疫气。帝不得已听之,宫中病者登日并差。长安中百里咸闻香气,芳积九月余日,香犹不歇。帝乃厚礼发遣饯送。一说,汉制献香不满斤不得受。西使临去,乃发香气,如大豆者,拭著宫门,香气闻长安数十里,经数日乃歇。"③在中国古代传说中,弱水总是极西遥远的河流。张星烺先生说:"《博物志》此节记事,与上方所录《十洲记》聚窟洲之却死香,大同小异。聚窟洲与凤麟洲皆在西海之中,凤麟洲四面有弱水绕之。凤麟洲既已承认为指欧洲地域而言,则《博物志》此节之弱水西国,亦必指欧洲而言也。"④其地域所指未必如张先生如此坐实,大抵指

---

① 〔西汉〕东方朔:《海内十洲记》,《景印文渊阁四库全书》第 1042 册,台湾商务印书馆,1986 年,第 276~277 页。《海内十洲记》,志怪类书,又称《十洲记》。旧本题汉东方朔撰,记载不少神话及仙话材料,其中有对绝域异物的描写。但《汉书·东方朔传》未提及此书,一般认为乃"后世好事者"假托东方朔之名集撰而成。其成书时间,《四库全书总目》推测为六朝时,但从书中多涉道教来看,可能成书于东汉末道教炽盛之时。
② 〔西汉〕东方朔:《海内十洲记》,《景印文渊阁四库全书》第 1042 册,第 277~278 页。
③ 〔西晋〕张华撰,范宁校证:《博物志校证》卷二,中华书局,1980 年,第 25~26 页。
④ 张星烺:《中西交通史料汇篇》第 1 册《古代中国与欧洲之交通》,民国丛书本,上海书店,1930 年,第 22 页。

中国以西的远方国家。

正史书上也有关于西域产香和传入中国的记载。《东观汉记·李恂传》记载："为西域副校尉，西域殷富，多珍宝，诸国侍子及督使贾胡数遗恂奴婢、宛马、金银、香、罽之属，一无所受。"①《后汉书·李恂传》有同样记载，李贤注引《袁山松书》曰："西域出诸香、石蜜。"②南朝时范晔《和香方》序云："甘松、苏合、安息、郁金、榛多、和罗之属，并被珍于外国，无取于中土。"③魏晋时人鱼豢《魏略·西戎传》记载大秦物产，有"一微木、二苏合、狄提、迷迷（当为'迭'）、兜纳、白附子、薰陆、郁金、芸胶、薰草木十二种香"④。大秦是古代中国人对罗马帝国的称呼。

香料还经海上丝绸之路传入中国南方沿海地区，进而传入中原。汉朝建立后，赵佗建立南越国，考古发现南越已从海外输入香料，并有燃香习俗。中国原本没有燃香的习俗，燃香的香料从海上丝绸之路传入，进而传至中原地区。南越王墓中曾出土五件四连体铜熏炉，通高16.4厘米，器表作菱形镂空。炉盖和炉身分别铸出，再把四个炉身与方座合铸而成，为盖豆式熏炉。由于炉体由四个互不连通的小盒组成，可以燃烧四种不同的香料。⑤考古发现和文献记载都说明，熏炉首先见于广州南越王墓，除铜制外，亦有陶制，应是南越国的发明。熏炉的普遍存在，说明熏香已经成为南越国贵族统治阶层的生活习尚。1955年，在广州华侨新村西汉墓出土四件釉陶熏炉，其中一件似豆形，圜底，唇沿内敛成子口，与盖吻合。通高17.2厘米，腹径11.2厘米，盖面隆圆，作几何图形镂空，顶有鸟形钮饰；器身如豆，器腹处有四个对称排列的圆形小气孔。⑥中国古代的熏香炉式样有南北之分，北方中原流行博山熏炉。博山熏炉又称博山香

---

① 〔东汉〕刘珍等撰，吴树平校注：《东观汉记校注》卷一六，中华书局，2008年，第730页。
② 《后汉书》卷五一《李恂传》，中华书局，1965年，第1684页。
③ 《宋书》卷六九《范晔传》，中华书局，1974年，第1821页。
④ 《三国志》卷三〇，裴注引鱼豢《魏略·西戎传》，中华书局，1959年，第861页。
⑤ 广州市文物管理委员会：《西汉南越王墓》上册，文物出版社，1991年，第82~83页。
⑥ 麦英豪：《广州华侨新村西汉墓》，收入广州市文物考古研究所编：《广州文物考古集——广州考古五十年文选》，广州出版社，2003年，第475页。

熏、博山香炉等,是中国汉、晋时期常见的焚香器具。汉代刘向《香炉铭》描写这种器具:"嘉此正器,堑岩若山。上贯太华,承以铭盘。中有兰绮,朱火青烟。"①李尤《熏炉铭》云:"上似蓬莱,吐气委迤,化白为烟。"②从时间上看,南越盖豆式熏炉在先,中原博山式熏炉在后,说明香料和熏香习俗由海外输入路线是先至番禺(今广州),后传至中原。据统计,广州地区汉墓出土物中,发现熏香炉多达200余件。当时的香料主要来自东南亚地区,这从一个侧面反映了广州与东南亚地区的交往。

汉武帝平南越之后,汉朝与东南亚、南亚地区有了直接交往,海外香料通过南方沿海地区转输中原地区。中国人知道印度产香,并从印度得到香。《后汉书·西域传》记载,天竺国"有细布、好毾𣰜、诸香、石蜜、胡椒、姜、黑盐。和帝时,数遣使贡献,后西域反畔,乃绝。至桓帝延熹二年、四年,频从日南徼外来献"③。这说明天竺诸香先是经西域传入,后西域因战乱造成交通的阻碍,转由海路输入。汉代时内地至交阯任职的官员往往贪赃纳贿获得南海的珍奇香料,携之以归。他们又用这种域外珍品贿赂权贵,以求升迁。《后汉书·贾琮传》记载:"旧交阯土多珍产,明玑、翠羽、犀、象、玳瑁、异香、美木之属,莫不自出。前后刺史率多无清行,上承权贵,下积私赂,财计盈给,辄复求见迁代。"④其中有"异香",即来自海外的香料。

用香是上层贵族奢侈生活的表现。从用途上看,香料可分为熏燃之香、悬佩之香、涂傅之香和医用之香。西汉时内地已有用香的记载,司马相如《美人赋》写他赴梁国途中,朝发溱洧,暮宿上宫,"排其户而造其堂,芳香芬烈,黻帐高张","寝具既设,服玩珍奇;金鉔熏香,黻帐低垂"⑤。东晋葛洪《西京杂记》卷一记载,汉成帝皇后赵飞

---

① 《北堂书钞》卷一三五《服饰部》,学苑出版社,1998年,第386页。
② 《北堂书钞》卷一三五《服饰部》,第386页;〔清〕严可均校辑:《全后汉文》卷五〇,《全上古三代秦汉三国六朝文》,中华书局,1958年,第751页。
③ 《后汉书》卷八八《西域传》,第2921页。
④ 《后汉书》卷三一《贾琮传》,第1111页。
⑤ 费振刚等辑校:《全汉赋》,北京大学出版社,1993年,第97页。

燕住昭阳殿,有绿熊席,"其中杂熏诸香,一坐此席,余香百日不歇"①。汉代用香的记载更多见于东汉时期。东汉明德马皇后说:"吾为天下母,而身服大练,食不求甘,左右但著帛布,无香薰之饰者,欲身率下也。"②应劭《汉官仪》记载,尚书郎有女侍史二人,"皆选端正,从直女侍执香炉烧薰从入台护衣"③。东晋王嘉《拾遗记》卷六记载,东汉灵帝在西园建裸游馆,盛夏与宫人游此,"宫人年二七已上、三六已下,皆靓妆,解其上衣,惟着内服。或共裸浴,西域所献茵墀香,煮以为汤,宫人以之浴浣。使以余汁入渠,名曰流香渠。"④曹操提倡节俭,其《内诫令》云:"昔天下初定,吾便禁家内不得薰香。后诸女配国家,因此得香烧。吾不好烧香,恨不遂初禁令,复禁不得烧香,其以香藏衣著身亦不得。"⑤曹操还曾以香料作为礼品赠送给蜀相诸葛亮,其《与诸葛亮书》云:"今奉鸡舌香五斤,以表微意。"⑥因为香是名贵之物,得之不易,曹操《遗令》中特别嘱咐:"余香可分与诸夫人,不命祭。"⑦东汉末士燮任交州刺史,"兄弟并为列郡,雄长一州,车骑满道,胡人夹毂焚香者常有数千"⑧。秦嘉的故事则透露出香从西域传入的信息和香的用途。秦嘉任陇西郡上计掾,赴京师洛阳上计,被任为黄门郎。他派车去岳母家接妻子,但妻子因病未来,只请人带回了一封信。秦嘉失望之际,写了一封回信给妻子,即《重报妻书》,信中罗列了几件赠妻之物及其用途,有世所稀有的明镜、价值千金的宝钗、龙虎鞋一双、好香四种、素琴一张。秦嘉在信中说,明镜可以映照妻子的妆容,宝钗可以让妻子更加美丽动人,香料可使身体芳香,素琴可用来自娱自乐。其事大约发生在汉桓帝延

---

① 〔东晋〕葛洪集:《西京杂记》卷一,《汉魏丛书》,吉林大学出版社,1992年,第303页。
② 《后汉书》卷一〇上《皇后纪》上《明德马皇后纪》,第411页。
③ 〔清〕孙星衍等辑:《汉官六种》,中华书局,1990年,第143页。
④ 〔东晋〕王嘉:《拾遗记》卷六,《汉魏丛书》,第722页。
⑤ 《太平御览》卷九八一《香部》,上海古籍出版社,2008年,第9册,第642页。
⑥ 〔清〕严可均校辑:《全三国文》卷三,《全上古三代秦汉三国六朝文》,第1070页。
⑦ 《三国志·魏书·武帝纪》,又见《全三国文》卷三,《全上古三代秦汉三国六朝文》,第1068页。
⑧ 《太平御览》卷九八一《香部》,第9册,第639页。

熹五年(162)之前。① 东汉末乐府长诗《焦仲卿妻》中,刘兰芝自言用具:"红罗复斗帐,四角垂香囊。"②东汉末诗人繁钦《定情诗》云:"何以致叩叩？香囊系肘后。"③说明香囊既可挂在室内,又可佩戴在身上。

二、胡椒的传播及其文化意义

汉代从域外传入的香料以胡椒在社会生活中的影响最大。胡椒是多年生常绿攀援藤本植物,在中国古代文献中又称蒟酱、荜茇。西晋嵇含《南方草木状》云:"蒟酱,荜茇也。生于番国者,大而紫,谓之荜茇。生于番禺者,小而青,谓之蒟焉;可以为食,故谓之酱焉。交趾、九真人家多种蔓生。"④"胡椒"的"胡"表明这种植物或其果实来自域外,"椒"是香料植物及其果实的通称,主要属于花椒属植物。胡椒原产于波斯、阿拉伯、非洲、南亚及东南亚。胡椒从海路和西北丝绸之路传入,我国南方有栽培。

"大而紫"的胡椒系从"番国"移植而来,番国指何国呢？胡椒分布在热带、亚热带地区,生长于荫蔽的树林中,主要产于马来西亚、印度尼西亚、印度南部、泰国、越南等地。古代传入中国的胡椒来自南亚、东南亚。据美国汉学家劳费尔考证,印度是胡椒的原产地。在印度,胡椒自史前时代便被用作香料。中国古代文献中有时把它列入萨珊时代的波斯的产品中,⑤李时珍《本草纲目·草部》引苏恭曰:"荜茇生波斯国,丛生,茎叶似蒟酱。其子紧细,味辛烈于蒟酱。

---

① 温虎林:《秦嘉、徐淑生平著作考》,《甘肃高师学报》2007年第3期。
② 〔北宋〕郭茂倩编:《乐府诗集》卷七三,中华书局,1979年,第1035页。
③ 〔南朝陈〕徐陵编,〔清〕吴兆宜注,〔清〕程琰删补:《玉台新咏笺注》卷一,中华书局,1985年,第40页。
④ 〔西晋〕嵇含:《南方草木状》卷上,《景印文渊阁四库全书》第589册,第3页。美国汉学家劳费尔认为胡椒和蒟酱椒(chavica betel)不同,嵇含的著作把二者混淆了。见氏著《中国伊朗编》,林筠因译,商务印书馆,1964年,第201页。
⑤ 如《隋书》卷八三《西域传》,中华书局,1973年,第1857页;《周书》卷五〇《异域传》下,中华书局,1971年,第920页;《魏书》卷一〇二《西域传》,中华书局,1974年,第2270页。

胡人将来，入食味用也。"又引陈藏器曰："其根名毕勃没，似柴胡而黑硬。"又引李珣曰："《广州记》云：(蒟酱)'出波斯国。'实状若桑椹，紫褐色者为尚，黑者是老根，不堪燃。近多黑色，少见褐者。"①西方学者也有人说胡椒从波斯的锡剌甫运到世界各地。劳费尔指出："胡椒必是从印度移植到波斯的。""在新波斯语里胡椒叫作 pilpil（即 filfil, fulful 的阿拉伯语化体），来自梵语的 pippalī。"②胡椒的来源也引起西方学者的关注。詹姆斯·英尼斯·米勒(J. Innes Miller)认为，虽然胡椒也生长于泰国南部与马来西亚，但它最主要的产地是在印度，特别是在马拉巴尔海岸地区，也就是现今的喀拉拉邦。③唐代玄奘等著《大唐西域记》记载南印度阿吒厘国"出胡椒树，树叶若蜀椒也"④。晚唐时段成式的《酉阳杂俎》认为胡椒产于古印度摩伽陀国，呼为"昧履支"⑤。张星烺先生说："荜茇，梵语 pippalī 译音，今代英文曰 pepper，德文曰 pfeffer，即胡椒也。荜茇原产印度，以后移植波斯。""嵇含，晋时人，已详记之。故荜茇之名，似先由印度传来也。"⑥

胡椒又指胡椒科植物胡椒的果实，即胡椒椒粒。其浆果球形，黄红色。有两种，未成熟果实干后果皮皱缩而黑，称"黑胡椒"；成熟果实脱皮后色白，称"白胡椒"。当果穗基部的果实开始变红时，剪下果穗，晒干或烘干后，即成黑褐色，取下果实，通称黑胡椒。如全部果实皆已变红，采收后用水浸渍数日，擦去外果皮，晒干，表面呈灰白色，称为白胡椒。作为香料的胡椒椒粒，西汉时也传入中国，被用于宫室装饰，以椒和泥涂墙壁，取其温暖、芳香、多子之义。汉未央宫有温室殿，"武帝建，冬处之温暖也"。据《西京杂记》记载，温室

---

① 〔明〕李时珍：《本草纲目》卷一四《草部》，中医古籍出版社，1994年，第380~381页。
② 〔美〕劳费尔：《中国伊朗编》，第200页。
③ J. Innes Miller. *The Spice Trade of the Roman Empire*, 29B.C. to A.D. 641. Oxford: Claren Don P., 1969.
④ 〔唐〕玄奘、辩机著，季羡林等校注：《大唐西域记校注》卷一一，中华书局，2000年，第907页。
⑤ 〔唐〕段成式：《酉阳杂俎》前集卷一八《木篇》，中华书局，1981年，第179页。
⑥ 张星烺：《中西交通史料汇篇》第4册《古代中国与伊兰之交通》，第168~169页。

殿"温室以椒涂壁,被之义绣,香桂为柱"①。汉代开始把后宫称为椒房或椒室、椒屋。汉时椒房殿有两处,一在长乐宫,东汉作家班固《西都赋》云:"后宫则有掖庭、椒房,后妃之室。"②李善注引《三辅黄图》云:"长乐宫有椒房殿。"③此殿在高祖刘邦时为皇后的殿室。另一处在未央宫。《汉书·车千秋传》记载汉武帝曾讲到"未央椒房"。颜师古注云:"椒房,殿名,皇后所居也。"④《三辅黄图·未央宫》云:"椒房殿,在未央宫,以椒和泥涂,取其温而芬芳也。"⑤此殿位于前殿之北。⑥

椒房是皇后居处,因此被册封皇后又称为"入椒房"。《汉书·外戚传》记载,成帝拟"省减椒房掖庭用度",许皇后上疏,说自己"入椒房以来,遗赐外家未尝逾故事"⑦。上官安求盖长公主说情立其女为昭帝皇后,说这样他就"在朝有椒房之重"⑧。《汉书·董贤传》记载:"又召贤女弟以为昭仪,位次皇后,更名其舍为椒风,以配椒房云。"颜师古注云:"皇后殿称椒房,欲配其名,故曰椒风。"⑨后来椒房往往用作皇后的代称。《汉官仪》云:"皇后称椒房,取其蕃实之义也。《诗》云:'椒聊之实,蕃衍盈升。'以椒涂室,取温暖除恶气也。"⑩《东观汉记·明德马皇后传》记载:"明德皇后既处椒房,太官上饭,累肴膳备副,重加幕覆,辄撤去。"⑪《后汉书·献帝伏皇后纪》记载,曹操以汉献帝的名义废伏皇后,策云:"皇后寿,得由卑贱,登显尊极,自处椒房,二纪于兹。"⑫《后汉书·皇后纪》赞评东汉后期皇

---

① 何清谷校注:《三辅黄图校注》卷三,三秦出版社,1995年,第144页。
② 费振刚等辑校:《全汉赋》,第313页。
③ 〔南朝梁〕萧统编:《文选》卷一,上海书店,1988年,第5页。
④ 《汉书》卷六六《车千秋传》,中华书局,1962年,第2885页。
⑤ 何清谷校注:《三辅黄图校注》卷三,第153页。
⑥ 1981年,在前殿遗址北侧大约两百米处发现的第二号宫殿遗址,可能就是椒房殿。
⑦ 《汉书》卷九七下《外戚传》下,第3974、3975页。
⑧ 《汉书》卷九七上《外戚传》上,第3958页。
⑨ 《汉书》卷九三《董贤传》,第3733、3734页。
⑩ 〔清〕孙星衍等辑:《汉官六种》,第174页。
⑪ 〔东汉〕刘珍等撰,吴树平校注:《东观汉记校注》卷六,第192页。
⑫ 《后汉书》卷一〇下《献帝伏皇后纪》,第452、453页。

后垂帘听政云:"班政兰闱,宣礼椒屋。"①《三国志·魏志·文德郭皇后传》云:"宜各自慎,无为罚首。"裴松之注引《魏书》云:"后常敕戒表、武等曰:'汉氏椒房之家,少能自全者,皆由骄奢,可不慎乎!'"②

胡椒是古代印度大量出产的著名香料,不仅传入我国,也和中国的丝绸一样,远销欧洲,从印度洋向东至中国南方沿海地区和经红海至地中海的海上通道因此又称"香料之路",这是一条沟通亚、非、欧三洲之间贸易往来的重要通道。胡椒的移植、贸易和扩散是沟通东西方文化交流的一个媒介,对中国丝绸和印度胡椒的追求是欧洲人东方贸易的重要动力。公元1世纪时古罗马作家老普林尼(Pline L'Ancien)感叹罗马"每年至少有一亿枚罗马银币被印度、赛里斯国以及阿拉伯半岛夺走"③。罗马支付给印度的主要是香料的费用。印度是罗马东方贸易的中转站,汉代中国人的海外贸易也到达印度,东汉末年罗马人最早来到中国也是通过海上交通实现的。胡椒在西方世界历史进程中发挥了重要作用。9世纪时,威尼斯商人在君士坦丁堡购买东南亚诸岛所产丁香、肉桂、豆蔻、胡椒等香料,转销欧洲,获得了丰厚利润。15世纪,欧洲人发现海上新航路,葡萄牙人、荷兰人先后侵入香料产地,将大批香料运入欧洲市场。詹姆斯·英尼斯·米勒认为,中世纪结束前的欧洲、中东与北非市场上的胡椒都出自印度马拉巴尔地区。16世纪时,胡椒开始在爪哇岛、巽他群岛、苏门答腊岛、马达加斯加岛、马来西亚与东南亚其他地区进行栽培,但这些地区种植的胡椒大多用于与中国的贸易,或者用于满足当地的需求。马拉巴尔地区的港口是远东地区香料贸易在印度洋的中转港。胡椒因其特殊功用成为欧洲人生活中的必需品,与其他珍贵的商品一起成为促使欧洲人寻找印度新航线并建立殖民地的原因之一,在寻找新航线的过程中,欧洲人发现并殖民了美洲。从某种意义上可以说,胡椒和远东地区的其他商品一起激

---

① 《后汉书》卷一〇下《皇后纪赞》,第456页。
② 《三国志》卷五《魏书·文德郭皇后传》,第166页。
③ [法]戈岱司编:《希腊拉丁作家远东古文献辑录》,耿昇译,中华书局,1987年,第12页。

发了欧洲人东方贸易的渴望,开创了地理大发现的时代,改变了世界历史的进程。

三、汉代传入的其他香料

汉代传入中国的香料有哪些？文献上往往笼统记载为香,而不言何种香。历史上传入中国的香料品种很多,但大多不见于汉代的记载。根据零散记载,可知汉代确实从域外输入了香料。有学者认为:"三国以后,中国自西南海上诸国运入者,以香料为大宗,而汉代未之见也。"他认为这是因为香料输入与佛教有极深之关系,佛教传入前中国对香料的需求不太大。[①] 认为佛教传入中国以后,香料需求量更大,符合事实。但以为"汉代未之见",则不免过于绝对。根据我们对历史文献的梳理和对考古材料的分析,汉代已经有一些可以考知的香料输入。

龙脑香是龙脑树树干析出的白色晶体,具有类似樟脑的香气。龙脑树原产于东南亚苏门答腊、加里曼丹、马来半岛和婆罗洲等地,树干经蒸馏可得结晶,为一种香料,即龙脑,或称冰片,中医学上用为芳香开窍药。《史记·货殖列传》:"番禺亦其一都会也,珠玑、犀、玳瑁、果布之凑。"《史记集解》引韦昭曰:"果谓龙眼、离支之属。布,葛布。"[②]南洋史专家韩槐准认为韦昭的解释是错误的,"果布"二字不应断开,应为马来语"龙脑"(Kapur)的对音。准确地说,马来语对龙脑香的全称应为"果布婆律"(Kapur Barus),《梁书·诸夷传》记载,"狼牙修国,在南海中",物产有"婆律香"等。[③] "婆律"为马来语龙脑香下半"Barus"的音译,"果布"(Kapur)为"果布婆律"的上半,两种说法都是指龙脑香。这种香料盛产于苏门答腊、马来半岛等地。[④] 唐代段成式《酉阳杂俎》云:"龙脑香树,出婆利国,婆利呼为固

[①] 方豪:《中西交通史》,上海人民出版社,2008年,第102页。
[②] 《史记》卷一二九《货殖列传》,中华书局,1982年,第3268、3269页。
[③] 《梁书》卷五四《诸夷传》,中华书局,1973年,第795页。
[④] 韩槐准:《龙脑香考》,《南洋学报》第2卷第1辑,1941年3月。

不婆律。亦出波斯国。"①婆利国在今印度尼西亚,具体地点不详,有巴厘岛、加里曼丹岛、苏门答腊岛诸说。这种由龙脑树脂提炼而成的香料又叫冰片或梅片。从考古发现的材料来看,广州南越国时期的墓葬中出土的铜熏炉腹内常有灰烬或炭粒状香料残存,广西罗泊湾二号汉墓出土的铜熏炉"内盛两块白色椭圆形粉末块状物"②,研究者认为其可能属龙脑或沉香之类的树脂香料残留物。

迷迭香是一种具有清香气息的香花,在温暖的微风及阳光下会释放出香气。原产于南欧、北非、南亚、西亚,引种于暖温带地区。魏晋间人鱼豢《魏略·西戎传》记载,大秦出十二种香中有"迷迷",即"迷迭"。③ 晋郭义恭《广志》云:"迷迭出西海中。"④迷迭至迟东汉末时已经移植中国。曹丕《迷迭赋》序云:"余种迷迭于庭之中,嘉其扬条吐香,馥有令芳,乃为之赋。"赋中有云:"越万里而来征。"⑤曹植《迷迭香赋》云:"播西都之丽草兮,应青春而凝晖","芳莫秋之幽兰兮,丽昆仑之芝英"⑥。王粲《迷迭赋》云:"惟遐方之珍草兮,产昆仑之极幽。受中和之正气兮,承阴阳之灵休。扬丰馨于西裔兮,布和种于中州。去原野之侧陋兮,植高宇之外庭。布萋萋之茂叶兮,挺苒苒之柔茎。色光润而采发兮,以孔翠之扬精。"⑦都强调其来自远方异域,而且来自西方。陈琳、应玚等皆有同题之作,都热情洋溢地赞美迷迭的枝干花叶之美及其芳香之酷烈。⑧

丁香,又名丁子香。原产于南亚、东南亚及马达加斯加,引种于热带地区。在中国古代文献上又称为鸡舌香,汉代时已传入中国。应劭《汉官仪》记载:"桓帝侍中刁存,年老口臭,上出鸡舌香与含之。

---

① 〔唐〕段成式:《酉阳杂俎》卷一八《木篇》,第177页。
② 兰日勇、覃义生:《广西贵县罗泊湾二号汉墓》,《考古》1982年第4期。
③ 《三国志》卷三〇《乌丸鲜卑东夷传》,裴松之注引,第861页。
④ 《法苑珠林》卷三六引,中华书局,2003年,第1163页。
⑤ 《艺文类聚》卷八一《药香草部》,上海古籍出版社,1982年,第1394页;〔清〕严可均校辑:《全三国文》卷四,《全上古三代秦汉三国六朝文》,第1074页。
⑥ 〔三国魏〕曹植撰,赵幼文校注:《曹植集校注》,人民文学出版社,1984年,第139~140页。
⑦ 《艺文类聚》卷八一《药香草部》,第1395页。
⑧ 《艺文类聚》卷八一《药香草部》,第1395页。

鸡舌颇小辛螫,不敢咀咽。嫌有过赐毒药,归舍决就便宜。家人哀泣,不知其故。僚友求视其药,出口香,咸噱笑之。"①实际上刁存并非特例,汉代尚书郎上殿,"握兰含香,趋走丹墀奏事"乃常规。"尚书郎奏事明光殿,省中皆胡粉涂壁,其边以丹漆地,故曰丹墀。尚书郎含鸡舌香,伏其下奏事。黄门侍郎对揖跪受。"②如前文所述,这种香曾被曹操当作礼物送给蜀相诸葛亮。曹植《妾薄命》诗写仙人玉女:"中有霍纳都梁,鸡舌五味杂香。"③三国孙吴康泰《吴时外国传》云:"五马洲出鸡舌香。"④五马洲又称马五洲,在今印度尼西亚,具体地点不详,可能在巴厘岛。⑤《广志》云:"鸡舌出南海中,乃剽国蔓生实熟贯之。"⑥

乳香别名薰陆,一云杜噜。汉译佛典中译为"杜噜",《翻译名义集》卷八云:"杜噜,此云薰陆。"乳香有两种,一种为橄榄科,小乔木,主产于红海沿岸,即阿拉伯语中之"luban",茎皮渗出的树脂凝固后就是乳香。古代主要出自大食(阿拉伯),印度、波斯也有出产。另一种为漆树科,小乔木,产于欧洲南部,茎皮流出的树脂可入药,亦可做香料。乳香是应用极广的香料,可以用来熏香、照明、做调料,还可以用以活血止痛。1983年,广州象岗山南越王赵眜墓西耳室的一个漆盒内发现的树脂状药物,重26克(一说21.22克),外形与泉州后渚宋船内发现的乳香类似,因此专家断定其为乳香。⑦乳香主产于红海沿岸,真正生产乳香的地区是南阿拉伯也门哈德拉茂省,史书上没有见到南越国与红海沿岸地区交通往来的记载,他们的乳香可能是从南亚地区间接输入的。三国孙吴万震《南州异物志》云:"薰陆出大秦国。在海边有大树,枝叶正如古松,生于沙中。盛夏木胶流出沙上,状如桃胶。夷人采取卖与商贾,无贾则自食之。"⑧鱼豢

---

① 《太平御览》卷九八一《香部》,第9册,第643~644页。
② 〔清〕孙星衍等辑:《汉官六种》,第143页。
③ 〔北宋〕郭茂倩编:《乐府诗集》卷六二,第902页。
④ 《太平御览》卷九八一《香部》,第9册,第644页。
⑤ 参陈佳荣等:《古代南海地名汇释》,中华书局,1986年,第167页。
⑥ 《太平御览》卷九八一《香部》,第9册,第644页。
⑦ 广州市文物管理委员会等:《西汉南越王墓》上册,第141、346页。
⑧ 〔明〕李时珍:《本草纲目》卷三四《木部》引,第832页。

《魏略·西戎传》记载大秦十二种香,其中有"薰陆"。古书上大秦范围很广,西亚地中海尚岸地区亦在其领域内。南朝时中国医家已经以乳香入药,最早见于南朝梁陶弘景《名医别录》,以为能"疗主风水毒肿,去恶气,……疗风瘾疹痒毒"①。唐代玄奘等人所著《大唐西域记》记载,南印度阿吒厘国"出薰陆香树,树叶若棠梨也"②。

苏合香为金缕梅科植物苏合香树分泌的树脂,又名帝膏、苏合油、苏合香油、帝油流。此种香产于非洲、印度及土耳其等地,初夏将树皮击伤或割破深达木部,使香树脂渗入树皮内。秋季剥下树皮,榨取香树脂,残渣加水煮后再压榨,榨出的香脂即为普通苏合香。苏合香用途很广,汉代对苏合香已有较多的了解,并应用于宫廷。《后汉书·西域传》记载大秦国出苏合香,并云:"合会诸香,煎其汁以为苏合。"③前文所引晋代张华《博物志·异产》记载的西国使节向汉武帝进献的三枚"与枣相似"的香丸,香气经久不息,颇似史书中记载的苏合香。西晋傅玄《郁金赋》有"凌苏合之殊珍"之句,④称之为"殊珍",指来自域外。《梁书·诸夷传》"中天竺国"条以为苏合乃"大秦珍物",说中天竺"西与大秦、安息交市海中",所以国中"多大秦珍物",其中包括苏合。关于苏合香之制作,作者说:"苏合是合诸香汁煎之,非自然一物也。"又说大秦人采集苏合时,已经先榨取其汁水制作香膏,而售予诸国商人的都是渣滓,所以不太香。⑤苏合香对醒脑开窍有奇效,又能清热止痛,作外敷药。宋人赵汝适《诸蕃志》云:"苏合香油出大食国。""蕃人多用以涂身,闽人患大风者亦仿之,可合软香及入医用。"⑥

沉香,中国古代文献中有时写作"琼脂"。沉香气味香如蜜,所以又称为蜜香。入水下沉,又称沉水香。印度、缅甸及柬埔寨、马来

---

① 〔南宋〕法云编:《翻译名义集》卷八《众香篇》引,台南:和裕出版社,2003年,第395~396页。
② 〔唐〕玄奘、辩机著,季羡林等校注:《大唐西域记校注》卷一一,第907页。
③ 《后汉书》卷八八《西域传》,第2919页。
④ 《艺文类聚》卷八一《药香草部》,第1394页。
⑤ 《梁书》卷五四《诸夷传》,第798页。
⑥ 〔南宋〕赵汝适撰,冯承钧校注:《诸蕃志校注》卷下,中华书局,1956年,第98页。

半岛、中国南部、菲律宾、马鲁古群岛皆产沉香木。《诸蕃志》云:"沉香所出非一,真腊为上,占城次之,三佛齐、阇婆等为下。"①其地皆在东南亚一带。沉香木是一种常绿乔木,此种木材在一般的情况下并没有香味,甚至由于木质软而轻,呈灰白色而无用处。只有树龄二十年或五六十年以上的树,枝干腐朽,其木心部分凝聚了树脂的木材,才是通常所谓沉香。因此,沉香是近乎化石之物,它并不属于原有树木部分,而是树脂凝结物。沉香的采集过程非常危险,必须穿过原始森林,翻越山崖。由于沉香的形成经历了漫长岁月,加上采集不易,因此十分珍贵。古印度药书中曾记载焚烧沉香,其烟气可使身体染上香味,并可用来治愈外伤及伤口,有镇痛作用。葛洪《西京杂记》记载,汉成帝时赵飞燕被立为皇后,其妹赵合德送礼致贺,礼品中有沉水香。②后来产生的小说《赵飞燕外传》大约由此生发,多处写到此香,如成帝召见赵合德,"合德新沐,膏九回沉水香";李阳华"善贲饰,常教后(赵飞燕)九回沉水香";赵飞燕为皇后,其妹赵合德为婕妤,奏书祝贺,赠礼中有"沉水香莲心碗一面",赵飞燕回报的礼物中则有"沉水香玉壶",成帝又赐赵婕妤"七成锦帐,以沉水香饰"③。

安息香,原产于古安息国、龟兹国、漕国、阿拉伯半岛,唐宋时因以旧名。《新修本草》曰:"安息香,味辛,香、平、无毒。主心腹恶气鬼。西戎似松脂,黄黑各为块,新者亦柔韧。"据说是从安息香树伤口处流出的树脂凝固而成,中国原从波斯商贾手中购买此香,苏恭《唐本草》说它出于西戎,当指古代波斯。后来改从东南亚购进,所

---

① 〔南宋〕赵汝适撰,冯承钧校注:《诸蕃志校注》卷下,第 102 页。
② 〔东晋〕葛洪集:《西京杂记》卷一,《汉魏丛书》,第 304 页。
③ 〔西汉〕伶玄:《赵飞燕外传》,《汉魏丛书》,第 745~746 页。按:此书最早见于南宋晁公武《郡斋读书志》,旧本题汉潞水伶玄著,当出于伪托。文中有"五蕴""通香虎皮檀象"云云,乃佛家语,应该是佛教传入中国之后才会有的概念;又提到"真腊夷",中国古代文献中的"真腊"指令柬埔寨一带,是唐代以后的事情。从叙事和语言风格而论,此书当产生于唐代以后。《四库全书提要》云:"其文纤靡,不类西汉人语。"

以李珣《海药本草》说它生于"南海波斯国"①。赵汝适《诸蕃志》云："安息香出三佛齐国,其香乃树之脂也。"②安息香是中国传统的从海外进口产品。唐代段成式《酉阳杂俎》前集卷一八云："安息香树,出波斯国,波斯呼为辟邪。树长三丈,皮色黄黑,叶有四角,经寒不凋。二月开花,黄色,花心微碧,不结实。刻其树皮,其胶如饴,名安息香。六七月坚凝,乃取之。烧之通神明,辟众恶。"③李时珍说："此香辟恶,安息诸邪,故名。或云:安息,国名也。梵书谓之拙贝罗香。"中国汉代文献称波斯之地为安息国,魏晋以后安息国不复存在,而称此地产香料为安息香者,可能沿袭汉代旧称。因此,安息香应该在汉代已经传入。

汉代是中外文化交流史上的第一个高潮时期。汉武帝时代是丝绸之路开拓的时期,中国与域外的交通无论陆上还是海上都得到空前的发展。随着丝绸之路的开拓,中外文化交流得以有组织和大规模地展开,各种香料的输入是这个高潮的重要表现之一。对于汉代从域外输入了哪些器物产品,学术界尚未提供一个清单。汉代是否获得域外的香料,究竟获得哪些香料,这些香料在汉代社会发生了什么影响?过去有不同认识。通过上述考论,本文肯定汉代确有香料传入,对传入哪些香料提供了初步的答案,并认为这些香料的输入对汉代社会生活发生了一定影响。毋庸讳言,香料属于生活的奢侈品,香料的输入起初更多地为上层贵族统治阶层服务,说它丰富了汉代人的物质文化生活,主要也是针对这个群体而言,因此有人对古代中外文化交流的意义持否定态度。我们认为,文化交流的意义不能因为输入的产品是为统治阶级服务就加以否定。随着中外交流的开展,获得域外产品越来越多,最终会造成不同国家、不同地区和不同民族物质成果和精神产品为人类所共享,并促进人类相

---

① 〔明〕李时珍:《本草纲目》卷三四《木部》,第835页。按:根据美国汉学家劳费尔的考证,在马来亚群岛有一个与古代伊朗同名的"波斯国",他称为"马来亚波斯"。见前揭《中国伊朗编》,第294~303页。李珣《海药本草》说的"南海波斯国"当即此地。
② 〔南宋〕赵汝适撰,冯承钧校注:《诸蕃志校注》卷下,第99页。
③ 〔唐〕段成式:《酉阳杂俎》前集卷一八,第177页。

互间的认知和不同文明的互动,从而推动人类文明的不断跃升。香料的传播不仅丰富和改善了世界各地人们的生活,也在推动各民族互相认知和世界文明的进步中发挥了重要作用。

谢朓的悲剧及其宣城诗情感特征

南朝诗人谢朓是中国文学史具有重要影响的诗人,他生活在动荡多变的政治环境中,一生充满悲剧,遭谗遇讥,仕途多舛,终遭杀身之祸。

造成他悲剧的原因不是通常认为的他的人格(忘恩负义、"反覆"),或他的性格(懦怯畏葸,疏于世务),而是社会的险恶和他的政治立场。在统治阶级内部矛盾错综复杂的南齐时代,许多人枉遭杀戮,谢朓也不例外。在历次政治风波中他始终站在朝廷一边,既出于"士为知己者死"的感恩戴德之情,也取决于维护大局、反对叛乱的政治立场,这是值得同情的。谢朓诗歌创作在他任宣城太守时达到高峰,了解谢朓的处境和命运,有助于对谢朓诗歌创作发展的认识。

宣城任职的一年多时间是谢朓一生最为惬意的时期,既远离京师凶险的政治环境,又能享受宣城美好的风光,这是他诗情勃发和山水诗取得杰出成就的主客观因素。他复杂的思想情感在宣城诗里得到了反映。虽然自古以来人们对谢朓在文学史上的地位予以充分肯定,对造成谢朓悲剧的原因却缺少深入探讨,对谢朓在宣城时的为宦生活及诗中表现出来的思想情感也较少关注。本文拟就此进行分析。

一、谢朓的悲剧及其原因

谢朓人生的悲剧性,概括起来有三个方面:一是出身华贵、才华高显而遭谗嫉,踏上仕途不久就遭遇挫折;二是身处险恶恐怖环境,生活在忧危恐惧之中;三是最终蒙冤被杀。

造成谢朓悲剧的原因,首先是高才被嫉。谢朓祖籍陈郡阳夏(今河南太康),出身衣冠士族,又是齐高帝萧道成的外甥,"少好学,有美名,文章清丽","善草隶,长五言诗"。① 齐武帝即位之初他踏上仕途,一帆风顺。他先在豫章王萧嶷手下任太尉行参军,②其年十九岁。永明四年(486),齐武帝第八子随王萧子隆迁东郎将、会稽太守,谢朓任其官属。不久转任卫将军王俭东阁祭酒。③ 又转任文惠太子萧长懋舍人。④ 再入竟陵王萧子良西邸,为"竟陵八友"⑤之一。永明八年(490),随王萧子隆受命为镇西将军、荆州刺史,第二年赴任。谢朓被任为镇西功曹,⑥转文学,⑦随萧子隆赴荆州。谢朓少有文名和仕途通顺是他遭受嫉妒的根苗。

  萧子隆喜爱文学,"在荆州,好辞赋,数集僚友"。谢朓"以文才,尤被赏爱,流连晤对,不舍日夕"⑧。这引起他的顶头上司镇西长史⑨王秀之的嫉妒。长史是镇西将军府僚属长官,功曹、文学都是其属下。他的属下谢朓与将军亲近,这让他心里不舒服。王秀之身领荆州学府之"儒林祭酒"⑩,长于经学,与将军兴趣爱好不同。因此他担

---

① 《南齐书》卷四七《谢朓传》,中华书局,1972年,第825、826页。
② 行参军,官名,南朝齐始置,公府及将军府僚佐。
③ 祭酒,战国时齐国稷下学官尊长称祭酒。汉魏以后官名,汉代有博士祭酒,西晋改设国子祭酒。《续汉书·百官志二》刘昭注引汉人胡广说,谓官名祭酒,系部门之长。东阁,古代称宰相招延款待宾客的地方。
④ 舍人,古代官职名称。始见《周礼·地官》:"舍人掌平宫中之政,分其财守,以法掌其出入者也。"本为宫内人之意,后世以为亲近左右之官。《汉书·高帝纪》颜师古注:"舍人,亲近左右之通称也。"秦汉到明代之间宫中都设有舍人,如秦汉置太子舍人,魏晋有中书舍人。
⑤ 竟陵八友:南朝齐永明年间围绕在竟陵王萧子良身边的一群文士。《梁书·武帝本纪》记载:"竟陵王子良开西邸,招文学,高祖(萧衍)与沈约、谢朓、王融、萧琛、范云、任昉、陆倕等并游焉,号曰八友。"这是南朝文坛上成就最高的文学团体,沈约等人都是文学史上享有盛名的作家。
⑥ 功曹,官名。汉代郡守下有功曹史,简称功曹。除掌人事和负责政绩考评外,得以参与一郡政务。
⑦ 文学,官名,秘书、助手之类。
⑧ 《南齐书》卷四七《谢朓传》,第825页。
⑨ 长史,官名,秦时始置。长史是中国历史上职官名,其执掌事务不一,相当于今天的秘书长一职,但多为幕僚性质的官员,亦称为别驾。汉相国、丞相,后汉太尉、司徒、司空、将军府各有长史。
⑩ 《南齐书》卷四六《王秀之传》,第800页。

心长于文学的谢朓会占上风。谢朓正受萧子隆赏识,他无法在萧子隆面前中伤谢朓,便直接打小报告给齐武帝,"以朓年少相动,密以启闻"①。诬告谢朓和一帮年轻人彼此呼应,结成了朋党。亲王出镇,属下结为朋党,又受亲王信重,这是最高统治者最担心的事情,齐武帝敕令谢朓还都。齐武帝把镇西将军萧子隆府中几位亲近的幕僚拆散,防患于未然。谢朓只好离开荆州还都。在荆州遭到猜忌,谢朓感到忧危恐惧,赴京途中写《暂使下都夜发新林至京邑赠西府同僚》诗寄给镇西将军府的同事们,其中云:"常恐鹰隼击,时菊委严霜。寄言罻罗者,寥廓已高翔。"②他把对手比成"鹰隼",流露出强烈的畏惧之感;而自比"时菊",说明他自信清白高洁。

谢朓的悲剧是险恶的时代造成的。南朝是一个统治集团内部"相斫"和"篡夺"的时代,在频繁的政权更替和宫廷政变中伴随着血腥的杀戮。谢朓生于南朝刘宋孝武帝大明八年(464),卒于南齐东昏侯永元元年(499),正是统治阶层内部争权夺利矛盾尖锐的时期。在这样一个时代,一位士人要想安身立命是很难的。生活在这个时代里,谢朓无法摆脱政治恐怖气氛造成的心理恐惧。从谢朓的诗题中"暂使下都"来看,谢朓还以为此行只是使职差遣性质,到京师办完事即可返镇西将军府。但来到京师,"迁新安王中军记室"③。职位虽有提升,却让谢朓感到意外,也感到身不由己,他在《拜中军记室辞随王笺》中表达了这种感触:

  故吏文学谢朓死罪死罪。即日被尚书召,以朓补中军新安王记室参军。朓闻潢污之水,愿朝宗而每竭;驽蹇之乘,希沃若而中疲。何则?皋壤摇落,对之惆怅;歧路西东,或以鸣唈。况乃服义徒拥,归志莫从;邈若坠雨,翩似秋蒂。朓实庸流,行能无算,属天地休明,山川受纳,褒采一介,抽扬小善,故舍耒场圃,奉笔菟园,东乱三江,西浮七泽,契阔戎旃,从容宴语。长裾

---

① 《南齐书》卷四七《谢朓传》,第825页。
② 曹融南:《谢宣城集校注》卷三,上海古籍出版社,1991年,第205~206页。
③ 《南齐书》卷四七《谢朓传》,第825页。记室,官职名,东汉置,诸王、三公及大将军都设记室令史,掌表章、书记、文檄。

> 日曳,后乘载脂,荣立府廷,恩加颜色。沐发晞阳,未测涯涘;抚臆论报,早誓肌骨。不悟沧溟未运,波臣自荡;渤澥方春,旅翩先谢。清切藩房,寂寥旧苹;轻身反溯,吊影独留。白云在天,龙门不见;去德滋永,思德滋深。惟待青江可望,候归艎于春渚;朱邸方开,效蓬心于秋实。如其簪履或存,衽席无改,虽复身填沟壑,犹望妻子知归。揽涕告辞,悲来横集,不任犬马之诚。①

可见这个任命是谢朓回到京城后接到的,事先没有思想准备。但在京师,他很快受到重用。谢朓还都,正遇上萧齐政权的一个动荡时期。齐武帝病殁,皇孙萧昭业即位,武帝堂弟萧鸾受遗命辅政。回都后谢朓先任新安王萧昭文中军府记室,又兼尚书殿中郎。萧鸾为骠骑大将军、录尚书事,谢朓又担任骠骑咨议,领记室,管霸府文笔。这些显然都出于萧鸾的安排。萧鸾有野心,阴谋篡位,一年之内先后废除了昭业、昭文兄弟,自登皇位,改元建武,是为明帝。在这个过程中,谢朓参与了这场政治斗争,他为萧鸾所用,站在萧鸾一边,为萧鸾篡权为帝立下了汗马功劳。《为齐明帝让封宣城公表》《为宣城公拜章》《为明帝拜录尚书表》《为录公拜扬州恩教》《为百官劝进齐明帝表》等皆出于谢朓手笔。谢朓以杰出的文才效命于萧鸾,也从萧鸾那里得到了报偿。萧鸾即位,谢朓转任中书郎,②掌中书诏诰。在萧齐统治阶级内部这一轮争权夺利的政治风浪中,谢朓始终受到萧鸾的信任和重用,官位不断升迁。对萧鸾的知遇之恩,谢朓感恩戴德,成为萧鸾政治集团的重要成员,这为他日后政治立场的选择和最终的悲剧埋下了伏笔。

统治阶级内部残酷的政治斗争给谢朓心理造成浓重的阴影。好友王融、他长期追随的竟陵王萧子良、萧子隆都在这场政治斗争中先后丧命。王融企图拥立萧子良,在昭业即位十多天后,"于狱赐死"。萧子良"以忧卒",萧子隆"见杀"。这种风云变幻、朝不保夕的

---

① 曹融南:《谢宣城集校注》卷一,第54~55页。
② 中书郎,三国吴、蜀有此官,相当于魏的通事郎。中书省下面的通事郎,后改名中书郎、中书侍郎。

心理阴影令谢朓惴惴不安。建武二年(495)夏,他出任宣城太守,离开京师那个政治斗争旋涡中心,他感到松了一口气。但他在宣城仅一年多,便又"以选复为中书郎"返京。不久出为镇北将军、晋安王萧宝义的咨议、南东海郡太守,行南徐州事。南徐州密迩京师。谢朓离开宣州,立刻被卷入政治斗争的旋涡。永泰元年(498),明帝病重,对会稽太守王敬则深怀猜忌,密加防范。王敬则是南齐开国元勋,辅助齐高帝代宋建齐,官至司空。会稽是江南重镇,王敬则手握重兵,他对明帝的用心有所察觉,准备起兵。谢朓是王敬则的女婿,王敬则第五子王幼隆派人密告谢朓,欲共商大计。谢朓面临人生的一大抉择,无论他倾向于哪一方,都是生死考验。

　　谢朓选择了朝廷,他把来人抓起来,把王敬则的阴谋驰报朝廷。王敬则阴谋暴露,提前发兵,兵败被杀。明帝嘉赏谢朓之功,升任他为尚书吏部郎,谢朓三次上表辞让,终不见许。谢朓告发岳丈之举,在声誉方面付出了巨大代价。其妻对他痛恨入骨,"常怀刀欲报朓,朓不敢相见"①。谢朓的行为不仅为当时人所不齿,后来的史家亦多所讥刺。有人认为,谢朓告发岳丈,是出于"懦怯畏葸,勉求避祸"②,未必为确论。谢朓在关键时刻选择朝廷,其原因在于齐明帝一直器重赏识谢朓,谢朓是齐明帝政权的核心人物,对明帝有感恩戴德之情;跟从王敬则谋反是附逆,站在朝廷一边是效顺,逆顺之理对于一位士人来说涉及政治气节,谢朓自然选择效顺。另外,明帝乃"多虑""雄忍""严能"之主,善用"计数",得位后时刻严防异己,对王敬则已有提防。他任命心腹张瓌担任吴郡太守,张瓌是一员猛将,"素著干略",南可以阻挡王敬则,北可以控制南徐州。王敬则谋反胜算无多;谢朓稍有动静,立刻会遭到朝廷和张瓌的夹击。谢朓放弃私情,国家利益至上,他的大义灭亲使南齐避免了一场动乱,于国于己,他的选择可能都是明智的。但王敬则毕竟是其岳父,在政治大节与人情伦理方面不可得兼时,他选择前者,既出于不得已,内心也

---

① 《南齐书》卷四七《谢朓传》,第827页。
② 曹融南:《谢宣城集校注》前言,第3页。

充满矛盾与内疚。他临死时说："我不杀王公,王公由我而死。"①

　　王敬则事件反映了摆在谢朓面前的现实是多么严酷,生死荣辱忠孝难全之间谢朓保持着对明帝的忠贞。接下来发生的事情再次证明了谢朓对明帝的感恩戴德和对王室的忠贞。明帝病死,太子萧宝卷即位,即东昏侯。萧宝卷失德,明帝的表弟江祏、江祀兄弟欲废之,立明帝第三子江夏王萧宝玄。不久,又改主意欲立明帝之侄始安王萧遥光,他们把想法告诉了谢朓,希望得到谢朓的支持。萧遥光也派刘沨密见谢朓,笼络谢朓。谢朓再次遇到艰难的选择。史载:"朓自以受恩高宗,非沨所言,不肯答。"②高宗即齐明帝,说到底知恩思报的心理对谢朓的抉择起着支配作用。③ 在谢朓犹豫徘徊之际,萧遥光要以谢朓为心腹,并举荐谢朓兼知卫尉事。卫尉是非常重要而敏感的官职,为统率卫士守卫宫禁之官。江祏、萧遥光想谋夺帝位,宫禁侍卫官的立场非常关键。谢朓接受这个任命,就意味着他成为萧遥光集团的一员,他不敢接受这个任命。但拒绝这个任命便意味着不与萧遥光合作,必为萧遥光所不容。因此他决定告发江祏和萧遥光,他把他们的阴谋告诉辅国将军左兴盛,但左兴盛"不敢发言"。江祏闻说,告知萧遥光,萧遥光大怒,又急于杀谢朓以灭口,"乃称敕召朓,仍回车付廷尉,与徐孝嗣、祏、暄等联名,启诛朓"。同时指使御史中丞范岫上奏朝廷,"收朓,下狱死"④。后来,江祏、萧遥光谋反失败,亦被杀。这场惊心动魄的政治斗争,一方面说明谢朓对明帝知恩思报的忠心矢志不渝,另一方面说明无论做什么选择,对于他来说都意味着生死存亡。在那样一个变幻莫测的政治环境中,他的悲剧带有必然性。谢朓死得很冤,所以后来沈约《伤谢朓》诗云:"吏部信才杰,文锋振奇响。调与金石谐,思逐风云上。岂言陵霜质,忽随人事往。尺璧尔何冤,一旦同丘壤。"⑤

―――――――

① 《南齐书》卷四七《谢朓传》,第828页。
② 《南齐书》卷四七《谢朓传》,第827页。
③ 谢朓不仅感戴明帝的知遇之恩,他对明帝的评价也非常高,见《齐明帝谥册文》,曹融南:《谢宣城集校注》卷一,第79~80页。
④ 《南齐书》卷四七《谢朓传》,第827页。
⑤ 逯钦立辑校:《先秦汉魏晋南北朝诗》,中华书局,1983年,第1653页。

关于谢朓的为人,争议和分歧很大。除他的政敌对他的陷害诬蔑之外,对于谢朓出卖岳父和告发江祏等人之举,当时和后世都有人持贬议,认为谢朓人格有问题,为了保全个人性命,不惜出卖亲友,"在皇族内部的权力之争中本无一定的向背"①,因此被视为"反覆小人"而饱受讥议,"宣城死于畏祸,天下疑其反覆,即与吕布、许攸同类而共笑也"②。也有人认为跟谢朓性格有关,说他疏于世务,懦怯畏葸,"昧乎明哲保身之诫"③。有人认为谢朓贪恋禄位,甚至认为这是他最终遭受杀身之祸的原因之一。④ 这就过多地把他的悲剧归结于他的个人原因。我们不同意这些认识。把谢朓的行为放在具体的历史环境中,我们就会对他有一种同情的理解。谢朓的悲剧是政治立场问题,不是人格和性格问题。他的行为不能仅从人格和性格来解释,说到底是他不愿意背弃自己的政治立场,弃顺从逆。另外士人知恩思报和为知己者死的传统观念也对他的人生抉择产生了支配作用。谢朓一直想摆脱统治阶级的矛盾斗争可能给自己带来的祸害,但未能如愿,最终还是死在这种矛盾斗争中,成为统治阶级权力斗争的牺牲品。

二、谢朓宣城诗的情感特征

谢朓在宣城写下了22首诗,占流传至今的作品三分之一。宣城诗标志着他诗歌创作的高峰,在这里谢朓的山水诗创作达到新的高度。"诗言志""诗缘情"都强调诗是表达诗人思想情感的工具。谢朓在宣城创作的这些诗,其思想情感与他当时的生活与心态密切相关。宣城时期是谢朓一生最美好的时光。如前所述,在此之前,他曾遭受嫉妒与谗毁。从荆州回到京师,他一方面受到齐明帝的赏识

---

① 曹道衡、沈玉成编著:《南北朝文学史》,人民文学出版社,1991年,第143页。
② 〔明〕张溥著,殷孟伦注:《汉魏六朝百三家集题辞注》,人民文学出版社,1960年,第196~197页。
③ 吴骞《谢宣城集》跋,收入曹融南《谢宣城集校注》附录二,上海古籍出版社,1991年,第431页。
④ 曹道衡、沈玉成编著:《南北朝文学史》,第145页。

和一再提拔重用,一方面亲眼目睹了政治风云变幻中的血腥屠杀。身边友朋的零落令他兔死狐悲,政治斗争的残酷性也令他深感前途命运凶险难测。宣城离任返京,他被卷入错综复杂的政治斗争中,终于被杀。因此,宣城赴任对于谢朓来说无疑是摆脱各种烦扰忧虑的时期,是他心情最好的时期。

我们不知道出任宣城太守是出于谢朓的请求,还是朝廷的某种安排,但我们知道谢朓离开京城时心情非常复杂。《晚登三山还望京邑》被认为是谢朓赴宣城之任时告别京城所作。开头两句云:"灞涘望长安,河阳视京县。"①把自己离开京城比成当年王粲离开长安和潘岳回望洛阳,表现出既留恋难舍又无可奈何的矛盾心理,让我们感到其中有不得已之处。但他对这个任命又是非常高兴和满足的,而且这种高兴和满足之情很快便压倒了愁苦忧思,这在他的《之宣城郡出新林浦向板桥》一诗中可见端倪:

> 江路西南永,归流东北骛。天际识归舟,云中辨江树。旅思倦摇摇,孤游昔已屡。既欢怀禄情,复协沧洲趣。嚣尘自兹隔,赏心于此遇。虽无玄豹姿,终隐南山雾。②

这首诗对我们了解谢朓赴任宣城和他在宣城时的心态非常重要。他是在"旅思倦摇摇"的状况下出任宣城的,这里的"旅思"并不仅仅是东奔西走的旅程,还包含着仕途的倦意。当他出守宣城时,对京邑固然不无留恋,但也很庆幸自己能离开政治斗争的旋涡。此诗表现了这种复杂的情绪。在伴随着朝廷一系列的变故,自己身心俱疲的情况下,他终于倦于奔波,希望有一个安顿身心的地方。要想远离政治斗争的旋涡,归隐是当时士人通常的选择。但对于谢朓来说,他做不到。一是君王恩遇不可辜负,二是离开官场则有衣食之忧。而赴任宣城则两全其美,一方面身在官场,一方面远离是非。——"既欢怀禄情,复协沧洲趣。"正像葛晓音所论:"这话虽是指此去宣城既遂了做官的心愿,又合乎隐逸的幽趣,却也精练地概

---

① 曹融南:《谢宣城集校注》卷三,第278页。
② 曹融南:《谢宣城集校注》卷三,第219~220页。

括了诗人一生感激皇恩、安于荣仕和远隔嚣尘、畏祸全身这两种思想的矛盾。"①谢朓厌恶尘嚣的感情是真挚的:"嚣尘自兹隔,赏心于此遇。"末二句用了《列女传》中答子妻的典故,②包含两层意思:一是说自己虽无玄豹之姿,不能深藏远害,但此去宣城,亦与隐于南山云雾相同。二是"玄豹姿"借喻自己身为一郡之守,虽无美政德行,未必能使一郡大治,但也深知爱惜名誉,决不会做答子那样的贪官污吏。字面意义是借出仕外郡之机隐遁远祸,深层含义是指以淡泊心境处理政务。一典多用,囊括"既欢怀禄情,复协沧洲趣"的两重旨趣,更深一层地阐明了自己以仕为隐的处世之道和以隐为仕的治政之法。谢朓就是带着这种心理去宣城赴任的,这是支配他在宣城任官施政和文学创作的思想基础。《始之宣城郡》诗云:"宁希广平咏,聊慕华阴市。"③这是谢朓宣城任官时的理想,既向往郑袤的政绩,又羡慕张楷的隐逸。④ 谢朓在宣城以仕为隐,虽在官却不忘游山玩水,欣赏大自然的美景,享受隐逸乐趣,"招招漾轻楫,行行趋岩趾。江海虽未从,山林从此始"。又以隐为仕,不贪不竞,无为而治,向往老子所说的"治大国若烹小鲜",不生事扰民,"烹鲜止贪竞,共治厉廉耻"。

谢朓宣城诗从思想情感来看主要表现为三个方面:一是在官而向往隐逸,二是勤政恤民之情,三是出游赏山水之乐。先看在官而向往隐逸的思想。如《宣城郡内登望》:

---

① 吴小如等:《汉魏六朝诗鉴赏辞典》,上海辞书出版社,1992年,第850页。
② 刘向《列女传》:"答子治陶三年,名誉不典,家富三倍。……居五年,从车百乘归休,宗亲牵牛酒而贺之。其妻抱儿而泣,姑怒其不祥也。妇曰:'……妾闻南山有玄豹,雾雨七日不下食,何也?……欲以泽其毛衣而成其文章也,故藏而远害。……今夫子治陶,家日益富而国日益贫,君不敬,人不戴也,夫子之逢祸必矣!请去,愿与少子俱脱。'于是遂弃之。出其年,答子之家果以盗诛。"《太平御览》卷四七二《人事部》引,上海古籍出版社,2008年,第5册,第382页。
③ 曹融南:《谢宣城集校注》卷三,第222页。
④ 《晋书》卷四〇《郑袤传》:"郑袤字林叔,……调补大将军从事中郎,拜散骑常侍。会广平太守缺,宣帝谓袤曰:'贤叔大匠垂称于平阳、魏郡,百姓蒙惠化。且卢子家、王子邕继踵此郡,使世不乏贤,故复相屈。'袤在广平,以德化为先,善作教,郡中爱之。"中华书局,1974年,第1249~1250页。《后汉书》卷三六《张楷传》:"楷字公超,……司隶举茂才,除长陵令,不至官,隐居弘农山中。学者随之,所居成市。后华阴山南遂有公超市。"中华书局,1965年,第1242页。

  借问下车日,匪直望舒圆。寒城一以眺,平楚正苍然。山积陵阳阻,溪流春谷泉。威纡距遥甸,巉岩带远天。切切阴风暮,桑柘起寒烟。怅望心已极,惝恍魂屡迁。结发倦为旅,平生早事边。谁规鼎食盛,宁要狐白鲜?方弃汝南诺,言税辽东田。①

这首诗表现出谢朓倦于宦途、向往隐逸之思。又如《冬日晚郡事隙》:

  案牍时闲暇,偶坐观卉木。飒飒满池荷,修修荫窗竹。檐隙自周流,房栊闲且肃。苍翠望寒山,峥嵘瞰平陆。已惕慕归心,复伤千里目。风霜旦夕甚,蕙草无芬馥。云谁美笙簧?孰是厌菽轴?愿言追逸驾,临潭饵秋菊。②

这首诗直接表达了归隐之思。结尾四句吐露胸怀:"云谁美笙簧?孰是厌菽轴?愿言追逸驾,临潭饵秋菊。"《诗·小雅·鹿鸣》"吹笙鼓簧",据孔颖达疏,是周天子召集臣下共行宴享之礼,要吹笙鼓簧以娱乐嘉宾。又《诗·卫风·考槃》"硕人之菽""硕人之轴",郑玄笺:"菽,饥意;轴,病也。"作者这里是化用经语,表达了自己既不羡慕作为王臣的种种享受,也不厌弃饥病交困的隐士生活的意愿。先用"云谁",又用"孰是",以反诘语表现了弃官从隐的意念的强烈。诗人把自己入仕比作乘上了奔逸失路的车驾,希望停车解驾,是时候去追随传说中菊潭旁的居民了。应劭《风俗通义》记载:"南阳郦县甘谷有菊潭水,其上有大菊落水中。谷中二十家,仰饮此水,上寿百三十,中百余,七八十为下。"诗人用此典故表达了寻求隐居长生的心愿。《后斋迥望》诗云:

  高轩瞰四野,临牖眺襟带。望山白云里,望水平原外。夏木转成帷,秋荷渐如盖。巩洛常眷然,摇心似悬旆。③

这首诗后两句中的"巩洛",有人解释:"巩,周畿内邑。洛,洛邑,东

---

① 曹融南:《谢宣城集校注》卷三,第 225 页。
② 曹融南:《谢宣城集校注》卷三,第 228 页。
③ 曹融南:《谢宣城集校注》卷三,第 230 页。

周所都。合指京畿,此借指建康。"①从谢朓宣城诗表达的思想倾向看,这里解释为谢朓思念京都不符合当时谢朓的心态。这里的"巩洛"与《落日怅望》诗中的"洛阳社"都应该是思归意象。洛阳社即白社,《晋书·隐逸传》记载:"董京字威辇,不知何郡人也。初与陇西计吏俱至洛阳,被发而行,逍遥吟咏,常宿白社中。"②这两句表达的还是归隐之思。远望一派秋景,诗人心如悬旌,归思难收。《落日怅望》诗云:

> 昧旦多纷喧,日晏未遑舍。落日余清阴,高枕东窗下。寒槐渐如束,秋菊行当把。借问此何时,凉风怀朔马。已伤归暮客,复思离居者。情嗜幸非多,案牍偏为寡。既乏琅邪政,方憩洛阳社。③

在夏往秋来之际,政务闲暇之时,诗人幻想着像董京那样栖隐洛阳白社。《高斋视事》云:

> 余雪映青山,寒雾开白日。暧暧江村见,离离海树出。披衣就清盥,凭轩方秉笔。列俎归单味,连驾止容膝。空为大国忧,纷诡谅非一。安得扫蓬径,销吾愁与疾。④

这是他在宣城任职时,抒写自己抱病工作的一首诗。太守勤于政务,并不追求个人的享受,但朝廷各种纷杂欺诈令他烦恼不已,身心两疲。他幻想归隐,认为除非离开这官场,才不为世间纷争而烦扰,才能消除愁苦和病疾。

谢朓的宣城诗表现出他的勤政恤民之情。从施政方面看,史书上虽没有多少关于他的政绩的记载,他的诗歌却透露出他的勤政恤民、造福百姓之心。《赋贫民田》是其代表作:

> 假遇非将迎,靖共延殊庆。中岁历三台,旬月典邦政。会是共治情,敢忘恤贫病。将无富教理,孰有知方性。敦本抑工商,均业省兼并。察壤见泉脉,觇星视农正。黍稷缘高殖,秔稻

---

① 曹融南:《谢宣城集校注》卷三,第230页。
② 《晋书》卷九四《隐逸传》,第2427页。
③ 曹融南:《谢宣城集校注》卷三,第230~231页。
④ 曹融南:《谢宣城集校注》卷三,第280页。

即卑盛。旧圩新塍分,青苗白水映。遥树匝清阴,连山周远净。即此风云佳,孤觞聊可命。既微三载道,庶藉两岐咏。俾尔仓廪实,余从谷口郑。①

这篇作品可说是对作者"农本"思想的揭示。前八句表达了"富民""教民"的基本思想,这是对孔子"富之""教之"治民主张的直接继承。"将无富教理,孰有知方性""察壤见泉脉,觇星视农正"是其施政措施。"会是共治情,敢忘恤贫病"表现出他高度的责任感。他认为作为一郡长官,恤贫病是应该时刻牢记在心的事情。"敦本抑工商,均业省兼并"两句是实现治民主张的具体经济措施,作者明确提出要敦本重农,平均、限制产业,减少兼并,这对发展其时的农业生产无疑是极为重要的,体现出作者的卓越识见。"察壤"以下的诗句描绘出一幅欣欣向荣的农业生产画面,这既是作者重农理想的具体展现,也显示出作者的治政取得了较好的效果。当农业生产呈现一派勃勃生机时,太守才有心举杯饮酒,"即此风云佳,孤觞聊可命"。谢朓有归隐之念,但其前提是"既微三载道,庶藉两岐咏。俾尔仓廪实,余从谷口郑"。那就是等到百姓们丰衣足食时,他才像郑子真一样隐居不仕。② 在宣城任官期间,宣城社会太平,百姓安乐,与谢朓勤政恤民有关。当他离宣城奉命赴湘州时作诗告别宣城官民,有《忝役湘州与宣城吏民别》一诗,描写了宣城社会的太平景象:

弱龄倦簪履,薄晚忝华奥。闲沃尽地区,山泉谐所好。幸遇昌化穆,惇俗罕惊暴。四时从偃息,三省无侵冒。下车遽暄席,纡绂始黔灶。荣辱未遑敷,德礼何由导?③

这首诗写自己无意做官,虽然赴任宣州,却经常游山玩水,幸运的是国家政治清明,当地民风淳朴,因此社会太平。这是以自谦的口气自夸治理宣州的政绩。最后交代自己将赴任湘州,又自谦云:"汨徂

---

① 曹融南:《谢宣城集校注》卷三,第242~243页。
② 谷口郑,指谷口郑子真。郑子真,名朴,汉成帝时人,家居谷口,隐居不仕,时人仰慕。扬雄《法言》卷六:"谷口郑子真不屈其志,而耕乎岩石之下,名震于京师。"《二十二子》,上海古籍出版社,1986年,第816页。
③ 曹融南:《谢宣城集校注》卷三,第252页。

奉南岳,兼秩典邦号。疲马方云驱,铅刀安可操。遗惠良寂寞,恩灵亦匪报。桂水日悠悠。结言幸相劳。吐纳贻尔和,穷通勖所蹈。"在谢朓文集中,只有这两首诗直接写到百姓生活,这是因为在宣城时,谢朓亲身接触到了下层百姓,对他们的疾苦有深入了解。从这两首诗里,我们感受到了谢朓对百姓疾苦的关心和自己勤政恤民的情怀。

最后看宣城诗中流露出的游赏山水之乐。如前所述,谢朓出守宣城,是在经历了遭谗还都和京师一系列政局变幻之后,正想远离政治斗争旋涡寻求精神清净之地的时候。他把宣城称为"山水都",为任官宣城感到幸运。① 宣城的美好山水风物与他的精神需要特别契合:"闲沃尽地区,山泉谐所好。"因此为政之暇,他尽情地游山玩水,领略大自然赐予的美景。玩赏山水赋诗吟咏成为他生活的重要内容,在宣城他写出一系列描写大自然之美的佳作,表现了他摆脱政治是非和风险后的内心愉悦和轻松。谢朓在文学史上以山水诗著称,实际上只有宣城写的几首诗才是典型的山水诗。因此可以说,宣城时期是谢朓山水诗成熟的时期,也是达到高峰的时期。其中《宣城郡内登望》《冬日晚郡事隙》《落日怅望》《望三湖》《游山》《游敬亭山》《将游湘水寻句溪》等皆佳篇。其他诗中往往有写景佳句,如《郡内高斋闲望答吕法曹》《高斋视事》。这些诗在情感心态的总的倾向是醉心山水愉悦情性,由于摆脱了世俗间的各种尘扰,诗中一洗各种忧虑和杂念,山水描写显得特别清新明净,从而展示了大自然美妙无穷的方面,给人以强烈的美感。这就是后来诗论中一直称赞他的"清""清发"。②

宣城任官的特殊心态是谢朓山水诗创作的思想情感基础,宣城的山水诗奠定了谢朓在文学史上的地位。曹融南说:"谢朓是继踪二人(谢灵运、鲍照)之后的优秀山水诗作者。他年轻时生活在建康,自幼受着那里山水景物的熏陶。弱冠以后,行踪渐远,'东乱三

---

① 谢朓《游山》云"幸莅山水都",见曹融南:《谢宣城集校注》卷三,第233页。
② 李白《宣州谢朓楼饯别校书叔云》:"蓬莱文章建安骨,中间小谢又清发。"《送储邕之武昌》:"诺为楚人重,诗传谢朓清。"所谓"清"主要指谢朓诗的自然美。

江,西浮七泽',更广泛地接触江南、荆楚的山水。三十二岁时出守宣城,因为仕途中的遭遇引起了内心出处仕隐的矛盾,更有意识地接近山水,而宣城又正是风景奥区,山水名都更多物态风姿可以供他搜罗笔底。他守宣时间不长,山水诗的写作却特多,而且名篇络绎,终以此奠定了他在我国诗歌史上的特有地位。"①这说明了宣城对谢朓山水诗创作的重要性。宣城哺育了一位杰出的诗人,这位诗人又以其优秀的山水诗作品冠冕一代,直接启发和引导了盛唐的诗人。盛唐是中国古代诗歌史上辉煌的高峰,谢朓曾经为这个诗歌高峰的形成做出了杰出贡献。

结语

  谢朓的悲剧是社会和时代造成的,不是个人悲剧和性格悲剧,他的悲剧具有某种典型性。在当时风云变幻、危机四伏的政治环境中,他的行为有"实逼处此"的不得已之处,不是因为性格或人格不同就能使他避祸远害。过去史家和文学史家过多地强调了他人格和性格的一面,好像如果谢朓"明于世务""明哲保身"或不那样"懦怯畏葸",就可以远离祸害一样。这就忽略了谢朓悲剧的社会背景。还有人视谢朓为"反覆",意即没有坚定的政治立场和人格操守,就更误解和贬低了谢朓的为人。根据我们上文所论,谢朓的政治立场始终站在朝廷一边,维护大局,不曾与叛乱势力同流合污,这在当时是具有积极意义的。对出卖王敬则一事他既不得已,又充满悔恨,并不是人性泯灭,为个人谋取私利。谢朓诗歌创作在任宣城太守时达到高峰,了解谢朓的处境和命运,有助于对谢朓诗歌创作发展的认识。宣城任职的一年多时间是谢朓一生最为惬意的时期,既远离京师凶险的政治环境,又有闲暇享受宣城美好的风光,这是他诗情勃发和山水诗取得杰出成就的主客观因素。他复杂的思想情感在宣城诗里得到了反映,正是因为这短暂的摆脱政治斗争旋涡的生

---

① 曹融南:《谢宣城集校注》前言,第5页。

活,他赴宣城的诗才有解脱之感。有了这种轻松的心情,才有在宣城时的"既欢怀禄情,复协沧洲趣"的心神愉悦,才有对宣城自然山水的审美观照,从而创作出一批文学价值极高的山水诗。因此,分析谢朓宣城诗的思想情感,不能仅仅从他的宣城生活说起,他的山水诗表达的情感与他前半生的仕宦生涯有关。

王勃《滕王阁序》详解

王勃是唐初著名文学家,与杨炯、卢照邻、骆宾王并称为"王杨卢骆""初唐四杰"。闻一多称他们"年少而才高,官小而名大,行为都相当浪漫,遭遇尤其悲惨"[①]。盛唐时有人批评他们,杜甫为他们抱不平,肯定其在文学史上的不朽地位:"王杨(一作杨王)卢骆当时体,轻薄为文哂未休。尔曹身与名俱灭,不废江河万古流。"[②]对"王杨卢骆"的名次,当时杨炯还不很服气,说:"吾愧在卢前,耻居王后。"[③]新、旧《唐书》有传,王勃六岁"解属文",十七岁应制科考试,对策高第,授朝散郎。后又任沛王府修撰。为人不拘礼法,当时诸王贵戚之间盛行斗鸡,王勃作《檄英王鸡》,引起高宗反感,曰:"据此是交构之渐。"因而被逐出沛王府,此后漫游蜀中,曾任虢州(今河南灵宝)参军,又因性格高傲得罪同僚而被革职。据说他曾隐匿官奴,恐事发,又杀之,事发当诛,遇赦。他的父亲王福畤因此被贬为交阯令。高宗上元二年(675),他往交阯省父。次年自交阯返,渡海时溺水而死,年仅二十八岁。王勃是一位才学兼富的作家,不仅诗文写得好,而且还有不少学术著作。

本文原题为《秋日登洪府滕王阁饯别序》,一作《滕王阁诗序》,后来的文章选本简称为《滕王阁序》。滕王阁是江南三大名楼之一,唐初高祖的儿子李元婴任洪州都督时修建,故址在今江西省南昌市赣江畔。太宗贞观十三年(639),阁落成,当时李元婴被封为滕王,故命名为滕王阁,后来新任都督阎某又重新修建。滕王为人骄纵失

[①] 闻一多:《四杰》,原载《世界学生》二卷七期,收入《唐诗杂论》,山西古籍出版社,2001年,第17页。
[②] 〔唐〕杜甫:《戏为六绝句》,收入〔清〕仇兆鳌注:《杜诗详注》卷一一,中华书局,1979年,第899页。
[③] 《旧唐书》卷一九〇上《杨炯传》,中华书局,1975年,第5003页。

度,高宗曾致书切责。关于这篇文章的写作时间,五代王定保《唐摭言》卷五记载:

> 王勃著《滕王阁序》,时年十四。都督阎公不之信,勃虽在座,而阎公意属子婿孟学士者为之,已宿构矣。及以纸笔巡让宾客,勃不辞让。公大怒,拂衣而起;专令人伺其下笔。第一报云:"南昌故郡,洪都新府。"公曰:"亦是老先生常谈!"又报云:"星分翼轸,地接衡庐。"公闻之,沉吟不言。又云:"落霞与孤鹜齐飞,秋水共长天一色。"公矍然而起曰:"此真天才,当垂不朽矣!"遂亟请宴所,极欢而罢。①

元代辛文房《唐才子传》据此以为,王勃赴交趾省亲,路经此地,正遇阎都督于重九日在滕王阁上大宴宾客。王勃参加了这个盛会。宴会上大家要即席赋诗,请王勃先写一篇文章作为引言,王勃就写了这篇文章。② 蒋清翊《王子安集注》不同意其说,谓当时王勃之父王福畤官六合县令("六"音同"陆"),王勃省亲,路过洪州,当是前往六合。③ 隋唐时六合县在今南京六合区,位于南京市北部。当以蒋氏之说为是,从文中"望长安于日下,指吴会于云间"的句子来看,王勃的行程是自洪州沿江东下,而非自洪州南下赴交趾。《唐摭言》的记载大约出于传说,文章要么是宿构,即在宴会举办前已经写出初稿,要么是宴会后为诗集作序。像这样一篇大文章,不可能是在宴会之上即席而成的,王勃虽然才思敏捷,也不可能临时逐字逐句写就,很难想象众多宾客长时间坐等他写出序后,再挥毫赋诗。

从文体上看,这是一篇骈文,或者叫骈体文。骈文是起源于汉魏、形成于南北朝的一种文体。这种文体有如下一些特点:

(1)全篇以双句(即俪句、偶句)为主,讲究对仗,句式非常整齐。唐代柳宗元最早称之为"骈文"。骈,本义是两马并驾一车,引申为并列、对偶。有的骈文以四字、六字相间定句(骈四俪六),宋人称之

---

① 〔五代〕王定保:《唐摭言》卷五,上海古籍出版社,1978年,第61页。
② 〔元〕辛文房撰,傅璇琮主编:《唐才子传校笺》卷一,中华书局,1987年,第29页。
③ 〔唐〕王勃著,〔清〕蒋清翊注:《王子安集注》卷八,上海古籍出版社,1995年,第230页。

为"四六文",是骈体文的一种。

(2)喜欢用典,大量使用典故。所谓典故,即在诗文中化用的古代故事和有来历出处的词语。化用不是一般的引用,是融化在诗文的句子中,如"韩国赵厕,吴宫燕市""桑中卫女,上宫陈娥"。故事和语句隐含在句子中,因此这个句子就不是字面上的意思,而是它包含的这一故事或某一语句的意义。典故又分事典和语典,熟典和僻典,经典和诗典等。典故用法又有正用、反用、明用、暗用等。使用典故的好处是增加语言的含量,使诗文言简意丰,委婉含蓄。缺点是容易使语义晦涩,艰深难懂。那些借用典来炫耀自己博学的作者,常常被人们称为"掉书袋"。

(3)追求辞藻和语言形式的华美。骈体文的作者常常调动各种各样的修辞手法,使语言生动形象,常用比喻、拟人、拟物、借代、夸张、顶真、婉曲、互文、对仗等,语言上很有技巧。

(4)讲究用字的平仄相间和相对。一般是一句之中,平仄相间;两句之中,平仄相对。从而造成音韵的谐美,声调的抑扬顿挫,读起来朗朗上口。

六朝至唐代,骈体文曾经出现过大量的文学名篇,如鲍照的《芜城赋》、庾信的《哀江南赋》、骆宾王的《讨武曌檄》等。但也有不少人过分追求形式,因而内容空虚,缺乏真情实感,使人感到是无病呻吟。而《滕王阁序》却是久为人们传诵的名篇,可以说是骈文最优秀的名篇之一。

这篇文章写得完美无缺,可以说字字珠玑,值得我们逐字逐句地咀嚼欣赏,细细玩味。

全文分四部分:

第一部分从开头至"躬逢胜饯",赞美滕王阁所在地洪州与眼前的宴会,称叹宾主之美。

豫章故郡,洪都新府。

"豫章",有的本子作"南昌"。古书中不同的版本,文字上常常出现很大不同,所以有人说"书无校不可读"。出现这种情况有多种原因,有的是作者自己作了修改(开始他是这样写的,文章也流传开了,后来他收入自己的文集时又作了修改),有的是传抄出现的错误,有的是翻印过程中出现的错误,还有的是把后人的眉批当成了作者的原话等,不一而足。"故",过去,指汉代。秦以后实行郡县制,汉时于现在的南昌设豫章郡(郡治在南昌县),隋时设为洪州,唐代有时叫洪州,有时叫豫章郡。五代、南唐至明、清设为南昌府,明初曾改为洪都府。所以这里不可能写作"南昌故郡",而且从平仄相对、声调抑扬上说,"豫章"也比"南昌"更好(应当是有的本子为避"豫"或"章"字的讳而改)。第一句是说这里过去是豫章郡。"洪都新府"是指新设立的洪州都督府。"新",与"故"相对,指现在,即王勃的时代。唐初在现在的南昌设洪州都督府,所以说"新"。唐初各地设大军区,称大都督府。于各州设置分军区,称为都督府。都督为一州军事长官,州刺史为行政长官。因为洪州都督府是唐初所设,故称"新"。第二句是说现在这里是新设立的洪州都督府。不说州刺史,而举出都督府,是因为今天宴会的主人是洪州都督阎某,见出文章的得体。开头两句点出当地行政区划名称,交代滕王阁所在地。用"故"和"新"对举,强调了洪州城历史的悠久和政治地位的重要。

星分翼轸,地接衡庐。

"星"指星宿,即二十八宿,古代天文学术语。古代天文学家把天上某些星的集合体叫作宿。古人把日、月和金、木、水、火、土五星合称为"七政""七曜",又把五大行星称为"五纬"。古人观测日、月和五星的运行是以恒星为背景的,这是因为他们觉得恒星相互间的位置恒久不变,可以利用它们做标志来说明日、月和五星运行所到的位置,测定岁时季节,从而判断自然现象的变化,如时辰的推移、季节的更替、气候的转变等,来安排各种活动,如农事活动。经过长期的观测,古人先后选择了黄道(想象中的太阳周年运行的轨道)、赤道带附近一周天的二十八个星宿作为坐标,古书上所谓"月离于毕"(月亮附丽于毕宿)、"荧惑守心"(火星居于心宿)、"太白食昴"(金星遮蔽住昴宿),就是这个道理。苏轼《前赤壁赋》云:"月出于东山之上,徘徊于斗牛之间",就是用二十八宿坐标法来表示时间。

"分"指分野。分野本指分封诸侯的境域,后借用为分界、界限的代称,引申用为古代星占术的一个概念。按照这一观念,地上各州郡邦国和天上一定区域相对应,在该天区发生的天象预兆着各地区的吉凶。分野大约起源于春秋战国,最早见于《左传》《国语》等书,其所反映的分野大体以"十二次"为准。所载故事最早的是:武王伐纣这天的天象是岁星在鹑火。战国以后也有以二十八宿来划分分野的,如《淮南子·天文训》等。后又以"十二次"与二十八宿互相联系,从而两种分野也在西汉以后协调互通。分野纯属迷信,所谓天地间的对应关系全都出于人为规定。历代各家参差出入不可避免。

"翼"和"轸"都是二十八宿之一,楚地是"翼"和"轸"二宿的分野。洪州属楚地,故云"星分翼轸"。这句说从天上看,洪州之地属于翼、轸两星宿的分野。"地"指洪州所辖地区;"衡"指衡山,在现在湖南省境内;"庐"指庐山,在现在江西省境内。洪州之地,"衡山峙立于西南,庐山近联于北境"①。这句是说从地面上看,洪州之地连接着衡山和庐山两座大山。三、四句交代洪州的地理位置,极言其区域的辽阔广大。

襟三江而带五湖,控蛮荆而引瓯越。

"三江",有两种解释,一说泛指长江中下游地区。据说古时长江流过彭蠡湖(今鄱阳湖)后分三道入海,即所谓三江。"襟",名词用作动词,以……作衣襟。洪州城在彭蠡湖西侧,如果把它看成一个人,三江就像它的衣襟,因为古人的衣襟都作交领形,形状相似。另一说是"三江,荆江在荆州,淞江在苏州,浙江在杭州。此据其上,如衣之襟焉"。"五湖"指南方的五个大湖:"太湖在苏州,鄱阳湖在饶州,青草湖在岳州,丹阳湖在润州,洞庭湖在鄂州。此据其中,如带之束焉。"②"带",腰间的束带,古人的束带上装饰有白玉,称玉带。这里用作动词,指像玉带环绕。五湖环绕,像腰间束带上的白玉。

---

① 〔清〕吴楚材、吴调侯选:《古文观止》卷七,中华书局,1959年,第302页。
② 〔清〕吴楚材、吴调侯选:《古文观止》卷七,第302页。

这一句是说洪州在南方一个广大地区处于中心位置,而面对长江下游又居高临下。

"控",控制,镇守。"蛮荆",即楚地,荆即楚,古代中原地区称南方各少数民族为"蛮",这是一种蔑称,楚地聚居着这些民族,故称蛮荆,即蛮人聚居之楚地。"引",连接。"瓯",地名,东瓯,在今福建一带。"越",地名,今浙江南部。这一带亦是古代少数民族聚居区,称"百越""山越"。这句是说,洪州控扼着蛮人聚居之楚地,连接着百越聚居之瓯、越两地。此二句极言洪州行政治理和地理形势之重要。"荆楚本南蛮之区,此则控扼之;闽越连东瓯之境,此则接引之。"①在古人观念中,周边各少数民族是最难教化、最难治理的。孔子强调"夷夏之防",就是认为那些少数民族都是落后的野蛮的民族,没有开化,与中原不同。古人历来认为这些人容易兴事作乱,洪州处于东南方少数民族聚居区和中原地区相交之处,对整个东南地区起着镇守作用,在防止蛮、越作乱方面,地理位置很重要。

物华天宝,龙光射牛斗之墟。

"龙光",宝剑的光芒。"牛""斗",都是星宿名。"墟",本义是居住的地方,这里引申为牛、斗二星宿所在的位置。这句用典,即"丰城宝剑"之典。《晋书·张华传》记载:

> 初,吴之未灭也,斗牛之间常有紫气,道术者皆以吴方强盛,未可图也,惟华以为不然。及吴平之后,紫气愈明。华闻豫章人雷焕妙达纬象,乃要焕宿,屏人曰:"可共寻天文,知将来吉凶。"因登楼仰观。焕曰:"仆察之久矣,惟斗牛之间颇有异气。"华曰:"是何祥也?"焕曰:"宝剑之精,上彻于天耳。"华曰:"君言得之。吾少时有相者言,吾年出六十,位登三事,当得宝剑佩之。斯言岂效与!"因问曰:"在何郡?"焕曰:"在豫章丰城。"华曰:"欲屈君为宰,密共寻之,可乎?"焕许之。华大喜,即补焕为丰城令。焕到县,掘狱屋基,入地四丈余,得一石函,光气非常,中有双剑,并刻题,一曰龙泉,一曰太阿。其夕,斗牛间气不复

---

① 〔清〕吴楚材、吴调侯选:《古文观止》卷七,第302页。

见焉。焕以南昌西山北岩下土以拭剑,光芒艳发。大盆盛水,置剑其上,视之者精芒炫目。遣使送一剑并土与华,留一自佩。或谓焕曰:"得两送一,张公岂可欺乎?"焕曰:"本朝将乱,张公当受其祸。此剑当系徐君墓树耳。灵异之物,终当化去,不永为人服也。"华得剑,宝爱之,常置坐侧。华以南昌土不如华阴赤土,报焕书曰:"详观剑文,乃干将也,莫邪何复不至?虽然,天生神物,终当合耳。"因以华阴土一斤致焕。焕更以拭剑,倍益精明。华诛,失剑所在。焕卒,子华为州从事,持剑行经延平津,剑忽于腰间跃出堕水。使人没水取之,不见剑,但见两龙各长数丈,蟠萦有文章,没者惧而返。须臾光彩照水,波浪惊沸,于是失剑。华叹曰:"先君化去之言,张公终合之论,此其验乎!"①

这句是说,物有光华,是因为是天上的宝物,宝剑的光芒直射牛、斗二宿之间。这一句意为洪州是蕴藏着自然宝物的地方。

人杰地灵,徐孺下陈蕃之榻。

这一句称颂洪州人文之美,用东汉徐稚的典故。《后汉书·徐稚传》记载:"陈蕃为(豫章)太守……蕃在郡不接宾客,唯稚来特设一榻,去则县之。"②徐稚是南昌名士,人称徐孺子,受到太守陈蕃的厚待。陈蕃素不接待宾客,而对徐稚是例外,为他特设一榻(坐卧两用的坐具)。徐稚不在就高挂不用。这里是用徐稚和陈蕃为例,说明洪州历史上有很多名士。字面上说人有俊杰,是因为地有灵气。大地的灵气蕴育出杰出的人才,这里有许多像徐孺子那样能使太守陈蕃专门设榻厚待的名士。这一句赞美洪州的历史和人物。称"徐孺",省略一个"子",是为了对仗。

骈体文除讲对仗外,还注意用字的平仄相间,只看以上数句末一个字,就可以看出这个问题,"郡""府""轸""庐""湖""越""墟""榻"等,是平仄交替使用的,读起来抑扬顿挫,铿锵悦耳。

---

① 《晋书》卷三六《张华传》,中华书局,1974年,第1075~1076页。
② 《后汉书》卷五三《徐稚传》,中华书局,1965年,第1746页。

雄州雾列，俊采星驰。

"雄州"，雄伟的州城。"雾列"是比喻，有多种解释，一说像云雾般耸立，"雄州谓大郡，如雾之浮列于上"①；另一说"像雾那样聚集"，"是说豫章郡中富庶的州县很多"②。从与下句"星驰"的比喻相对，当以后说为是。这一句承"星分"四句来写，赞美洪州的雄伟富庶，以辽阔的区域衬托州城的雄伟，以雾般的密集赞美其经济的发达。"俊采"指杰出的人才。英才像繁星般奔驰竞逐。这一句承"物华"四句，赞美洪州名士众多。

台隍枕夷夏之交，宾主尽东南之美。

"台"，亭台。"隍"，城池，城下没有水的护城壕。"台隍"代指洪州城。"枕"，本义用头靠着，"以首据物曰枕"，这是一种形象的说法，意思是占据、坐落。"夷夏之交"，古代将东南地区称为蛮夷之地，中原称为华夏，洪州正处于二地之间。这一句说洪州城坐落在东南蛮夷之地和中原地区交界之处。一说"夷谓正南荆楚之地，夏谓东南扬州之域"。这一句再承"星分"四句来写，强调洪州地理形势的重要。"宾主"指眼前宴会上的主人和客人。"尽"是聚集了全部的意思，一说意思是全部都是。"东南之美"指东南地区的优秀人才。宴会上的宾客和主人汇聚了东南地区全部的杰出人物。这句再承"物华"四句，称叹此地人才之多，并引起下文，赞美宴会上的主人和客人。这两句是过渡句，由着重写洪州过渡到着重赞叹眼前的宴会，赞美宴会主要是赞美宴会上的"宾主"。以下围绕"宾主"二字落笔。

都督阎公之雅望，棨戟遥临；宇文新州之懿范，襜帷暂驻。

这几句写宴会上的两位主要人物。"阎公"，吴楚材等选《古文观止》云："时阎伯屿为洪州牧，即都督也。"③阎伯屿，史有其人，湖广麻城县人，唐初曾任洪州都督，也曾出任袁州、惠化等地方官吏。"雅望"，美好的声望。"棨戟"，有衣套的戟，用作官员出行时的仪

---

① 〔清〕吴楚材、吴调侯选：《古文观止》卷七，第303页。
② 刘盼遂、郭预衡主编：《中国历代散文选》下册，北京出版社，1980年，第4页。
③ 〔清〕吴楚材、吴调侯选：《古文观止》卷七，第303页。

仗。这里代指阎都督。"遥临"是说阎都督是从远方到此地做官，"遥远而临于洪州"。这句是写宴会的主人阎都督有着美好的声望，他是从远方来此地做官的。"棨戟遥临"是一种形象的说法，强调阎都督的威风和气派。都督出行，前有仪仗队引路，后有随从簇拥，多么煊赫。

"宇文"是复姓。"新州"有三种解释：一说地名，在今广东新兴县，唐时属岭南道。"宇文新州"即复姓为宇文的新州刺史，因为古人习惯用一个人做官的地方称呼他，如称刘备为"刘豫州"，称刘表为"刘荆州"。那么这位宇文刺史就是这次宴会上的主要客人，他路经洪州，前往新州赴任，阎都督为他送行。我觉得这个解释是合适的。上一句写主人，这一句写主要客人。一主一宾，从两方面落笔，符合题目中的"饯别"二字。另一种解释是"新任刺史"。"宇文钧，新除澧州牧，道经于此"，也是指客人，似乎也讲得通。另一说是洪州新任刺史，是地方上管行政的，都是写主人。"懿范"，美好的风范，美德的楷模。"襜帷"，车上的帷幔。"盖坐车马者，蔽前曰襜，在旁曰帷"。这是借代，以部分代全体，代指刺史坐的车子。"暂驻"，即作短暂的停留。从这来看，还是讲作路经洪州去赴任的宇文刺史较好，他是作为客人出席这个宴会的。这一句是说，宇文刺史是美德的楷模，他乘车去岭南赴任，在此稍作逗留（指出席宴会）。这两句赞美宴会上的东道主和主宾。

十旬休假，胜友如云；千里逢迎，高朋满座。

这几句写宴会上的全体宾客。"十旬"是十天一旬的省称。"十旬休假"指旬休，唐制：做官的人十天休息一天，每逢旬日，退值休沐。当时不叫星期天，称旬休，后来称为旬假。星期这个词起源很早，古时犹太人和某些东方民族用七曜纪日，每七日一个周期，为一星期。公元前1世纪时，古罗马的日历已有之，但仅供占星用。至公元321年，君士坦丁大帝于3月7日正式公布，始成定制，相沿至今。我们现在口语上说的星期常常指每周的第一天，即日曜日，通称星期日。中国古代也有星期的说法，但指的是夏历七月七日，即牛、女二星相会的日期。王勃《七夕赋》云："伫灵匹于星期，眷神姿于月夕。""十旬休假"的意思就是正值十天旬休的假日。"胜友",富有才华的朋友。"逢迎"就是相会。这里暗用了佛典"千里有缘来相会"。"如云""满座",都是极言其多。这几句互文见义,意思是:正碰上旬休的假日,大家都是从千里之外来此相会,满座都是富于才华的高贵的朋友。十旬休假,"以宾主交欢日久言";千里逢迎,"以宾朋来自远方言"。强调机会的难得和宴会的欢乐。

腾蛟起凤,孟学士之词宗;紫电清霜,王将军之武库。

"腾"和"起"都是使动用法,极言文笔高妙,能感动得蛟龙腾跃、凤凰起舞。"学士"是对读书人的称呼。"词宗",文坛的盟主、文坛的领袖。用孟学士代表在座的文士,赞美他们的文采。《西京杂记》说董仲舒梦蛟龙入怀,乃作《春秋繁露》;又说扬雄梦见自己吐出凤凰,飞集书上。语本此。"紫电清霜",是比喻句,形容兵器闪闪发光,寒气逼人。"武库",收藏兵器的仓库。刀光剑影光芒四射,像紫电清霜,那是王将军的武器库。用王将军代表在座的军人,赞美他们的军事才能卓越。这几句是说宴会上的主人和宾客都是文武奇才。"蛟气之腾,光焰夺目;凤毛之起,文彩耀空。喻才华也。词宗,谓词章之宗。光辉之发闪,如紫电;浩气之凝凛,若清霜。喻节操也。武库,言无所不有。孟学士、王将军,是会中显客。"①朱东润主编《中国历代文学作品选》注:"武库,本义是收藏兵器的仓库,这里借指军事家胸中的韬略。《晋书·杜预传》:'朝野称美,号曰杜武库,言其无所不有也。'"②

家君作宰,路出名区;童子何知? 躬逢胜饯。

"家君"犹言家父,对别人称自己的父亲。"宰"有主宰的意思,县令主管一县行政,故称县宰。"作宰"即担任县令,王勃的父亲王福畤担任六合县令。"路出",路途上经过。"名区",著名的地方,指洪州。"童子",自称,表示年轻,犹言小辈。"何知",懂得什么。"躬",亲身。"逢",碰上。"胜饯",盛大隆重的饯别宴会。这几句

---

① 〔清〕吴楚材、吴调侯选:《古文观止》卷七,第303页。
② 朱东润主编:《中国历代文学作品选》中编第1册,上海古籍出版社,1980年,第259页。

是说:我父亲做六合县令,我要去省亲,路过洪州这有名的地方;我年轻无知,有幸参加了这隆重的饯别宴会。这是由宴会的宾主写到自己,交代自己所往,对参加宴会感到荣幸。

　　以上为第一部分,都是宴会上的客套话,既然在宴会上做客,首先就应该对宴会进行称赞,这是主人最希望听到的。因为宴会是在滕王阁上举行的,主人又是洪州都督,因此就从滕王阁所在地洪州写起。赞美洪州,从历史写到现在,从两方面着笔,一是地理位置,二是洪州人物。先写洪州历史悠久,地理形势重要;再写洪州从过去到现在,人才众多。由赞美洪州过渡到赞美眼前的宴会,赞美宴会主要是赞美宴会上的宾主,因此从宾主两方面着笔。先称赞主人,说他有很好的名声;再称赞客人,赞美客人则从文化修养和军事才能两方面说。最后再由宴会上的宾主写到自己,说自己年轻无知,并表示感到荣幸。一派捧场奉迎之词,却非常得体,尽管是溢美之词,却不使在座者感到不好意思。

　　第二部分从"时维九月"至"声断衡阳之浦",写登滕王阁所见周围景物。

时维九月,序属三秋。

　　"维",句中语气词,帮助判断,可译为"在"。"序"指时序,按季节顺序。"三秋"即深秋,也是指九月。意思是时在九月,按时序正是深秋季节。这两句点明时间。意思一样,分成两句写,是为了造成对仗的双句,从内容上看没有必要。

潦水尽而寒潭清,烟光凝而暮山紫。

　　"潦水",雨后地面上的积水。"寒潭",秋天的潭水。古代诗文中常用"寒"表示秋,如"远上寒山石径斜""山形依旧枕寒流""寒树依微远天外,夕阳明灭乱流中""玉颜不及寒鸦色",还有"寒江""寒叶"等。用"寒"写出了感觉。"清",清澈。"烟",烟霭,傍晚时分山间原野飘浮的雾气。"光",霞光,指晚霞。"凝",交织在一起,指傍晚的霞光映照着山间的雾气。雨后天晴,地面上的积水干涸了;秋天的深潭清澈见底。傍晚时分,烟霭笼照着山冈,晚霞的光辉照射过来,群山呈现出紫色。这两句写往滕王阁赴宴途中所见的景物,进一步点明时间是傍晚。"只二句,已写尽九月之景。"①

俨骖騑于上路,访风景于崇阿。

"俨",整齐,用作动词,整驾,驾车,驾马。"骖騑",驾车的马,左骖右騑。"上路"指山路。"访",寻求,寻访。"风景",风物美景。"崇阿",高山。在山路上整车驾马而行,到那崇山峻岭中寻访风物美景。另一说:"俨,望也;骖騑,马行不止也。行马于道路之上,谓宾客所来之途也。""崇阿,高陵也。采访风景于高陵,谓沿途揽胜也。""风景"二字领起下文,以下写登滕王阁所见之"风景"。

临帝子之长洲,得天人之旧馆。

"临",到。"帝子"指滕王李元婴,因为是皇帝的儿子,故称。"帝子,谓滕王也。建阁长洲之上。临,谓至其所也。"②"天人"一作"仙人",意思一样,也是指滕王李元婴。"长洲",本指水中的陆地,这里指伸入水中的滩地,滕王建造滕王阁的地方。"得",这里是指登上。"旧馆",过去住过的楼馆,就是滕王阁。"仙人旧馆,称滕王阁也。得,谓登其上也。"③来到滕王昔日建阁的长洲,登上滕王曾经住过的宫殿。这几句写登上了滕王阁。以上几句是倒叙,补充交代滕王阁上举行宴会的时间和赴宴途中所见景物。

以下写登滕王阁之所见,写景。

层台耸翠,上出重霄;飞阁翔丹,下临无地。

"层台",重重叠叠的亭台。"飞阁",飞檐挑角的楼阁。"飞"字形容其凌空欲飞的气势。"翠"和"丹"写周围树木和亭台楼阁的色彩,用红和绿互相映衬,极写其华丽。"耸"和"翔(一作流)"都是具有动感的动词,用来形容静态的景物,写出其色彩的鲜艳美丽,又化静为动,富有动态的美。重重叠叠的亭台在苍翠的树丛中高高耸起,高入云霄;漆成红色的楼阁飞檐挑角,显示出凌空欲飞的态势,从上往下看,看不到地面。另一说:"阁之当山,但见层叠峰峦,耸其翠色,上出于重重霄汉之上。""阁之映水,飞舞莫定,影若流丹,下临

---

① 〔清〕吴楚材、吴调侯选:《古文观止》卷七,第303页。
② 〔清〕吴楚材、吴调侯选:《古文观止》卷七,第303页。
③ 〔清〕吴楚材、吴调侯选:《古文观止》卷七,第303页。

于江上无地之处。"难通。这几句极言坐落在山上的滕王阁之高,为下文写远望所见作了铺垫。

鹤汀凫渚,穷岛屿之萦回;桂殿兰宫,列冈峦之体势。

"汀",水边的平地。"凫"是野鸭。"渚",江中的小岛。"萦回",弯曲。"鹤聚于汀,凫宿于渚。"那白鹤、野鸭等水鸟栖息翔集的沙滩水洲,极尽岛屿曲折萦回之美。这一句写水上的景物。

"桂""兰"都是香木,用桂木、兰木建造的宫殿,强调其华丽。这是指滕王阁周围的宫殿。"列",排列。"体势",形势。冈峦之形势,高低起伏,连绵不断。"江神祠宇,以桂为殿庭,以兰为宫阙。前后分列,如冈峦之体势。"那华丽的宫殿高低错落地排列,是依据山冈连绵起伏的形势修建的。这一句写近处陆上的景物。目光从水上收回,看滕王阁附近的景物。以上几句,"言阁在山水之间,乃近景也"。

披绣闼,俯雕甍,山原旷其盈视,川泽纡其骇瞩。

"披",打开。"闼",《汉书》颜师古注:"宫中小门也,一曰门屏也。""绣闼",雕绘着花纹的门前的屏风。"甍",屋脊。一说"屋栋曰甍"。"雕甍",雕饰的屋脊。从滕王阁的高处往下看,看到的是桂殿兰宫的屋脊,屋脊都经过雕刻修饰。"山原",山脉原野。"旷",旷远无垠。"盈视",充满自己的视野,一说全部映入眼帘。前一说为好,满眼风光的意思。辛弃疾词:"何处望神州?满眼风光北固楼。""其",语中语气词。"川泽",河流湖泊。"纡",曲折萦回。一作"盱",张大眼睛。"盱,张目也。"如果考虑和上一句对仗,还是作"纡"为好。"骇瞩",触目惊心。"瞩,视之甚也",久久凝视谓之瞩。为什么吃惊?强调景物的雄奇壮美,出人意料。这几句写向远处看所看到的景物。打开门前雕绘着花纹的屏风,俯视着高低错落的宫殿,周围的高山平原辽阔旷远,充满人们的视野;那平原上的河流湖泊曲折蜿蜒,令人触目惊心。这几句写远景,突出了滕王阁之高,因为高,所以登临游目,连群山也挡不住视线,所以周围的景物就显得辽阔旷远,极目远望,就能看到极远的景物。

以上写自然景物,接下来又写人文景观。

闾阎扑地,钟鸣鼎食之家;舸舰迷津,青雀黄龙之舳。

"舳",通"舳",船后安舵的地方。这里是借代,指大船。"闾阎",里巷中的门。"里中门也",这里泛指房屋。"扑地",遍地,"谓排列于地也"。"钟鸣鼎食之家",指富贵人家,古代贵族之家鸣钟列鼎而食。"鼎"是盛放食物的器具。第一句写陆上景物,处处是鳞次栉比的房屋,都是豪富贵族之家。"舸"是小船,"舰"是大船,"津"是渡口。"迷"极写渡口停靠的船只很多,令人眼花缭乱。"青雀黄龙"是说船头有的造成飞鸟形,有的造成黄龙形。第二句写水上景物,大船小船停泊在渡口,令人目眩神迷,那些船只都雕刻成青雀形或者是黄龙形。这几句写人文景观,无论是水上,还是陆上,都是太平盛世繁华热闹的景象。这里包含着对宴会主人的赞美。洪州如此繁荣安定,是跟当地长官的有效治理密切相关的。这与宋代柳永词《望海潮》写法用意相同:"烟柳画桥,风帘翠幕,参差十万人家","市列珠玑,户盈罗绮,竞豪奢","异日图将好景,归去凤池夸",柳永是奉承驻节杭州的两浙转运使孙何的。

以上从空间上写,由近到远,分写水上和陆上。接下来从时间上写,写傍晚景物。

云销雨霁,彩彻区明。

这两句写天空。"销",散。"霁",雨止,雨停。"彩"指阳光,夕阳的光辉。"彻",照彻,照遍。"区"指天空。雨过云散,阳光照耀天空,一片明朗。"彩彻区明",一作"彩彻云衢",文字不同,意思一样。"云衢"指天空。"云朵交错纵横,有如衢道。"[1]这两句是对一个大环境的描写,为下文写具体景物铺写背景,由此引出全文最精彩的名句。

落霞与孤鹜齐飞,秋水共长天一色。

这两句写登高所见秋天傍晚雨后天晴的景物。"落霞",晚霞。"孤鹜",孤雁。当夕阳的光辉映照着天边的云彩,晚霞升起时,一只大雁向南飞去,好像与晚霞一起飞翔。下面是秋天澄澈的江水,上

---

[1] 阴法鲁主编:《古文观止译注》,北京大学出版社,2001年,第456页。

面是辽远蔚蓝的天空,水天交映,天是蔚蓝的天,水也是蔚蓝的水,上下一色,浑然一体。境界壮阔,富有诗情画意,因而成为千古流传的名句。"落霞自天而下,孤鹜自下而上,故曰齐飞。秋水碧而连天,长天空而映水,故曰一色。""警句,自使伯屿心服。"①这两句写出了一个辽阔壮美的场景,长天在上,秋水在下,天水相接处是西天的晚霞,霞光中一只大雁鸣叫着南飞。有远有近,构成一幅非常完整的画面。

这个画面又有声有色,上面是蓝天,下面是碧水,中间是灿烂的霞光,这是色彩的描写,冷色与暖色搭配,既素雅又艳丽。大雁的特点是一边飞,一边叫。这是声的描写。这两句的描写又有动有静,落霞是不断变幻的,大雁在向南飞,这是动态的景物。江水本来是不断奔流的,但远看时,却像是不动的,所以秋水与长天则是静态的景物,为霞光的变化和大雁的南飞构成了背景。这个画面又有远有近,因为天是越来越低,而长江是越来越远,天水相连处则是远景。这两句又是有情有景的。这是一只失群的大雁,叫声自然哀切,大雁的哀鸣容易令人伤感。例如辛弃疾词:"落日楼头,断鸿声里,江南游子,把吴钩看了,栏杆拍遍,无人会,登临意。"(《水龙吟·登建康赏心亭》)在景物的描写中,又隐含着作者漂泊孤寂的情怀。大雁常常结伴远行,他写大雁,不写群雁,却写孤雁,正与自己只身远行、孤独漂泊的身世相合。这使他对孤雁特别敏感,所以选取孤雁来写。孤雁容易勾起他身世之感,这为下文抒写天涯羁旅失意漂泊的身世之感埋下了伏笔。因此这两句写景,又是景中有情。正是因为人们非常欣赏这两句,所以才产生了后来《唐摭言》记载的那个文坛趣话。

但是熟悉文学史的人又知道,这两句又是化用别人的诗句。南北朝作家庾信有一篇《三月三日华林园马射赋》,其中有"落花与芝盖同飞,杨柳共春旗一色"两句。王勃仿其语,但不是抄袭。王勃肯定读过庾信的这篇赋,而且读得很熟,吟咏之间,顺口就用上了这个

---

① 〔清〕吴楚材、吴调侯选:《古文观止》卷七,第304页。

句式,在文章中非常自然。而且如果对照一下,我们还会发现,王勃的句子境界更壮阔,形象更鲜明。庾信也是著名的文学家,但他这两句本来是很平常的句子,没有人认为这是名句。王勃化腐朽为神奇,有自己的创造。也有人认为"落霞"不是晚霞——晚霞怎么会飞呢?——而是一种鸟的名字,"落霞,乃鸟也,余旧尝在内臣养户处见之,形如莺哥。少大,遍体绯羽,《萤雪丛说》以为飞蛾,误矣。又曰:鹜,野鸭,盖因野鸭逐飞蛾欲食,故曰齐飞,此又强解可笑。然王勃序文,世以为'落霞与孤鹜齐飞,秋水共长天一色',古今奇句。昨读《困学纪闻》,乃知变庾信《马射赋》'落霞与芝盖齐飞,杨柳共春旗一色'之句也"①。这样一讲反而令人感到意味索然了。而且莺哥(鹦哥)怎么能与大雁齐飞呢?虽然也有根据,但我不喜欢这样讲。

前引《唐摭言》记载只是个传说,说明有警句使文章生色。实际上王勃此文并不仅仅是这两句写得出色,而是整篇文章都写得精彩,从立意至布局,以及表现手法、语言形式,都很完美。这是由于文章为人传诵,脍炙人口,在流传过程中产生的文坛趣话。

以上几句写出了时间的推移,天色已晚,以下写晚景。因为是晚景,故着重写所闻,写听到的声音。这样写非常符合当时的情景,因暮色四合,周围的景物都看不清楚了,故诉诸于听觉。

渔舟唱晚,响穷彭蠡之滨;雁阵惊寒,声断衡阳之浦。

"响穷",响遍。"彭蠡",即鄱阳湖,古称彭蠡湖,在今江西境内。唐代洪州、鄱阳湖皆在江南道。渔船上的人在傍晚时分歌唱,声音传遍彭蠡湖周围岸边。

"雁阵",就是雁群,雁队。"阵",本义是交战时的战斗队列。"声断",声音停止。"衡阳",衡山之南。衡山之南有回雁峰,据说大雁南飞,到此便停下来,等到明年春天北返。范仲淹《渔家傲》词:"塞下秋来风景异,衡阳雁去无留意。"还有人写诗云:"传闻衡阳雁,年年至此回。""浦",水边。成群的大雁感到秋天的寒意而惊叫,它们一群群地南飞,那哀鸣声一直传到衡阳的水边才停止。

---

① 〔明〕郎瑛:《七修类稿》卷二一,上海书店出版社,2001年,第219页。

这几句写傍晚时的见闻,着重写所闻,前两句写人声,后两句写鸟鸣。

以上为第二部分,写登滕王阁所见所闻,写得极有层次。先写去,再写登,再写望,后写闻。写见闻紧扣滕王阁所在的位置,水上、陆上交错来写,有高有低,有远有近,有声有色,有动有静,有自然风物,也有人文景观,讲究色彩的搭配,动静的结合,远近的变化,画面的布局,从而写出一幅鲜明生动的深秋晚景图。

第三部分从"遥襟甫畅"至"奉宣室以何年",写登高望远而产生的感受,由景及情。

遥襟甫畅,逸兴遄飞。

"遥襟甫畅"一作"遥吟俯畅","遥襟",悠远的情怀。登高远望,思绪飞到很远的地方,故用"遥"来形容。"甫",才,刚刚。"逸兴",超逸的兴致。"遄",迅速,很快。悠远的情怀刚刚舒畅,豪情逸兴顿时飞扬起来。或者说放声长吟,俯瞰四周,心情舒畅,豪情逸兴勃然生起。这两句写宴会上人们的精神状态,与会者登高畅饮,举目远眺,兴高采烈,精神焕发。写登高望远的感受,先写乐。写乐,为下文写悲作反衬。从写法上说,是欲抑先扬。

爽籁发而清风生,纤歌凝而白云遏。

"爽籁",类似箫的一种乐器,是由多根竹管编排而成的管乐器。竹管有长有短,参差不齐,故曰爽籁。"爽",参差不齐貌。"发",发出声音,吹奏出音乐。"清风生"是比喻,形容乐曲的轻柔舒缓。"纤歌",用轻细的嗓音唱出的歌曲。"凝",本义是凝聚不动,这里指歌声停留在一个音节上,慢慢拉长,余音袅袅不绝。"白云遏",白云停止不动,这里是用典,形容歌声美妙动听,连白云也被吸引得不肯流动。《列子·汤问》记载:

> 薛谭学讴于秦青,未穷青之技,自谓尽之,遂辞归。秦青弗止,饯于郊衢,抚节悲歌,声振林木,响遏行云。薛谭乃谢求反,终身不敢言归。[1]

---

[1] 杨伯峻:《列子集释》卷五,中华书局,1979年,第177页。

这两句写宴会上的乐曲之美,用音乐烘托渲染欢乐气氛。古人宴会上常以音乐助兴,白居易《琵琶行》诗:"主人下马客在船,举酒欲饮无管弦。醉不成欢惨将别,别时茫茫江浸月。"没有音乐被看作是一种遗憾。"忽闻水上琵琶声,主人忘归客不发。"可见音乐的重要。

睢园绿竹,气凌彭泽之樽。

"睢园绿竹",用典。睢园,即梁园,西汉梁孝王所建的园林,又名菟园,位于睢水之旁,在今河南商丘,这里是梁孝王的封地。《水经注》记载:"睢水又东南流,历于竹圃,水次绿竹荫渚,菁菁实望。世人言梁王竹园也。"① 梁孝王好宾客,睢园成为文士宴集之地。梁王常和当时能文善赋之客在这里饮宴,赋诗作文,成为历史上有名的文坛雅事。睢园多种竹,梁王身边有一位文士叫枚乘,是当时著名的文学家。枚乘曾写了一篇《梁王菟园赋》(亦作《梁园赋》),描写睢园的景物,有"修竹檀栾夹池水"之句。这里是把眼前的宴会比作梁孝王在睢园绿竹丛中与文人学士的宴集,赞美其高雅。

"气",指豪气,酒兴,酒量。"凌",超过。"彭泽",东晋诗人陶渊明曾做过八十三天的彭泽县令,因此后人称他为陶彭泽。"樽",盛酒的器具,代指陶渊明的酒兴、酒量。陶渊明以好饮而著称,他辞官归隐,写了一篇《归去来兮辞》,表达归隐的快乐,其中写田园乐趣,有"有酒盈樽"的句子。他还有《饮酒》组诗二十首。他的诗中常常写到饮酒,所以有人说"陶令日日醉",也有人说"陶诗篇篇酒"。

这两句说,滕王阁宴会的宾主,都像梁孝王时文人雅士聚会睢园一样高雅,他们酒兴十足,酒量过人,连以饮酒著称的陶渊明也比不上他们。这一句赞叹宴会上宾主饮酒的雅兴,"意其用淇澳绿竹事,以嘉有德。陶渊明为彭泽令,尝置酒召客。此美座中之有德而善饮者"。

邺水朱华,光照临川之笔。

"邺水",在邺城,今河北临漳。这是曹魏兴起的地方,当年曹操迎献帝都许,南征北战,击败袁绍后,以邺城为中心。曹氏父子都是

---

① 〔北魏〕郦道元著,陈桥驿校证:《水经注校证》卷二四,中华书局,2013年,第546页。

著名的文学家，在他们身边聚集了一批文士，称邺下文人。曹氏父子常与文士们饮酒唱和，赋诗作文，亦为文坛盛事。"朱华"，荷花。指曹植有名的诗句，其《公宴诗》有云："秋兰被长坂，朱华冒绿池。"因写景的清新和语句的精工而成为流传的名句。魏晋之前，中国古代诗歌尚古朴，语句不加雕琢。曹植开始注意对诗句的锤炼，注意选择用词用字。这两句就表现出这一特点。比如每一个景物都用了修饰语，还注意到色彩的搭配，特别是"冒"字，更表现出诗人对字眼的推敲。"邺水朱华"字面上是赞叹曹植的才华，以曹植为例，赞叹邺下风流，建安文采，实际上是把眼前宴会上的宾主比作富于才华的曹植和建安作家。曹植是以才华著称的，《诗品》中称曹植"骨气奇高，词采华茂"，现在人们还常说"才比曹植，貌若潘安"。潘安是美男子，他出门，那些女孩子就往他车子上扔水果，在大街上转一圈回到家里，车子里就被扔满了水果。"临川"，指南朝诗人谢灵运，是我的老乡，陈郡阳夏（今河南太康）人。谢灵运在南朝宋时曾担任临川内史。谢灵运是中国古代山水诗的开创者，诗歌成就很高。《宋书》本传说他"文章之美，江左莫逮"。"临川之笔"，就是指谢灵运的文学才华。"光照"是形象的说法，意思是可以相比美。是说宴会上的宾主都像曹植一样富于才华，可以和南朝诗人谢灵运相比美。拿曹植和谢灵运相比，因谢灵运就曾把自己和曹植相比，当然他说他不如曹植，他说：天下才共一石，曹植独得八斗，天下人共有一斗，他自己得一斗。这两句赞美宴会上宾主杰出的才华。

四美具，二难并。

"四美"，谢灵运《拟魏太子邺中诗集序》云："天下良辰、美景、赏心、乐事，四者难并。"①一说，刘琨《答卢谌》："音以赏奏，味以殊珍。文以明言，言以畅神。之子之往，四美不臻。"李善注："四美，音、味、文、言也。"②"此段叙宴会之人，歌饮文词，无所不妙。"③"具"，具备，齐全。这句说宴会的盛况，两说皆可通。"二难"，指贤主、嘉宾难

---

① 顾绍柏校注：《谢灵运集校注》，中州古籍出版社，1987年，第135页。
② 〔南朝梁〕萧统编：《文选》卷二五，上海书店，1988年，第345页。
③ 〔清〕吴楚材、吴调侯选：《古文观止》卷七，第305页。

得。"并"与"具"同义。一说引《世说新语·规箴》:"何晏、邓飏令管辂作卦云:'不知位至三公不?'卦成,辂称引古义,深以戒之。飏曰:'此老生之常谈。'晏曰:'知几其神乎,古人以为难;交疏吐诚,今人以为难。今君一面尽二难之道,可谓明德惟馨……'"①这句说参加宴会的都是明哲之士,彼此能开诚相见。这两句互文,极言宴会之美。良辰、美景、赏心、乐事,自古难全,而今齐备;宴席之上,笙簧齐奏,美酒佳肴;贤主、嘉宾,千载难逢,眼下并在。宾主文以明言,言以畅神,酒逢知己,言语投机。强调机会难得,应该尽情尽兴地游赏宴饮。

穷睇眄于中天,极娱游于暇日。

"穷",穷尽,这里指穷尽目力。"睇",斜视,流盼。《楚辞·山鬼》:"既含睇兮又宜笑"。亦谓小视。这里释作流盼较好。"眄",斜视。"睇""眄"都是形容远望时轻松悠闲的神态。"中天",即长空。这句是说大家以闲暇的情怀,极目远望辽阔的天空。"极娱游",尽情游乐。在闲暇的日子里尽情游乐。这两句写宴会的欢乐达到了极点,乐极便生悲。由极目长天而产生悲感,因而引出下文,由乐写到悲。从文章的变化来看,是由乐反衬悲,要写悲先写乐,欲抑先扬,文气就显得起伏生动,跌宕多姿。"文似看山不喜平。"

天高地迥,觉宇宙之无穷;兴尽悲来,识盈虚之有数。

"迥",远。承上文写,极目远眺,所看到的是天空高远,大地辽阔,由天地的永恒,而感到宇宙的无穷无尽。这种感受是由"穷睇眄于中天"而引起的。"盈虚",从字面看,盈是满,虚是空,这是两个抽象名词,指人事的盛衰。它可以包括许多具体的内容,如国家的兴亡盛衰,命运的穷通进退,生命的长短寿夭等。"数",运数,定数,天命,命运。王维《老将行》:"卫青不败由天幸,李广无功缘数奇。"②这一句应当颠倒过来理解,因为认识到一个人的穷通进退是命运注定,因此,欢乐的游兴消失了,悲哀的心情油然而生。谁都想主宰自

---

① 李天华:《世说新语新校》,岳麓书社,2004年,第313~314页。
② 〔唐〕王维撰,〔清〕赵殿成笺注:《王右丞集笺注》卷六,上海古籍出版社,1984年,第93页。

己的前途命运,当认识到自己不能决定自己的命运时,便感到非常忧伤,因而产生了悲感。这两句是过渡句,由写乐过渡到写悲。从文章的写作上看,是转折。骈体文的写作,也跟律诗一样,在章法上讲究起承转合。起要破题,即点明题旨。本文题目是《秋日登洪府滕王阁饯别序》,所以开头一部分,写洪州,写滕王阁宴会,写宾主,都是照应题目的。第二部分是承,即承接开头的意思写下去。写滕王阁上所见景物,又照应题目中的"秋日"两字,写秋景。第三部分是转,先写由登高见闻而引起的欢乐之情,再转而写登高见闻引起的悲伤之情。如果一直写乐,文章就显得平铺直叙,略无滋味。来一个转折,就显得文情跌宕。这几句就是这样的过渡。这种过渡和转折要求转得自然,一点也不生硬,不显得突然。这几句就转得很自然。前两句用所见所感,结束了上文对盛会胜景的铺叙,也结束了对欢乐的抒写;后两句用"兴尽悲来"引起下文,转入个人思想情感的抒发,写悲,写人生感慨。这是人们在长期的写作实践中总结出来的一种章法。它使文章避免平板。但如果写文章都这样,就会落入俗套,就又谈不上创新了。文章的章法也应该多种多样。

望长安于日下,指吴会于云间。

"长安",唐代都城,今西安。"日下"指长安所在之处,相对于洪州,长安在西北,当夕阳西下时,长安在夕阳之下。远眺长安,在夕阳之下。一说,旧时以日喻帝王,京城乃天子居处,故称都城为日下。长安、日下,同指都城。"指",手指。一本作"目",用作动词,看。"吴会",指会稽郡,郡治在吴县,今江苏省苏州市。一说指吴郡和会稽郡,今浙江、江苏一带。遥指吴会,在缥缈的白云间。一说,云间,吴地古称。吴会、云间,都指会稽郡。我觉得这里的"日下""云间"语义双关,既表明长安、吴会之所在地,又是写景。登滕王阁,西北望长安,正是夕阳西下之时;东南望吴会,天空白云低垂。"日下""云间",造成一种意境,突出滕王阁之高。

这两句用"望"和"指"写作者的动作。一望一指之间,透露出作者眷恋长安和只身漂泊之感。"望长安于日下",表现出作者对长安的留恋和向往。长安是都城,是朝廷所在地,是唐代政治和文化中心,是士人施展才华、建功立业的最好地方,因而为士人所向往。古代的读书人都不把读书写文章看成是一种事业,杨炯《从军行》:"宁为百夫长,胜作一书生。"①王维《送赵都督赴代州得青字》:"岂学书生辈,窗间老一经。"②他们的理想是在政治上建功立业,是在朝廷上做官,做君王的辅弼之臣,"治国平天下"。杜甫"许身一何愚?窃比稷与契"③。他要"致君尧舜上,再使风俗淳"④。李白向往"一飞冲天",以布衣而取卿相,他要"申管晏之谈,谋帝王之术,奋其智能,愿为辅弼,使寰区大定,海县清一"⑤。在初唐与盛唐时,知识分子对政治理想的追求特别强烈。

生活在这样的时代,王勃和当时的许多读书人一样,向往建功立业。长安、朝廷是政治上建功立业的最好地方,那是当时无数知识分子所倾心向往的地方。王勃十七岁制科中举,在沛王府任修撰。他年少才高,早成大名,前途正大有可为,眼看在前进的道路上铺满了鲜花,他幻想着干一番事业。但仕途坎坷,想不到竟被赶出沛王府,流落蜀中,又为同僚所忌而被免职,不仅远离长安,而且政治上也越来越无望了。如今要远赴异乡看望父亲,独身漂泊,不免有沦落天涯之感。但他并没有淡忘长安。当登上滕王阁举目四顾之际,不由得回头望,他想看到那朝思暮想的长安。"望长安于日下",透露出他对帝都长安的无限眷恋,表现出他对政治理想的无悔追求。长安万里,哪里能望得到,所见唯有天高地远、风烟迷茫罢了,远望只能增加失望和惆怅。

"指吴会于云间",暗示了自己要经过的地方。他离开此地到六合县,吴会正是自己继续前行的方向。"指"可以作两种解释,一是手指,写动作,当讲到自己要到何处去时,不免手指吴会之地。一是行程所指,指向,如毛泽东词有云:"直指武夷山下。"这句是说我要到那遥远的吴地去,其中流露出强烈的流落之感。江西在唐时是很

---

① 〔唐〕杨炯著,徐明霞点校:《杨炯集》卷二,中华书局,1980 年,第 21~22 页。
② 〔唐〕王维撰,〔清〕赵殿成笺注:《王右丞集笺注》卷六,第 142 页。
③ 〔唐〕杜甫:《自京赴奉先县咏怀五百字》,《杜诗详注》卷四,第 264 页。
④ 〔唐〕杜甫:《奉赠韦左丞丈二十二韵》,《杜诗详注》卷一,第 74 页。
⑤ 〔唐〕李白:《代寿山答孟少府移文书》,《李白集校注》卷二六,第 1526 页。

偏僻荒远之所在,特别是相对于京城长安。白居易被贬江州,在今江西,便有"天涯沦落"之叹。何况还要到更远的吴地呢?这两句写出了自己的遭遇,这是下文写悲的原因。

地势极而南溟深,天柱高而北辰远。

"极",尽头。"南溟",南海。第一句照应"指吴会于云间",遥指自己将要远去的地方,地势的尽头是极深的南海。"天柱"指昆仑山。《神异经·中荒经》:"昆仑之山有铜柱,其高入天,名曰天柱。"这是神话。昆仑山在西北方向,这是照应"望长安于日下"一句,往西北方向望,自然想到昆仑山。"北辰"即北极星,这里喻指国君。《论语·为政》:"为政以德,譬如北辰,居其所而众星共(拱)之。"① 天柱高入云天,而离北极星越来越远。"天柱""北辰"比喻朝廷和皇帝。这一句进一步表达远离京都之意,流露出政治失意的感慨。

关山难越,谁悲失路之人?萍水相逢,尽是他乡之客。

"关山难越",是说自己南行路途艰难,又暗喻仕途坎坷。"失路"指政治上找不到出路,"失路,喻不得志也"。第一句是说自己,南行艰难,历尽关山跋涉之苦,有谁同情我这政治上的失意者?表达了知音难遇的感慨。第二句推己及人。"萍水相逢",比喻偶然相遇,"萍,浮生水上,随风漂流,故人称邂逅相遇,曰萍水相逢"。浮萍浮生水面,随风波流转,偶然相会,也偶然离散。比喻非常贴切,所以"萍水相逢"后来成为人们形容人与人偶然相遇的成语。"萍水相逢",一作"沟水相逢",用乐府《白头吟》诗意:"今日斗酒会,明旦沟水头。蹀躞御沟上,沟水东西流。"②包含着今日相会,明日就会离散之意,也可通。这句是说,参加宴会的客人们都是偶然相会,也都是他乡作客,有着同样的遭遇。作者深刻感到,与会的人除个别高官厚禄者外,几乎都是些与自己有着同样遭遇的人。唐代前期人们的仕宦观念是"重内轻外",这些来到南昌的人,我们想象大都是些不得意的人。唐代贬官多往岭南,南昌是由中原地区通往岭南的交通

---

① 杨伯峻:《论语译注》,中华书局,1980年,第11页。
② 〔北宋〕郭茂倩编:《乐府诗集》卷四一,中华书局,1979年,第600页。

要道,这里必有不少这样的人,就像范仲淹《岳阳楼记》中所写:"迁客骚人,多会于此。"王勃代大家表达了那种仕途坎坷、知音难遇、漂泊异乡、举目无亲的感受。"四句言在会者,多属他乡失志之人,能不感慨系之?下文承此意细写之。"①

怀帝阍而不见,奉宣室以何年?

"帝阍",天帝的守门人。用屈原《离骚》诗意,《离骚》中写自己飞升上天,要叩见上帝,"吾令帝阍开关兮,倚阊阖而望予"。王逸注:"帝,谓天帝;阍,主门者也。"②帝阍,代指宫门,君门,借指朝廷。"怀帝阍",即怀念朝廷。"宣室",汉代未央宫正殿,为皇帝召见大臣议事之所。这里用西汉贾谊的典故。贾谊在汉文帝时为太中大夫,文帝欲任为公卿,为大臣周勃、灌婴等谗毁,谪长沙王太傅,四年后文帝又把他召回长安,曾于宣室中问以鬼神之事。《史记·屈原贾生列传》记载:

> 后岁余,贾生征见。孝文帝方受釐,坐宣室。上因感鬼神事,而问鬼神之本,贾生因具道所以然之状。至夜半,文帝前席。既罢,曰:"吾久不见贾生,自以为过之,今不及也!"居顷之,拜贾生为梁怀王太傅。③

唐代诗人李商隐有诗《贾生》专咏此事:"宣室求贤访逐臣,贾生才调更无伦。可怜夜半虚前席,不问苍生问鬼神。"④"奉宣室",字面的意思就是在宣室侍奉皇上,指辅助君王治理国家。"以",介词,在。怀念朝廷,但望而不见,何时才能侍奉于君王左右呢?这表现了王勃强烈的仕宦功名之心,他念念不忘到朝廷去做君王的辅助大臣。但也表现了他强烈的失望之情,不仅望而不见,对何时能够实现这种理想也毫无把握。这也代表了宴会上其他客人的想法,替大家表达了前途无望的苦闷。

第四部分从"呜呼"至"岂效穷途之哭",自励励人,表达穷且益

---

① 〔清〕吴楚材、吴调侯选:《古文观止》卷七,第305页。
② 〔宋〕洪兴祖:《楚辞补注》卷一,中华书局,1957年,第49页。
③ 《史记》卷八四《屈原贾生列传》,中华书局,1982年,第2502~2503页。
④ 〔唐〕李商隐著,〔清〕冯浩笺注:《玉谿生诗集笺注》卷二,上海古籍出版社,1979年,第314页。

坚之志。这在章法上又是一转。这一段仍是抒情,悲而不消沉,在悲伤中振奋起来,仍然热烈追求。

呜呼!时运不齐,命途多舛。

"呜呼",有的本子是"嗟呼",感叹词,相当于"唉!""时运"就是命运。"不齐",即不济,意思是不好。有人解释为"不平,曲折坎坷"①。"齐"一本作"济",有益,有利。命运不济,就是命运不好。"命途",即人生的道路。有人解释作"命运"②,与"时运"重复,故不取。"舛",乖违,不如人意,不顺利。人生的道路常常事与愿违。这里把怀才不遇、仕途坎坷、孤独漂泊、知音难觅的个人悲剧归结为命运,也就是前边说的"盈虚有数"。

冯唐易老,李广难封。

冯唐,西汉人,有才干,一直不受重用,人已经很老了,还只做一个职位很低的官。史载,冯唐很早就表现出才能,以孝著称。他初为郎官,为中郎署长。一次,文帝过郎署,跟他谈论任用将帅的事,谈得很投机,拜他为车骑都尉。景帝时,为楚相,后免官。武帝立,征求贤良,有人推荐冯唐,这时他已经九十多岁,不能再做官了。李广,汉武帝时著名边将,参加抗击匈奴的战争,一生经历大小七十余战,善骑射,英勇善战,匈奴人惧之,称他为"汉之飞将军"。当时他的部下校尉以下的官,因击匈奴而立功封侯的有数十人。李广的堂弟李蔡,才能、名气都在李广之下,却身为列侯。可是李广虽屡建功勋,却没有得到封侯的机会。李广曾问善于望气的王朔:"岂吾相不当侯邪?且固命也?"王朔问他:"将军自念,岂尝有所恨乎?"李广说:"吾尝为陇西守,羌尝反,吾诱而降,降者八百余人,吾诈而同日杀之。至今大恨独此耳。"王朔说:"祸莫大于杀已降,此乃将军所以不得侯者也。"③连汉武帝也认为李广是个运气不好的将军,卫青出击匈奴,临行前武帝专门告诫卫青,如果遇到匈奴单于,千万不要让

---

① 徐中玉、金启华主编:《中国古代文学作品选》第4册,上海古籍出版社,1987年,第15页。
② 徐中玉、金启华主编:《中国古代文学作品选》第4册,第15页。
③ 《史记》卷一〇九《李将军列传》,第2874页。

李广直接跟单于交战,因为他命运不好,肯定捉不到单于。后人有诗云"李广不封缘数奇"(王维《老将行》)。这两句互文见义,举出冯唐和李广的两个例子,说明人的不幸和坎坷是由命运造成的,冯唐、李广都是有才能的人,但他们都年华流逝而功名难成。

屈贾谊于长沙,非无圣主;窜梁鸿于海曲,岂乏明时?

"屈",委屈,这里是使动用法,贬谪的意思。"圣主",圣明的君王,这里指汉文帝。贾谊生活在汉文帝时代,而汉文帝是古代有名的圣明君王,所谓"文景之治"是中国历史上少有的几个太平盛世之一。文帝是这一盛世的开创者。贾谊被贬为长沙王太傅,并不是因为没有圣明的君王。这里还是强调命运的作用。"窜",使动用法,迫使梁鸿逃隐。"海曲",滨海地区。梁鸿是汉章帝时人,品德高尚,不满现状。他路经洛阳(东汉都城),看到统治者役使百姓,大兴土木,非常气愤,作《五噫之歌》:

> 陟彼北芒兮,噫!顾览帝京兮,噫!宫室崔嵬兮,噫!民之劬劳兮,噫!辽辽未央兮,噫!①

此诗流传开来,为章帝所知,遂下诏捉拿梁鸿。梁鸿只好隐姓埋名,带着妻儿逃往齐鲁之间,为人佣作,史书记载有孟光"举案齐眉"的故事。"岂乏明时?"是反问语气,难道不是政治清明的时代?意为章帝之时并不是黑暗时代,但梁鸿也不得志。强调的还是命运。这里作者连用了四个典故,充分强调一个人的穷通进退都是天命决定的。

以上写政治失意的感慨,这不仅是作者个人的情感,实际上也是封建社会许多人的共同遭遇。作者把它归结为命运。那么怎样对待这种命运呢?这就是人们应该考虑的人生观问题。可贵的是作者并没有消沉下去。在逆境中,他仍然在不倦追求。以上由乐到悲,是一转。接下来是第二层转折,写逆境中的奋发精神。

所赖君子安贫,达人知命。

这句是一个反转,由悲观转为达观和乐观。"赖",依赖;"安贫",安于贫贱,不因贫贱而改变节操和志向,"贫贱不能移"。虽然

---

① 《后汉书》卷八三《民列传》,第 2766~2767 页。

处于贫贱之中,而仍能保持乐观,不因贫贱而灰心丧气。一作"见几(机)",指等待时机。用《易·系辞下》中语典:"君子见几(机)而作,不俟终日。"①见机而作,即发现机会,立即行动起来。也是说君子在处于逆境时,不被眼前的困难所压倒,而是暂时地韬光养晦,默默地等待机会的到来。"达人",通达事理的人。"知命",知道天命。《易·系辞上》:"乐天知命,故不忧。"②这句说:通达事理的人知道天命,并不忧虑。为什么呢?因为既然人的穷通进退是由天命决定的,而天命无常,不是由人决定的,不是由人掌握的,那么,当时命不济的时候,就甘心接受天意的安排。但对君子来说,这是"潜龙勿用",是等待。命运无常,一时的逆境过去之后,就会有时来运转的时候。知道这些道理,也就不必为眼前的逆境而悲观了。《易经》中用龙的变化比喻人的处境和作为。开篇的"乾卦"中"初九,潜龙勿用",比喻事物发展处于潜伏阶段,应该积聚力量,待时而兴。"九二,见龙在田",谓龙不再潜藏深渊,而显现在地上。比喻事物已有所发展。"九四,或跃在渊",谓龙不安于隐藏,欲有跃动,仍等待时机来临,不莽撞行事,故无咎。"九五,飞龙在天,利见大人",比喻事物顺利发展,趋于极盛,若游龙飞天,得意自在。《易经》中是充满辩证法的。"上九,亢龙有悔",意思是龙飞过高,超过极限,向反面转化,故有悔。告诫人们身处逆境时,不悲观,不失望,等待时机;处于顺境时,头脑要清醒,要冷静,不要被胜利冲昏头脑。③ 这两句是过渡句,由写悲过渡到写振作精神,奋发有为。这种过渡建立在依据《易经》对命运的理解上。

老当益壮,宁移白首之心?穷且益坚,不坠青云之志。

"益",副词,更加。"宁",怎么,表达一种反问的语气。"移",改变。年纪大了,精神应该更加雄壮,怎么能在白首之年改变初衷?应该保持年轻气盛时的那种慷慨志向。"穷",阻塞不通,"穷途末路",与"通""达"是反义词。"穷通进退","达则兼济天下,穷则独

---

① 《周易正义》卷八,《十三经注疏》,中华书局,1980年,第88页。
② 《周易正义》卷七,《十三经注疏》,第77页。
③ 《周易正义》卷一,《十三经注疏》,第13~14页。

善其身"。指政治上找不到出路,仕途坎坷,政治失意,不得志,不显贵。"且",要。"坚",指意志坚定。"坠",落,这里指消磨,衰落。"不坠",就是永远保持,不能放弃。"青云之志",高远的志向。在政治上失意时,意志要更加坚定,不能放弃起初高远的志向。这两句是流传的名句,不仅对仗工整,音韵铿锵有力,而且具有百折不挠、奋发有为的精神。它鼓舞了一代又一代人在逆境中振奋精神,努力拼搏。这两句也是用典。《后汉书·马援传》记载,马援"常谓宾客曰:'丈夫为志,穷当益坚,老当益壮'"①。此化用其语。

酌贪泉而觉爽,处涸辙以犹欢。

"酌",斟酒,饮酒。这里是饮的意思。"贪泉"用典。《晋书·吴隐之传》记载:

> 广州包带山海,珍异所出,一箧之宝,可资数世,然多瘴疫,人情惮焉。唯贫窭不能自立者,求补长史,故前后刺史皆多黩货。朝廷欲革岭南之弊,隆安中,以隐之为龙骧将军、广州刺史、假节,领平越中郎将。未至州二十里,地名石门,有水曰贪泉,饮者怀无厌之欲。隐之既至,语其亲人曰:"不见可欲,使心不乱。越岭丧清,吾知之矣。"乃至泉所,酌而饮之,因赋诗曰:"古人云此水,一歃怀千金。试使夷齐饮,终当不易心。"②

吴隐之到任后并无贪赃枉法之举。"爽",清爽,比喻廉洁。喝了贪泉的水却觉得清爽,比喻操守坚定的人不为环境所污染。"涸辙",用《庄子·外物》的典故:

> 庄周家贫,故往贷粟于监河侯。监河侯曰:"诺。我将得邑金(封邑之地的赋税),将贷子三百金,可乎?"庄周忿然作色曰:"周昨来,有中道而呼者。周顾视车辙,中有鲋鱼焉。周问之曰:'鲋鱼来,子何为者耶?'对曰:'我,东海之波臣也。君岂有斗升之水而活我哉?'周曰:'诺,我且南游吴越之王,激西江之水而迎子,可乎?'鲋鱼忿然作色曰:'吾失我常与,我无所处,

---

① 《后汉书》卷二四《马援传》,第828页。
② 《晋书》卷九〇《吴隐之传》,第2341页。

我得斗升之水然活耳。君乃言此,曾不如早索我枯鱼之肆。'"①后世称"涸辙之鱼"。这里用水已枯竭的车辙比喻困境。这句是说即使处于困境,也仍然要保持乐观。

北海虽赊,扶摇可接。

"北海",神话中在北极的大海;"赊",长、远。"扶摇",大旋风,由地面急剧盘旋而上的暴风。"接",到。北海虽然遥远,乘大旋风仍可飞到。这里用《庄子·逍遥游》里的典故:

> 北冥有鱼,其名为鲲。鲲之大,不知其几千里也。化而为鸟,其名为鹏。鹏之背,不知其几千里也。怒而飞,其翼若垂天之云。是鸟也,海运则将徙于南冥。南冥者,天池也。②

北冥(溟),即北海。这句以大鹏远飞比喻远大的志向,我们现在还用"鹏程万里"来形容一个人前途远大。以大鹏飞到北海比喻理想的实现。理想虽然很难实现,但有志者事竟成,只要执着追求,总会有达到目的的一天。"长风破浪会有时,直挂云帆济沧海。"

东隅已逝,桑榆非晚。

"东隅",东边日出的地方,指早上。这里比喻人青春年少时。"桑榆",日落时,余晖还停留在桑树、榆树的树梢上。言时间已晚,指黄昏。比喻人已上了岁数。意思是说即便一个人青春年少的时光已经流逝,虽然尚无作为,但为时并不算晚。年岁大了,只要努力,仍可利用有限的光阴有所作为。这里也是用典。《后汉书·冯异传》记载,冯异先败后胜,光武帝给冯异的信中说他"始虽垂翼回溪,终能奋翼黾池。可谓失之东隅,收之桑榆"③。是说冯异把过去的损失挽回了,补救了。这句是说不要为年华流逝而消沉。

孟尝高洁,空余报国之情;阮籍猖狂,岂效穷途之哭?

"孟尝",东汉顺帝时人。字伯周,曾任合浦太守。由于志趣高尚,洁身自好,长期不得升迁。后来归隐。桓帝时,有人上书推荐他,也未被录用。年七十,卒于家。"阮籍",三国魏诗人。"猖狂",

---

① 曹础基:《庄子浅注》,中华书局,2000年,第404~405页。
② 曹础基:《庄子浅注》,第1页。
③ 《后汉书》卷一七《冯异传》,第646页。

指不拘礼法,行为放荡,举止狂放。"穷途之哭",据记载,阮籍有时沿着一条路走下去,当走到无路可走时,便大哭而返。阮籍是生活在魏晋之际的名士。当时政治极端黑暗,司马氏阴谋夺取曹魏的政权,因此打击和杀害亲魏势力,造成政治上的恐怖,"名士少有全者"。阮籍是阮瑀的儿子,阮瑀是"建安七子"之一,正是曹魏一方,从这方面说,正是司马氏打击的对象。但司马氏也希望一些名士为他们装点门面,既然阮籍名气很大,也极想拉拢他。阮籍不想与司马氏合作,但又害怕遭到迫害,因此内心非常矛盾痛苦。为了远祸避害,他佯狂放诞。史书记载了他许多异乎常人的行为。

籍本有济世志,属魏晋之际,天下多故,名士少有全者,籍由是不与世事,遂酣饮为常。文帝(司马昭)初欲为武帝求婚于籍,籍醉六十日,不得言而止。钟会数以时事问之,欲因其可否而致之罪,皆以酣醉获免。

籍闻步兵厨营人善酿,有贮酒三百斛,乃求为步兵校尉,遗落世事。

性至孝,母终,正与人围棋,对者求止,籍留与决赌。既而饮酒二斗,举声一号,吐血数升。及将葬,食一蒸肫,饮二斗酒,然后临诀,直言穷矣,举声一号,因又吐血数升。

籍又能为青白眼,见礼俗之士,以白眼对之。及嵇喜来吊,籍作白眼,喜不怿而退。喜弟康闻之,乃赍酒挟琴造焉。籍大悦,乃见青眼。由是礼法之士疾之若仇,而帝每保护之。

籍嫂尝归宁,籍相见与别。或讥之,籍曰:"礼岂为我设邪!"

邻家少妇有美色,当垆沽酒。籍尝诣饮,醉便卧其侧。籍既不自嫌,其夫察之,亦不疑也。

兵家女有才色,未嫁而死。籍不识其父兄,径往哭之,尽哀而还。

时率意独驾,不由径路,车迹所穷,辄恸哭而返。(以上《晋书·阮籍传》)

阮籍遭母丧,在晋文王坐,进酒肉。司隶何曾亦在坐,曰:

"明公方以孝治天下,而阮籍以重丧显于公坐,饮酒食肉,宜流之海外,以正风教!"文王曰:"嗣宗毁顿如此,君不能共忧之,何谓?且有疾而饮酒食肉,固丧礼也。"籍饮啖不辍,神色自若。(《世说新语》)

王勃用阮籍的典故,没有理会当时政治的黑暗和他内心的苦闷,只取了他不拘礼法、行为放诞的一面,说宁愿像孟尝那样,保持高洁品格,哪怕是空怀报国之情,无由施展;哪里肯效法阮籍行为狂放,动辄便恸哭而返。意思是在任何情况下都不能放松对自己的要求,一定要行为端正,而不能举止轻狂。

以上是作者自励励人,表示要从失志悲观中解脱出来,振作精神,不懈追求,写得豪迈奔放。从文章的章法来看,这是又一次转折。抒情经过两层转折,由乐到悲,又由悲到重新振作,反映了初唐与盛唐知识分子积极奋发、乐观向上的精神。

以下是第五部分,又是客套话,介绍自己并劝大家吟诗助兴。

勃,三尺微命,一介书生。

"三尺微命",从字面上说,就是三尺高微小的生命,极言地位卑贱,微不足道。"介",通"芥",小草。我地位卑贱,只是一个微不足道的书生。

无路请缨,等终军之弱冠;有怀投笔,慕宗悫之长风。

"无路请缨"即无请缨之路。"缨",即长缨,本指套在马颈上的革带,驾车时用,也叫"鞅""繁缨",引申为拘系人的长绳。终军,人名。西汉武帝时人。"弱冠",古时男子二十岁称弱冠。这时已成年,要举行加冠礼,此时体质尚弱,故称为弱冠。此处用终军的典故。据《汉书·终军传》,终军字子云,济南人,武帝时任谏大夫。

南越与汉和亲,乃遣军使南越,说其王,欲令入朝,比内诸侯,军自请:"愿受长缨,必羁南越王而致之阙下。"军遂往说越王,越王听许,请举国内属,天子大说。……军死时年二十余,故世谓之"终童"。①

---

① 《汉书》卷六四下《终军传》,第 2821 页。

后来称自请从军杀敌为"请缨"。这句是说自己年龄与终军相仿,已是弱冠之年,却不能像终军那样请缨出征,虽有报国之志,而无报国之门。

"有怀投笔"即有投笔之怀,有投笔之志。用东汉班超的故事。班超早年家贫,为官府抄写文书以养母(《古文观止》注"尝为人书记",误),十分辛苦。有一天,他投笔于地,喟然叹曰:"大丈夫无它志略,犹当效傅介子、张骞立功异域,以取封侯,安能久事笔砚间乎?"①因此,后来"投笔"就指弃文从武,杀敌立功。"宗悫",南朝宋人。年少时叔父宗炳问他志向,他说:"愿乘长风破万里浪。"②意思是借助叔父的提携,建功立业,实现远大的理想。后官至将军。这里"长风"便代指远大的理想。李白《行路难》诗表达自己在遭受挫折时也不放弃自己的追求:"长风破浪会有时,直挂云帆济沧海。"这句是说,因为有投笔从戎、立功异域之志向,所以仰慕宗悫乘长风破万里浪的远大理想。这两句写自己的志向,"自负不凡"。

舍簪笏于百龄,奉晨昏于万里。

"舍",丢下,放弃。"簪",古代士大夫用来把帽子别在头发上的首饰。"笏",即朝笏,古时大臣朝见时手中所执的狭长板子,用玉、象牙或竹片制成,以为指画及记事之用。《礼记·玉藻》:"凡有指画于君前,用笏。"当大臣对皇帝讲话时,用来遮脸,表示恭敬。簪笏是做官的人所用之物,因此用作仕宦的代称,在这里指仕宦功名。"百龄",指一生。这句是说放弃一生的仕宦功名。"奉",侍奉。指侍奉父亲。"晨昏"指早晚问安。子孙每天早晚都要向父母问安,故称晨昏。《礼记·曲礼上》:"凡为人子之礼,冬温而夏清,昏定而晨省。"③"奉晨昏"指去侍奉父亲,去万里之外探望和侍奉父亲。这两句交代自己远行的目的。

非谢家之宝树,接孟氏之芳邻。

"谢家之宝树",用典。《世说新语·言语》:"谢太傅(安)问诸

---

① 《后汉书》卷四七《班超传》,第1571页。
② 《宋书》卷七六《宗悫传》,中华书局,1974年,第1971页。
③ 《礼记正义》卷一,《十三经注疏》,第1233页。

子侄:'子弟亦何预人事,而正欲使其佳?'诸人莫有言者,车骑(谢玄)答曰:'譬如芝兰玉树,欲使其生于阶庭耳。'"①这里宝树即玉树,宝和玉都是形容树的华美,用以比喻有才华有德行的优秀子弟。第一句是自谦,说自己不是王氏家族出类拔萃的人才。第二句用孟母三迁的典故。刘向《列女传·母仪篇》记载,孟子的母亲为了教育儿子而选择居住环境,曾经三次搬家,最后定居于学宫的附近。三迁的目的就是找好邻居,即"芳邻"。从字面上是说,自己的住处附近都是像孟子的邻居一样的人,实际上是说,自己从小就受到父母良好的教育。说自己是在良好的环境中长大,虽然自己无才,但父母为了自己的成长也曾花费了心血。《古文观止》:"言己幸与诸贤相接。"②不确。

他日趋庭,叨陪鲤对。

"他日",异日,改日,指将来的某一天。"趋",小步快走。这是古时官府中人走路的动作,《陌上桑》:"盈盈公府步,冉冉府中趋。"也是表示恭敬。《论语·子罕》:"子见齐衰者、冕衣裳者与瞽者,见之,虽少必作,过之必趋。"《战国策·赵策》:"入而徐趋,至而自谢。""庭",院子。"叨",谦词,犹言忝,辱。"叨陪",奉陪,忝陪,辱陪。"鲤",孔子的儿子孔鲤。"对",对答,回话。"趋庭""鲤对",用典,用的是孔子和孔鲤的一次著名的谈话。《论语·季氏》:

> 陈亢问于伯鱼曰:"子亦有异闻乎?"对曰:"未也。尝独立,鲤趋而过庭。曰:'学诗乎?'对曰:'未也。''不学诗,无以言。'鲤退而学诗。他日,又独立,鲤趋而过庭。曰:'学礼乎?'对曰:'未也。''不学礼,无以立。'鲤退而学礼。闻斯二者。"陈亢退而喜曰:"问一得三,闻诗,闻礼,又闻君子之远其子也。"③

这句是交代自己的行程,说改日将见到父亲,奉陪父亲,也像孔鲤一样,接受自己父亲的教诲,这就说明自己是省父途中路经此地。

---

① 李天华:《世说新语新校》,第 73 页。
② 〔清〕吴楚材、吴调侯选:《古文观止》卷七,第 307 页。
③ 杨伯峻:《论语译注》,第 178 页。

今晨捧袂，喜托龙门。

"今晨"，今天早上。"晨"一作"兹"，这里指滕王阁。"捧袂"，是古人相见时行礼的动作，表示恭敬。"袂"，袖子。古人是长袖，将两只手分别插到另一只袖口里，两手捧袖举到胸前。或者是用一只手将另一只袖子捧起，两手举到胸前。这里是形象的说法，意思是相见，拜见，指王勃拜见阎都督，拜会诸宾客。"托龙门"，用典。龙门，是黄河非常险要的一段，即禹门口。在山西河津市西北和陕西韩城市东北，黄河至此，两岸峭壁对峙，形如阙门，故名。相传为禹所凿，《尚书·禹贡》："导河积石，至于龙门。"①据《后汉书》注引辛氏《三秦记》，"河津一名龙门，水险不通，鱼鳖之属莫能上。江海大鱼薄集龙门下数千不得上，上则为龙也"，后世因以龙门比喻高门硕望。结识高门硕望，能够提高身价和地位，称为"登龙门"。《后汉书·李膺传》记载，李膺声望极高，为司隶校尉，"是时朝廷日乱，纲纪颓阤，膺独持风裁，以声名自高，士有被其容接（会见）者，名为登龙门"②。此以鱼为喻，说今天在这里拜会诸位，高兴地受到阎都督的接待，就像鱼跃龙门一样，身价一下子提高了。这是对在座的人的恭维，表示在这个宴会上受到主人的接待，会见各位宾客，感到非常荣幸。

杨意不逢，抚凌云而自惜；钟期既遇，奏流水以何惭？

"杨意"，杨得意，汉武帝时人。因为要凑成四字句，所以说成杨意。"杨意不逢"是个倒装句，为了平仄对仗的需要。即"不逢杨得意"，如果没有遇到杨得意的话。"凌云"，指"凌云之赋"，写得非常动人的辞赋。这是用典。《史记·司马相如列传》记载：

> 卓文君乃与相如归成都，买田宅，为富人。居久之，蜀人杨得意为狗监，侍上。上读《子虚赋》而善之，曰："朕独不得与此人同时哉！"得意曰："臣邑人司马相如自言为此赋。"上惊，乃召问相如。相如曰："有是。然此乃诸侯之事，未足观也。请为天

---

① 《尚书正义》卷六，《十三经注疏》，第151页。
② 《后汉书》卷六七《李膺传》，第2195页。

子游猎赋，赋成奏之。"上许，令尚书给笔札。①

司马相如又作《上林赋》，"赋奏，天子以为郎"。使蜀，有上书言其使时受金，失官。居岁余，复召为郎。又拜为孝文园令。

> 天子既美子虚之事，相如见上好仙道，因曰："上林之事未足美也，尚有靡者。臣尝为《大人赋》，未就，请具而奏之。"相如以为列仙之传居山泽间，形容甚臞，此非帝王之仙意也，乃遂就《大人赋》。……相如既奏《大人之颂》，天子大说，飘飘有凌云之气，似游天地之间意。②

"凌云之赋"，就是指像司马相如那种能令帝王陶醉的美妙文章。江淹的《别赋》形容人文章写得美，便有"赋有凌云之称"，亦指此。"自惜"，自珍自爱，自我欣赏。这里是以司马相如相比，说如果没有人引荐，就不能得到主人的赏识，那么即便写出优美的文章，也只能自珍自爱，而无人欣赏。

"钟期"，即钟子期，为了凑成四字句，所以说成钟期。此用《列子·汤问》中"高山流水"的故事：

> 伯牙善鼓琴，钟子期善听。伯牙鼓琴，志在登高山，钟子期曰："善哉！峨峨兮若泰山。"志在流水，钟子期曰："善哉！洋洋兮若江河。"伯牙所念，钟子期必得之。伯牙游于泰山之阴，卒逢暴雨，止于岩下。心悲，乃援琴而鼓之。初为霖雨之操，更造崩山之音。曲每奏，钟子期辄穷其趣。伯牙乃舍琴而叹曰："善哉，善哉！子之听夫！志想象犹吾心也，吾于何逃声哉？"③

后来，钟子期死，伯牙毁琴绝弹。"以何"，因何，反问语气表示肯定的意思。不感到惭愧。伯牙遇到了钟子期，为自己的知音奏一支高山流水的曲子，有什么可惭愧的呢？这里用钟子期来比喻宴会的主人，说自己遇到了可以称为知音的主人。既然遇到了知音，请我作序，我就写一篇序文，又有什么不好意思的呢？以上介绍自己，目的是说明自己作序的原因，自己不过是一名小小的书生，年轻无知，盛

---

① 《史记》卷一一七《司马相如列传》，第3002页。
② 《史记》卷一一七《司马相如列传》，第3056~3063页。
③ 杨伯峻：《列子集释》卷五《汤问》，第178页。

情的主人赏识自己的才华,邀请作序,不便推辞。实际还是在赞美主人,说他是知音。以下向在座的人提出希望。

呜呼！胜地不常,盛筵难再。

"胜地",天下名胜之地。"不常",不常在,不会永久存在。"盛筵",盛大的宴会。"难再",难以遇到第二次。为了说明这个问题,下面举了两个例子,一是兰亭雅集,二是石崇豪奢,这些都已经成为历史云烟。

兰亭已矣,梓泽丘墟。

"兰亭",亭子名,在会稽郡山阴县(今浙江绍兴)西南,地名兰渚,渚有亭。东晋时是东南一大名胜,《水经注·渐江水》："湖口有亭,号曰兰亭,亦曰兰上里。太守王羲之、谢安兄弟,数往造焉。吴郡太守谢勖封兰亭侯,盖取此亭以为封号也。"①古亭几经迁移,今亭为康熙三十四年(1695)重建于兰渚山麓。据王羲之《兰亭集序》的描写,"此地有崇山峻岭,茂林修竹。又有清流激湍,映带左右,引以为流觞曲水。列坐其次,虽无丝竹管弦之盛,一觞一咏,亦足以畅叙幽情"②。王羲之的文章使兰亭永远地闻名于世,可以说亭以文传。东晋穆帝永和九年(353)三月三日,王羲之和谢安、孙绰等四十一人在兰亭聚会,所谓"修禊事也"。"禊"即祓禊,是起源于周代的一种民间活动,最早是在每年阴历三月上旬的巳日,到水边用香熏草药沐浴,以祓除不祥。这是一个节日,又叫"上巳"。据《诗经·郑风·溱洧》可知,这一天郑国青年男女还在河边游戏,谈情说爱。曹魏以后固定在三月三日,内容变成了水边宴饮、郊外游春类活动。王羲之等四十一位名士聚会兰亭,"群贤毕至,少长咸集",临流赋诗,成为一大盛事。事后他们把这些诗篇汇编成集,王羲之为这个诗集写了一篇序,就是流传至今的《兰亭集序》。文章抒发人生感慨,富于哲理,而又写得清新自然,因此成为千古名篇。王羲之是著名的书法家,其手迹《兰亭集序》更是书法珍品,传说唐太宗极喜欢王羲之

---

① 〔北魏〕郦道元著,陈桥驿校证：《水经注校证》卷四〇,第896~897页。
② 〔清〕严可均校辑：《全晋文》卷二六,《全上古三代秦汉三国六朝文》,中华书局,1958年,第1609页。

书法,将其陪葬昭陵。"兰亭"就是指兰亭这个风景名胜和当年王羲之等人举行的兰亭盛会。"已矣",完了,结束了,过去了。

"梓泽",西晋石崇的别墅,又叫金谷园。金谷,在今河南洛阳西山中,因金水流经此地而得名,又称金谷涧。《晋书·石崇传》:"崇有别馆,在河阳之金谷,一名梓泽"。石崇以豪富奢侈著称,曾任荆州刺史,"劫远使商客,致富不赀"。

财产丰积,室宇宏丽。后房百数,皆曳纨绣,珥金翠。丝竹尽当时之选,庖膳穷水陆之珍。与贵戚王恺、羊琇之徒以奢靡相尚。恺以饴澳釜,崇以蜡代薪。恺作紫丝布步障四十里,崇作锦步障五十里以敌之。崇涂屋以椒,恺用赤石脂。崇、恺争豪如此。武帝每助恺,尝以珊瑚树赐之,高二尺许,枝柯扶疏,世所罕比。恺以示崇,崇便以铁如意击之,应手而碎。恺既惋惜,又以为嫉己之宝,声色方厉。崇曰:"不足多恨,今还卿。"仍命左右悉取珊瑚树,有高三四尺者六七株,条干绝俗,光彩曜日。如恺比者甚众。恺恍然自失矣。①

石崇是一个很残忍的人,《世说新语·汰侈》记载:

石崇每要(邀)客燕集,常令美人行酒(斟酒)。客饮酒不尽者,使黄门(侍卫)交斩美人。王丞相(导)与大将军(王敦)尝共诣崇。丞相素不能饮,辄自勉强,至于沉醉。每至大将军,固不饮,以观其变。已斩三人,颜色如故,尚不肯饮。丞相让之,大将军曰:"自杀伊家人,何预卿事?"②

这样一个豪奢的人,他的金谷园该如何豪华就可想而知了。石崇也曾在金谷园多次举办盛大的宴会,史书上留下了记载。石崇"拜太仆,出为征虏将军,假节、监徐州诸军事,镇下邳。崇有别馆在河阳之金谷,一名梓泽,送者倾都,帐饮于此焉"③。江淹《别赋》"送客金谷"即咏此,《文选》李善注引石崇《金谷诗序》:"余元康六年,从太仆卿出为使持节青徐诸军事、征虏将军,有别庐在河内县金谷涧中,

---

① 《晋书》卷三三《石崇传》,第1007页。
② 李天华:《世说新语新校》,第496页。
③ 《晋书》卷三三《石崇传》,第1006页。

时征西将军祭酒王诩当还长安,余与众贤共送涧中。"①石崇还是一位著名的诗人,这次饯别宴会,大家都写了诗,编成诗集。可以想象,这种送别盛会声势都非常浩大。"梓泽"就是指那豪华富丽的金谷园。"丘墟",荒丘废墟,名词用作动词,指成为荒丘废墟。

这两句是说人事无常,世事变幻,任何美景盛会都不过是繁华一时,都会随着时光的消逝而成为过去,从而强调眼前这美景盛会之机会难得。应该痛饮赋诗,以尽游兴。从而引出下文非撰文赋诗以作纪念不可的意思。

临别赠言,幸承恩于伟饯。

"赠言",写文章相送。"君子赠人以言",表示期望与勉励之意。这是有传统的,《说苑·杂言》记载:"子路将行,辞于仲尼。曰:'赠汝以车乎?以言乎?'子路曰:'请以言。'"②古人重视临别赠言,这里指自己在这个饯别的宴会上作序。"幸",敬词,荣幸,幸运,表示对人的尊敬。"承恩",承受恩赐,受到主人的赏识,是主人给了自己这样一个机会。"于",介词,表示处所,在。"伟饯",盛大的饯别宴会。这句是说,在这盛大的饯别宴会上,我荣幸地受到主人的赏识,写下这篇文章作为给大家的临别赠言。

登高作赋,是所望于群公。

"登高作赋",这句也有出处,孔子说:"君子登高必赋。"③毛苌《诗传》云:"登高能赋,可以为大夫。"④春秋时诸侯国举行盟会,士大夫有赋诗以明志的习惯,所以孔子说:"不学诗,无以言。"登高能赋是做士大夫的必要条件之一,"赋"指赋诗,即在外交场合说话引诗和作诗。"是",指示代词,这。"群公",犹言诸位先生。这句是说,在这滕王阁宴会上赋诗,这是自己对诸位先生的期盼。"登高阁而作赋,勃诚不能,是有望于在会之群公也。""勃居末座,而僭作序,

---

① 〔南朝梁〕萧统编:《文选》卷一六,第 221 页。
② 〔西汉〕刘向:《说苑》卷一七,《汉魏丛书》,吉林大学出版社,1992 年,第 450 页。
③ 〔西汉〕韩婴:《韩诗外传》卷七,《汉魏丛书》,第 56 页。
④ 《汉书》卷三〇《艺文志》,第 1755 页。

故以逊词作结,得体。"①

敢竭鄙怀,恭疏短引。

"敢",谦词,大胆地,冒昧地。"竭",竭尽。"鄙怀",鄙陋的才情。"怀"一作"诚"。"恭",敬词,恭敬。"疏",一条条地写下来,这里是写的意思。"短引",简短的引言,就是指《滕王阁序》。这两句是说,我冒昧地竭尽我鄙陋的才情,恭敬地写下这篇简短的引言。这是对上文的总结。

一言均赋,四韵俱成。

"一言"就是一字。"均"就是分的意思。"赋",作诗。分到一个字作为押韵的字来作诗,这是古人集体作诗的习惯。"四韵",指一首诗。一首诗八句,二、四、六、八四句末尾的字押韵,四个韵字,故称一首诗为四韵。"俱成",全都写成了。指四韵八句都写出来了。这句是说自己不仅写了序言,而且自己的诗也写好了。

请洒潘江,各倾陆海云尔!

最后向大家提出希望。"潘江""陆海"是用典。"潘"指潘岳,"陆"指陆机,都是西晋时著名作家,钟嵘《诗品》评价这两位诗人"陆才如海,潘才如江"②。意为陆机学识渊博,才学兼富;潘岳才华横溢,文思滔滔。这里"潘江""陆海"都是才华学识的代称。"洒""倾"都是形象的说法,意即发挥、施展、表现。请在座的各位发挥像潘岳和陆机那样杰出的才华和学识写诗吧,写出优美的诗篇。

这是一篇骈体文名篇,骈体文起于汉、魏,形成于南北朝。称之为骈体文或骈文,主要从语言形式上分类。在语言上,骈文主要有如下特点:一是在句法上的骈偶,即对仗。两马并驾曰骈,两人相对曰偶,这是形象的说法。对仗的句子多用四六句,因此晚唐以后又有"四六文"的称呼。王勃这篇文章就是以四字句和六字句为主的。二是词汇方面,讲究用典与藻饰。王勃这篇文章大量用典,出处都是常用的文献,如《尚书》《论语》《史记》《汉书》《后汉书》《晋书》

---

① 〔清〕吴楚材、吴调侯选:《古文观止》卷七,第307页。
② 〔南朝梁〕钟嵘:《诗品》,《历代诗话》,中华书局,1981年,第8页。

等,这样的典故是熟典,虽然用典很多,在理解上却没有障碍。从用典的效果上看,有"隔"与"不隔"之分,像这样不生僻的典故,理解上没有障碍的,就是"不隔"。三是音韵方面,一句之中平仄相间,两句之间平仄相对,上联与下联之间讲究黏连。如"穷睇眄于中天/极娱游于暇日","天高地迥,觉宇宙之无穷/兴尽悲来,识盈虚之有数"。上下句节奏字的平仄,都是相对的。所谓"黏连"即上联末句的基本平仄结构和下联起句的基本平仄结构相同,如"于暇日"和"天高地"平仄相同,读起来在音流上有连贯的语感。骈体文在语言上的这些规则体现了对形式美的追求,如果文章内容健康而充实,就会收到文质兼美的效果。王勃的《滕王阁序》可以说在这些方面达到了完美的程度,因此成为流传千古的名篇。

王勃当时还写了一首诗,这首诗也流传了下来,称为《滕王阁诗》,诗云:

滕王高阁临江渚,佩玉鸣鸾罢歌舞。画栋朝飞南浦云,珠帘暮卷西山雨。闲云潭影日悠悠,物换星移几度秋。阁中帝子今何在?槛外长江空自流。

首句写滕王阁的形势,"高""临"二字,写出楼阁高耸而依江,从而说明是登高临赏的佳处。次句说建阁者滕王已成为过眼云烟,"宴罢而佩玉鸣鸾之歌舞亦罢"。"佩玉鸣鸾"是古人身上的佩饰,"歌舞"是当年宴会上的歌舞,极言当年的繁华。用一个"罢"字,说明这一切都已成为过去,流露出无限惋惜之意。首句是扬,次句是抑,是随立随扫的手法,使人们产生世事盛衰无常的感觉。三、四句写景:第三句写朝看画栋,俨若飞南浦之云;第四句写暮收朱帘,宛若卷西山之雨。"画栋""珠帘"极言阁建造之华丽,但无游人观赏,所见唯有"南浦云"和"西山雨"朝飞暮卷,写景中透露出凄凉之意,包含着对人世沧桑的感伤之情。"南浦""西山"写景壮阔。五、六句仍写景,但包含着岁月变换而大自然永恒的感叹。第五句写云映深潭,日悠悠而自在,此景千年依旧。第六句写物象之改换,星宿之推移,此阁至今,凡几度秋。"物换星移"写出在漫长的岁月中,人类社会发生了多少变化。这两句以变和不变作对比,透露出大自然永恒而人世沧桑之感。七、八句写人世沧桑变化不定,与大自然之永恒构成对比。第七句,伤今思古,以滕王的一去不返暗寓人生苦短之意,以无疑而问的句子点破题旨,特别触动人的心弦。第八句伤其物是而人非也。"篇终接混茫",含蓄不尽。长江东流去,这是多么壮美的景象!但当年的滕王还能欣赏吗?注目这悠远的大江,人们该想到些什么呢?这首诗表达的是社会变迁、世道沧桑的感慨,是天地永恒、人生短暂的忧伤,与《滕王阁序》的主旨相同。《古文观止》评曰:"序词藻丽,诗意淡远,非是诗不能称是序。"

唐方镇及文职僚佐考补正

清代吴廷燮《唐方镇年表》是研究唐代方镇的重要工具书,①但书中有不少遗漏和错误,虽曾有人做过订补,亦不完善。戴伟华先生著《唐方镇文职僚佐考》详考在唐方镇幕府中任职的文士,②对研究唐史颇具参考价值。但因相关材料非常零乱,遗漏之处在所难免。本文在遍检唐史文献基础上对二书遗漏和错误之处略做补正。

戴先生著《唐方镇文职僚佐考》一书,是研究唐代方镇使府制度方面重要的工具书,对研究唐史颇具重要价值。但正如傅璇琮先生在该书序言中所指出的:"考方镇僚佐,确有一定的难处,这方面的史料较为零散,不易考见某一方镇在其任期内究竟集中多少文士,现在所列出的僚佐也不一定即能确切反映当时的实际人数。且有不少材料所记较为浮泛,不易考定其任何职,在何年;因此一不小心,就容易搞错。"与戴先生进行此项考证的同时,我正在做唐代幕府制度的研究,及至戴先生书出,检索手中资料,发现戴考有某些遗漏和失误,我在拙著《唐代幕府制度研究》一书前言中,曾指出戴考"存在某些错漏"。例如唐代的碑志材料,戴先生没有充分利用。我曾检索唐代墓志材料,多所利用。后来刘诗平先生为戴书写的书评中,指出了戴先生著作这一不足。③戴先生依据刘先生提示又作了《〈唐方镇文职僚佐考〉订补》一文,④主要补充了周绍良先生主编《唐代墓志汇编》中的材料,但实际上戴书遗漏之处并非碑志一项,甚至戴先生利用过的书中亦有遗漏。故拟在戴先生考证的基础上

---

① 〔清〕吴廷燮:《唐方镇年表》,中华书局,1980年。
② 戴伟华:《唐方镇文职僚佐考》,天津古籍出版社,1994年。
③ 刘诗平:《唐方镇文职僚佐考·书评》,《唐研究》第1卷,北京大学出版社,1995年。
④ 戴伟华:《唐代文学研究丛稿》,台湾学生书局,1999年。

做点补充。戴先生书中个别失误，也想借此加以纠正。在我的研究中，还发现吴廷燮《唐方镇年表》关于唐代方镇考证亦有疏误或遗漏，因此本文中也顺便加以补正。

本文依《唐方镇文职僚佐考》体例，以方镇为单位，时限始以该方镇设立，终于唐哀帝天祐四年(907)；其文职僚佐范围一般按照两《唐书》和严耕望《唐代方镇使府僚佐考》；方镇排列顺序依吴廷燮《唐方镇年表》，各方镇替代亦依吴表；每一方镇名前用"●"出示，名后为该方镇任期，亦为其僚佐在幕活动的大致时间。名后加"＊"号者，为《唐方镇年表》失考之方镇。每一僚佐入幕与出幕时间可考者，在注文中加以说明；有方镇名称可考而无府主可考者，系于某方镇之末，并以横线隔开；无方镇名称可考者，编于文末"待考"类。僚佐名前加"※"号者，为戴考误系某镇者。

凤翔

●李抱玉　永泰元年(765)—大历十二年(777)

杨□　《全唐文》卷四二七于邵《送前凤翔杨司马赴节度序》："御史大夫李公拥旌旄，领凤翔尹，西控数州之地，将戡定叛乱，纠遴僚吏，未及下车而思其人，故司马之才膺此骏选。幕中之画，居然有待。公顷佐是藩，天跸在雍，戎马巨计，注之有司，大东小东，无不仰给；日承顾问，休声四闻。人到于今，咸受其赐，交辟之下，得无光乎？况宏略泉深，硕谋云蓄，材气自逸，礼容必循。鸿鹄之举，烟霄可仰，在此行也。"①按：于邵，天宝末年进士，授崇文馆校书郎，累迁兵部郎中，拜谏议大夫、知制诰。贞元初除太子宾客，出为杭州刺史。故作此文应在肃代之际。又，肃代间任凤翔节度使之李姓者有李鼎、李抱玉、李忠臣三人。《旧唐书》卷一三二《李抱玉传》："代宗即位，擢为泽潞节度使、潞州大都督府长史，兼御史大夫。"②《旧唐书》卷一一《代宗纪》：永泰元年正月戊申"泽潞李抱玉兼凤翔陇右节度使"。故杨某所赴方镇当为李抱玉幕。

---

① 《全唐文》卷四二七，上海古籍出版社，1990年，第1927页。
② 《旧唐书》卷一三二，中华书局，1975年，第3646页。

●郑注　大和八年(834)

魏弘节　《新唐书》卷一七九《郑注传》:"注闻训败,乃还。其属魏弘节劝注杀监军张仲清及大将贾克中等十余人,注惊挠不暇听。"①

鄜坊

●王栖耀　贞元四年(788)—贞元十八年(802)

裴武　《因话录》卷一:"德宗躬亲庶政,中外除授,无不留神。余伯父自监察里行浙东观察判官,特授高陵县令。裴尚书武,亦自鄜坊监察宰栎阳。二人同制。"②《因话录》的作者赵璘,其伯父赵儋贞元三年(787)进士及第,当年制策登科。其入浙东幕应在贞元三年或其后。赵儋和裴武同制出幕任地方官,其在幕时间大致相近。鄜坊观察使自贞元三年至贞元十八年为王栖耀,因此裴武在鄜坊镇王栖耀幕为僚佐,其宪衔为监察御史。

夏绥

●韩全义　贞元十四年(798)—永贞元年(805)

崔放(行军司马)　《旧唐书》卷一六二《韩全义传》:"贞元十三年,为神策行营节度、长武城使,代韩潭为夏绥银宥节度,诏以长武兵赴镇。……十七年,全义自陈州班师,而中人掩其败迹,上待之如初。全义武臣,不达朝仪,托以足疾,不任谒见。全义司马崔放入对,德宗劳问,放引过,言招抚无功。"

朔方

●王晙　开元九年(721)

李楷洛(节度副使)　《旧唐书》卷一一〇《李光弼传》:"其先,契丹之酋长。父楷洛,开元初,左羽林将军同正、朔方节度副使。"据《新唐书·藩镇表》,开元九年,置朔方军节度使。李楷洛当在此时任节度副使。

●牛仙客　开元二十四年(736)—开元二十八年(740)

杨行审(六城水运使)　《全唐文》卷三一〇孙逖《授杨行审灵州

---

① 《新唐书》卷一七九,中华书局,1975年,第5316页。
② 〔唐〕赵璘:《因话录》卷一,上海古籍出版社,1979年,第71页。

长史仍充六城水运使制》。按：六城水运使为朔方镇僚属，孙逖任中书舍人在开元二十四年以后，朝廷任命杨行审为朔方镇六城水运使当在其时。

● 张怀钦 *　天宝六载（747）

※萧直（掌书记）　《全唐文》卷三九二独孤及《唐故给事中赠吏部侍郎萧公墓志铭》："公讳直，字正仲，梁长沙王懿七代孙。有唐御史中丞、临汝郡守谅之孟子。……十岁能属文，工书，十三游上庠，十七举明经上第，名冠太学；二十余以书记参朔方军事。中丞府君之遇谗谪居也，公亦播迁汉东。……所从之主则朔方元帅张怀钦……"按：朔方节度使当有张怀钦，吴廷燮《唐方镇年表》漏考，其书于朔方镇记载："（天宝）五载，王忠嗣。旧传：四月，固让朔方、河东节度使，许之。……天宝五载十二月除张齐邱，又加管内采访使。"而天宝五载四月与十二月之间则缺考。张怀钦任朔方节度使当在其时。《唐方镇文职僚佐考》以《唐方镇年表》朔方无张怀钦，推测张怀钦即张齐邱，萧直当为张齐邱节度掌书记，误。

※尹□（节度参谋）　《宝刻类编》卷八《朔方节度张怀钦碑》："尹（缺字），节别使参谋撰并书，天宝六年立。"①此碑确证张怀钦曾任朔方节度使，可补吴廷燮《唐方镇年表》之不足。而且，碑立于天宝六载，也让我们知道了张怀钦任朔方节度使时间如此短暂的原因，从第二年已亡故这一情况看，大概张怀钦赴任不久，便病重不能理事，朝廷又以张齐邱接替他的职务。"节别使"当为"节度使"之误。尹某在其幕府任参谋之职。《唐方镇文职僚佐考》系尹某为张齐邱幕府，与系萧直为张齐邱之幕同误。

● 安思顺　天宝十一载（752）—天宝十四载（755）

李光弼（节度副使）　《旧唐书》卷一一〇《李光弼传》："十三载，朔方节度安思顺奏为副使、知留后事。"

敬羽　《新唐书》卷二〇九《酷吏传·敬羽》："朔方安思顺表为节度府属。"《唐方镇文职僚佐考》系于朔方李林甫幕下，误。按：据

---

① 〔南宋〕佚名：《宝刻类编》，《丛书集成初编》本，商务印书馆，1936年，第274~275页。

《资治通鉴》卷二一一六,天宝十一载四月,"会李献忠叛,林甫乃请解朔方节制,且荐河西节度使安思顺自代;庚子,以思顺为朔方节度使","十一月,丁卯,林甫薨"。安思顺为朔方节度使之前,为河西节度使;担任朔方节度使时,李林甫已卸任。

※杜鸿渐(节度判官) 《新唐书》卷一二六《杜鸿渐传》:"鸿渐第进士,解褐延王府参军,安思顺表为朔方判官。"《唐方镇文职僚佐考》系于李林甫幕下,误。

宣武

● 董晋 贞元十二年(796)—贞元十五年(799)

董溪 《全唐文》卷五六四韩愈《朝散大夫商州刺史除名徙封州董府君墓志铭》:"公讳溪,字惟深,丞相赠太师陇西恭惠公第二子。十九岁明两经获第,……太师贤而爱之,父子间自为知己,诸子虽贤,莫敢望之。太师累践大官,臻宰相,致平治,终始以礼,号称名臣,晨昏之助,盖有赖云。太师之平汴州,年考益高,挈持维纲,锄削荒类,纳之太和而已。其囊箧细碎,无所遗漏,繄公之功。"按:"丞相赠太师陇西恭惠公"即宣武节度使董晋,唐时节帅与宾佐互称"知己",所谓"父子间自为知己",即董晋以子董溪为宾佐。

● 王铎 咸通十四年(873)—乾符二年(875)

卢渥 《全唐文》卷八〇九司空图《故太子太师致仕卢公神道碑》:"公讳渥,字子章,范阳人。……时宣宗锐意文治,白衣稍出流类,亦往往上门,故公中选甲科,籍则待制,名臣亦以得人为贺,皆为儒风隆替,当系于公。累辟诸侯府,亦以公去就为轻重。……时宰所忌,出倅宣武军以缓之,未更岁,入为某曹郎。"据《旧唐书》卷一七九《萧构传》,光启初,卢渥已为御史中丞。据司空图此碑,卢渥佐宣武幕后,入为某曹郎,迁拜万年令,拜某官知制诰六年,丁忧三年,而后拜陕虢观察使、御史中丞。据此上推十年有余,卢渥在宣武军幕,乃僖宗乾符初,其时宣武军节度使为王铎。

● 朱全忠 中和三年(883)—天祐四年(907)

徐厚(节度参谋) 孙光宪《北梦琐言》卷一六:"朱瑾之据兖州,梁祖攻之未克。……须臾,城上鼓噪,掷琼首于埤也。我军失色,梁祖哀恸久之,斩军谋徐厚。"①汴军克兖,事在乾宁四年(897)。

义成

● 李勉　大历八年(773)—兴元元年(784)

崔元翰　《新唐书》卷二〇三《崔元翰传》:"崔元翰名鹏,以字行。……义成李勉表在幕府,马燧更表为太原掌书记,召拜礼部员外郎。"《唐方镇文职僚佐考》谓"两唐书皆失其名",误。

● 贾耽　贞元二年(786)—贞元九年(793)

贾悚　《太平广记》卷二二三引《杜阳编》:"贾悚布衣时,谒滑台节度使贾耽。以悚宗党分,更喜其文甚宏赡,由是益所延纳。忽一日,宾客大会,有善相者在耽座下,及悚退而相者曰:'向来贾公子神气俊逸,当位极人臣。然惜哉,是执政之时,朝廷微变。若当此际,诸公宜早避焉。'耽颔之,以至动容。及大和末,悚秉钧衡,有知者潜匿于山谷间,十有三四矣。"知贾悚曾列贾耽宾席。

● 王铎　中和二年(882)—中和四年(884)

李毂　《旧五代史》卷二四《梁书·李珽传》:"李珽,字公度,陇西燉煌人。……父毂,仕懿、僖朝,官至右谏议大夫。珽聪悟有才学,尤工词赋。僖宗朝,晋公王铎提兵柄,镇滑台,毂居宾席。"②

感化(武宁)

● 张建封　贞元四年(788)—贞元十六年(800)

裴均(团练判官)　《新唐书》卷一〇八《裴均传》:"均字君齐,以明经为诸暨尉。数从使府辟,砭砭以才显。张建封镇濠、寿,表团练判官。时李希烈以淮、蔡叛,建封捍贼,均参赞之。以劳加上柱国,袭正平县男。"

河阳

郑又　《因话录》卷六:"郑又自说:早承相国武都公知奖。当时为大理司直,常叹滞淹。……既而以侍御史历作河阳、浙西、淮南,累至检校郎中,方除比部员外郎。"侍御史与检校郎中皆方镇僚佐所

---

① 〔北宋〕孙光宪:《北梦琐言》卷一六,上海古籍出版社,1981年,第116页。
② 《旧五代史》卷二四,中华书局,1976年,第321页。

带宪衔和朝衔。郑又曾入河阳等三镇幕府。

河东

● 张说　开元八年(720)—开元九年(721)

李憕　《新唐书》卷一九一《李憕传》："说在并州,引憕置幕府。及执政,为长安尉。"《新唐书》卷一二五《张说传》："俄以右羽林将军检校幽州都督,入朝以戎服见。帝大喜,授检校并州长使,兼天兵军大使,修国史,敕赉稿即军中论撰。"据《唐会要》卷七八"节度使"条,河东节度使,开元十一年(723)前称天兵军节度,其年三月四日改为太原已北诸军节度,至十八年(730)十二月,宋之悌除河东节度,以后遂为定额。

● 张孝嵩　开元十二年(724)—开元十四年(726)

郭震　《全唐文》卷四二〇常衮《咸阳县丞郭君墓志铭》："公讳某,字某。……父济州刺史崇礼,……公即济州府君之长子也。……寻以明经擢第,历洺州平恩县尉,左金吾卫兵曹参军。明恕贞恪,清廉仁爱,克施于政,政有经矣。故幕府三辟,时称得俊。御史中丞李处古、侍御史崔希逸、节度使张嵩,爰以将命之务咨焉。……开元十八年四月十八日寝疾,终于长安里第。"按:林宝《元和姓纂》卷一〇"诸郡郭氏":"崇礼,济州刺史,生震、观、豫。"[①]郭某为郭崇礼之长子,当为郭震。《唐方镇文职僚佐考》作郭豫,误。

● 裴度　开成二年(837)—开成三年(838)

※ 孙简　《隋唐五代墓志汇编·洛阳卷》第十三册《孙简墓志》："裴中令度镇北都,辟为留守推官,以殿中侍御史供奉充职。又转节度掌书记,又改判官,奏加上柱国赐绯鱼袋。"[②]据《新唐书》卷一七三《裴度传》,裴度两次节度河东,然元和十四年(819)首任,未有中书令之官职。文宗大和八年(834),"徙东都留守,俄加中书令","开成二年,复以本官节度河东"。故孙简入裴度河东幕当在裴度第二次出镇河东时。《唐方镇文职僚佐考》推测其"当在裴首镇河东时入

---

① 〔唐〕林宝:《元和姓纂》卷一〇,中华书局,1994年,第1560页。
② 陈长安主编:《隋唐五代墓志汇编·洛阳卷》第13册,天津古籍出版社,1991年,第83页。

幕",误。

●李拭　大中四年(850)—大中五年(851)

※马戴(掌书记)　《金华子杂编》卷下:"以恩地为恩府,始于唐马戴。戴大中初为掌书记于太原李司空幕,以正言被斥,贬朗州龙阳尉。戴著书自痛不得尽忠于恩府,而动天下之浮议。"①据《新唐书》卷六〇《艺文志》四,马戴"字虞臣,会昌进士第"。《唐才子传》卷七云:马戴"会昌四年左仆射王起下进士,与项斯、赵嘏同榜,俱有盛名"。马戴会昌年间进士,按照当时制度,其入幕充职应在进士及第之后。所以这里所谓"大中初"入太原李司空幕,在时间上是合理的。大中年间为河东节度使之李姓者有二人,即李拭、李业。李拭最早,乃大中四年,故当在其幕中。《唐方镇文职僚佐考》推测"大中"为"大和"之误,马戴入幕在大和年间,入李程幕,不当。那时马戴进士未及第,为"无出身人",不得为节度使府所辟,并担任掌书记之职。

河中

●郭子仪　广德二年(764)—永泰元年(765)

张昙(节度判官)　《因话录》卷二:"郭汾阳在汾州,尝奏一州县官,而敕不下。判官张昙言于同列,以令公勋德,而请一吏致阻,是宰相之不知体甚也。"据《旧唐书》卷一二〇《郭子仪传》,仆固怀恩作乱汾州,朝廷"以子仪兼关内河东副元帅、河中节度观察使,出镇河中"。其事在代宗广德二年。"明年九月,以子仪守太尉,充北道邠宁、泾原、河西已东和蕃及朔方招抚观察使,其关内河副元帅、中书令如故。"可知郭子仪任河中节度使镇汾州在此期间,其时张昙在郭子仪幕中为判官。根据我们研究,方镇幕府僚佐有尊卑之别,并有由低到高的升迁。一些僚佐常随节帅转镇,其幕职时有变动。《资治通鉴》卷二二五记载:"郭子仪以朔方节度副使张昙性刚率,谓其以武人轻己,衔之。"②知张昙十多年来一直在郭子仪幕中,并由判官

---

① 〔南唐〕刘崇远:《金华子杂编》卷下,《丛书集成初编》本,上海商务印书馆,1936年,第19页。
② 《资治通鉴》卷二二五,中华书局,1956年,第7254页。

升为副使。

●赵宗儒　元和九年(814)—元和十一年(816)

按:《唐方镇文职僚佐考》将赵宗儒误作二人,镇河中者为赵崇儒。唐无赵崇儒。此亦非字误,本书索引有"赵崇儒""赵宗儒"两人,而实为一人。《旧唐书》卷一六七《赵宗儒传》记载,赵宗儒先后任荆南节度使、河中尹、兼御史大夫、晋绛慈隰度观察等使。

●杜审权*　大中十一年(857)—大中十三年(859)

郑仁表(掌书记)　《旧唐书》卷一七六《郑肃传》:"仁表擢第后,从杜审权、赵骘为华州、河中掌书记,入为起居郎。"杜审权不曾镇华州,因此郑仁表当入杜审权河中幕。《旧唐书》卷一七七《杜审权传》记载:大中十一年"其年冬,出为陕州大都督府长史、陕虢都团练观察使,加检校户部尚书、河中尹、河中晋绛节度使。懿宗即位,召拜吏部尚书"。杜审权自大中十一年至大中十三年为河中节度使,吴廷燮《唐方镇年表》失考,而据《文苑英华》《玉堂遗范》所载之《授徐商崔珙节度使制》,误以崔珙为此期间河中节度使。大中十年(856)虽有《授徐商崔珙节度使制》之任命,但未言崔珙任职截止时间,大约崔珙仅任一年左右,朝廷便有了新的任命,由杜审权接替崔珙,并一直任至懿宗即位,由令狐绹接任。《新唐书》卷六三《宰相表》:大中十三年"十二月丁酉……(令狐)绹为检校司徒、同平章事、河中节度使"。然而,据《旧唐书》本传,杜审权于咸通十一年(870)再度出任河中晋绛节度使。郑仁表何时入杜审权河中幕,待考。

●李都　乾符五年(876)—广明元年(880)

王重荣(节度副使)　《北梦琐言》卷一三:"河中节度使王重荣,始为牙将,黄巢犯阙,元戎李都奉伪,畏重荣党附者多,因荐为副使。"

义成(郑滑)

●李融　贞元九年(793)—贞元十年(794)

赵隐(节度副使)　《旧唐书》卷一七八《赵隐传》:"贞元初,迁郑州刺史。郑滑节度使李融奏兼副使。十年,融病,军府之政委于植。"

昭义

● 卢从史　贞元二十年(804)—元和五年(810)

马卢符(节度参谋)　《全唐文》卷六三九李翱《秘书少监史馆修撰马君墓志》："公讳某,字卢符,宣州刺史元庆之曾孙,著作郎赠少府监恬之子。公九岁贯涉经史,鲁山令元德秀行高一时,公往师焉。鲁山令奇之,号公为马孺子,为之著《神聪赞》,由是名闻。中书令郭公子仪奏为怀州参军,充四镇伊西庭节度巡官,从事河阳三城、河东三府,累转试大府丞。因得太原府仓曹。黜陟使裴伯言谓公堪为谏官,荐之于朝,拜殿中侍御史,充昭义军节度参谋。召为太子左赞善大夫,迁主客员外郎,使于海东。复命授兴元少尹,入为将作少监,改国子司业,迁秘书少监,又加史馆修撰。元和十三年十一月己酉寝疾卒。"据其任职时间,马卢符很可能在卢从史幕任节度参谋。

幽州

● 张说　开元六年(718)—开元八年(720)

※任□　《全唐诗》卷八七张说有《送任侍御史江南发粮以赈河北百姓》一诗。《唐方镇文职僚佐考》"疑即张说送幕僚监察御史任某江南发粮以赈管下河北百姓"。此判断有误。自张守珪为御史大夫,幕府僚佐始带宪衔,其事在开元二十年(732)之后。[①]

※王尚一、严嶷　《全唐诗》卷八七张说有《送王尚一严嶷侍御赴司马都督军》一诗。《唐方镇文职僚佐考》"疑王尚一、严嶷皆为张说幽州幕僚"。此判断与上述任某的结论同误。

● 赵含章　开元十八年(730)—开元二十年(732)

孙构　《全唐诗》卷一九七张谓《同孙构免官后登蓟楼》："昔在五陵时,年少心亦壮。尝矜有奇骨,必是封侯相。东走到营州,投身似边将。一朝去乡国,十载履亭障。部曲皆武夫,功成不相让。犹希虏尘动,更取林胡帐。去年大将军,忽负乐生谤。北别伤士卒,南迁死炎瘴。濩落悲无成,行登蓟丘上。长安三千里,日夕西南望。寒沙榆塞没,秋水滦河涨。策马从此辞,云山保闲放。"此诗咏赵含

[①] 参拙著《唐代幕府制度研究》,中国社会科学出版社,2003年,第125页。

章坐赃遭贬,孙构受株连事。孙构当为幽州节度使僚佐①。

●薛楚玉　开元二十年(732)—开元二十一年(733)

王审礼　《全唐文》卷三五二樊衡《为幽州长史薛楚玉破契丹露布》有云:"臣又与侍御史王审礼、节度副使乌知义及将士等佥议,咸以为然。"按:开元二十年以前,幕府僚佐无带宪衔者,王审礼以侍御史监军,不是幕府僚佐之职。《唐方镇文职僚佐考》以为王审礼为幕府僚佐,误。书中"薛楚玉"作"薛楚王",字误。

●张守珪　开元二十一年(733)—开元二十七年(739)

萧诚(节度驱使)　《全唐文》卷三〇九孙逖《授萧诚太子左赞善大夫仍前幽州节度驱使制》:"敕:朝议郎恒州司马随军副使幽州节度驱使上柱国借绯鱼袋萧诚,……可守太子左赞善大夫,依前幽州节度驱使,仍专检校管内诸军新召长远往来健儿事。"按:孙逖任中书舍人在开元二十四年(736)以后,萧诚可能在张守珪幽州幕中。

马元庆(节度副使)　《全唐文》卷三一〇孙逖《授马元庆河西节度副使制》:"敕:云麾将军右骁卫将军员外置同正员幽州节度副使上柱国马元庆,名重武臣,才优将略,有刚勇以制敌,能廉干以成务。河湟作镇,戎狄是虞,既资攻守之术,恒佐军州之任,可充河西节度副使,判凉州长史,兼赤水军副使,仍都知兵马使,余如故。"按:孙逖任中书舍人在开元二十四年以后。马元庆的调任在其时,因此马元庆可能在张守珪幽州幕中。

●朱滔　大历九年(774)—贞元元年(785)

马实(要籍)　《全唐文》卷五九八欧阳詹《大唐故辅国大将军兼左骁卫将军御史中丞马公墓志铭》:"公讳实,字某,其先扶风人,生于幽州。……起家为范阳军要籍,本军疑政,画多自出。……贞元初,本军之事有大者合议于天子,自管内二千石已下择贤能,以公当其选。天子异其议,奇其词,决所议,答于本军,而留近侍,拜左骁卫将军宿卫。"马实在幽州幕为要籍,贞元初入朝。在此之前,朱滔长期担任幽州节度使,马实在其幕中无疑。

---

① 傅璇琮主编:《唐才子传校笺》卷四"张谓"条,中华书局,1989年,第139页。

● 李匡威 光启元年(885)—景福二年(893)

李贞抱 《北梦琐言》卷一三:"景福中,幽州帅李匡威率兵救镇州,军次博水。会军乱,推其弟匡俦充留后,诸军皆散。乃以书报弟,付之军政,南欲赴阙。泊于陆泽,镇州赵王王镕以匡威救难失国,因请税驾于常山府郭,以中离变(原注:此四字各本无,语亦不可解。按:'中离'二字,当为'观'字之误)。会匡威有幕客李贞抱自阙回,与匡威相遇,同登寺楼,观镇州山川之美,有爱恋之意。"

※张建章 《北梦琐言》卷一三:"张建章为幽州行军司马,后历郡守。……曾赍府戎命往渤海,……回至西岸,经太宗《征辽碑》,半在水中。"《南部新书》卷三:"张建章,四镇之行军司马也。"张建章在幽州幕时间不可考,但在晚唐无疑。其时已无所谓"四镇"。而且出使渤海,其在幽州幕为可信。《唐方镇文职僚佐考》系于安西四镇,误。

成德

● 王武俊 建中三年(782)—贞元十七年(801)

卢汦 《全唐文》卷七六一褚藏言《窦常传》:"贞元十四年秋,成德军节度使太尉王公命从事御史卢汦赆五百金,辟为掌记,不就。"《唐方镇文职僚佐考》据《全唐文》卷六九〇符载《送卢侍御史赴王令公幕序》《送卢端公归恒州序》,于王武俊幕府列有"卢某",不知其名,当即卢汦。

山南东道

● 李蔚 * 咸通十四年(873)—乾符元年(874)

柳玭(掌书记) 《旧唐书》卷一六五《柳玭传》:"玭应两经举,释褐秘书正字。又书判拔萃,高湜辟为度支推官。逾年,拜右补阙。湜出镇泽潞,奏为节度副使。入为殿中侍御史。李蔚镇襄阳,辟为掌书记。湜再镇泽潞,复为副使。入为刑部员外。湜为乱将所逐,贬高要尉,玭三上疏申理。……寻出广州节度副使。明年,黄巢陷广州,郡人邓承勋以小舟载玭脱祸。"按:李蔚镇襄阳,《唐方镇年表》失考。其事在高湜两度镇泽潞之间,高湜第一次出镇泽潞在咸通十三年(872)至十四年(873),第二次在乾符元年(874)至乾符二年(875)。中间曾有张彦远短期任职。故李蔚任襄阳节度使在咸通十四年与乾符元年间。其前任当为杨知温,接任者当为于琮。

荆南

● 李岘　　至德元载(756)—至德二载(757)

向萼　《全唐文》卷三六七贾至《授向萼光禄少卿制》:"荆南奏事官、守太子仆同正向萼等,咸膺推擢,俾在兹任,可守光禄少卿同正。"据《新唐书》方镇表,至德二载,置荆南节度。贾至于安史乱起,拜起居舍人、知制诰,历中书舍人。疑向萼作为荆南奏事官入朝,接受任命当在此际,故系于李岘幕府。

● 裴胄　　贞元八年(792)—贞元十九年(803)

裴均(行军司马)　《新唐书》卷一〇八《裴均传》:"均字君齐,以明经为诸暨尉。数从使府辟,硁硁以才显。张建封镇濠、寿,表团练判官。时李希烈以淮、蔡叛,建封捍贼,均参赞之。以劳加上柱国,袭正平县男。迁累膳部郎中,擢荆南节度行军司马,就拜荆南节度使。按:据《唐方镇年表》卷五,裴胄于贞元八年至贞元十九年为荆南节度使,裴均于贞元十九年接替裴胄为荆南节度使,可知在此之前,裴均为荆南节度行军司马,在裴胄幕中。

※梁易从(掌书记)　《旧唐书》卷一二二《裴胄传》:"胄以书生始,奏贬书记梁易从,君子薄其进退宾客不以礼,物议薄之。"按:裴胄曾先后领宣歙、湖南、江西、荆南诸镇,梁易从在其幕任掌书记,当在荆南幕中。宣歙、湖南、江西皆为观察使,观察使下无掌书记之职。只有荆南为节度使,其府中有掌书记之职。又各藩镇待幕府僚佐不以礼,成为风气,在德宗贞元年间,时称"贞元故事"[①]。故梁易从在裴胄幕为掌书记,并遭裴胄奏贬,必在荆南。《唐方镇文职僚佐考》系于湖南,误。

● 成汭　　龙纪元年(889)—天复三年(903)

李珽(掌书记)　《旧五代史》卷二四《梁书·李珽传》:"李珽,

---

① 参拙著《唐代幕府制度研究》,第425~434页。

字公度,陇西燉煌人。……成汭之镇荆州,辟为掌书记,逾时乃就。"《唐方镇文职僚佐考》以为与李班似为一人,但引《册府元龟》上记载,材料晚出,不如《旧五代史》本传直接。

●朱全忠 天祐二年(905)—天祐四年(907)

贺环(留后) 据《资治通鉴》卷二六五,天祐二年九月乙丑,杨师厚入襄阳。丁卯,荆南节度使赵匡明奔成都。戊辰,朱全忠引兵击江陵,荆南牙将王建武迎降,朱全忠以贺环为荆南留后。

高季昌(行军司马、留后) 据《资治通鉴》卷二六五,天祐三年十月,"武贞节度使雷彦威屡寇荆南,留后贺环闭城自守。朱全忠以为怯,以颍州防御使高季昌代之"。《北梦琐言》逸文卷三:"江陵高季昌,唐末为荆州留后。时宰相韦说、郑珏,舅甥姻娅也,朱梁太祖时,皆得制方面。高氏以贵公子任行军司马,常以歌筵酒馔款待数公。"

淮南

●杜佑 贞元六年(790)—贞元十九年(803)

卢泚(节度参谋) 《全唐文》卷七六一褚藏言《窦常传》:"贞元十四年秋,成德军节度使太尉王公命从事御史卢泚赆五百金,辟为掌记,不就。其年,淮南节度左仆射灞陵杜公奏为参谋,授秘书省校书郎。"

●崔铉 大中九年(855)—咸通三年(862)

杨牧(判官) 《因话录》卷六:"相国崔公慎由廉察浙西。左目眦生赘,如息肉,欲蔽瞳人,视物极碍,诸医方无验。一日,淮南判官杨员外牧,自吴中越职,馔召于中堂。因话扬州有穆中善医眼,来为白府主,请遗书崔相国铉,令致之。崔公许诺。"崔慎由任浙西观察使在大中九年至大中十年(856)。其事必在此二年间。

郑又 《因话录》卷六:"郑又自说:早承相国武都公知奖。当时为大理司直,常叹滞淹。……既而以侍御史历作河阳、浙西、淮南,累至检校郎中,方除比部员外郎。"侍御史与检校郎中皆方镇僚佐所带宪衔和朝衔。郑又曾入淮南幕府。

浙西

郑又　《因话录》卷六:"郑又自说:早承相国武都公知奖。当时为大理司直,常叹滞淹。……既而以侍御史历作河阳、浙西、淮南,累至检校郎中,方除比部员外郎。"侍御史与检校郎中皆方镇僚佐所带宪衔和朝衔。郑又曾入浙西幕府。

福建

●李承昭　上元二年(761)—大历七年(772)

王晃(行军司马)　《全唐文》卷六〇八刘禹锡《唐兴元节度使王公先庙碑》:"太尉府君生于治平时,在文学自奋。年十有五贲然从秋赋,明年春升名于司徒。……天宝中历右拾遗,左补阙,礼部、司驾二员外郎。属幽陵乱华,遣兵南服,因佐闽、粤,改检校比部郎中、行军司马。时中原甫宁,江南为吉地,二千石多用名德,乃以府君牧温州。"按:据本碑文记述,王晃即王涯之父,其在闽、粤任行军司马,一定是在节度使府。而据《新唐书》卷六八《方镇表》五:"上元元年(760),升福建都防御使为节度使。"《唐方镇年表》卷五引《淳熙三山志》:"上元二年,李承昭为福建泉汀漳潮六州节度使。"此后至大历七年,福建节度使一直是李承昭。王晃当在其幕。

赵晔(判官)　《旧唐书》卷一八七下《赵晔传》:"赵晔,字云卿,邓州穰人。……乾元初,三司议罪,贬晋江尉。数年,改录事参军。征拜左补阙,未至,福建观察使李承昭奏为判官,授试大理司直,兼监察御史。试司议郎,兼殿中侍御史。入为膳部、比部二员外。"

●柳冕　贞元十三年(797)—永贞元年(805)

卢泚(节度参谋)　《全唐文》卷七六一褚藏言《窦常传》:"贞元十四年秋,成德军节度使太尉王公命从事御史卢泚赆五百金,辟为掌记,不就。其年,淮南节度左仆射灞陵杜公奏为参谋,授秘书省校书郎。厥后历泉府从事,由协律郎迁监察御史里行。居无何,湘东倅戎,转殿中侍御史,赐绯鱼袋。元和六年,由侍御史入为水部员外郎。"所谓"泉府从事",即福建观察使僚佐。卢泚于贞元十四年(798)入淮南杜佑幕府。杜佑于贞元十九年(803)罢幕,于是转福建镇。其时柳冕任福建观察使。

●元锡　元和十年(815)—元和十四年(819)

卢陲　《全唐文》卷七一七长孙巨源《卢陲妻传》:"汾州刺史崔恭幼女曰少元,事范阳卢陲。陲为福建从事。……元和丁酉岁巨泽聆于王君,乃疏本末。"元和丁酉即元和十二年(817)。

湖南

●薛苹　永贞元年(805)—元和三年(808)

卢泚(观察副使)　《全唐文》卷七六一褚藏言《窦常传》:"贞元十四年秋,成德军节度使太尉王公命从事御史卢泚赆五百金,辟为掌记,不就。其年,淮南节度左仆射灞陵杜公奏为参谋,授秘书省校书郎。厥后历泉府从事,由协律郎迁监察御史里行。居无何,湘东倅戎,转殿中侍御史,赐绯鱼袋。元和六年,由侍御史入为水部员外郎。"所谓"湘东倅戎"即担任湖南观察使副职。卢泚于贞元十九年离杜佑幕,入柳冕福建幕。柳冕于永贞元年罢幕,卢泚便入湖南观察使幕。这一年薛苹接替杨凭为湖南观察使,组织幕府,卢泚入其幕。

剑南西川

●裴观*　开元十二年(724)—开元十五年(727)

蔡希周　据《隋唐五代墓志汇编·洛阳卷》第11册《蔡希周墓志》:蔡希周"改蜀郡新繁尉,而西南之使臣曰前张公守洁,后张公敬忠,间以裴公观相踵诣部,虚心(一字漫漶)能,皆以公职事修理,命公为采访支使,或兼节度判官"[①]。按:张守洁当即张嘉贞,《旧唐书·张嘉贞传》不言"嘉贞"是其名抑或其字,《新唐书》本传云"张嘉贞字嘉贞"。其人当名守洁,字嘉贞,而以字行。在张守洁与张敬忠之间,当还有裴观出镇,史籍未载,此墓志补史之不足。张守洁等三人先后出镇剑南在开元十二年和十五年之间。《唐方镇文职僚佐考》将裴观系于张敬忠之后,误。

[①] 陈长安主编:《隋唐五代墓志汇编·洛阳卷》第11册,天津古籍出版社,1991年,第90页。

● 武元衡　元和二年（807）—元和八年（813）

张汾（安抚巡官）　《太平广记》卷四九六引《乾馔子》："武元衡镇西川，哀其龙钟，奏充安抚巡官，仍摄广都县令，一年而殂。"此言张汾事，《唐方镇文职僚佐考》误作邢君牙。

● 杜元颖　长庆三年（823）—大和三年（829）

孙景商　《隋唐五代墓志汇编·洛阳卷》第14册《孙景商墓志》："大和二年，清河崔公郾下擢进士甲科，赴诸侯之辟于蜀西川，于荆，于越，凡所从悉当时名公，公亦以国士之道居于其府。御史丞得其名奏为监察，历殿中侍御史，益有名。入尚书省为度支员外郎。丁继母裴夫人忧，毁逾于礼。卒丧，除刑部员外郎，转度支郎中。时宰相李德裕专国柄，忿公不依己，黜为温州刺史，移滁州刺史。"①孙景商于大和二年（828）进士及第，他没有担任其他官职便入幕充职了。他首次入剑南西川幕，府主应当是杜元颖，因为杜元颖于长庆三年至大和三年为剑南西川节度使。大和四年（830）至六年（832）剑南西川节度使为李德裕。而从后来李德裕怒景商不附己来看，他不可能为李德裕所辟。《唐方镇文职僚佐考》系于李德裕幕，当误。杜元颖罢幕后他应当转入荆南幕，此时荆南节帅为段文昌。段文昌在荆南镇至大和六年。孙景商出荆南幕后当入浙江东道幕。李绅于大和七年（833）至大和九年（835）镇浙东，故其府主当为李绅。如果孙景商在李绅罢幕前后入朝为尚书郎官，此时李德裕已于大和八年（834）出为兴元节度使，朝廷政局发生了变化，牛党势力正在抬头。孙景商的入朝和得意应当与牛党引拔有关。开成五年（840）李德裕再次入相，便"忿公不依己"，将孙景商外放。孙景商先后入杜元颖、段文昌、李绅之幕，其中段文昌曾为宰相李逢吉所引拔，李逢吉与牛党令狐楚相善，说明段文昌在政治立场上是倾向于牛党的。因此孙景商为牛党重用而与李党结怨，也是当年他在荆南幕中埋下的伏笔。他一生的沉浮与牛李党争的大势相合。

---

① 陈长安主编：《隋唐五代墓志汇编·洛阳卷》第14册，第66页。

● 夏侯孜　咸通元年(860)—咸通三年(862)

李敬　《唐摭言》卷一五:"李敬者,本夏侯谯公之佣也。……凡十余岁,公自中书出镇成都,临行有以邸吏托者,一无所诺;至镇,用敬知进奏,既而鞅掌极矣。"①李敬是夏侯孜的忠诚老仆,被用作知进奏官,反映晚唐时藩镇用人违反朝廷规定的现象。

● 韦昭度*　龙纪元年(889)—大顺二年(891)

吴融　《北梦琐言》卷四:"唐吴融侍郎策名后,曾依相国太尉韦公昭度,以文笔求知。每起草先呈,皆不称旨。吴乃祈掌武亲密,俾达其诚。且曰:'某幸得齿在宾次,唯以文字受眷。虽愧荒拙,敢不著力,未闻惬当,反甚忧惧。'掌武笑曰:'吴校书诚是艺士,每有见请,自是吴家文字,非干老夫。'由是改之,果惬上公之意也。"所谓"齿在宾次",即为幕府僚佐。据《旧唐书》卷一七九《韦昭度传》,"昭宗即位,阆州刺史王建攻陈敬瑄于成都,隔绝贡奉,乃以昭度检校司空、同平章事、成都尹、剑南西川节度招抚宣慰等使。昭度赴镇,敬瑄不受代。诏东川顾彦朗与王建合势讨之。昭度为行营招讨。卒岁只拔汉州。……昭度然之,奏请还都。昭度未及京师,建以重兵守剑门,急攻成都下之,杀敬瑄,自称留后。"韦昭度为藩镇,只此一事,则吴融当为韦昭度剑南西川节度使府僚佐。

夏侯籍　《北梦琐言》卷一一:"唐相国夏侯公孜,富贵后得彭、素之术,甚有所益。……有夏侯长官者,本反初僧也,曾依相国门庭,乱离后,挈家寄于凤州山谷,寻亦物故,惟寡妻幼子而已。……其子名籍,学吟诗,入西川依托勋臣,为幕下从事。"

崔□　《全唐文》卷三八八独孤及《送崔詹事中丞赴上都序》:"初,公由尚书郎出佐蜀郡。无何,熊轼畅毂,专席而坐,休绩布于巴汉。天子器之,时人谓公逸足骎骎,视公卿如步武耳。"

---

① 〔五代〕王定保:《唐摭言》卷一五,上海古籍出版社,1978年,第165~166页。

岭南东道

● 何履光　至德二载(757)

崔国辅　《全唐文》卷四〇二崔国辅《上何都督履光书》:"崔国辅谨上书于都督何公节下,昨有自府廷而退者云,君公垂责,以为怠于奉上之礼,死罪死罪。窃闻礼不妄说,人为近佞媚也;不好狎,自全仁义也。故教训正俗,非礼不备;君臣上下,非礼勿定;宦学事师,非礼勿亲。所以君子恭敬,撙节退让以明礼修身,践言合道以成礼。今人无礼,多涉于佞媚,不全于仁义。故以难进而易退,孜孜善行者为失礼,悲夫!古之有礼者则贵,今之有礼者则贱。虽然,君子修身,终不弃礼为苟容。诗云:'风雨如晦,鸡鸣不已。'言善人不拘俗也。国辅常见君公有谋赞之能,明恤之量,敢以大雅之道而事君公,殊不知君公以凡徒见待。君公闻叔向乎?闻张良乎?夫叔向者,不能言退,然不胜衣,为晋国之望;张良,妇人也,而懦夫下辈,宜君公不礼。萧曹为刀笔吏,碌碌无奇节。百里奚在虞而虞亡,在秦而秦霸;屈原之忠贞逐于楚,张仪之利口鞭于梁,皆士之屯蒙,莫能自异。仆今日何复言哉!"

● 杜佑　贞元元年(785)—贞元三年(787)

权德舆　关于权德舆与杜佑的关系,《唐语林》卷四"企羡"条自注云:"杜佑佐权德舆幕,李珏佐牛僧孺幕,后与使主同为相。"①其言有误。《旧唐书》卷一四八《权德舆传》云:"贞元初,复为江西观察使李兼判官,再迁监察御史。府罢,杜佑、裴胄皆奏请,二表同日至京。"据此可知,当权德舆尚在节镇为僚佐时,杜佑已为节度使,更不当佐权德舆之幕。权德舆应有短期在杜佑幕中之经历。在权德舆入朝之前,可能曾入杜佑幕,时杜佑为岭南节度使,与江西为邻镇。贞元十九年(803)杜佑入朝为相,直到元和七年(812)因病致仕。在此期间,元和五年(810),权德舆拜礼部尚书、同平章事。则权德舆与杜佑曾同朝为相。

---

① 〔北宋〕王谠撰,周勋初校证:《唐语林校证》卷四,中华书局,1987年,第381页。

● 韦丹＊　贞元八年（792）

王叔雅　《全唐文》卷七一三许志雍《唐故江南西道观察判官监察御史里行太原王公墓志铭》："公讳叔雅，字元宏，太原祁人也。……郡举进士，……为礼部侍郎刘太真深见知遇，再举而登甲科。浃辰之间，名振寰宇。俄为山南东道嗣曹王皋辟为从事。丁太夫人忧，服阕，调补右卫率府兵曹参军。环卫望高，以优贤也。未几为岭南连帅韦公丹举列上介，表迁左金吾卫兵曹参军。莲府才雄，军门瞻重，每下徐孺之榻，独夺陈琳之笔。属本使节制东川，府幕遂散，邀公独行，奏迁廷尉评兼监察御史。府公再迁慈晋，俄领江西，复随镇，拜监察御史里行，以南康□牧假行刺史事。……无何寝疾，经时沉痼，以元和四年正月七日告终于洪州南昌县之官舍。"按：韦丹曾任岭南东道节度使，《唐方镇年表》失考。据王叔雅仕历，韦丹节度岭南当在贞元八年，在李复与薛珏之间。王叔雅先入嗣曹王李皋山南东道幕，李皋于贞元三年（787）出镇山南，王叔雅当于此时或稍后入其幕，但不久丁母忧离职。按礼制丁忧期满应在贞元六年前后。丁忧期满他又担任右卫率府兵曹参军之职，不久便入岭南节度使韦丹幕，其时应在贞元七年、八年、九年数年间。岭南东道节度使自贞元三年至贞元八年为李复，贞元八年至十一年（795）为薛珏，所以韦丹为岭南东道节度使只能在贞元八年。据本志记载，韦丹调任剑南东川节度使，独邀王叔雅赴任，但实际上并未成行，因为自贞元二年（786）至十八年（802），剑南东川节度使一直是王叔邕担任，没有变动。朝廷有以韦丹接替王叔邕之命，但未能落实，韦丹只是名义上的东川节度使。后来韦丹改镇慈晋，不久又改镇江西。王叔雅则一直在其幕中。韦丹任江西观察使在元和二年（807）至五年（810），王叔雅便是在其幕任职期间去世的。

桂管

● 李某　元和五年（810）—元和八年（813）

卢遵　《全唐文》卷五七八柳宗元《送内弟卢遵游桂州序》："遵，予弟也。……以予弃于南服，来从予居五年矣。……则予之弃也，适累斯人焉，以爱予而慰其忧思，故不为京师游以取名当世。以桂之迹也,而中丞之道光大,多容贤者,故洋洋焉乐附而趋,以出其中之有夫如是,则宜奋翼鳞,乘内波以游乎无倪。往哉,其渐乎是行也。"柳宗元贬永州之第五年乃元和五年(810),据《唐方镇年表》,其时桂管观察使为李某,卢遵从永州赴幕。

华州

● 赵骘 *   约咸通七年(866)—中和二年(882)

郑仁表(掌书记) 《旧唐书》卷一七六《郑肃传》:"仁表擢第后,从杜审权、赵骘为华州、河中掌书记,入为起居郎。"按:赵骘镇华州,《唐方镇年表》失考。据《旧唐书》卷一七八《赵隐传》附:"弟骘,亦以进士登第。大中末,与兄隐并践省阁。咸通初,以兵部员外郎知制诰,转郎中,正拜中书舍人。六年,权知贡举。七年,选士,多得名流,拜礼部侍郎、御史中丞,累迁华州刺史、潼关防御、镇国军使,卒。"《唐方镇年表》以骆元光(李元谅)镇华州自德宗建中四年(783)至僖宗中和二年,其中有误。

晋慈

● 姚齐梧   贞元十一年(795)—贞元十二年(796)

柳公绰(观察判官) 《旧唐书》卷一六五《柳公绰传》:"公绰性谨重,动循礼法。……慈隰观察使姚齐梧奏为判官,得殿中侍御史。冬荐授开州刺史,入为侍御史,再迁吏部员外郎。"按本传"冬荐授开州刺史"一句,断为"冬,荐授开州刺史",误。如此断句,意为其年冬,柳公绰便被荐授开州刺史。传中未云何年,怎么突然出现一个"冬"字呢?是哪一年的冬天呢?其实"冬荐"乃唐朝后期一种选官、任官制度,这里是说柳公绰通过"冬荐"的途径获开州刺史的任命。

● 韦丹   元和元年(806)

王叔雅 《全唐文》卷七一三许志雍《唐故江南西道观察判官监察御史里行太原王公墓志铭》:"公讳叔雅,字元宏,太原祁人也。……未几为岭南连帅韦公丹举列上介,表迁左金吾卫兵曹参军。……属本使节制东川,府幕遂散,邀公独行,奏迁廷尉评兼监察御史。府公再迁慈晋,俄领江西,复随镇,拜监察御史里行"。据《旧唐书》卷一四《宪宗纪》,元和元年三月"己亥,以前剑南东川节度使韦丹为晋绛观察使"。

河西

● 萧嵩　开元十五年（727）—开元十七年（729）

裴宽　《新唐书》卷一〇一《萧嵩传》："十四年，以兵部尚书领朔方节度使。……回纥又杀凉州守将王君㚟，河陇大震。帝择堪任边者，徙嵩河西节度使，判凉州事，封兰陵县子。嵩表裴宽、郭虚己、牛仙客置幕府，以建康军使张守珪为瓜州刺史，完树陴坞，怀保边人。"知裴宽等人入萧嵩幕在河西。《唐方镇文职僚佐考》系于朔方镇，误。

郭虚己　同上。

牛仙客　同上。

● 安思顺　天宝六载（747）—天宝十一载（752）

李光弼（节度副使）　《旧唐书》卷一一〇《李光弼传》："（天宝）五载，河西节度使王忠嗣补为兵马使，充赤水军使。……八载，充节度副使、知留后事。"

● 崔希逸　开元二十五年（737）—开元二十六年（738）

马元庆（节度副使）　《全唐文》卷三一〇孙逖《授马元庆河西节度副使制》："敕：云麾将军右骁卫将军员外置同正员幽州节度副使上柱国马元庆，名重武臣，才优将略，有刚勇以制敌，能廉干以成务。河湟作镇，戎狄是虞，既资攻守之术，恒佐军州之任，可充河西节度副使，判凉州长史，兼赤水军副使，仍都知兵马使，余如故。"按：孙逖任中书舍人在开元二十四年（736）以后。马元庆的调任在其时，因此马元庆可能从张守珪幽州幕调至河西，大约在崔希逸任节度使时。《唐方镇文职僚佐考》据《册府元龟》卷三五八"将帅部·立功"条记载，系于王君㚟幕中。据《旧唐书》卷一〇三《王君㚟传》，马元庆曾在王君㚟手下任积石军副使，不是节度副使。可能的情况是：马元庆曾在河西任积石军副使，后入幽州任节度副使。当河西战事吃紧时，朝廷又把他调至河西任节度副使。其事当在崔希逸时。

陇右

● 哥舒翰　天宝十二载（753）—天宝十四载（755）

※严武　《旧唐书》卷一一七《严武传》："陇右节度使哥舒翰奏

充判官,迁侍御史。"《唐方镇文职僚佐考》系于哥舒翰河西幕,误。

安西四镇

●夫蒙灵詧　开元二十九年(741)—天宝六载(747)

王滔(行官)　《旧唐书》卷一〇四《高仙芝传》:"将军程千里时为副都护,大将军毕思琛为灵詧押衙,并行官王滔、康怀顺、陈奉忠等,尝构潜仙芝于灵詧。"

康怀顺　同上。

陈奉忠　同上。

毕思琛(押衙)　同上。

刘单　《旧唐书》卷一〇四《高仙芝传》:"天宝六载八月,仙芝虏勃律王及公主趣赤佛堂路班师。九月,复至婆勒川连云堡,与边令诚等相见。其月末,还播密川,令刘单草告捷书,遣中使判官王廷芳告捷。"其时安西四镇节度使为夫蒙灵詧,高仙芝为四镇兵马使,刘单为夫蒙灵詧幕中文士。

●高仙芝　天宝六载(747)—天宝十载(751)

刘单　《旧唐书》卷一〇四《高仙芝传》:"天宝六载八月,仙芝虏勃律王及公主趣赤佛堂路班师。九月,复至婆勒川连云堡,与边令诚等相见。其月末,还播密川,令刘单草告捷书,遣中使判官王廷芳告捷。……(夫蒙灵詧)又谓刘单曰:'闻尔能作捷书。'单恐惧请罪。"高仙芝为四镇兵马使,刘单为夫蒙灵詧幕中文士,却为高仙芝效力。夫蒙灵詧罢职,高仙芝接替他的四镇节度使的职务,刘单应被高仙芝留用。

附:安西行营节度使及其僚佐

●李嗣业＊　至德二载(757)—乾元二年(759)

段秀实(节度判官)　《旧唐书》卷一二八《段秀实传》:"嗣业既受节制,思秀实如失左右手,表请起复,为义王友,充节度判官。安庆绪奔邺,嗣业与诸军围之,安西辎重委于河内。乃奏秀实为怀州长史,知军州,加节度留后。"按:其时李嗣业统安西行营兵马,任镇西、北庭支度行营节度使,参加中原地区平叛,寓军怀州。

● 荔非元礼 *　乾元二年(759)—上元二年(761)

段秀实(节度判官)　《旧唐书》卷一二八《段秀实传》:"诸军进战于愁思冈,嗣业为流矢所中,卒于军,众推安西兵马使荔非元礼代之。秀实闻嗣业之丧,乃遣先锋将白孝德书,令发卒护嗣业丧送河内。秀实率将吏哭待于境,倾私财以奉丧事。元礼多其义,奏试光禄少卿,依前节度判官。"

● 白孝德　上元二年(761)—广德元年(763)

段秀实(节度判官)　《旧唐书》卷一二八《段秀实传》:"邙山之败,军徙翼城,元礼为麾下所杀,将佐亦多遇害,而秀实独以智全。众推白孝德为节度使,人心稍定。又迁光禄卿,为孝德判官。"按:白孝德初继荔非元礼之任,为安西行营节度使。《唐方镇文职僚佐考》系其事于邠宁镇,误。白孝德后"改镇邠宁,奏秀实试太常卿、支度营田二副使"。

威戎军

刘命昌(副使)　《全唐文》卷六二〇元友谅《汶川县唐威戎军制造天王殿记》:"副使彭城刘公命昌,辅佐戎军,恒持妙略,昔闻飞将,而见轻车。判官西河蔺公弅,风流倩倩,文质彬彬,阮元瑜书记之能,王仲宣从军之乐。……州守摄判官李建俌等,风情廓少,文武纵横,俱怀奉主之心,共守安边之术。"

蔺弅(判官)　同上。

李建俌(摄判官)　同上。

邕州

● 陈县 *　贞元中(785—805)

刘绶　《南部新书》甲:"贞元中,邕州经略使陈县怒判官刘绶,杖之二十五而卒。"

另外,唐代幕府有各种形式,如元帅府幕府,性质与方镇使府有别,但僚佐名称有的相同,因此容易混淆。《唐方镇文职僚佐考》将一些元帅府僚佐系于方镇使府,未加区别,不妥。

信安王李祎元帅府

王某等　高适《信安王幕府诗序》:"开元二十年,国家有事林胡,诏礼部尚书信安王总戎大举,时考功郎中王公、司勋郎中刘公、主客郎中魏公、侍御史李公、监察御史崔公,咸在幕府,诗以颂美数公,见于词凡三十韵。"①按:《新唐书·玄宗纪》云:"开元二十年正月乙卯,信安郡王祎为河东、河北道行军副元帅以伐奚、契丹。三月,战于蓟州,败之。"故王某以下等人在信安王元帅幕,乃行军统帅幕府,与方镇幕府不同。《唐方镇文职僚佐考》系于河东道,不妥。此河东、河北道之"道"与藩镇之"道",不是同一概念。

郭子仪元帅府

张镒(元帅府判官) 《旧唐书》卷一二五《张镒传》:"张镒,苏州人,朔方节度使齐丘之子也。以门荫授左卫兵曹参军。郭子仪为关内副元帅,以尝伏事齐丘,辟镒为判官。授大理评事,迁殿中侍御史。"

畅璀 《旧唐书》卷一一一《畅璀传》:"畅璀,河东人也。乡举进士。天宝末,安禄山奏为河北海运判官。三迁大理评事,副元帅郭子仪辟为从事。"

王寅(随军要籍) 《全唐文》卷四一二常衮《授王寅太子左谕德制》:"敕:关内河东副元帅随军要籍朝议郎试秘书省著作郎赐绯鱼袋王寅,业继儒门,才通吏术,尝践清秩,不渝素检。自参戎府,更展文韬,进职宫僚,用嘉勤绩,可试太子左谕德,余如故。"常衮于宝应、永泰年间知制诰,此制当草于此时。其时任关内、河东副元帅者,为郭子仪。《旧唐书》卷一二〇《郭子仪传》:"是时,河北副元帅仆固怀恩方顿军汾州,掠并、汾诸县以为己邑。乃以子仪兼关内河东副元帅、河中节度观察使,出镇河中。"此宝应元年事,在此之前,郭子仪已任关内副元帅。《唐方镇文职僚佐考》系于河东镇,又系于王缙幕,皆误。

虞当(判官) 《金石萃编》卷七九《第五公等题名》:"前相国京兆第五公自户部侍郎出牧括州,子婿关内河东副元帅判官、礼部郎中兼侍御史虞当自中都济河,于华阴拜见,从谒灵祠,因纪贞石,时

---

① 〔唐〕高适著,刘开扬注:《高适诗集编年笺注》,中华书局,1981年,第39页。

大唐大历五年六月四日。"①同谒者有司勋郎中兼侍御史李国清、仓部员外兼侍御史张昙、大理正兼监察御史王翙、右卫录事参军第五准。据《旧唐书·郭子仪传》,郭子仪从宝应元年起任关内河东副元帅,"德宗即位,诏还朝,摄冢宰,充山陵使,赐号'尚父',进位太尉、中书令,增实封通计二千户,给一千五百人粮,二百匹马草料,所领诸使、副元帅并罢"。可知直到德宗即位,关内河东副元帅一直由郭子仪担任。《唐方镇文职僚佐考》将虞当系于河东镇,又系于王缙幕,皆误。张昙一直是郭子仪幕府僚佐,亦可作为佐证。柳宗元《先君石表阴先友记》:"虞当,会稽人,为郭尚父从事。终沔州刺史,以信闻。"第五公即第五琦,《旧唐书》卷一二三《第五琦传》:"鱼朝恩伏诛,琦坐与款狎,出为处州刺史,历饶、湖二州。"据此碑,第五琦贬所当为括州。又据此碑或可为郭子仪杀张昙找到另一理由。《资治通鉴》卷二二五大历十三年十二月:"郭子仪以朔方节度副使张昙性刚率,谓其以武人轻己,衔之。孔目官吴曜为子仪所任,因而构之。子仪怒,诬奏昙煽动军众,诛之。"第五琦坐与鱼朝恩友善而遭贬,鱼朝恩一直与郭子仪为敌。在郭子仪幕中的虞当为第五琦之"子婿",当第五琦被贬括州路经华阴时,虞当特意"济河"前来送行,而同在郭子仪幕府中的张昙等人亦随虞当同谒,说明他们关系非同一般。郭子仪恨鱼朝恩专权跋扈,迁怒于张昙。因此在鱼朝恩、第五琦等人倒台后,便诛张昙以泄愤。

※柳并(掌书记) 《新唐书》卷二〇二《文艺传·柳并传》:"柳并者,字伯存。大历中,辟河东府掌书记,迁殿中侍御史。丧明,终于家。初,并与刘太真、尹征、阎士和,受业于颖士,而并好黄老。"按:所谓"河东府",当指关内、河东副元帅府。大历中,郭子仪一直担任关内河东副元帅,柳并乃郭子仪元帅府僚佐。《全唐文》卷三七二柳并《代汾阳王祭贞懿皇后文》:"维某年月日驸马都尉郭暧父、关内河东副元帅、司徒兼中书令、汾阳王、臣子仪谨遣上都进奏院官傅

---

① 〔清〕王昶编:《金石萃编》卷七九,收入中国东方文化研究会历史文化分会编:《历代碑志丛书》第5册,江苏古籍出版社,1998年,第570页。

涛,敢昭告于贞懿皇后行宫。……"正是柳并在郭子仪河东副元帅府为郭子仪起草的祭文。《唐方镇文职僚佐考》系于河东镇,又系于薛兼训幕,皆误。

待考

王璠 《旧唐书》卷一六九《王璠传》:"王璠字鲁玉,父础,进士,文辞知名。元和五年,擢进士第,登宏词科。风仪修饰,操履甚坚,累辟诸侯府。"

尹悦 《全唐文》卷七一三尹悦《瀛州使府公宴记》:"元和六年秋,悦奉方伯常山公命,致问于瀛州使府。"

卢渥 《全唐文》卷八〇九司空图《故太子太师致仕卢公神道碑》:"公讳渥,字子章,范阳人。……时宣宗锐意文治,白衣稍出流类,亦往往上门,故公中选甲科,籍则待制,名臣亦以得人为贺,皆为儒风隆替,当系于公。累辟诸侯府,亦以公去就为轻重。"

李筌 《云溪友议》卷上:"李筌郎中为荆南节度判官,集《阃外春秋》十卷。"①

张镐 《全唐文》卷三六六贾至《授张镐谏议大夫制》:"门下侍御史南汝节度判官张镐,……可谏议大夫。"

张继 《唐才子传》卷三:"尝佐镇戎军幕府。"

庞□ 《因话录》卷四:"京兆庞尹及第后,从事寿春。有江淮举人,姓严,是登科记误本,倒书庞、严姓名,遂赁舟丐食。就谒时,郡中止有一判官,亦更不问其氏,使诣门投刺,称从侄。"所谓"从事寿春"即在寿州任幕府僚佐。

独孤宁、独孤实 《全唐文》卷五七七柳宗元《送邠宁独孤书记赴辟命序》:"仆间岁骤游邠壃,今戎帅杨大夫时为候奄,尽护群校。……今又能旁贵文雅,以符召文士之秀者河南独孤宁,署为记室,俾职文翰。……独孤生与仲兄实连举进士,并时管记于汉中、新平二连帅府,俱以笔砚承荷旧德,位未达而荣如贵仕,其难乎哉!"按:《唐方镇文职僚佐考》已考定独孤宁入邠宁杨朝晟之幕,而其入

---

① 〔唐〕范摅:《云溪友议》卷上,古典文学出版社,1957年,第2页。

汉中、其仲兄独孤实入新平二镇则无考。

唐扶 《旧唐书》卷一九〇下《唐扶传》："扶字云翔,元和五年进士,累佐使府。……扶佐幕立事,登朝有名,及廉问瓯、闽,政事不治。"

郭彦 《全唐文》卷五二三杨于陵《为判官郭彦郎中谢手诏表》："臣某言:监军使判官马某至,伏奉敕书,奉宣口敕,慰抚臣及将士等。……叨佐戎旃,无借箸之谋。"

萧立南 《全唐文》卷三八八独孤及《唐故殿中侍御史赠考功郎中萧府君文章集录序》："侍御讳立南,兰陵人也。……天宝元年,诏征贤良方正,以备多士。公时年十七,射策甲科,盛名翕然,震喧京邑,论者知远大之迹自此始也。既而荏苒宦途,遭遇世故,历佐戎幕,周旋江海。攸徂之邦,必闻其政;嘉谟成绩,藏在诸侯之策。既言中彝伦,亦动与吉会,由是自廷尉评拜监察御史,转殿中侍御史。"

崔□ 《全唐文》卷三八八独孤及《送崔詹事中丞赴上都序》："初,公由尚书郎出佐蜀郡。无何,熊轼畅毂,专席而坐,休绩布于巴汉。天子器之,时人谓公逸足骎骎,视公卿如步武耳。既而剖符驱传,出入吴楚,专五城,佐三府,府罢身退,复藏于密,出处之道,历二十载而未光,知公者不堪其叹,公未始屑于胸臆。"按:崔某可能与同书同卷独孤及《送崔员外还鄂州序》中之"崔员外"为同一人,所谓"出入吴楚"者也。

崔密、崔绘 《旧唐书》卷一一七《崔宁传》："宁弟密,密子绘,父子皆以文雅称,历使府从事。"

窦叔向 《全唐诗》卷二四二有张继《送窦十九判官使江南》,又有《酬张二十员外前国子博士窦叔向》,后者乃窦叔向答诗,自署"前国子博士窦叔向"。可知窦叔向就任某使府判官。①

裴休 《旧唐书》卷一七七《裴休传》："裴休字公美,河内济源人也。……大和初,历诸藩辟召,入为监察御史、右补阙、史馆修撰。"

崔珙 《旧唐书》卷一七七《崔珙传》："珙,琯之母弟也。以书判

---

① 傅璇琮主编:《唐才子传校笺》卷四,第84页。

拔萃高等,累佐使府。性威重,尤精吏术。"

薛九 《全唐文》卷三一五李华《送薛九远游序》:"薛都卿以夷澹养素,以文章导志。……惠然访余,告以行迈,将棹溪吴越,濡札江峤。东南胜事,落尔胸中,况为诸侯上宾。知大夫之官族古所贵,勉之哉!"

源出韩愈散文的汉语成语

韩愈是一位语言大师,他给我们留下大量散文,不少作品成为历代传诵的名篇。现代汉语中有大量成语出于韩愈作品。

在韩愈的作品中,一方面使用了不少前人的成语,一方面也创造出不少新的词语,被后人沿用,形成新的成语。本文将源出韩愈散文的成语和韩愈使用的成语做了区分,这样有助于了解韩愈在语言方面的创造性。在区别这两类成语的基础上,考查哪些是源出韩愈作品的成语,分析这些成语的思想文化含义,从而对韩愈锤炼语言的经验和他的思想倾向获得进一步的认识。

韩愈现存散文330题,358篇,另有《顺宗实录》五卷。[1] 笔者遍读韩愈散文作品,找出源出韩愈作品的成语,对这些成语进行研讨,而后分析这些成语的语源、本义,指出其词义和褒贬色彩的沿袭和变化,从而看出韩愈散文在现代汉语中的影响。

一

韩愈是一位政治家和思想家。在中唐时期由他倡导的散文革新,实际上是配合他的政治活动和思想领域里的儒学复古运动而开展的。他的散文有的是发表他对社会政治的意见,那些经他锤炼而被后人作为成语使用的词语,有的出于对社会政治的议论。

这些词语有的表达了他对社会政治的理想。韩愈宣扬"圣人"之治,他把"圣人"之治的理想寄托于君贤臣良:有圣明的君主在位,

---

[1] 依据〔唐〕韩愈撰,马其昶校注,马茂元整理:《韩昌黎文集校注》,上海古籍出版社,1986年。本文所引韩愈文章均出自此书,不再出注。

有贤良的宰相辅政,各级官员勤政爱民,政通人和,百姓安康,人尽其用。在论述皇帝和宰相的作用时,他有许多深刻的见解和精辟的语言,因此为后人所沿用。

韩愈有一些歌颂当今皇上的文章,在他歌颂皇帝时,一方面充满溢美之词,另一方面也同时展现了他心目中的皇帝的形象。如《潮州刺史谢上表》:"陛下即位以来,躬亲听断,旋乾转坤"。乾,指天;坤,指地。"旋乾转坤"的意思是扭转天地,比喻从根本上改变社会面貌或现在的局面,也形容人极有魄力。韩愈生活在一个大乱始平而又危机四伏的时代,他希望有一位英明的君王能够奋发有为,中兴唐室。《潮州刺史谢上表》又用"雷厉风飞"形容宪宗的施政作风,意思是严厉威猛。《贺册尊号表》云:"经纬天地之谓文,戡定祸乱之谓武。"韩愈熔铸前人语句,①用"戡定祸乱"赞美宪宗的武功。唐宪宗即位后,削平了好几个跋扈的藩镇,这与宪宗施政刚强威猛有关。韩愈用"雷厉风飞"赞美他的施政作风,用"戡定祸乱"肯定他的武功。"鸟兽率舞"(《贺册尊号表》)则是韩愈对皇帝圣明、天下太平的一种向往。率,一起。飞鸟走兽一起婆娑起舞。形容政治清明,鸟兽也受到感化。《贺册尊号表》写宪宗:"众美备具,名实相当,赫赫巍巍,超今冠古。""赫赫巍巍",显赫高大的样子。"超今冠古",超越古今。

儒家的理想政治是"仁政",这种政治在孔子那里就是"君君,臣臣,父父,子子"(《论语·颜渊》)。在这种政治环境中,明君、贤臣是必不可少的。但是道家主张无为而治。老庄宣扬的是"小国寡民"的政治主张,非毁所谓"仁义"学说,否定君主的作用和价值。《庄子·胠箧》:"圣人不死,大盗不止。""掊斗折衡,而民不争。"韩愈反对道家的这种主张,在《原道》一篇中强调"圣人"的作用,其中有"为之贾,以通其有无"。《三国志·吴书·周瑜传》记载:"坚子策与瑜同年,独相友善,瑜推道南大宅以舍策,升堂拜母,有无通共。"韩愈语出此,但原文的意思是两家之间互相周济的意思。而以"互通有

---

① 《尚书·康王之诰》:"毕协赏罚,戡定厥功,用敷遗后人休。"

无"论商业活动的作用,韩愈为首创。韩愈在文章中论述圣人的作用是为政理民,说他们为百姓安排了从事商业活动的人,百姓们可以赖之互通有无。《原道》言圣人的作用:"害至而为之备,患生而为之防。"韩愈语出《易·既济》:"君子以思患而豫防之。"后演变为"防患于未然"。

韩愈还论述了明君施政的原则,例如对待人民和自然万物的态度。《读墨子》:"孔子泛爱亲仁,以博施济众为圣,不兼爱哉?""博施济众"的意思是广泛施以恩惠,使众人都得到救助。语本《论语·雍也》:"子贡曰:'如有博施于民而能济众,何如?可谓仁乎?'"韩愈则将"博施"与"济众"凝铸为成语。《原人》:"人者,夷狄禽兽之主也。主而暴之,不得其为主之道矣。是故圣人一视而同仁,笃近而举远。""一视而同仁",后人省去虚词"而",便成为成语"一视同仁"。意思是同样看待,不分汉人和夷狄,不分人类和禽兽。韩愈这样论述圣人对待人与万物的态度,受到后人赞赏,徐敬思说:"此文已为西铭(张载)开端发钥。一视同仁,理一也;笃近举远,分殊也。推其道,欲使夷狄禽兽皆得其情。其言仁体,广大之至,直与覆载同量。"①又如在选拔人才方面,他认为圣君应该公平用人,不问亲疏,唯才是举。《原人》中提出要"笃近而举远",后人省去虚词"而",便成为成语"笃近举远"。意思是不仅对关系亲近的人厚道,对关系疏远的人也加以举荐,指选用人才不分亲疏。韩愈认为圣明的天子应该为民着想,减轻人民负担。《平淮西碑》:"高宗中睿,休养生息。""休养生息"被后人用作成语,指在战争或社会大动荡之后,减轻人民负担,安定生活,恢复元气。

宰相代天子以理万民,韩愈对宰相寄予很大的希望。他有不少关于宰相作用和地位的论述。《进学解》云:"登明选公,杂进巧拙,纡余为妍,卓荦为杰,校短量长,惟器是适者,宰相之方也。""登明选公"意思是选拔人才既明察又公正。"杂进巧拙"意思是不论聪明的和愚笨的人都加以合理使用。"纡余为妍",纡余,指有才气的人态

---

① 转引自《韩昌黎文集校注》,第25页。

度从容大方;妍,美。意思是人的才气、气度也是一种美。后人用之,形容歌曲、文章曲折有致。①"卓荦为杰",指出众的人才。"校短量长"字面的意思是比较和衡量长短,指比较和衡量人才和事物的优劣长短。"惟器是适",适,适当安置;器,才气、才能。意为不论有怎样才气的人都能够加以适当安置,充分发挥他的作用。韩愈认为宰相是治世之根本,万民之表率。要澄清天下吏治,应该从宰相做起。《为韦相公让官表》:"臣闻宰相者:上熙陛下覆焘之恩,下遂群生性命之理,以正百度,以和四时,澄其源而清其流,统于一而应于万。"其中"澄其源而清其流"被后人用作成语"澄源清流",字面的意思是澄清水源之后,整个水流就自然清澈了。本义指宰相是天下之根本,如果任用合适的人做宰相,普天下吏制就会好起来。引申为从根本上解决问题。

要治理好天下,还要靠各级官员,特别是地方官吏。韩愈向往一个吏治清明的时代,所以他对各级官员的才能和素质非常关心。"威行如秋,仁行如春"语出《与凤翔邢尚书书》,意思是施展威刑像秋风一样使人畏惧,施行仁政如春风一样令人温暖。用这样的比喻歌颂凤翔节度使邢君牙,寄托着韩愈对地方官员的理想,被后人用作成语。《试大理评事王君墓志铭》:"改试大理评事,摄监察御史观察判官,枊垢爬痒,民获苏醒。""枊垢爬痒"意思是去垢抓痒。比喻做地方官的在任上打击邪恶,除暴安良。韩愈认为一个担任地方官的人既受百姓监督,又为百姓所仰望。他用"万目睽睽"来形容这种情况。《郓州溪堂诗并序》:"而公承死亡之后,掇拾之余,剥肤椎髓,公私扫地赤立,新旧不相保持,万目睽睽。""万目睽睽",后来也作"众目睽睽"。

韩愈生活的时代,社会上有很多不良风气,为他所深恶痛绝。他在文章中对这些不良风气、恶劣现象进行了无情的抨击。他对当

---

① 如《四库全书总目提要》评明乌斯道《春草斋集》:"宋濂为作集序,所谓俊洁如明月珠者,盖状其圆润。所谓汹涌如春江涛者,则与其文之纡余为妍,颇不相肖。"清许南英《寄题邱仓海工部澹定村心太平草庐》:"邱君仓海高尚士,卓荦为杰纡徐妍。卜筑梅州幽绝处,买山更买数顷田。"(《窥园留草》)

时官场的贪图享乐、不思进取进行了批评,《平淮西碑》:"相臣将臣,文恬武嬉。""文恬武嬉"的意思是文官图安逸,武官贪玩乐。指文武官吏一味贪图享乐,不关心国事。他对官员们尸位素餐深为不满。《平淮西碑》又云:"大官臆决唱声,万口和附,并为一谈,牢不可破。""牢不可破"的意思是异常坚固,不可摧毁或拆开。形容人的意志坚定或态度固执,不能动摇,也用于指人固执己见或保守旧习。在《送李愿归盘谷序》中,他借一位归隐者之口批评了那些所谓"大丈夫"惰于政事的行为:"与其有誉于前,孰若无毁于其后;与其有乐于身,孰若无忧于其心。车服不维,刀锯不加,理乱不知,黜陟不闻。""车服不维"指不受官职约束。"刀锯不加"指不受刑罚惩处。"理乱不知"讽刺所谓"大丈夫"不问政治,不关心国事。"黜陟不闻",指对人才的进退、官吏的升降不闻不问。后来引申为清高自守,如宋汪莘《野趣亭》:"理乱吾不知,黜陟吾不闻。"用人者赏罚不公,造成有功不赏,老而见弃,对此韩愈借"笔"的遭遇进行了批评。《毛颖传》:"颖始以俘见,卒见任使,秦之灭诸侯,颖与有功,赏不酬劳,以老见疏,秦真少恩哉!""赏不酬劳"后来成为成语。

二

韩愈以儒学传统的继承人自居,一生以辟佛反老、树立儒家道统为己任,他倡导古文运动的目的就是宣扬儒学。在他这样的文章中,有不少经他锤炼的词语成为后人习用的成语,这些成语鲜明地表达了他的思想学术立场。

韩愈认为要树立儒家思想,就必须批判佛教和道家、道教的荒谬学说,否则儒家思想的正统地位就无从树立起来。他总结先秦以来中国思想界的状况,批评人们党同伐异的宗派主义倾向。《原道》:"其言道德仁义者,不入于杨,则入于墨;不入于老,则入于佛。入于彼,必出于此。入者主之,出者奴之;入者附之,出者污之。"这几句话被后人概括为成语"入主出奴"。意思是崇信了一种学说,必然排斥另一种学说;把前者奉为主人,必然把后者当作奴仆。这种入主出奴的结果就是儒学衰落。那么如何振兴儒学呢？《原道》："然则，如之何而可也？曰：不塞不流，不止不行。人其人，火其书，庐其居，明先王之道以道之，鳏寡孤独废疾者有养也；其亦庶乎其可也？"意思是不破除旧的，就不能建立新的。韩愈辟佛反老，独倡儒道。他认为不破除佛老的思想学说，儒家先王之道就不能兴起。"不塞不流，不止不行"被用作成语。在韩愈的文章中，批评佛教和道家、道教的内容不少。《原道》批评老子"坐井而观天"，称其眼界狭小，见识不广。有人认为韩愈语出于《尸子》"井中视星，所视不过数星"，马其昶注"韩公未必用《尸子》语"。按：韩愈语当出《庄子·秋水》："井蛙不可以语于海者，拘于虚也。"但用语有创造性，庄子以井蛙为喻，批评只听传闻者。韩愈则以井底之蛙比喻那些眼光狭隘、见识狭小者。后人用作成语"坐井观天"。

但是，韩愈也认识到儒学本身存在着危机，因为从秦始皇焚书坑儒以来，儒学受到打击，一蹶不振。虽然汉代"罢黜百家，独尊儒术"，经过汉儒的努力，儒学有所复兴，但是问题很多。他用"名存实亡""百孔千疮""千钧一发"来形容儒学的现状。《处州孔子庙碑》："郡邑皆有孔子庙，或不能修事，虽设博士弟子，或役于有司，名存实亡。""名存实亡"，名义上还存在，实际上已消亡。《与孟尚书书》："汉氏以来，群儒区区修补，百孔千疮，随乱随失，其危如一发引千钧，绵绵延延，浸以微灭。""百孔千疮"形容缺漏弊病很多。"一发引千钧"后用作"千钧一发"。千钧重物用一根头发系着，比喻情况万分危急。在儒学中，韩愈认为孔子之道最醇，而孟子、荀子的思想有可取有不可取。《原道》中他批评荀子和扬雄："荀与扬也，择焉而不精，语焉而不详。""语焉不详"后来用作成语。《读荀子》云："荀与扬，大醇而小疵。"后人去掉虚词"而"，便成为成语"大醇小疵"，意思是大体上完美，只是略有缺点。

韩愈说儒道传至今日，学说混乱，历来注家异说纷呈，错误很多。《施先生墓铭》云："古圣人言，其旨密微，笺注纷罗，颠倒是非。""颠倒是非"成语出于此。他要把颠倒的是非再颠倒过来。在《进学解》中，他借学生的话形容自己的工作："抵排异端，攘斥佛老。补苴罅漏,张皇幽眇。寻坠绪之茫茫,独旁搜而远绍。障百川而东之,回狂澜于既倒。先生之于儒,可谓有劳矣。"这一段话中被后人用作成语的有"补苴罅漏",意思是补好裂缝,堵住漏洞。比喻弥补儒家学说的缺陷。有"张皇幽眇",指阐发、张扬儒家思想或著述中的深妙精微之处。有"旁搜远绍",意思是广泛地搜集引证资料,追根溯源地说明来历,承袭前人学说。还有"回狂澜于既倒",后人简化为"力挽狂澜"。本义是指把大家的思想引导到儒家思想传统上来,扭转儒家学说在思想领域里的颓势;后多比喻尽力挽回危险的局势。

韩愈致力于恢复儒学的正统地位。为了实现辟佛反老、张扬儒学的理想,韩愈勤苦治学。在《进学解》中,他通过学生的话讲自己治学的态度:"先生口不绝吟于六艺之文,手不停披于百家之编。记事者必提其要,纂言者必钩其玄。贪多务得,细大不捐。焚膏油以继晷,恒兀兀以穷年。"其中"记事者必提其要,纂言者必钩其玄"被后人概括为成语"提要钩玄",指抓住精神实质,举出要义。"口不绝吟""手不停披""贪多务得""细大不捐""焚膏继晷""兀兀穷年"都被用作成语。"贪多务得"本义指学习时力求最大限度地获取所需要的东西,后成为贬义词,泛指欲望很大,并且想方设法地去达到目的。"细大不捐"本义指做学问兼收并蓄,后多指不论大小多少,都不丢掉,表示要兼收并蓄。"焚膏继晷"意思是点上油灯,接续日光,形容夜以继日地勤奋学习。"兀兀穷年",指一年到头,辛辛苦苦地治学。

他在自己的文章中也经常讲到治学的方法和体会,许多话至今有启发和借鉴意义,并通过成语形式流传下来。《读仪礼》谈他如何研究《仪礼》:"古书之存者希矣,百氏杂家尚有可取,况圣人之制度邪?于是掇其大要,奇辞奥旨著于篇,学者可观焉。"其中"掇其大要""奇辞奥旨"被用作成语,"掇其大要"的意思是选取主要的东西;"奇辞奥旨"的意思是奇妙的言辞、深厚的含义。他读古代典籍,精心地从中挑选精华,吸收有用的东西。他在《进学解》里用"爬罗剔抉""刮垢磨光"来形容,后来都被用作成语。"爬罗剔抉"指细心地搜罗、仔细地选择。"刮垢磨光"的意思是刮去尘垢,打磨光亮。比喻仔细琢磨,精益求精。他说他对古人的学说全面继承,就像医师搜集各种有医药价值的东西一样:"玉札丹砂,赤箭青芝,牛溲马勃,败鼓之皮,俱收并蓄,待用无遗者,医师之良也。""俱收并蓄"被用作成语,也作"兼收并蓄",意思是不加区别,统统收纳包容。他说他阅读古人的典籍,仔细体会。《进学解》:"沈浸醲郁,含英咀华"。英、华,花,这里指精华;咀,细嚼,引申为体味。"含英咀华",把花朵放在嘴里慢慢咀嚼,比喻细细地琢磨、欣赏和领会诗文的精华。他认为治学要勤奋,成功靠思考。《进学解》中作为先生,他教导学生们:"业精于勤,荒于嬉;行成于思,毁于随。"后人引用中形成"业精于勤""业荒于嬉""行成于思"等几个成语。

由于他好学深思,他对古代各种典籍都有自己的看法和观点。《进学解》里概括自己读过的古代名著:"上规姚姒,浑浑无涯;周《诰》、殷《盘》,佶屈聱牙;《春秋》谨严,《左氏》浮夸;《易》奇而法,《诗》正而葩;下逮《庄》《骚》,太史所录;子云、相如,同工异曲。先生之于文,可谓闳其中而肆其外矣。"从这几句里后人承用或提炼出下列成语:"浑浑无涯""佶屈聱牙""同工异曲""闳中肆外"。"浑浑无涯"形容广阔无边,博大精深。用来赞誉内容丰富的巨著,后来也有人用字面意思形容水势浩瀚。"佶屈聱牙"指句子读起来不顺口。"同工异曲"意思是曲调虽异,演奏得却同样精妙。比喻不同人的文章或艺术有同样高的造诣,或做法虽不同而效果却一样。"闳中肆外"指文章内容丰富,在语言形式和表现手法上又能尽情发挥。

三

韩愈是文学家、史学家,除著文表达他的学术思想外,他在文学、史学上也有独到见解,他这方面的文章中也有不少用语成为成语,为后人沿用。

韩愈在散文写作方面有许多精辟的见解。他倡导的古文运动,实际上是以复古为旗号,进行散文语言形式的改革。他反对六朝以来的骈体文,要恢复先秦两汉时期的散体单句形式,所以他强调向古人学习。《答刘正夫书》云:"今后进之为文,能深探而力取之以古圣贤人为法者,虽未必皆是,要若有司马相如、太史公、刘向、扬雄之徒出,必自于此,不自于循常之徒也。"其中"深探而力取",后人省去虚词"而",便用为成语。宋王安石《次韵欧阳永叔端溪石枕蕲竹簟》:"公材卓荦人所惊,久矣四海流声名。天方选取欲扶世,岂特使以文章鸣。深探力取常不寐,思以正议排纵横。"刘鹗《抱残守缺斋·壬寅日记》:"今年金石、碑版所耗近万金,若不深探力取,冀有所得,何以对吾钱乎?"他强调语言要创新。《答李翊书》提出"惟陈言之务去"。陈言,陈旧的言辞;务,务必。陈旧的言辞一定要去掉。指写作时要排除陈旧的东西,努力创新。后人将"惟陈言之务去"简化为"陈言务去"。《南阳樊绍述墓志铭》从这一点出发,肯定樊绍述的文风:"然而必出于己,不袭蹈前人一言一句,又何其难也!必出入仁义,其富若生蓄万物,必具海含地负、放恣横从,无所统纪;然而不烦于绳削而自合也。"其中"海含地负"被用作成语,如海之能包容,地之能负载,比喻才能特异。他强调写作要做到"文从字顺",《南阳樊绍述墓志铭》:"既极乃通发绍述,文从字顺各识职,有欲求之此其躅。""文从字顺"指文章语言通顺,表义明确。

韩愈的诗风是追求奇崛险怪,在中唐诗坛上他和孟郊代表的一派与元白诗派正好相反,元白追求平易晓畅,韩孟则以创造新异怪奇为美,所以韩愈论诗赞成这种诗风。他在《送穷文》中用"怪怪奇奇"形容自己的文风,意思是怪异奇特,与众不同。《贞曜先生墓志铭》写孟郊作诗:"钩章棘句,掐擢胃肾。"钩,弯曲;章,章节;棘,刺;句,文句。"钩章棘句"用作成语,形容文辞艰涩拗口。《贞曜先生墓志铭》形容孟郊的诗云:"神施鬼设,间见层出。"形容诗文十分精妙。《祭柳子厚文》:"子之中弃,天脱馽羁。玉佩琼琚,大放厥辞,富贵无能,磨灭谁纪?""大放厥辞",本指极力铺陈辞藻。柳宗元主张革新,失败后被贬为永州司马,后迁柳州刺史。他在官场上屡屡失意,但文学成就很高。韩愈说他摆脱了政治上的约束后,在文学上"玉佩琼琚,大放厥辞"。后人使用这个成语,指夸夸其谈,大发议论,为贬义词。"间见层出"也被用作成语,意思是反复出现。《送权秀才序》：" 权生之貌，固若常人耳。其文辞引物连类，穷情尽变。宫商相宣，金石谐和，寂寥乎短章，春容乎大篇。""引物连类"，指引证或引喻某一事物，而连带及于同类的其他事物。

韩愈认为文学修养的形成和文学成就的取得有着多方面的因素，其中有环境的熏陶。《清河郡公房公墓碣铭》写房氏："公胚胎前光，生长食息，不离典训之内，目濡耳染，不学以能。""目濡耳染"，后人又写作"耳濡目染"，意思是耳朵经常听到，眼睛经常看到，不知不觉地受到影响。其次是从古代典籍中吸取营养。《考功员外卢君墓铭》："君时始任戴冠，通《诗》《书》，与其群日讲说周公孔子以相磨砻浸灌，婆娑嬉游，未有舍所为为人意。""磨砻浸灌"意思是切磋浸染，勤学苦练，始终不懈。还有就是受到前辈的指教。《柳子厚墓志铭》说在柳宗元任职的地方，那些学子们"其经承子厚口讲指画为文词者，悉有法度可观"。"口讲指画"，意思是一面讲说一面用手势帮助表达意思。《南阳樊绍述墓志铭》夸奖樊绍述作文"不烦绳削而自合也"，意思是用不着纠正和斧削。形容樊氏才思敏捷，落笔成文便严谨而自然，无须修改润色。韩愈还提出一个著名的观点，就是诗人往往在遭遇坎坷时才能写出好的作品。《荆潭唱和诗序》云："夫和平之音淡薄，而愁思之声要妙；欢愉之辞难工，而穷苦之言易好也。"文人越是穷困不得志，诗文就写得越好。宋欧阳修在《梅圣俞诗集序》中重复了韩愈的这个观点，云："予闻世谓诗人少达而多穷，夫岂然哉！盖世所传诗者，多出于古穷人之辞也。……盖愈穷则愈工。然则非诗之能穷人，殆穷者而后工也。"后人概括为成语"穷而后工"。

关于文学的价值，韩愈认为应该要歌颂国家的太平和天子的功德。在《潮州刺史谢上表》中，他说自己的才能"作为歌诗，荐之郊庙，纪泰山之封，镂白玉之牒，铺张对天之闳休，扬厉无前之伟绩"。后人概括为"铺张扬厉"，本义指对天子的圣德和功业竭力铺陈渲染，力求发扬光大。后来成为贬义词，多形容过分讲究排场。同时，韩愈又认为文学要表达真情实感，抒发不平之鸣。《送孟东野序》中云"大凡物不得其平则鸣"，后人简化为"不平则鸣"。意思是遭遇不平就要叫喊,就要表示不满和反抗,而文学就是这种不平则鸣的工具。如果背离了韩愈的为文之道,韩愈就会加以批评。《送孟东野序》又云:"其下魏晋氏,鸣者不及于古,然亦未尝绝也。就其善者,其声清以浮,其节数以急,其辞淫以哀,其志弛以肆。其为言也,乱杂而无章。""乱杂而无章",被后人简化为"杂乱无章",本义是形容文学脱离了正道,没有章法,没有条理。后来意义越来越广泛,形容各种没有秩序、没有章法的混乱现象。

韩愈也是史学家,史学上的成就有《顺宗实录》传世。他对史学的见解,不像文学那么丰富。《送杨少尹序》:"而太史氏又能张大其事为传继二疏踪迹否?"张,宣传扩大。本来是褒义,意思是史学家要大力宣扬那些品质高尚的人。后来把"张"理解为把原来的事情夸大,形容言过其实。《答元侍御书》:"而足下年尚强,嗣德有继,将大书特书,屡书不一书而已也。""大书特书"被用作成语,指对意义重大的事情特别郑重地加以记载。本文讲甄济父子的事迹值得表彰,希望元稹大书特书。《进〈顺宗皇帝实录〉表状》:"吉甫慎重其事,欲更研讨,比及身殁,尚未加功。""慎重其事"本义强调对历史的记录要小心从事,被用作成语,意义比较广泛,指对某一事的态度严肃认真。

四

在韩愈的文章中,有很多关于人的评价。有颂扬,有赞美,有贬斥,有同情,有钦佩,有不平,也有的讲做人的道理。有不少精彩的词语寄托了韩愈的人格理想和爱憎情感,因为精练生动、含义丰富而为后人沿用,成为成语。

韩愈以复兴儒学为己任,因此推崇儒家先贤。《进学解》盛赞孟子和荀子,曰:"是二儒者,吐辞为经,举足为法,绝类离伦,优入圣域。"其中"吐辞为经""举足为法""绝类离伦""优入圣域"都被后人用作成语。"吐辞为经",出口所说的话成为不可动摇的或权威的言论。形容人的思想正确,理论为人所接受。"举足为法",形容人的行为高尚,一举一动为后人所效法。"绝类离伦",形容超群出众。"优入圣域",形容人的思想境界很高,达到了圣人的地步。《与李翱书》:"孔子称颜回'一箪食,一瓢饮,人不堪其忧,回也不改其乐'。彼人者,有圣者为之依归,而又有箪食瓢饮足以不死,其不忧而乐也岂不易哉!""箪食瓢饮"语出于《论语·雍也》:"一箪食,一瓢饮,在陋巷,人不堪其忧,回也不改其乐。"韩愈将孔子的话凝铸为成语。《省试颜子不贰过论》:"颜子自惟其若是也,于是居陋巷以致其诚,……确乎不拔,浩然自守,知高坚之可尚,忘钻仰之为劳,任重道远,竟莫之致。"这里用"浩然自守"赞美颜渊,意思是严于自律,坚守节操,保持浩然正气和宽宏的气度。

儒家以立德、立言、立功为"三不朽"。韩愈不仅自己向往在政治上建功立业,也对那些政治上有所建树的人充满赞叹之情。《司徒兼侍中中书令赠太尉许国公神道碑铭》:"尝一抵京师,就明经试,退曰:'此不足发名成业。'""发名成业"被用作成语,意思是发扬名声,成就事业。《上襄阳于相公书》赞叹于氏:"阁下负超卓之奇材,蓄雄刚之俊德,浑然天成,无有畔岸。""浑然",亦作"混然",完全融合的状态。天成,自然形成。"浑然天成"的意思是完全融合在一起,就像是自然形成的。本义是形容人兼具才华与德行,自然完美。后来多用来形容诗文结构严密自然,用词运典毫无斧凿痕迹。《与于襄阳书》云:"侧闻阁下抱不世之才。"又《送许郢州序》:"于公身居方伯之尊,蓄不世之材,而能与卑鄙庸陋相应答如影响。"不世,少有的,非常的。这里都是用"不世之才(材)"评价于氏的政治才干。《与袁相公书》:"又习于吏职,识时知变。""识时知变"是对袁氏的称美,意思是能认清时势,通达权变。

韩愈赞美那些志怀天下、勤苦为民的志士。《争臣论》:"自古圣人贤士皆……闵其时之不平,人之不义,得其道,不敢独善其身,而必以兼济天下也,孜孜矻矻,死而后已。""孜孜矻矻"形容勤勉不懈的样子。在韩愈的文章中也赞扬那些廉洁奉公的人。《行难》写陆参:"贞元中,自越州征拜祠部员外郎,京师之人日造焉,闭门而拒之满街。""闭门而拒之"称赞陆参不接见那些请托巴结的人,后用作

"闭门不纳"或"拒之门外"。韩愈痛恨社会上的邪恶势力,对那些不满现实的人表现出同情和赞扬。《杂说》其三:"然吾观于人,其能尽其性而不类于禽兽异物者,希矣。将愤世嫉邪,长往而不来者之所为乎?""余将特取其愤世嫉邪而作之"。邪,丑恶势力。对不合理的社会现象和丑恶势力充满愤怒和痛恨。文章赞美不与世俗现象和黑暗势力同流合污的品质。《故幽州节度判官赠给事中清河张君墓志铭》:"君抵死口不绝骂,众皆曰:'义士!义士!'"成语"骂不绝口"出于此。《唐故国子司业窦公墓志铭》:"公一举成名而东,遇其党必曰:'非我之才,维吾舅之私。'""一举成名",原指一旦中了科举就扬名天下,后指一下子就出了名。语本西汉刘向《战国策·秦策一》:"然则是一举而伯王之名可成也。"韩愈则将其凝铸为成语。

　　韩愈对那些富有才华的人表示赞美。《与崔群书》:"比亦有人说足下诚尽善尽美"。"尽善尽美",意思是极其完善,极其美好。指完美到没有一点缺点。本于《论语·八佾》:"子谓《韶》:'尽美矣,又尽善也。'谓《武》:'尽美矣,未尽善也。'"本义形容音乐之美,韩愈则将散句凝铸为成语,并用来形容人的品格,赞美崔群。柳宗元跟韩愈一样是古文运动的倡导者、著名文学家。韩愈对他的文学才华给予了充分的肯定。《柳子厚墓志铭》称赞他"虽少年,已自成人,能取进士第,崭然见头角"。崭,突出;露,显露。头上的角已明显地突出来了,指刚刚显露出优异的才能。后来被用作成语"崭露头角"。《柳子厚墓志铭》又称赞柳宗元"俊杰廉悍,议论证据今古,出入经史百子,踔厉风发,常率屈其座人"。"俊杰廉悍"被用作成语,意思是俊秀出众,廉洁不贪,精明强悍。"踔厉风发",形容精神振作,意气风发。

　　爱憎分明的韩愈在文章中对社会丑恶现象与邪恶势力进行了激烈的抨击、挖苦和嘲笑。那些入木三分的辛辣讽刺和形象生动的描摹刻画常常使人印象深刻,其遣词造语往往为后人袭用,因此形成成语。《送李愿归盘谷序》借李愿的话,描写那些所谓"大丈夫"的生活:"曲眉丰颊,清声而便体,秀外而惠中,飘轻裾,翳长袖,粉白黛绿者,列屋而闲居,妒宠而负恃,争妍而取怜。"其中描写那些达官贵人们身边的美女,声色并具。"曲眉丰颊",弯弯的眉毛,丰润的脸颊。形容相貌美丽富态。"清声便体"写声音、体态,声音清润,体态轻盈。便,轻盈的意思。"秀外而惠中"在后人的使用中省作"秀外慧(惠)中",意思是容貌秀美,资质聪明。"争妍而取怜"也被后人省去"而",本义为众多姬妾争相向主人献媚讨好,后来也引申为迎奉巴结权贵。在《柳子厚墓志铭》里,韩愈对那些虚伪奸诈之徒表达了极大的厌恶:"指天日涕泣,誓生死不相背负,真若可信。一旦临小利害,仅如毛发比,反眼若不相识,落陷阱,不一引手救,反挤之,又下石焉者。""指天誓日"被用作成语,指着天对着太阳发誓。表示意志坚决或对人表示忠诚。从韩愈的文章里,人们又概括出成语"落井下石",比喻乘人有危难时加以陷害。在《与崔群书》一文里,他对社会的不公、是非的颠倒表示愤慨:"贤者恒无以自存,不贤者志满气得。""志满气得",在韩愈文章里又作"气满志得",《荆潭唱和诗序》云:"至若王公贵人气满志得,非性能而好之,则不暇以为"。意思是志向实现,心满意足。又作"志得意满"。在《送穷文》中,韩愈把那些坑害自己的小人比作"五鬼",说他们"饥我寒我,兴讹造讪;能使我迷,人莫能问;朝悔其行,暮已复然;蝇营狗苟,驱去复还"。其中"兴讹造讪"的意思是兴起谣言,制造诽谤,形容对人造谣毁谤。"蝇营狗苟"比喻为了追逐名利,不择手段,像苍蝇一样飞来飞去,像狗一样苟且偷生,形容没有廉耻的卑污人物。

五

韩愈早年生活艰难,辛苦备尝,长大后求仕艰辛,由于为人刚正,正直敢言,多次受到打击,仕途坎坷。他的文章有"自鸣其不幸"之作。在这样的文章中,有的直抒胸臆,发泄怨愤;有的托物言志,委婉曲折;也有的正话反说,自嘲自讽,自怨自艾。这些抒情性极强的文章语言常带有强烈的感情色彩,常常引起那些失志不平的人的共鸣,因此为人传诵。

回忆早年的生活,韩愈曾说自己"形单影只"。《祭十二郎文》

云:"承先人后者,在孙惟汝,在子惟吾,两世一身,形单影只。"形,身体;只,单独。只有自己的身体和自己的影子,形容孤独,没有同伴。《代张籍与李浙东书》:"退自悲不幸两目不见物,无用于天下,胸中虽有知识,家无钱财,寸步不能自致。"由"寸步不能自致"简化为"寸步难行",字面上形容走路困难,实际上比喻处境艰难。韩愈在《与李翱书》中曾回忆早年的生活,云:"仆在京城八九年,无所取资,日求于人以度时月,当时行之不觉也,今而思之,如痛定之人思当痛之时,不知何能自处也。"后人由此概括出成语"痛定思痛",指创痛平复或悲痛的心情平静以后,再追想当时所受的痛苦。《上宰相书》中写自己"其所著皆约六经之旨而成文,抑邪与正,辨时俗之所惑;居穷守约,亦时有感激怨怼奇怪之辞,以求知于天下"。"居穷守约"即处于穷困状态,保持节俭。韩愈不能摆脱贫困生活,作《送穷文》,他要送穷鬼离开他家,但驱而不去,他无可奈何:"主人于是垂头丧气,上手称谢。"成语"垂头丧气"源于此,意思是低着头,精神不振,形容失望懊丧的样子。

韩愈自小胸怀大志,勤苦好学。在《复志赋》中他写道:"忽忘身之不肖兮,谓青紫其可拾。"后人用"青紫可拾"形容高官厚禄可以很容易获取。按:《汉书·夏侯胜传》记载,夏侯胜谓诸生曰:"经术苟明,其取青紫如俯拾地芥耳。"梁刘孝标《辨命论》曰:"视韩彭之豹变,谓鸷猛致人爵;见张桓之朱绂,谓明经拾青紫:岂知有力者运之而趋乎!"马其昶云:"公此语,事本《夏侯胜传》,而意取刘孝标论。"为了实现自己的理想,复兴儒学,韩愈发愤读书,刻苦钻研。但是,在用人不公的时代里,韩愈虽然富于才华,却长期没有得到重用。踏上仕途后,又屡遭打击,他撰文抒发自己的怨愤。韩愈任监察御史,反对宦官利用"宫市"敲诈百姓,触怒德宗,被贬为阳山令。宪宗时调回京城,任吏部员外郎,又因事被贬为国子博士。《进学解》中他借学生之口嘲笑自己:"公不见信于人,私不见助于友。跋前疐后,动辄得咎。暂为御史,遂窜南夷。三年博士,冗不见治。命与仇谋,取败几时。冬暖而儿号寒,年丰而妻啼饥。头童齿豁,竟死何裨。""跋前疐后"语本《诗经·豳风·狼跋》:"狼跋其胡,载疐其尾。"本指狼向前进就踩住了自己的颈肉,向后退又会被自己的尾巴绊倒,比喻进退两难。韩愈用其语凝铸为四字成语。"动辄得咎",动不动就受到指责或责难。"命与仇谋",仇,仇敌,命运使自己经常与仇人打交道。形容命运不好,常遇挫折。韩愈反驳学生,替自己辩解,说:"动而得谤,名亦随之。投闲置散,乃分之宜。""动而得谤",与"动辄得咎"同义,指一有举动就受到责难,形容处境很困难,常被人指责。"投散置散",指安排在不重要的职位或没有安排工作。《答崔立之书》说自己"动不得时,颠顿狼狈","颠顿狼狈"形容生活困苦和仕途艰难之状。

为什么遭遇如此不幸?韩愈将其归结为自己的性格。《答崔立之书》云:"仆见险不能止,动不得时,颠顿狼狈,失其所操持,困不知变,以至辱于再三:君子小人之所悯笑,天下之所背而驰者也。""见险不止",明知危险,仍坚持做下去。形容正直敢为,出于天性。语本《易经》:"见险而能止,知矣哉!"韩愈反用其意,后人用作成语。"天下之所背而驰者"被后人简化为"背道而驰"。背,背向;驰,奔跑。朝相反的方向跑去,比喻背离正确的目标,朝相反方向发展。韩愈的原意是说自己不能随波逐流,总是与世俗背道而驰,因此不为世所容。《答胡生书》云:"愈不善自谋,口多而食寡。""不善自谋",本义是不会营生,引申为没有心计,不会为自己的前途命运谋划。他在《感二鸟赋》中感叹自己的命运,说自己时运未到,努力也是徒劳,只能像古代的傅说一样:"虽家到而户说,只以招尤而速累。""招尤速累"被后人用作成语。招尤,招致他人的怪罪或怨恨。速累,招惹祸害。速,有请、招的意思。

韩愈是性格耿直的人,他不愿丧失人格,与世浮沉,向小人低头。《应科目时与人书》:"若俯首帖耳摇尾而乞怜者,非我之志也。""俯首帖耳"被用作成语,像狗见了主人那样低着头,耷拉着耳朵,形容卑屈驯服的样子。"摇尾而乞怜"省去"而"成为"摇尾乞怜",像狗那样摇着尾巴乞求主人爱怜。指卑躬屈膝地献媚、讨好,以求得到一点好处。他不仅不愿向世人低头,也不愿向所谓神鬼低头。韩愈任潮州刺史,潮州鳄鱼为患,韩愈作《祭鳄鱼文》。在这篇文章里,韩愈一改祭文向水怪祈祷哀恳的语气,而是以刺史的身份,命令鳄鱼尽早离开这里,不然"必尽杀乃止"。他说:"刺史虽驽弱,亦安肯为鳄鱼低首下心?""低首下心"被用作成语。低首,表示屈服;下心,屈服于人,形容屈服顺从。

韩愈有一些自谦的话,也被用作成语。《答陈生书》:"足下求速化之术,不于其人,乃以访愈,是所谓借听于聋,求道于盲,虽其请之勤勤,教之云云,未有见其得者也。""借听于聋",借助于耳聋的人打探消息;"问道于盲",向盲人问路。比喻向毫无所知的人请教,找错了求教的对象。他在《与卫中行书》中对卫中行的"称道过盛"连说"不敢当,不敢当",后人用作"愧不敢当",本义是对别人的称赞承受不起,感到惭愧。后来也用于表示对别人赠送的物品承受不起。都用作谦词。

余论

韩愈集中被后人用为成语的,以上述论政、论学、论文、论史、论人和议论自己的词语最多,从这里可以看出韩愈一生主要关注的社会和人生问题。下面我们再结合韩愈的语例,说明韩愈文章中的词语是如何成为成语被使用的。

从上面的大量语例和分析,可以知道韩愈文章里有不少四字句,被后人直接用为成语。如《送高闲上人序》:"泊与淡相遭,颓堕委靡,溃败不可收拾。""不可收拾"指事物败坏到无法整顿或不可救药的地步。又如《答吕医山人书》云:"方将坐足下三浴而三熏之,听仆之所为,少安无躁。""少安无躁"即"少安毋躁",稍稍安静,不要急躁。又《黄家贼事宜状》云:"此两人者,本无远虑深谋,意在邀功求赏。""邀功求赏",邀,求取。含贬义,谋求功劳与奖赏。《论淮西事宜状》:"淄青、恒冀两道,与蔡州气类略同,今闻讨伐元济,人情必有救助之意,然皆暗弱,自保无暇,虚张声势,则必有之。""虚张声势",假装出强大的气势,指假造声势,借以吓人。

有的四字句是经过后人稍加改变而形成成语的。如《平淮西碑》云:"至于玄宗,受报收功,极炽而丰,物众地大,孽牙其间。"物,物产、资源。"物众地大",物产丰富,土地广大,后作"地大物博"。除颠倒词序外,只更换了一个字。《论淮西事宜状》:"有司计算所费,苟务因循,小不如意,即求休罢。""苟务因循"即被用作成语,如李焘《续资治通鉴长编》卷三四:"他有所见听,别上疏论,别委中书舍人详定可否,若可采取,当议旌酬,苟务因循,必申惩责。"《宋会要辑稿·帝系九》:"害农若此,为弊最深。上下偷安,苟务因循,重于改作,故农者益以匮乏,末游者安其富逸焉。"后世也作"因循苟且"。其颠倒和更换文字一如上例。《毛颖传》:"又善随人意,正直、邪曲、巧拙,一随其人。"成语"善解人意"当出于此,一字之改而已。韩愈文中多四言句式,应该跟六朝以来的骈体文盛行有关。骈文全篇以双句为主,注重对偶声律,多以四字、六字相间成句,故又称四六文。韩愈是反对骈体文的,但他并没有完全摒弃骈体文的形式之美,他的文章中多用四字句就是一例。在韩愈提倡散体单句的古文时,运用四字句是需要经过安排和锤炼的,因此那些四字句大都简练生动、言简意赅,富有哲理或强烈的感情色彩,而且易记易用。

在韩愈的文章里,有的虽然不是四字句,但省去虚词或减少字数就成为四字句式,成为后人使用的成语。这样的词组也比较多。前文已举出不少语例,又如《祭鳄鱼文》:"以生以食,鳄鱼朝发而夕至也。"被后人用为"朝发夕至"。早上出发,晚上就能到达,形容路程不远或交通方便。语本战国屈原《离骚》:"朝发轫于苍梧兮,夕余至乎县圃。"北魏郦道元《水经注·江水》:"或王命急宣,有时朝发白帝,暮到江陵。"但屈原和郦道元的语言都是散句,经韩愈提炼而成"朝发而夕至",便更接近于成语了。又如《送浮屠文畅师序》:"夫兽深居而简出,惧物之为己害也,犹且不脱焉。""深居而简出"省去"而"字,成为"深居简出",在韩愈文章里原指野兽藏在深密的地方,很少出现。后常指人待在家里,很少出门。韩愈《应科目时与人书》:"盖一举手一投足之劳也","而忘一举手一投足之劳而转之清波乎?"后来简化为"举手投足",泛指手脚动作,又指做某些事的具体过程或者轻而易举的动作。

出于韩愈文章的成语,有的是后人将他的两个或两个以上的散句浓缩而成的。这样的句子一般比较富有哲理,被后人简化为四字句后,原意未变。如《送浮屠文畅师序》:"弱之肉,强之食。"本为两句六字,经后人合并为"弱肉强食"。《祭柳子厚文》:"人之生世,如梦一觉;其间利害,竟亦何校?"多被用来感悟人生,形容人生中那些飘忽不定的因素。后人用为四字句,成为"人生如梦"。苏轼词《念奴娇·赤壁怀古》:"人生如梦,一樽还酹江月。"《原性》:"然则性之上下者,其终不移乎?……其品则孔子谓不可移也。"此所谓"人性"问题是哲学问题,"本性",用韩愈的话说是"性也者,与生俱生也"。后人概括为"本性难移"。关汉卿《裴度还带》头折:"此等人本性难移,可不道他山河容易改。"《窦娥冤》第二折:"更休说本性难移"。又如尚仲贤《柳毅传书》楔子:"想他每无恩义本性难移,着我向野田衰草残红里。"无名氏《小张屠》:"贪财的本性难移"。按元代诸例皆凝固成形之成语,若溯其语源,当追溯至韩愈。韩愈语虽出《论语》孔子语,但原文是"唯上知与下愚不移",未揭出"性"字。把"本性"与"不移"联系起来,最早的是韩愈《原性》。

韩愈的语言被大量用作成语,这固然跟韩愈运用语言的能力和锤炼语言的功夫有关,也跟韩愈文章的流传和影响有关。韩愈是树立一代新文风的语言大师,他的大量作品成为经典,被历代传诵。成语是在古往今来的大量的反复的阅读中形成的,因为人们的熟读,所以他的语言被沿用,从而形成成语。我们可以把成语形成的这种途径称为"经典效应"。从这个意义说,中国大量古代经典作品都跟韩愈的文章一样成为成语的渊薮,研究成语的学者应该注意从这些经典著作中对汉语成语进行深入挖掘和系统整理。但我们看到这方面的工作做得还不够,许多来自韩愈文章的成语没有被各大型词典工具书收入,所以这方面的工作还应该下更大功夫。

韩愈散文中的成语典故探源

在语言发展史上,那些流传极广极久远的经典作品对一种语言词汇的丰富起了至关重要的作用。那些语言大师的经典作品在长期反复的阅读中,其遣词造句常常成为人们熟知的语言形式而被频繁引用或沿用,因此成为成语。这是成语形成的重要途径。

在《源出韩愈散文的汉语成语》一文中,我把这一途径称为"经典效应"①。从韩愈散文来看,这有两个表现,一是他散文中的词语被后人沿用,成为成语;二是在他的文章中经常使用成语典故以增强语言的表现力。我已经在上述文章中探讨了那些源出韩愈散文的汉语成语,本文想对韩愈使用的成语典故进行探讨。

我们注意到,在韩愈散文中大量使用成语典故。考察这些成语典故的出处,可以使我们了解到韩愈以前常常为人使用的成语典故,了解常常为人引用的著作经典,从而探索一部分汉语成语形成的过程;还可以了解到韩愈对古代经典的态度和利用,进而了解韩愈本人的政治立场、思想倾向和人生态度。

笔者首先调查了韩愈散文中的成语典故,而后将源出韩愈散文的成语典故和韩愈使用的成语典故做了区分。在这种区分的基础上探讨他引经据典的语源和出处。

一、源出儒家经典的成语典故

韩愈以儒学传统继承人自居,在中唐社会的思想领域里站在儒学立场上,辟佛反老,一生为唐王朝中兴而奋斗。因此,在他的文章

---

① 日本大东文化大学语学教育研究所编:《语学教育研究论丛》第 28 号,2011 年。

中,立论总以儒家学说为依归。其成语语典多出儒家经典。儒家经典起初有"六经"之说,指经过孔子整理而传授的六部先秦古籍,即《诗经》《尚书》《仪礼》《乐经》《周易》《春秋》。经秦火一炬,《乐经》失传,西汉时则有"五经"之说。汉武帝时置五经博士,奠定了儒家经典的尊贵地位。东汉时加上《论语》《孝经》,成为"七经"。唐初,孔颖达主持编撰《五经正义》,"五经"成为科举考试的标准用书。唐文宗时在国子学立石,刻《周易》《诗经》《尚书》《周礼》《仪礼》《礼记》《左传》《春秋公羊传》《春秋穀梁传》《论语》《孝经》《尔雅》十二经。这些都属于儒家最重要的经典。

韩愈要传承和发扬的儒家学说就是以这些经典为渊薮的,因此,这些经典著作成为韩愈论文引经据典的主要来源。

《论语》是记述孔子言行的著作,是最重要的儒家经典之一。韩愈推崇孔子,说"生人以来未有如孔子者,其贤过于尧舜远者"[1]。他曾精研《论语》,文集中有《答侯生问论语书》,还曾著《论语注》,未成而殁。[2] 韩愈语典多出此书,特别是那些涉及为人处世原则和行为规范的语言。韩愈用儒家士人规范和人格理想要求自己,也用这种规范和理想作为评人论事的标准。《感二鸟赋》说自己"其行己不敢有愧于道"。《答李翊书》又云:"君子则不然,处心有道,行己有方。""行己不敢有愧于道""行己有方"出于《论语·子路》:"行己有耻,使于四方,不辱君命,可谓士矣。""有愧于道"便是"耻",韩愈把"耻"具体化,便不袭陈言,化为己语。《复志赋》回忆自己早年的读书学习:"值中原之有事兮,将就食于江之南。始专专于讲习兮,非古训为无所用其心。""无所用其心"语出《论语·阳货》:"饱食终日,无所用心,难矣哉!"《圬者王承福传》:"其贤于世之患不得之而患失之者,以济其生之欲、贪邪而亡道以丧其身者,其亦远矣!""患得患失"成语出于《论语·阳货》:"其未得之也,患得之;既得之,患

---

[1] 〔唐〕韩愈:《处州孔子庙碑》,《韩昌黎文集校注》,上海古籍出版社,1986 年,第 490 页。本文所引韩愈文章均出自此书,不再出注。
[2] 张籍《祭韩愈诗》:"《论语》未讫注,手迹今微茫。"韩愈所著,一名《论语笔解》,二卷,参纪昀等:《四库全书总目提要》卷三五、经部三十五。

失之。"《张中丞传后叙》:"小人之好议论,不乐成人之美,如是哉!""成人之美"出于《论语·颜渊》:"君子成人之美,不成人之恶。"唐初魏徵《谏魏王移居武德殿疏》:"既能以宠为惧,伏愿成人之美。"《争臣论》云:"吾闻君子不欲加诸人,而恶讦以为直者。"出于《论语·阳货》:"恶徼以为知者,恶不孙以为勇者,恶讦以为直者。""恶讦为直"被用作成语,指用攻击别人的短处,揭发别人的隐私来显示自己直率。《省试颜子不贰过论》:"颜子自惟其若是也,于是居陋巷以致其诚,……任重道远,竟莫之致。""任重道远"语本《论语·泰伯》:"士不可以不弘毅,任重而道远。"《答张籍书》:"三十而立,四十而不惑,吾于圣人,既过之犹惧不及。"《送齐皞下第序》:"非知命不惑不可得而改也。""三十而立""四十不惑""知命不惑"语出《论语·为政》:"吾十有五而志于学,三十而立,四十而不惑,五十而知天命,六十而耳顺,七十而从心所欲,不逾矩。"《改葬服议》云:"过犹不及,其此类之谓乎!"成语"过犹不及"本《论语·先进》:"子贡问:'师与商也孰贤?'子曰:'师也过,商也不及。'曰:'然则师愈与?'子曰:'过犹不及。'"《答侯继书》云:"力不足而后止,犹将愈于汲汲于时俗之所争,既不得而怨天尤人者:此吾今之志也。""怨天尤人"指遇到挫折或出了问题,一味抱怨上天,责怪别人。语出《论语·宪问》:"不怨天,不尤人,下学而上达。"西晋张华《博物志·药论》云:"违其药,失其应,即怨天尤人,设鬼神矣。"含贬义。《上张仆射书》云:"今之时,与孟子之时又加远矣,皆好其闻命而奔走者,不好其直己而行道者。""直己行道",语本《论语·卫灵公》:"斯民也,三代之所以直道而行也。"《答胡生书》云:"谋道不谋食,乐以忘忧者,生之谓矣。""乐以忘忧",语出《论语·述而》:"其为人也,发愤忘食,乐以忘忧,不知老之将至云尔。"韩愈以此称赞胡生。《答殷侍御书》称赞殷侍御"善诱不倦",语出《论语·子罕》,颜渊称赞孔子:"夫子循循然善诱人,博我以文,约我以礼,欲罢不能。"《袁氏先庙碑》:"咸宁备学而贯以一,文武随用,谋行功从。""以一贯之"出于《论语·里仁》:"子曰:'参乎!吾道一以贯之。'"《柳子厚墓志铭》:"遵,涿人,性谨慎,学问不厌。""学问不厌",形容好学,出自《论语·述而》:

"默而识之,学而不厌,诲人不倦,何有于我哉?"《举张惟素自代状》赞扬张惟素"和而不同,静而有守"。"和而不同"出自《论语·子路》:"君子和而不同,小人同而不和。"《答刘秀才论史书》云:"后生可畏,安知不在足下。""后生可畏",形容青年人能超过前辈,语出《论语·子罕》:"后生可畏,焉知来者之不如今也?"

《周易》即《易经》,被儒家学者称为"群经之首,大道之源",是儒家经典最重要的著作。《易传》是解释《易经》的著作,相传是孔子所作,其实出于战国时代孔子后学之手。经传共同成为儒家经典。韩愈在《进学解》中称赞"《易》奇而法"。由于《周易》的广泛影响,书中不少词语早已成为成语而为人使用。韩愈文章中的成语也多出《周易》经传。《省试颜子不贰过论》云:"颜子自惟其若是也,于是居陋巷以致其诚,……确乎不拔,浩然自守,知高坚之可尚,忘钻仰之为劳,任重道远,竟莫之致。""确乎不拔"语出《周易·乾》:"确乎其不可拔。"东汉蔡邕《汝南周勰碑》已用此成语。《与崔群书》云:"乐天知命者,固前修之所以御外物者也。""乐天知命",语出《周易·系辞上》:"乐天知命,故不忧。"本文又云:"明白淳粹,辉光日新者,惟吾崔君一人。""辉光日新",形容一个人在道德、文学、艺术等方面日有长进,出于《周易·大畜》:"刚健笃实,辉光日新。"《进〈顺宗皇帝实录〉表状》云:"及嗣守大位,行其所闻,顺天从人,传授圣嗣。""顺天从人",常用于颂扬建立新的朝代,同"顺天应人",语本《周易·革》。《贺册尊号表》盛赞唐宪宗"体人长仁""道济天下",语皆出于《周易》:"元者,善之长也;亨者,嘉之会也;利者,义之和也;贞者,事之干也。君子体仁,足以长人;嘉会,足以合礼;利物,足以和义;贞固,足以干事。"《周易·系辞上》云:"知周乎万物而道济天下。"《贺赦表》称赞唐宪宗"发号出令,云行雨施","云行雨施"语出《周易·乾》:"云行雨施,天下平也。"《陈书·宣帝纪》云:"思所以云行雨施,品物咸亨,当与黔黎,普同斯庆。"

《礼记》,是中国古代一部重要的典章制度书籍,该书的编订者是西汉礼学家戴德和他的侄子戴圣。戴德选编的八十五篇本叫《大戴礼记》,在后来的流传过程中若断若续,到唐代只剩下了三十九篇。戴圣选编的四十九篇本叫《小戴礼记》，即我们今天见到的《礼记》。东汉末年郑玄为《小戴礼记》作注，后来这个本子便盛行不衰，并由解说经文的著作逐渐成为经典，到唐代被列为"九经"之一。韩愈《伯夷颂》云："士之特立独行，适于义而已。""若伯夷者，特立独行，穷天地亘万世而不顾者也。""特立独行"出于《礼记·儒行》。《贺赦表》赞美唐宪宗"发号出令，云行雨施"。"发号出令"出于《礼记·经解》："发号出令而民说谓之和。"《论淮西事宜状》："陛下持之不坚，半途而罢，伤威损费，为弊必深。""半途而罢"出自《礼记·中庸》："君子遵道而行，半途而废，吾弗难已矣。"《明水赋》："视而不见，谓合道于希夷。""视而不见"，指不理睬，看见了当作没看见。出于《礼记·大学》："心不在焉，视而不见，听而不闻，食而不知其味。"

《诗经》是中国最早的一部诗歌总集，经过孔子的编选，被后世儒学推崇备至，原名《诗》或《诗三百》，汉代始称为《诗经》。汉儒解经，对《诗经》的三百零五首诗进行了阐述和发挥。《诗经》为本经，解经之书称为传，经传都贯彻着儒家政治、伦理上的原则和教条。韩愈是诗人，饱读诗书。他在《进学解》中称赞"《诗》正而葩"。《诗经》经传也成为他使用语典和成语的源泉。《潮州刺史谢上表》中称赞唐宪宗："有善必闻，有恶必见，早朝晚罢，兢兢业业。""兢兢业业"语出《诗经·大雅·云汉》："兢兢业业，如霆如雷。"《赠崔复州序》云："幽远之小民，其足迹未尝至城邑，苟有不得其所，能自直于乡里之吏者鲜矣。""不得其所"，即"失其所"，《复志赋》云："君子有失其所兮，小人有得其时。"语出《诗经·曹风·下泉》序："曹人疾共公侵刻下民，不得其所，忧而思明王贤伯也。"《汉书·食货志》："男女有不得其所者，因相与歌咏，各言其伤。"指没有得到适当的安顿。汉荀悦《汉纪·文帝纪论》："男女有不得其所者，因而相与歌咏，各言其情。"《穀梁传·成公八年》："以伯姬之不得其所，故尽其事也。"韩愈《贺册尊号表》中说自己"假息海隅，死亡无日"。"死亡无日"出于汉韩婴《韩诗外传》卷一："政无礼则不行，王事无礼则不成，国无礼则不宁，王无礼则死亡无日矣。"

孟子是战国时期儒家的代表人物,韩愈认为孟子接续了孔子的薪火,是儒家道统的继承人。所以他在《原道》中说:"斯吾所谓道也,……尧以是传之舜,舜以是传之禹,禹以是传之汤,汤以是传之文武周公,文武周公传之孔子,孔子传之孟轲,轲之死,不得其传焉。"韩愈在《进学解》中称赞孟子:"昔者孟轲好辩,孔道以明。"在《原道》中他赞扬孟子:"吐辞为经,举足为法,绝类离伦,优入圣域。"他把孟子和荀子做比较,认为孟子是"醇乎醇者也"(《读荀》)。韩愈以儒家道统继承人自居,可以说他是以孟子为楷模的。孟子的学说经学生的整理,流传下来的著作是《孟子》,韩愈文中的成语典故出于这部书中的也较多。《圬者王承福传》称王承福"盖所谓独善其身者也","独善其身"出于《孟子·尽心上》:"穷则独善其身,达则兼善天下。"《重答张籍书》云:"如使兹人有知乎,非我其谁哉?""舍我其谁",形容人敢于担当,遇到该做的事,决不退让。语出《孟子·公孙丑下》:"如欲平治天下,当今之世,舍我其谁也?"《答冯宿书》:"然子路闻其过则喜,禹闻昌言则下车拜。"成语"闻过则喜"的意思是听到别人批评自己的缺点或错误就很高兴。指虚心接受意见。语出《孟子·公孙丑上》:"子路,人告之以有过则喜。"《与孟尚书书》:"仰不愧天,俯不愧人,内不愧心。"语出《孟子·尽心上》:"仰不愧于天,俯不怍于人。"《送郑尚书序》云:"可谓贵而能贫,为仁者不富之效也。""为仁不富""为富不仁"出于《孟子·滕文公上》:"为富不仁矣,为仁不富矣。"《为裴相公让官表》以裴度的语气说:"圣君难逢,重德宜报,苦心焦思,以日继夜。""以日继夜"或"夜以继日"语出《孟子·离娄下》:"周公思兼三王,以施四事。其有不合者,仰而思之,夜以继日。"《陈书·郑灼传》:"灼家贫,抄义疏以日继夜,笔毫尽,每削用之。"《为裴相公让官表》:"当大有为之时",能够充分发挥才能,做出很大成绩的时代。"大有作为"语出《孟子·公孙丑下》:"故将大有为之君,必有所不召之臣。"《论变盐法事宜状》云:"折长补短,每斤收钱不过二十六七。""折长补短"语出《孟子·滕文公上》:"今滕绝长补短,将五十里也,犹可以为善国。"《祭董相公文》称赞董晋:"公其来也,为民父母。""为民父母",即父母官。担任地方行政长官。《孟子·梁惠王上》:"为民父母行政,不免于率兽而食人,恶在其为民父母也?"

荀子也是战国时期儒家的代表人物,他的思想继承了孔子学说而有所发展。在《进学解》里,韩愈赞扬"荀卿守正,大论是弘"。他把荀子与孟子并称,说他们"优入圣域"。虽然韩愈认为儒家道统至孟子便成绝学,认为荀子和扬雄"择焉而不精,语焉而不详"(《原道》),但他对荀子的评价是"大醇而小疵"(《读荀》)。韩愈著《读荀》一文,认为荀子与孔子"异者鲜矣",是在孟子和扬雄之间的儒学思想家。因此《荀子》也成为韩愈喜欢引据的著作,其文中成语出于荀子之文者不少。如《行难》:"先生之贤闻天下,是是而非非。""是是非非",意为是非、好坏分得十分清楚。语出《荀子·修身》:"是是非非谓之知,非是是非谓之愚。"《上张仆射书》云:"韩愈之贤能使其主待之以礼如此"。"待之以礼"语出《荀子·王制》:"听政之大分:以善至者待之以礼,以不善至者待之以刑。"《京尹不台参答友人书》:"流言止于智者,正谓此耳。""流言止于智者",指没有根据的话,传到有头脑的人那里就不会再流传了。形容谣言经不起分析。语出《荀子·大略》:"流丸止于瓯臾,流言止于智者。"《送董邵南序》云:"然吾尝闻风俗与化移易"。"风俗与化移易",风俗习惯不断变化。化用《荀子·乐论》:"乐者,圣人之所乐也,而可以善民心,其感人深,其移风易俗,故先王导之以礼乐而民和睦。"《论捕贼行赏表》:"威德所加,兵不污刃,收魏博等六州。""兵不污刃",也作"兵不血刃",形容有征无战。语出《荀子·议兵》:"故近者亲其善,远方慕其德,兵不血刃,远迩来服。"

《春秋》是孔子编撰的编年体史书,书中通过微言大义表达了孔子对那个时代人物事件的评价。《春秋》经文言简义深,公羊高、公羊寿和胡母生合著的解释《春秋》微言大义的著作称为《春秋公羊传》。传说孔子的弟子子夏将《春秋穀梁传》的内容口头传给穀梁赤,穀梁赤将它写成书记录下来,即《春秋穀梁传》,实际上这部书成书时间在西汉。左丘明著《左传》,有人认为是独立的历史著作,也有人认为是解释《春秋》的。《春秋》与"三传"共同成为儒学经典。

韩愈在《进学解》一文中说"《春秋》谨严,《左氏》浮夸",对两书的文风很有见解。他的文章里有不少出于这几部书的成语典故。《复志赋》序:"其明年七月,有负薪之疾。""负薪之疾"语出《礼记》和《公羊传》。《礼记》:"问庶人之子,长曰能负薪矣,幼曰未能负薪矣。"《公羊传》云:"大夫病曰犬马,士病曰负薪。""三传"中用《左传》成语最多。《郓州溪堂诗并序》赞美张建封云:"公为政于郓曹濮也适四年矣,治成制定,……四邻望之,若防之制水,恃以无恐。""恃以无恐"或作"有恃无恐",出于《左传·僖公二十六年》:"室无悬罄,野无青草,何恃而不恐。"《贺册尊号表》:"经纬天地之谓文。""经纬天地",形容人的才能极大,能做非常伟大的事业。出于《左传·昭公二十八年》:"经纬天地曰文。"《为宰相贺雪表》云:"此皆陛下与天合德,视人如伤,每发圣言,则获灵贶。"《贺册尊号表》:"子育亿兆,视之如伤。""视之如伤",形容在位者关怀人民。出于《左传·哀公元年》:"臣闻国之兴也,视民如伤,是其福也。"初唐杨炯《为梓州官属祭陆郪县文》:"君宏其道,视人如伤。"《与孟尚书书》:"其亦不量其力且见其身之危,莫之救以死也。""不量其力",同"不自量力",指过高地估计自己的实力。出于《左传·隐公十一年》:"不度德,不量力。"《战国策·齐策三》:"荆甚固,而薛亦不量其力。"《李元宾墓铭》:"死而不朽,孰谓之夭?""死而不朽",指身虽死而言论、事业等长存。出于《左传·襄公二十四年》:"古人有言曰'死而不朽',何谓也?"《施先生墓铭》:"君内仁九族,外尽宾客,于其所止,其来如归。""闻先生讲论,如客得归。"化用"宾至如归",形容招待客人热情周到。出于《左传·襄公三十一年》:"宾至如归,无宁灾患。"

《尚书》是中国现存最早的史书,又称《书》《书经》,分为《虞书》《夏书》《商书》《周书》。战国时期总称《书》,汉代改称《尚书》。因是儒家"五经"之一,又称《书经》。韩愈熟读《尚书》,他的体会是:"周《诰》、殷《盘》,佶屈聱牙"(《进学解》)。韩愈论政以此书为依归。《本政》云:"长民者发一号、施一令,民莫不悱然非矣。"语出《尚书·冏命》:"发号施令,罔有不臧。"

《孝经》是中国古代儒家的伦理学著作,传说是孔子所著。《四库全书总目》认为此书是孔子"七十子之徒之遗言",成书于秦汉之际。韩愈《贺册尊号表》云:"无所不通之谓圣。"称赞唐宪宗:"明照无私,幽隐毕达,可谓无所不通矣。""无所不通"语出《孝经·感应》:"孝悌之至,通于神明,光于四海,无所不通。"

由上可知,韩愈著文,不论是谈对自己的期望,还是评价别人,不管是论学,还是论政,总是以儒家经典为依据。韩愈的政治立场和思想倾向在他文章中使用的成语典故上可见端倪。

二、源出儒家经籍之外文献中的成语典故

韩愈才高学深,知识广博,从他散文中使用的成语典故可以知道他阅览广泛。在《进学解》一文中,他借太学生之口,形容他知识的渊博,云:"沈浸酏郁,含英咀华,作为文章,其书满家。上规姚姒,浑浑无涯;周《诰》、殷《盘》,佶屈聱牙;《春秋》谨严,《左氏》浮夸;《易》奇而法,《诗》正而葩;下逮《庄》《骚》,太史所录;子云、相如,同工异曲。先生之于文,可谓闳其中而肆其外矣。"除儒家典籍外,在他的散文写作中,正史、杂史、诸子百家、诗赋杂文、小说神话中的成语典故,常常信手拈来,运用自如。

人们用"诸子百家"来形容春秋战国时期思想流派之众多。在诸子百家中,韩愈只是对老子的学说百端排诋,对儒家格外推崇。此外,韩愈对各家思想兼收并蓄,也喜欢使用出于这些思想家著作中的成语典故。

春秋时期除孔子的著作外,《老子》《管子》《孙子》是影响较大的著作。韩愈文中不少成语典故出于这几部书。韩愈《通解》云:"向令三师耻独行,慕通达,则尧之日,必曰得位而济道,安用让为?夏之日,必曰长进而否退,安用死为?周之日,必曰和光而同尘,安用饿为?""和光同尘",指随俗处世、随波逐流,是道家无为思想的体现。这里用老子语而有批评之义。《老子》第五十六章:"挫其锐,解其纷,和其光,同其尘,是谓玄同。"意思是挫去锋芒,解脱纷争,收敛光芒,混同尘世。"和光同尘"在这里泛指合于"道"的智者所采取的

韬光养晦的做法,并非贬义。而韩愈则肯定伯夷、叔齐的独立特行,对混同世俗持批评态度。《管子》是春秋时期齐国政治家管仲的著作,内容丰富,包含道、名、法等家的思想以及天文、舆地、经济和农业等方面的知识。韩愈《进学解》云:"夫大木为杗,细木为桷,欂栌侏儒,椳闑扂楔,各得其宜,施以成室者,匠氏之工也。""各得其宜"出于《管子·明法解》:"有功者赏,乱治者诛,诛赏之所加,各得其宜。"《荀子·正论》用此成语:"圣王在上,图德而定次,量能而授官,皆使民载其事,而各得其宜。"《汉书·董仲舒传》亦用此成语:"天下和洽,万民皆安仁乐谊,各得其宜。"《孙子》一书是春秋末期孙武论兵法的军事理论著作。韩愈有少量几篇论兵的文章,其中多用此书成语。如《论淮西事宜状》云:"若未可入,则深壁高垒,以逸待劳。""以逸待劳"出于《孙子·军争》:"以近待远,以佚待劳,以饱待饥,此治力者也。"

战国时涌现出更多的思想家。《墨子》是战国初期思想家墨翟的著作,韩愈曾精读《墨子》,故作《读墨子》一文。他认为墨子的思想与孔子有许多相同之处,他说:"孔子必用墨子,墨子必用孔子。不相用,不足为孔墨。"他对墨子的著作也非常推崇,喜用《墨子》语典。《与汝州卢郎中论荐侯喜状》云:"前古已来,不可胜数。"《复仇状》云:"伏以子复父仇……不可胜数。""不可胜数",也作"不可胜计"。语出《墨子·非攻中》:"百姓饥寒冻馁而死者不可胜数。"《上宰相书》云:"遑遑乎四海无所归,恤恤乎饥不得食,寒不得衣。"语出《墨子·非乐上》:"民有三患:饥者不得食,寒者不得衣,劳者不得息。"《庄子》是战国时期思想家庄子的著作,后世把庄子跟老子一样看作道家学派的代表人物,并称为"老庄"。但韩愈似乎对庄子很感兴趣,不像对老子那样反感,在文章中常用庄子语典。《答李翊书》云:"昭昭然白黑分矣。"成语"昭然若揭"出于《庄子·达生》:"今汝饰知以惊愚,修身以明污,昭昭乎若揭日月而行也。"《与崔群书》云:"考之言行而无瑕尤,窥之阃奥而不见畛域。""不见畛域",意思是不分界限、范围,也比喻不分彼此。语出《庄子·秋水》:"泛泛乎其若四方之无穷,其无所畛域。"《与崔群书》又云:"岂以出处近远累其灵台邪?""灵台"指心,语出《庄子·庚桑楚》:"不可内于灵台。"《论变盐法事宜状》云:"知其一而不知其二,见其近而不见其远也。"出于《庄子·天地》引孔子语:"彼假修浑沌氏之术者也;识其一,不知其二;治其内,而不治其外。"《除崔群户部侍郎制》赞扬崔群"清而容物,善不近名",语出《庄子·养生主》:"为善无近名,为恶无近刑。"《韩非子》是战国末年韩非的著作,韩非是法家代表人物,他的文章喜用寓言说理。韩愈既提倡儒学,也赞成法家的法治思想,他的文章中喜欢使用《韩非子》的寓言典故。《答崔立之书》:"今足下乃复比之献玉者……仆之玉固未尝献,而足固未尝刖,足下无为我戚戚也。……足下以为仆之玉凡几献,而足凡几刖也。"这里用"和氏之璧""献玉刖足"的典故,出于《韩非子·和氏》。《黄家贼事宜状》云:"百姓怨嗟,如出一口。"成语"如出一口"出于《韩非子·内储说下》:"荆王疑之,因问左右,左右对曰'无有',如出一口也。"

　　后世那些哲学理论著作往往也归于"经史子集"中之"子"类,韩愈文章中对这些著作的成语典故也多所引用。《请上尊号表》称赞唐宪宗"小大之材,咸尽其用",化用"人尽其才",语出《淮南子·兵略训》:"若乃人尽其才,悉用其力,以少胜众者,自古及今未尝闻也。"《韩弘神道碑铭》云:"自吾舅殁,五乱于汴者,吾苗薅而发栉之几尽。""苗薅发栉",本义是除去禾苗间的杂草,像梳头一样全面清理。比喻剪除作乱的人。马其昶注云:"《淮南子》语。"《后十九日复上书》说自己"强学力行有年矣","强学力行"出于扬雄《法言·修身》。《徐泗濠三州掌书记厅石记》云:"志同而气合,鱼川泳而鸟云飞也。""志同气合"同"志同道合",语本东汉王充《论衡·逢遇篇》:"夫贤圣,道同志合趋齐。"《论佛骨表》:"伤风败俗,传笑四方,非细事也。""伤风败俗",语本王符《潜夫论·实贡》:"苟务作奇以求名,诈静以惑众,则败俗伤风。"《黄家贼事宜状》:"杀伤疾患,十室九空。""十室九空",形容灾荒、战乱和横征暴敛使人民贫困破产和流亡的惨象。出于葛洪《抱朴子·用刑》:"天下欲反,十室九空。"

　　中国正史在韩愈时已有十四部,韩愈散文中常常用到正史中的事典和语典。司马迁的《史记》是中国第一部纪传体通史,有"史家之绝唱,无韵之《离骚》"之美誉。① 韩愈推崇这部书"太史所录;子云、相如,同工异曲"。《与鄂州柳中丞书》云:"愈诚怯弱不适于用,听于下风,窃自增气,夸于中朝稠人广众会集之中,所以羞武夫之颜,令议者知将国兵而为人之司命者,不在彼而在此也。""稠人广众"出自《史记·魏其武安侯列传》:"稠人广众,荐宠下辈。"《代张籍与李浙东书》云:"近者阁下从事李协律翱到京师,……数日籍益闻所不闻。""闻所不闻",也作"闻所未闻",形容事物新奇罕见。出于《史记·郦生陆贾列传》:"至生来,令我日闻所不闻。"《后廿十日复上书》云:"愈闻周公之为辅相,其急于见贤也,方一食三吐其哺,方一沐三捉其发。……岂特吐哺捉发为勤而止哉!……今虽不能如周公吐哺捉发,亦宜引而进之。""吐哺捉发",用周公的典故,比喻为了招揽人才而操心忙碌。也作"吐哺握发"。语出《史记·鲁周公世家》:"然我一沐三捉发,一饭三吐哺,起以待士,犹恐失天下之贤人。"《答刘正夫书》云:"若皆与世沉浮,不自树立,虽不为当时所怪,亦必无后世之传也。""与世沉浮",随大流,大家怎样自己也怎样。出于《史记·游侠列传》:"岂若卑论侪俗,与世沉浮而取荣名哉!"韩愈《顺宗实录》卷一云:"勇于杀害,民吏不聊生。"成语"民不聊生"语出《史记·张耳陈馀列传》:"财匮力尽,民不聊生。"

记载汉代历史的正史除《史记》外,还有《汉书》《后汉书》。班固与司马迁齐名,世称"班马",他的《汉书》记载西汉一代历史,是中国第一部纪传体断代史,与《史记》并称"史汉"。韩愈文章中出于《汉书》的成语典故也很多。《上李尚书书》云:"愈来京师,于今十五年,所见公卿大臣不可胜数,皆能守官奉职,无过失而已。未见有赤心事上、忧国如家如阁下者。"《论今年权停举选状》云:"以为宜求骨鲠之臣,忧国如家,忘身奉上者,超其爵位,置在左右。""忧国如家",有时作"忧国忘家"。《论孔戣致仕状》:"忧国忘家,用意深远,所谓朝之耆德老成人者。"语出《汉书·翟方进传》:"君其熟念详计,塞绝奸源,忧国如家,务便百姓。"《黄家贼事宜状》云:"大抵岭南人稀地

---

① 鲁迅:《汉文学史纲要》,《鲁迅全集》卷九,人民文学出版社,2005年。

广."成语"人稀地广",语出《汉书·地理志》:"习俗颇殊,地广民稀。"①《答冯宿书》云:"仆何能尔?委曲从顺,向风承意,汲汲恐不得合,犹且不免云云,命也。""委曲从顺",指曲意迁就,随从世俗。出于《汉书·谷永传》:"意岂将军忘湛渐之义,委曲从顺,所执不强,不广用士,尚有好恶之忌,荡荡之德未纯,方与将相大臣乖离之萌也?"《明水赋》云:"降于圆魄,殊匪金茎之露。"用汉武帝作承露盘以承甘露的典故。《汉书·郊祀志》:"其后又作柏梁、铜柱、承露仙人掌之属矣。"颜师古注引《三辅故事》:"建章宫承露盘,高二十丈,大七围,以铜为之,上有仙人掌承露,和玉屑饮之。"《送汴州监军俱文珍序》:"辄侍从之荣,受腹心之寄。"语出《汉书·严助传》:"廷尉张汤争,以为助出入禁门,腹心之臣,而外与诸侯交私如此,不诛,后不可治。"南朝刘宋时范晔著《后汉书》,记载东汉一代历史。韩愈《与孟尚书书》中称自己"进退无所据",成语"进退失据"形容无处容身,也指进退两难。语出《后汉书·樊英传》:"而子始以不訾之身,怒万乘之主;及其享受爵禄,又不闻匡救之术,进退无所据矣。"韩愈《感二鸟赋》云:"虽家到而户说,只以招尤而速累。""家见户说",或"家到户说",语出《后汉书·赵典传》:"天下不可家见而户说也。"《明水赋》云:"光华暗至,如还合浦之珠。"典出《后汉书·孟尝传》:"(合浦)郡不产谷实,而海出珠宝,……尝到官,革易前敝,求民病利。曾未逾岁,去珠复还,百姓皆反其业。"

记载魏晋南北朝历史的正史有《三国志》《晋书》《宋书》《南齐书》《梁书》《陈书》《魏书》《北齐书》《北周书》《南史》《北史》等十一部。《三国志》,陈寿著,裴松之注增加了许多史料。韩愈《请上尊号表》云:"天人合愿,不谋而同。""不谋而同",指事先没有商量过,意见或行动却完全一致。出于《三国志·魏书·张既传》裴松之注引《魏略》:"今诸将不谋而同,似有天数。"《潮州刺史谢上表》云:"穷思毕精,以赎前过,怀痛穷天,死不闭目。""死不闭目"同"死不瞑目",原指人死的时候心里还有放不下的事。形容极不甘心。语出

---

① 唐代避唐太宗李世民讳,凡"民"字皆作"人"。

《三国志·吴书·孙坚传》:"卓逆天无道,荡覆王室,今不夷汝三族,悬示四海,则吾死不瞑目。"《石鼎联句诗序》:"刘与侯皆已赋十余韵,弥明应之如响。""应之如响"出于《三国志·和常杨杜赵裴传》:"智者望风,应之若响,克乱在和,何征不捷。"《论淮西事宜状》:"若未可入,则深壁高垒,以逸待劳。""深壁高垒",形容加强防御。语出《三国志·魏书·武帝纪一》:"皆高垒深壁,勿与战。"又《三国志·魏志·陈泰传》:"王经当高壁深垒,挫其锐气。"韩愈《顺宗实录》卷五:"韩泰白叔文,计无所出。"成语"计无所出"语出《三国志·吴志·孙破虏吴夫人传》裴松之注引《会稽典录》:"策功曹魏腾,以迕意见遣,将杀之,士大夫忧恐,计无所出。"韩愈《顺宗实录》卷四:"万福,武人,时年八十余,自此名重天下。"成语"名重天下"语出《三国志·魏志·陈登传》:"欲言非,此君为善士,不宜虚言;欲言是,元龙名重天下。"《晋书》是记载两晋五胡十六国历史的史书。韩愈《与崔群书》:"诚知足下出群拔萃,无谓仆何从而得之也。""出群拔萃",同"出类拔萃",出于《晋书·夏侯湛传》:"进不能拔群出萃,却不能抗排当世。"《贞曜先生墓志铭》:"及其为诗,刿目鉥心,刃迎缕解。""刃迎缕解",同"迎刃而解",语出《晋书·杜预传》:"今兵威已振,譬如破竹,数节之后,皆迎刃而解。"《论淮西事宜状》:"太山压卵,未足为喻。""太山压卵",同"泰山压卵",比喻力量相差极大,强大的一方必然压倒弱小的一方。语出《晋书·孙惠传》:"猛兽吞狐,泰山压卵,因风燎原,未足方也。"《魏书》是东魏魏收所著记载北朝历史的著作。韩愈《顺宗实录》卷二:"叔文、执谊等益无所顾忌,远近大惧焉。""无所顾忌",语出《魏书·张彝传》:"步眄高上,无所顾忌。"《北史》是唐初李延寿所著记载北魏到隋历史的著作。韩愈《顺宗实录》卷四:"士谔性倾躁,时以公事至京,遇叔文用事,朋党相扇,颇不能平。""朋党相扇",语出《北史·杨敷传》:"朋党相扇,货贿公行,纳邪佞之言,杜正直之口。"《梁书》记载南朝梁历史。《张中丞传后叙》写张巡"为文章,操纸笔立书,未尝起草","操纸笔立书"化用"操笔立成"。《梁书·简文帝纪》评价梁简文帝萧纲"读书十行俱下,九流百氏,经目必记;篇章辞赋,操笔立成"。《上张仆射书》:"申而入,终酉而退,率以为常,亦不废事。""率以为常",出于《北齐书·司马子如传》:"及其当还,高祖及武明后俱有赉遗,率以为常。"

中国古代史书体裁众多,除正史外,还有诸多杂史、别史。从韩愈散文使用的成语典故来看,韩愈对各种杂史、别史都是感兴趣的。《国语》相传是春秋时左丘明所著着重记人物言论的国别体史书,韩愈《答吕医山人书》云:"议虽未中节,其不肯阿曲以事人者灼灼明矣。方将坐足下三浴而三熏之,听仆之所为,少安无躁。""三浴三熏",多次沐浴并用香料涂身,而后接待客人。这是中国古代对人极为尊重的一种礼遇。同"三衅三浴"。语出《国语·齐语六》:"(管仲)比至,三衅三浴之。"韦昭注:"以香涂身曰衅,亦或为熏。"《战国策》是战国时记载策士们言论事迹的史料,经西汉刘向整理而成的国别体史书。《送水陆运使韩侍御归所治序》:"费不可胜计,中国坐耗。""不可胜计",形容数量极多。语出《战国策·韩策一》:"秦带甲百余万,车千乘,骑万匹,虎挚之士,跿跔科头,贯颐奋戟者,至不可胜计也。"《东观汉记》是东汉官修本朝纪传体史书。韩愈《与于襄阳书》:"是二人者,未始不相须也,然而千百载乃一相遇焉。"又《潮州刺史谢上表》:"当此之际,所谓千载一时不可逢之嘉会。""千载一遇",一千年才可遇到一次,形容机会极其难得。出于《东观汉记·耿况传》:"耿况彭宠,俱遭际会,顺时乘风,列为藩辅,忠孝之策,千载一遇也。"晋常璩《华阳国志》是一部记载四川一带历史的地方志史书。韩愈《送浮屠令纵西游序》:"其有尊行美德,建功树业,令纵从而为之歌颂。""建功树业",又作"建功立业""建功立事"。语出《华阳国志·巴志》:"桂林太守李温等,皆建功立事,有补于世。"

韩愈是文学家,对各种文学作品都有广泛的阅览,其散文语典不少出于前人诗赋铭颂等韵文。赋是从战国屈原以来形成的一种文学体裁,韩愈本人也有赋作传世,如《感二鸟赋》《复志赋》《闵己赋》《别知赋》等。他应该也大量阅读过屈原以来的辞赋作品。如屈原《离骚》中云:"謇吾法夫前修兮,非世俗之所服。"韩愈《复志赋》云:"考古人之所佩兮,阅时俗之所服。"宋玉是战国楚国著名的辞赋作家,其《高唐赋》有云:"悠悠忽忽,怊怅自失。使人心动,无故自恐。"韩愈《复志赋》云:"情怊怅以自失兮,心无归之茫茫。""怊怅自失"被用作成语。《答尉迟生书》:"本深而末茂,形大而声宏,行峻而言厉,心醇而气和。""本深而末茂",同"根深叶茂",比喻基础牢固就会兴旺发展。语出汉代刘安《屏风赋》:"维兹屏风,出自幽谷,根深枝茂,号为乔木。"《应科目时与人书》:"是以有力者遇之,熟视之若无睹也。"成语"熟视无睹",指看到某种现象,但不关心,只当没有看见。出于晋代刘伶《酒德颂》:"静听不闻雷霆之声,熟视不睹泰山之形。"韩愈《画记》描绘"杂古今人物小画"的内容:"牛大小十一头,……皆曲极其妙。""曲极其妙",同"曲尽其妙",意思是曲折而详尽地将其妙处都表现出来。形容表现技巧极其高超。语出陆机《文赋》:"他日殆可谓曲尽其妙。"《送孟秀才序》:"披其编以读之,尽其书,无有不能,吾固心存而目识矣。""心存目识",指对某种事物心中已有深刻的印象。语出晋潘岳《寡妇赋》:"心存兮目想。"《与孟尚书书》:"辱吾兄眷顾而不获承命,惟增惭惧。""不获承命",语出梁武帝萧衍《孝思赋》序:"江津送别,心虑迫切,不获承命,止得小船,望星就路。"《进〈顺宗皇帝实录〉表状》:"史官沈传师等采事得于传闻,诠次不精,致有差误,圣明所鉴,毫发无遗。""毫发无遗",一点遗漏都没有,形容非常细致周密。语出杜甫诗《敬赠郑谏议十韵》:"毫发无遗憾,波澜独老成。"

古代各种应用文往往写得精练华美,成为富有文学色彩的篇章,这些文章体裁多样,我们称之为杂著。韩愈对这些文章的语言也多所借鉴,袭用其成语。如《黄家贼事宜状》:"此两人者,本无远虑深谋,意在邀功求赏。""远虑深谋",语出贾谊《过秦论》上:"深谋远虑,行军用兵之道,非及曩时之士也。"《三国志·魏书·文帝纪》裴松之注引《魏略》:"诚愿大王揆古察今,深谋远虑。"《贺徐州张仆射白兔书》:"依类托喻,事之纤悉不可图验。""依类托喻",语出司马相如《封禅文》:"厥之有章,不必谆谆。依类托寓,谕以封峦。"《重答张籍书》:"今夫二氏行乎中土也,盖六百年有余矣。其植根固,其流波漫,非所以朝令而夕禁也。""朝令夕禁",语本晁错《论贵粟疏》:"朝令而夕改。"《争臣论》云:"天子有不僭赏从谏如流之美。""从谏如流",出于汉班彪《王命论》:"见善如不及,用人如由己,从谏如顺流,趋时如响起。"《与祠部陆员外书》:"自后主司不能信人,人亦无足信者,故蔑蔑无闻。""蔑蔑无闻",亦作"蔑然无闻""默默无闻",语出蔡邕《释诲》:"时逝岁暮,默而无闻。"《石鼎联句诗》云:"方当洪炉然,益见小器盈。"成语"小器易盈",比喻器量狭小,容易自满。语出东汉吴质《在元城与魏太子笺》:"小器易盈,先取沈顿。"韩愈《顺宗实录》卷三云:"尔其尊师重傅,亲贤远佞,非道勿履,非礼勿行。""亲贤远佞",出自诸葛亮《前出师表》:"亲贤臣,远小人,此先汉所以兴隆也。"《殿中侍御史李君墓志铭》:"其说汪洋奥美,关节开解,万端千绪,参错重出。""万端千绪",头绪非常多,形容事情复杂纷乱。出自三国曹植《自试令》:"机等吹毛求疵,千端万绪,然终无可言者。"《举张正甫自代状》云:"嫉恶如仇雠,见善若饥渴。"成语"嫉恶如仇",指对坏人坏事如同对仇敌一样憎恨。出于潘岳《杨荆州诔》:"闻善若惊,疾恶如仇。"《贺册尊号表》:"环海之间,含生之类,欢欣踊跃,以歌以舞。""欢欣踊跃"出于三国应璩《与满公琰书》:"欢欣踊跃,情有无量。"《祭十二郎文》云:"既又与汝就食江南,零丁孤苦,未尝一日相离也。""零丁孤苦",又作"孤苦伶仃",形容孤单困苦,无所依傍。语出晋李密《陈情表》:"臣少多疾病,九岁不行。零丁孤苦,至于成立。"《祭十二郎文》:"一在天之涯,一在地之角。"成语"天涯地角",或作"天涯海角",形容极远的地方,或相隔极远。出于南朝徐陵《武皇帝作相时与岭南酋豪书》:"天涯藐藐,地角悠悠。"《答陈生书》云:"彼圣贤者能推而广之,而我蠢焉为众人。""推而广之",出于南朝萧统《文选序》:"若其纪一事,咏一物,风云草木之兴,鱼虫禽兽之流,推而广之,不可胜载矣。"

唐代以前的小说,我们称为"古小说"。古小说中的逸闻趣事虽不能称为现代意义上的小说创作,但对唐代传奇的创作有很大影响。韩愈也写过传奇之类的作品,如《石鼎联句诗序》《毛颖传》等。他应该读过不少古小说作品,从他的散文里可以看出,有的成语典故出于这类作品。《论变盐法事宜状》云:"不可令人吏将盐家至户到。""家至户到",语出旧题汉刘向《列仙传·负局先生》:"后大疫病,家至户到,与药,活者万计,不取一钱。"《明水赋》云:"出自方诸,乍似鲛人之泪。""鲛人之泪",典出西晋张华《博物志》:"南海水有鲛人,水居如鱼,不废织绩,其眼能泣珠。"《为人求荐书》云:"然后知其非栋梁之材,超逸之足也。""栋梁之材",比喻能担当国家重任的人才。语出南朝刘义庆《世说新语·赏誉》:"庾子嵩目和峤:'森森如千丈松,虽磊砢有节目,施之大厦,有栋梁之用。'"

余论

韩愈是一位博学的学者,从他的文章使用的成语和取事用典来看,经史子集、诗赋铭颂以及各种杂著小说,无不成为他取材的源泉。在《进学解》中,他借学生之口说自己:"先生之于文,可谓闳其中而肆其外矣。"此言不虚,"闳其中"是说胸中有广博的知识,"肆其外"是说发而为文左右逢源,运用自如,这是他成为一代散文大家的知识基础。

韩愈散文中使用儒家经典中的成语典故最多。在《答殷侍御书》中,韩愈说自己"愈于进士中,粗为知读经书者",这是谦虚的说法。他以儒学道统继承人自居,因此熟读儒家经典。对于儒学,他"寻坠绪之茫茫,独旁搜而远绍。障百川而东之,回狂澜于既倒",他要传承儒学道统,振兴处于颓势的儒学,自称"先生之于儒,可谓有劳矣"(《进学解》)。他的文章发挥儒家学说,立论以儒学为依归,故使用的成语典故以出于儒家经典者为多。

从韩愈文章使用的成语和取事用典,也可以看出韩愈辟佛反老的思想倾向和政治立场。在思想倾向上,他在《进学解》中借学生之口说自己:"抵排异端,攘斥佛老。"韩愈在文章中极少用到《老子》一书和佛教的典故,偶尔用到时也是持否定的态度。例如上文讲到的"和光同尘",出于《老子》一书,韩愈不赞成这样的处世态度。他除了用过"福田利益"的说法,基本上没有用过来自佛教的成语和典故。而且他是说自己与一僧人的交往"非崇信其法,求福田利益也"(《与孟尚书书》)。这和同时代的其他散文作家如柳宗元、刘禹锡、白居易等人崇信佛教，文中宣扬佛理，多用佛典成语比起来很不相同。据梁启超统计，汉语中有三万五千多个词语来自佛经。赵朴初统计，汉语中常用成语中有一千多条来自佛经。韩愈散文中不用佛典成语，足见其排佛立场之坚定。

韩愈倡导"古文运动"，反对六朝以来的骈俪文风，号召文体革新，主张恢复先秦两汉时期的散文形式，目的是改革当时的不良文风。从韩愈文章中成语典故的使用上，还可以看出韩愈文章复古的思想。他说自己学文的过程："始者非三代两汉之书不敢观，非圣人之志不敢存。"（《答李翊书》）所以，他文章中的成语和取事用典多出于先秦两汉古籍，而六朝以来骈文盛行，骈体文讲究"骈四俪六"，其中四字句式很多，本来可以有更多的成语可用，可是韩愈却极少使用六朝时的成语，用到的也只是极少数传诵人口的。这也印证了他"非三代两汉之书不敢观"的话，反映了他对六朝以来骈体文的拒斥态度。

从成语典故的使用方法上看，韩愈的文章也是很有特色的，主要表现为灵活运用，巧妙变化。韩愈主张写文章"惟陈言之务去"（《答李翊书》），就是不袭用前人的陈词滥调。但对那些言简意丰、表现力强的成语典故却大量使用。在他的文章中，有时对前人成语是直接引用，这样的成语有的因为韩愈的使用而为人熟知，如"道济天下"原出于《周易》，韩愈用此称赞唐宪宗。后来苏轼用"道济天下"赞美韩愈，苏轼《潮州韩文公庙碑》称赞韩愈"文起八代之衰，道济天下之溺"。现在有人常常误以为此成语出于苏轼。更多的时候是略作变化，有的更改一个字或颠倒词序，于义无损，如"死不闭目""人稀地广""半途而罢""闻所不闻"。有时则把前人成语改为散句，可以称为化用。如《论语》"一以贯之"，韩文云"咸宁备学而贯以一"；《荀子》"移风易俗"，韩文云"风俗与化移易"；《东观汉记》云："千载一遇"，韩文云："千百载乃一相遇焉"，"千载一时不可逢"。有时又把前人的散句凝铸为四字成语，如"任重道远""知命不惑""从谏如流"。韩愈使用的成语，有的已经反复为人所用，前面举出一些例子，如"成人之美""腹心之寄""不量其力""各得其宜""不得其所""以日继夜""确乎不拔""云行雨施""视人如伤"。从这种情况可以看出一部分成语的出处和形成过程,对我们认识汉语成语的形成是有帮助的。

李杨故事与唐代诗人对安史之乱的反思

安史之乱对唐诗影响深刻,对这种影响的研究已有不少成果。人们对安史之乱造成的诗人思想情感变化、文士迁移与诗歌重心变迁、诗风转变,以及战乱对一些重要诗人生活创作的影响等进行了深入探讨。安史之乱经历了长达七八年之久的激烈动荡,战乱前后和整个过程中一系列惊心动魄的事变和场景确是激发诗人想象和灵感的极好素材,因此这一课题内涵丰富,有些相当重要的问题仍留有探讨的余地。安史之乱是唐后期诗歌中反复咏叹的主题,但诗人们最关注的是唐玄宗和杨贵妃的故事,据我们统计,唐诗涉及李杨故事的作品多达192首(见附表)。在这类诗里,华清宫和马嵬驿成为两个最频繁出现的具有地名意义的诗歌意象,寄托了诗人丰富复杂的情感意绪。冷落衰败的旧宫残垣和荒草萋萋的流血旧址,引起诗人们对大唐盛世和安史之乱的反思。

一、借李杨故事感叹今非昔比,表达对盛世的怀念

唐玄宗曾经是一位励精图治的皇帝,在他的治下唐朝走向繁荣昌盛的顶峰,开元盛世是中国历史上少有的太平盛世。安史之乱后盛世不再,但开元年间的繁荣景象却令人们眷恋难忘。李白《古诗》第四十六首表达的就是这种情感:"一百四十年,国容何赫然。隐隐五凤楼,峨峨横三川。王侯象星月,宾客如云烟。"[①]杜甫《忆昔》表达的也是这种情感:"忆昔开元全盛日,小邑犹藏万家室。稻米流脂粟

---

① 〔唐〕李白著,瞿蜕园、朱金城校注:《李白集校注》卷二,上海古籍出版社,1980年,第171页。

米白,公私仓廪俱丰实。九州道路无豺虎,远行不劳吉日出。齐纨鲁缟车班班,男耕女桑不相失。"①当唐玄宗与杨贵妃沉湎于声色之际,也是大唐帝国如日中天之时。杨贵妃与唐玄宗的欢爱故事成为盛世的象征,出现在安史之乱后唐人的诗咏中。杜甫《哀江头》写到杨贵妃的故事,表达了对盛世的怀念和对杨贵妃的同情:"忆昔霓旌下南苑,苑中景物生颜色。昭阳殿里第一人,同辇随君侍君侧。辇前才人带弓箭,白马嚼啮黄金勒。翻身向天仰射云,一笑正坠双飞翼。明眸皓齿今何在?血污游魂归不得!"②昭阳殿里第一夫人陪伴明皇观猎的景象已成往事,一个繁花似锦的时代随着一去不返的血污游魂消逝了。这首诗写于安史之乱中诗人被困长安时,其时长安已落入叛军之手,眼见当前的乱离景象,诗人多么向往那个一去不复返的时代。

写李杨故事,诗人们常常写到华清宫。华清宫是唐朝皇帝的别宫,始建于唐初,因有温泉浴池,又称华清池。华清宫位于今西安市临潼区,背山面渭,倚骊山山势而筑,规模宏大,建筑壮丽,楼台馆殿,遍布骊山上下。唐太宗时称汤泉宫,高宗时改名温泉宫。唐玄宗更名华清宫,因在骊山,又叫骊山宫,亦称骊宫。骊山似锦若绣,一名绣岭,华清宫亦名绣岭宫。唐人崔涂、李商隐、崔道融等咏华清宫诗,便以"绣岭宫"为题。唐玄宗几乎每年十月都要到此游幸,岁末始还长安。安史乱后,华清宫迅速衰落。华清宫是玄宗和杨妃游幸之所,在唐代诗人笔下,华清宫是李杨荒淫生活的象征,杜甫《自京赴奉先县咏怀五百字》写途经骊山的见闻,极力渲染华清宫李杨的奢侈生活,并与广大百姓的苦难相对照。同时,华清宫也是盛世繁华的象征,看到它就想起那歌舞升平的年代。王建《霓裳词十首》:

弟子部中留一色,听风听水作霓裳。散声未足重来授,直到床前见上皇。

---

① 〔唐〕杜甫著,〔清〕仇兆鳌注:《杜诗详注》卷一三,中华书局,1979年,第1163页。
② 〔唐〕杜甫著,〔清〕仇兆鳌注:《杜诗详注》卷四,第329~331页。

中管五弦初半曲,遥教合上隔帘听。一声声向天头落,效得仙人夜唱经。

自直梨园得出稀,更番上曲不教归。一时跪拜霓裳彻,立地阶前赐紫衣。

旋翻新谱声初足,除却梨园未教人。宣与书家分手写,中官走马赐功臣。

伴教霓裳有贵妃,从初直到曲成时。日长耳里闻声熟,拍数分毫错总知。

弦索拟拟隔彩云,五更初发一山闻。武皇自送西王母,新换霓裳月色裙。

敕赐宫人澡浴回,遥看美女院门开。一山星月霓裳动,好字先从殿里来。

传呼法部按霓裳,新得承恩别作行。应是贵妃楼上看,内人舁下彩罗箱。

朝元阁上山风起,夜听霓裳玉露寒。宫女月中更替立,黄金梯滑并行难。

知向华清年月满,山头山底种长生。去时留下霓裳曲,总是离宫别馆声。①

这组诗写出玄宗和贵妃合作完成《霓裳羽衣曲》的过程,让人们联想到那个歌舞升平的时代。最后落脚到玄宗在华清宫夜听《霓裳羽衣曲》和唐玄宗去世后为人们留下此曲,但后人听起来已非昔日感受,成为"离宫别馆声",令人伤感。王建《宫前早春》诗:"酒幔高楼一百家,宫前杨柳寺前花。内园分得温汤水,二月中旬已进瓜。"②写的是开元盛世时的华清宫,通过"二月进瓜"这一细节,写出宫中生活的奢华。其《旧宫人》诗云:"先帝旧宫宫女在,乱丝犹挂凤皇钗。霓裳法曲浑抛却,独自花间扫玉阶。"③用人在曲终表达物是人非、斗转星

---

① 〔唐〕王建著,王宗堂校注:《王建诗集校注》卷九,中州古籍出版社,2006年,第433~441页;《全唐诗》卷三〇一,中华书局,1960年,第3425页。
② 《全唐诗》卷三〇一,第3426页。
③ 《全唐诗》卷三〇一,第3426页。

移之感。鲍溶《温泉宫》:"忆昔开元天地平,武皇十月幸华清。山蒸阴火云三素,日落温泉鸡一鸣。彩羽鸟仙歌不死,翠霓童妾舞长生。仍闻老叟垂黄发,犹说龙髯缥缈情。"①皇甫冉《华清宫》:"骊岫接新丰,岩峣驾翠空。凿山开秘殿,隐雾闭仙宫。绛阙犹栖凤,雕梁尚带虹。温泉曾浴日,华馆旧迎风。肃穆瞻云辇,沈深闭绮栊。东郊倚望处,瑞气霭蒙蒙。"②如果说李杨故事令诗人想起盛世繁华,那明皇与贵妃游幸的华清宫便是一个具体体现。柴宿省试诗《初日照华清宫》:"灵山初照泽,远近见离宫。影动参差里,光分缥缈中。鲜飙收晚翠,佳气满晴空。林润温泉入,楼深复道通。璇题生炯晃,珠缀引朣胧。凤辇何时幸,朝朝此望同。"③华清宫,在诗人笔下成为唐王朝的缩影和时代的象征。安史之乱后,日益冷落的华清宫掩映于骊山山峦层叠苍松翠树之中,许多诗人都曾路经此处,远远观望,万千感慨油然而生。唐后期出现不少以华清宫、骊山为题的诗,这些诗有一个大致相同的主题,即表达抚今追昔的感慨。如白居易《江南遇天宝乐叟》:

> 白头病叟泣且言,禄山未乱入梨园。能弹琵琶和法曲,多在华清随至尊。是时天下太平久,年年十月坐朝元。千官起居环佩合,万国会同车马奔。金钿照耀石瓮寺,兰麝薰煮温汤源。贵妃宛转侍君侧,体弱不胜珠翠繁。冬雪飘飘锦袍暖,春风荡漾霓裳翻。欢娱未足燕寇至,弓劲马肥胡语喧。豳土人迁避夷狄,鼎湖龙去哭轩辕。从此漂沦到南土,万人死尽一身存。秋风江上浪无限,暮雨舟中酒一樽。涸鱼久失风波势,枯草曾沾雨露恩。我自秦来君莫问,骊山渭水如荒村。新丰树老笼明月,长生殿暗锁黄昏。红叶纷纷盖欹瓦,绿苔重重封坏垣。唯有中官作宫使,每年寒食一开门。④

这首诗被诗人编入"感伤诗",借一位当年在开元、天宝宫中的琵琶

---

① 《全唐诗》卷四八六,第5519页。
② 《全唐诗》卷二五〇,第2834页。
③ 《全唐诗》卷七七九,第8811页。
④ 〔唐〕白居易著,顾学颉点校:《白居易集》卷一二,中华书局,1979年,第228页。

师之见闻,写出昔盛今衰的感慨,显然是感伤盛世不再。又如韦应物《酬郑户曹骊山感怀》:

> 苍山何郁盘,飞阁凌上清。先帝昔好道,下元朝百灵。白云已萧条,麋鹿但纵横。泉水今尚暖,旧林亦青青。我念绮襦岁,扈从当太平。小臣职前驱,驰道出灞亭。翻翻日月旗,殷殷鼙鼓声。万马自腾骧,八骏按辔行。日出烟峤绿,氛氲丽层甍。登临起遐想,沐浴欢圣情。朝燕咏无事,时丰贺国祯。日和弦管音,下使万室听。海内凑朝贡,贤愚共欢荣。合沓车马喧,西闻长安城。事往世如寄,感深迹所经。申章报兰藻,一望双涕零。①

又如杜牧《华清宫三十韵》诗:

> 绣岭明珠殿,层峦下缭墙。仰窥雕槛影,犹想赭袍光。昔帝登封后,中原自古强。一千年际会,三万里农桑。几席延尧舜,轩墀立禹汤。雷霆驰号令,星斗焕文章。钓筑乘时用,芝兰在处芳。北扉闲木索,南面富循良。至道思玄圃,平居厌未央。钩陈裹岩谷,文陛压青苍。歌吹千秋节,楼台八月凉。神仙高缥缈,环佩碎丁当。泉暖涵窗镜,云娇惹粉囊。嫩岚滋翠葆,清渭照红妆。帖泰生灵寿,欢娱岁序长。月闻仙曲调,霓作舞衣裳。雨露偏金穴,乾坤入醉乡。玩兵师汉武,回手倒干将。鲸鬣掀东海,胡牙揭上阳。喧呼马嵬血,零落羽林枪。倾国留无路,还魂怨有香。蜀峰横惨澹,秦树远微茫。鼎重山难转,天扶业更昌。望贤馀故老,花萼旧池塘。往事人谁问,幽襟泪独伤。碧檐斜送日,殷叶半凋霜。迸水倾瑶砌,疏风罅玉房。尘埃羯鼓索,片段荔枝筐。鸟啄摧寒木,蜗涎蠹画梁。孤烟知客恨,遥起泰陵傍。②

诗的前半篇极力夸赞开元盛世,后半篇写安史之乱后华清宫的荒凉。通过今昔对比,表达了对盛世的怀念和对现实的感伤。又如温

---

① 《全唐诗》卷一九〇,第1943页。
② 〔唐〕杜牧:《樊川文集》卷二,上海古籍出版社,1978年,第22页。

庭筠《过华清宫二十二韵》，在题旨与构思方面都与杜牧诗大致相同，先写杨贵妃专宠，玄宗淫游，极力铺写当时的歌舞升平景象。后写变乱，往事如烟，美人魂断，令人生愁："不料邯郸虱，俄成即墨牛。剑锋挥太皞，旗焰拂蚩尤。内嬖陪行在，孤臣预坐筹。瑶簪遗翡翠，霜仗驻骅骝。艳笑双飞断，香魂一哭休。早梅悲蜀道，高树隔昭邱。朱阁重霄近，苍崖万古愁。至今汤殿水，呜咽县前流。"①李洞《绣岭宫词》："春日迟迟春草绿，野棠开尽飘香玉。绣岭宫前鹤发翁，犹唱开元太平曲。"②绣岭宫是华清宫的别称。李洞生活在晚唐时期，虽然已经过去一百多年，人们仍然没有忘怀开元盛世。当他经过华清宫时，还能听到老人们歌咏开元年间太平盛世的歌曲。吴融《华清宫四首》其一："中原无鹿海无波，凤辇龙旗出幸多。今日故宫归寂寞，太平功业在山河。"③虽然经历了安史之乱，国家残破，但诗人没有忘记玄宗励精图治造就的盛世局面。薛能《过骊山》诗："丹臆苍苍簇背山，路尘应满旧帘间。玄宗不是偏行乐，只为当时四海闲。"④他不同意别人认为玄宗幸骊山是追求游乐，认为那是天下太平无事的结果。他来到温泉宫，想到开元盛世，就想到当时君臣励精图治。陆龟蒙《开元杂题七首·汤泉》："暖殿流汤数十间，玉渠香细浪回环。上皇初解云衣浴，珠棹时敲瑟瑟山。"⑤李涉《题温泉》："能使时平四十春，开元圣主得贤臣。当时姚宋并燕许，尽是骊山从驾人。"⑥诗人认为开元盛世是唐玄宗和众多贤臣诸如姚崇、宋璟、张说、苏颋等人共同开创的。

对盛世的缅怀，有时表现为对眼前荒凉冷落景象的感叹。杜甫《骊山》："骊山绝望幸，花萼罢登临。地下无朝烛，人间有赐金。鼎湖龙去远，银海雁飞深。万岁蓬莱日，长悬旧羽林。"⑦张籍《华清

---

① 〔唐〕温庭筠著，〔清〕曾益等笺注：《温飞卿诗集笺注》卷六，上海古籍出版社，1980年，第141~143页。
② 《全唐诗》卷七二三，第8302页。
③ 《全唐诗》卷六八五，第7873页。
④ 《全唐诗》卷五六一，第6513页。
⑤ 《全唐诗》卷六二九，第7226页。
⑥ 《全唐诗》卷四七七，第5431页。
⑦ 〔唐〕杜甫著，〔清〕仇兆鳌注：《杜诗详注》卷一七，第1527页。

宫》:"温泉流入汉离宫,宫树行行浴殿空。武帝时人今欲尽,青山空闭御墙中。"①林宽《华清宫》:"殿角钟残立宿鸦,朝元归驾望无涯。香泉空浸宫前草,未到春时争发花。"②玄宗一去不复返,昔日繁华的华清宫,如今钟声已寂,暮鸦啼晚。一个"空"字写出纵然泉水还在淙淙流淌,却无人欣赏其美景。卢纶《早秋望华清宫中树因以成咏》诗:"翠屏更隐见,珠缀共玲珑。雷雨生成早,樵苏禁令雄。"③卢纶《华清宫二首》其一:"汉家天子好经过,白日青山宫殿多。见说只今生草处,禁泉荒石已相合。"其二:"水气朦胧满画梁,一回开殿满山香。宫娃几许经歌舞,白首翻令忆建章。"④华清宫宫禁森严,并不是随时都可以进去的,因此可以认为诗中那些具体的描写都是出于想象,这种想象是由远望所见华清宫的残破引起的。诗人笔下满目荒芜,慨叹之意尽在言外。华清宫失去了往日的繁华,唐王朝也失去了往日的鼎盛,这是诗之主旨所在。窦巩《过骊山》:"翠辇红旌去不回,苍苍宫树锁青苔。有人说得当时事,曾见长生玉殿开。"⑤青苔蔓延,封闭了一座冷宫;但诗人却借昔日曾入宫见到过宫殿内豪华壮丽景象的人的追忆,让人想象到那逝去的美景和年华。崔橹《华清宫三首》其一:"草遮回磴绝鸣銮,云树深深碧殿寒。明月自来还自去,更无人倚玉栏干。"其二:"障掩金鸡蓄祸机,翠华西拂蜀云飞。珠帘一闭朝元阁,不见人归见燕归。"其三:"门横金锁悄无人,落日秋声渭水滨。红叶下山寒寂寂,湿云如梦雨如尘。"⑥崔涂《过绣岭宫》:"古殿春残绿野阴,上皇曾此驻泥金。三城帐属升平梦,一曲铃关怅望心。苑路暗迷香辇绝,缭垣秋断草烟深。前朝旧物东流在,犹为年年下翠岑。"⑦写华清宫秋烟荒草,歌钟声断,旧貌全非,唯有流水依旧。许浑《骊山(一作途经骊山,一作望华清宫感事)》:"闻说

---

① 《全唐诗》卷三八六,第4357页。
② 《全唐诗》卷六〇六,第7001页。
③ 《全唐诗》卷二七九,第3176页。
④ 《全唐诗》卷二七九,第3170页。
⑤ 《全唐诗》卷二七一,第3052页。
⑥ 《全唐诗》卷五六七,第6568页。
⑦ 《全唐诗》卷六七九,第7785页。

先皇醉碧桃,日华浮动郁金袍。风随玉辇笙歌迥,云卷珠帘剑佩高。凤驾北归山寂寂,龙旂西幸水滔滔。贵妃没后巡游少,瓦落宫墙见野蒿。"①赵嘏《冷日过骊山》(一作孟迟诗):"冷日微烟渭水愁,翠华宫树不胜秋。霓裳一曲千门锁,白尽梨园弟子头。"②这些诗在写故宫荒凉的同时,都隐含着对开元皇帝的惋惜和对盛世的追忆。高蟾《华清宫》:"何事金舆不再游,翠鬟丹脸岂胜愁。重门深锁禁钟后,月满骊山宫树秋。"③杜常《华清宫》:"行尽江南数十程,晓星残月入华清。朝元阁上西风急,都入长杨作雨声。"④陆龟蒙《开元杂题七首·绣岭宫》:"绣岭花残翠倚空,碧窗瑶砌旧行宫。闲乘小驷浓阴下,时举金鞭半袖风。"⑤罗邺《驾蜀回》:"上皇西幸却归秦,花木依然满禁春。唯有贵妃歌舞地,月明空殿锁香尘。"⑥在他们笔下,昔日繁华竞逐之处早已人去楼空,只有花木依旧。

有的诗人目睹眼前的荒凉,追忆昔日的繁华,在诗里进行今昔对比,表达繁华已逝的感慨。王建《温泉宫行》:

> 十月一日天子来,青绳御路无尘埃。宫前内里汤各别,每个白玉芙蓉开。朝元阁向山上起,城绕青山龙暖水。夜开金殿看星河,宫女知更月明里。武皇得仙王母去,山鸡昼鸣宫中树。温泉决决出宫流,宫使年年修玉楼。禁兵去尽无射猎,日西麋鹿登城头。梨园弟子偷曲谱,头白人间教歌舞。⑦

这首诗前半写玄宗当年携贵妃于华清宫沐浴温泉情景,是盛世繁华景象;后半写贵妃、明皇死后宫中的荒凉。骊山山顶有朝元阁,权德舆《朝元阁》诗:"缭垣复道上层霄,十月离宫万国朝。胡马忽来清跸去,空余台殿照山椒。"⑧昔日玄宗驾幸骊宫,各国使臣皆到此朝谒,

---

① 《全唐诗》卷五三三,第6084页。
② 《全唐诗》卷五五〇,第6368页。
③ 《全唐诗》卷六六八,第7647页。
④ 《全唐诗》卷七三一,第8370页。
⑤ 《全唐诗》卷六二九,第7226页。
⑥ 《全唐诗》卷六五四,第7525页。
⑦ 〔唐〕王建著,王宗堂校注:《王建诗集校注》卷一,第11页;《全唐诗》卷二九八,第3375页。
⑧ 《全唐诗》卷三二五,第3651页。

但战乱后这里再无那繁华热闹景象。郑嵎《津阳门诗》借酒家老翁之口感慨今昔,追忆开元盛世、安史之乱、河湟失陷,宣宗时收复失地,从而歌咏其时天下升平。诗中写到玄宗从蜀中回朝思念贵妃,再入华清宫,华清宫一派凄凉:"銮舆却入华清宫,满山红实垂相思。飞霜殿前月悄悄,迎春亭下风飔飔。雪衣女失玉笼在,长生鹿瘦铜牌垂。象床尘凝罢飒被,画檐虫网惹梨碑。碧菱花覆云母陵,风箪雨菊低离披。真人影帐偏生草,果老药堂空掩扉。鼎湖一日失弓剑,桥山烟草俄霏霏。空闻玉碗入金市,但见铜壶飘翠帷。"①李郢《骊山怀古五首》其一:"武帝寻仙驾海游,禁门高闭水空流。深宫带日年年静,翠柏凝烟夜夜愁。鸾凤影沉归万古,歌钟声断梦千秋。晚来惆怅无人会,云水犹飞傍玉楼。"其二:"烟深树老蔽苍苍,楼殿参差隐夕阳。白玉砌寒苔自碧,真珠帘断月无光。骊山南去侵天尽,渭水东流入海长。唯有春风旧情在,不将花艳出宫墙。"②罗邺《温泉》:"一条春水漱莓苔,几绕玄宗浴殿回。此水贵妃曾照影,不堪流入旧宫来。"③这些诗大体上都是诗人路经骊山远望华清宫有感而作,情感上包含着对繁华已去的感伤和对昔日盛世的怀想。

唐代离宫别馆很多,凡有玄宗游踪之处,诗人们往往忆昔伤今,所写之诗与写华清宫的诗题旨相近。如元稹《故宫行》《连昌宫词》、韩愈《和李司勋过连昌宫》、孟迟《兰昌宫》、刘驾《兰昌宫》、张祜《连昌宫》、陆龟蒙《连昌宫词二首》等,虽然写的不是华清宫,主旨往往与上述的诗相同。如张祜《连昌宫》:"龙虎旌旗雨露飘,玉楼歌断碧山遥。玄宗上马太真去,红树满园香自销。"④连昌宫又名兰昌宫、玉阳宫,唐代最大的行宫之一,建于隋朝大业年间,位于河南府寿安县西十九里(在今河南宜阳县)。唐高宗、武则天、唐玄宗等都曾到此游玩。从隋朝大业年间初创,到唐代肃宗时废置,连昌宫见证了约150年的历史变迁。

---

① 《全唐诗》卷五六七,第6565页。
② 童养年辑录:《全唐诗续补遗》卷八,收入陈尚君辑校:《全唐诗补编》,中华书局,1992年,第430~431页。
③ 《全唐诗》卷六五四,第7523页。
④ 《全唐诗》卷五一一,第5838页。

二、咏李杨故事,表达对玄宗和杨贵妃的同情

在唐人心目中,玄宗的形象并不像后来的人们心中那样差,他的圣明留在唐人的记忆里。杨国忠为相,祸乱国家;安禄山以诛杨国忠为名发动叛乱,曾经引起人们对他的愤恨。但杨贵妃不曾干涉朝政,她只是一位受到君王宠幸的美人而已,政治清白。马嵬坡兵变中杨贵妃受到株连被杀,成为唐玄宗荒淫误国、杨国忠败坏朝政的牺牲品。对此唐代诗人一般也是有明白认识的。杜甫写诗固然批判过天宝时期政治黑暗和社会不公,但他提起玄宗却无微词,《自京赴奉先县咏怀五百字》称他为"尧舜君""圣人"。直到玄宗去世,杜甫始终怀念这位造就开元盛世并给其个人际遇造成深刻影响的明皇。

批评杨贵妃女人祸水的主题在唐代诗人的作品中数量并不多。鲁迅说:"关于杨妃,禄山之乱以后的文人就都撒着大谎,玄宗逍遥事外,倒说是许多坏事都由她"①。这个论断并不符合唐诗的总体情况。杜甫曾写诗讽刺过杨氏家族的豪奢,如《丽人行》,但恐怕主要厌恶的还是宰相杨国忠。在他的诗里写到杨贵妃,本来还是"明眸皓齿"的佳人,对她的死充满同情,如《哀江头》。在歌咏李杨故事的诗中,诗人们在很大程度上表现出对杨贵妃的同情。有的诗人认为把罪责归于杨贵妃是不公平的。温庭筠《龙尾驿妇人图》:"慢笑开元有幸臣,直教天子到蒙尘。今来看画犹如此,何况亲逢绝世人。"②"妇人"即杨贵妃,龙尾驿画有明皇贵妃图,此诗有感而发,把罪责归于开元时"幸臣",便有为杨氏开脱的意思。韦庄《立春日作》:"九重天子去蒙尘,御柳无情依旧春。今日不关妃妾事,始知辜负马嵬人。"③当年玄宗幸蜀,把罪责归于杨氏。如今僖宗又西幸,可知天子蒙尘不关贵妃。罗隐《帝幸蜀》(一作狄归昌诗):"马嵬山色翠依依,

---

① 鲁迅:《女人未必多说谎》,《花边文学》,人民文学出版社,1973年,第7页。
② 〔唐〕温庭筠著,〔清〕曾益等笺注:《温飞卿诗集笺注》卷九,第204页。
③ 〔五代〕韦庄著,聂安福笺注:《韦庄集笺注》卷二,上海古籍出版社,2002年,第71页。

又见銮舆幸蜀归。泉下阿蛮应有语,这回休更怨杨妃。"①诗人批判唐僖宗逃亡蜀地,联系唐玄宗,认为把君王幸蜀归罪于杨贵妃是不对的。诗人一方面对杨贵妃的无辜给予同情,另一方面批判唐末统治者荒淫误国。诗人严正指出,造成皇舆播迁、国家动荡的正是统治者自己,这次再也找不到替罪羔羊了。黄滔《马嵬》:"锦江晴碧剑锋奇,合有千年降圣时。天意从来知幸蜀,不关胎祸自蛾眉。"②徐夤《马嵬》:"二百年来事远闻,从龙谁解尽如云。张均兄弟皆何在,却是杨妃死报君。"③当安史之乱发生,那些像张均兄弟一样平时受玄宗器重的人都投降安禄山,忠于玄宗的只有杨贵妃。徐夤《开元即事》:"曲江真宰国中讹,寻奏渔阳忽荷戈。堂上有兵天不用,幄中无策印空多。尘惊骑透潼关锁,云护龙游渭水波。未必蛾眉能破国,千秋休恨马嵬坡。"④张蠙《青冢》:"倾国可能胜效国,无劳冥寞更思回。太真虽是承恩死,只作飞尘向马嵬。"⑤诗人联想到王昭君客死异乡,杨贵妃被赐死马嵬驿,把同情寄予女性身上,认为在不合理的社会里,女人总是牺牲品。李益《过马嵬》:"汉将如云不直言,寇来翻罪绮罗恩。托君休洗莲花血,留记千年妾泪痕。"⑥赵嘏《咏端正春树》:"一树繁阴先著名,异花奇叶俨天成。马嵬此去无多地,只合杨妃墓上生。"⑦鲜明地表达了对杨贵妃的同情。郑畋《马嵬坡》:"玄宗回马杨妃死,云雨虽亡日月新。终是圣明天子事,景阳宫井又何人。"⑧这是一首讽刺诗。杨贵妃惨死马嵬驿,玄宗仍被作为圣明天子歌颂,杨贵妃担当了罪责。诗人表达了对杨贵妃的同情,而对把罪责推给杨妃表示不满。诗人反问,如果安史之乱的罪责归于贵妃的话,那南朝陈后主亡国的悲剧又由谁承担呢?陈后主就无罪过

---

① 〔唐〕罗隐著,雍文华校辑:《罗隐集·甲乙集》,中华书局,1983年,第157页。
② 《全唐诗》卷七〇六,第8131页。
③ 《全唐诗》卷七一一,第8188页。
④ 《全唐诗》卷七一〇,第8170~8171页。
⑤ 《全唐诗》卷七〇二,第8083页。
⑥ 《全唐诗》卷二八三,第3225页。
⑦ 《全唐诗》卷五五〇,第6377页。
⑧ 《全唐诗》卷五五七,第6464页。

吗？这些诗都在替杨贵妃洗刷误国罪名,为杨贵妃鸣不平。

　　杨贵妃很得明皇的欢心,这种欢心不能说没有丝毫的爱意。唐玄宗无力保护,痛失爱妃,与丧位失权同样成为他晚年最刻骨铭心之事。唐代后期诗人对唐玄宗和杨贵妃的结局充满同情和悲悯,特别是涉及马嵬坡或马嵬驿的诗。杨贵妃命断马嵬,唐玄宗也由此结束了他的政治生命。唐玄宗是开元盛世的标志性人物,他走下政治舞台标志着一个时代的结束。因此在唐代历史上马嵬驿兵变成为标志性事件,唐玄宗的时代是以此为句号的,玄宗与贵妃的恩爱生活也是在此结束的。——马嵬坡,成为唐朝盛世和李杨故事终结的符号。诗人们来到马嵬坡,想起那场兵变,想起唐玄宗和杨贵妃的结局,往往抚今追昔,产生感伤之情。他们把这种感伤融入对往事的追怀,或借明皇对贵妃的眷恋追悼写出,而明皇对贵妃的眷恋追悼往往植于马嵬兵变贵妃喋血、入蜀途中艰难跋涉、明皇归途路经马嵬、秋叶深宫缅怀思念几种情景。

　　首先,对那场惊心动魄的往事的追怀。马嵬坡兵变的事件史载甚详,但诗人的描写与史传不同,一是艺术的概括,二是情感的表达,三是丰富的想象。这是诗人的追忆,不等同于史籍的叙事,但表达的时人对此事的感受却是真实的。这些诗常常极力渲染那场兵变的惨痛,因此诗中往往使用"血""泪""死""腥""魂""恨""悲"等字眼。白居易《长恨歌》描写最详细:"渔阳鼙鼓动地来,惊破《霓裳羽衣曲》。九重城阙烟尘生,千乘万骑西南行。翠华摇摇行复止,西出都门百余里。六军不发无奈何,宛转娥眉马前死。花钿委地无人收,翠翘金雀玉搔头。君王掩面救不得,回看血泪相和流。"①这一段记述基本是属实的,其他的诗写起此事,没有如此详细,但叙写中痛惜之情洋溢于字里行间。马嵬驿兵变后,唐人以此事入诗的作品很多。唐求《马嵬感事》:"冷气生深殿,狼星渡远关。九城鼙鼓内,千骑道途间。凤髻随秋草,鸾舆入暮山。恨多留不得,悲泪满龙颜。"②

---

① 〔唐〕白居易著,顾学颉点校:《白居易集》卷一二,第238~239页。
② 《全唐诗》卷七二四,第8306页。

诗人把玄宗出宫、奔波、兵变、伤悼依次写来,叙述的层次非常分明。唐诗写马嵬驿兵变,在简练的诗句中往往隐藏着那场记忆犹新的惨剧。贾岛《马嵬》:"长川几处树青青,孤驿危楼对翠屏。一自上皇惆怅后,至今来往马蹄腥。"①前两句写途经马嵬驿时眼前所见,"孤驿危楼"引起诗人对当年不堪回首的往事的追想;后二句用夸张的笔法强调了那场兵乱的血腥与惨痛。吴融《华清宫四首》其二:"渔阳烽火照函关,玉辇匆匆下此山。一曲霓裳听不尽,至今遗恨水潺潺。"②于濆《马嵬驿》:"常经马嵬驿,见说坡前客。一从屠贵妃,生女愁倾国。是日芙蓉花,不如秋草色。当时嫁匹夫,不妨得头白。"③此诗与李商隐诗"不及卢家有莫愁"同旨。高骈《马嵬驿》:"玉颜虽掩马嵬尘,冤气和烟锁渭津。蝉鬓不随銮驾去,至今空感往来人。"④在这首诗里,诗人把当年惊心动魄的马嵬驿兵变概括为"蝉鬓不随銮驾去",此事首先令这位入蜀的将军感怀,进而想到凡途经此地的人无不伤感,但一个"空"字意味着历史的教训并没有被记取,因此造成悲剧的重演,传达出怅然莫名的心境。罗隐《马嵬坡》:"佛屋前头野草春,贵妃轻骨此为尘。从来绝色知难得,不破中原未是人。"⑤杨贵妃被缢死在佛堂,故此诗围绕佛屋来写。这些诗都是写由华清宫和马嵬驿回想起当年那场惊心动魄的兵变,流露出无限伤悼叹惋之意。蜀宫群仙《太真》:"春梦悠扬生下界,一堪成笑一堪悲。马嵬不是无情地,自遇蓬莱睡觉时。"⑥马嵬坡兵变后,杨贵妃的遗物也成为诗人吟咏的对象,寄托着诗人对她的哀悼之情。张祜《太真香囊子》:"蹙金妃子小花囊,销耗胸前结旧香。谁为君王重解得,一生遗恨系心肠。"⑦

其次,写玄宗入蜀途中和在蜀中思念贵妃的痛苦心情。唐诗写

---

① 〔唐〕贾岛著,李嘉言校:《长江集新校》附集,上海古籍出版社,1983年,第134页。
② 《全唐诗》卷六八五,第7873页。
③ 《全唐诗》卷五九九,第6925页。
④ 《全唐诗》卷五九八,第6920页。
⑤ 〔唐〕罗隐著,雍文华辑:《罗隐集·甲乙集》,第60页。
⑥ 《全唐诗》卷八六三,第9761页。
⑦ 《全唐诗》卷五一一,第5844页。

马嵬驿事件发生后,玄宗入蜀途中的伤悼心情,往往通过两个题材表现,一是用道途的艰辛和环境的萧索烘托玄宗的悲伤心情。如白居易《长恨歌》写事件发生后玄宗对贵妃的思念:"黄埃散漫风萧索,云栈萦纡登剑阁。峨嵋山下少人行,旌旗无光日色薄。"①黄滔《马嵬二首》其一:"铁马嘶风一渡河,泪珠零便作惊波。鸣泉亦感上皇意,流下陇头呜咽多。"其二:"龙脑移香凤辇留,可能千古永悠悠。夜台若使香魂在,应作烟花出陇头。"②二是借玄宗谱写的《雨霖铃》曲,表现玄宗对杨贵妃的悼念。郑处诲《明皇杂录》记载:"明皇既幸蜀,西南行初入斜谷,属霖雨涉旬,于栈道雨中闻铃,音与山相应。上既悼念贵妃,采其声为《雨霖铃》曲,以寄恨焉。"③白居易《长恨歌》:"蜀江水碧蜀山青,圣主朝朝暮暮情。行宫见月伤心色,夜雨闻铃肠断声。"崔道融《羯鼓》:"华清宫里打㧟声,供奉丝簧束手听。寂寞銮舆斜谷里,是谁翻得雨淋铃?"④这两首诗用的就是这一典故,对贵妃之死和玄宗的无奈与思念,诗人流露的情感是伤怀和同情。张祜《雨霖铃》:"雨霖铃夜却归秦,犹见张徽一曲新。长说上皇和泪教,月明南内更无人。"⑤这首诗则想象玄宗自蜀中返长安,又是雨夜,重闻《雨霖铃》曲,格外感人,据说此曲是明皇怀着悲伤之情教张徽弹奏的。张祜《散花楼》:"锦江城外锦城头,回望秦川上轸忧。正值血魂来梦里,杜鹃声在散花楼。"⑥散花楼在成都,隋初蜀王杨秀建。诗中写了玄宗在蜀,日思夜想,杨贵妃血魂入梦,幽怨的杜鹃声渲染了玄宗的悲伤。

再次,写明皇归途路经马嵬的情景。乐史《杨太真外传》记载,玄宗从蜀中返长安,途经马嵬驿,杨贵妃的墓还在,玄宗派人祭之。⑦这件事是极富诗意的,因此不少诗人吟咏及此。白居易《长恨歌》着

---

① 〔唐〕白居易著,顾学颉点校:《白居易集》卷一二,第238页。
② 《全唐诗》卷七〇六,第8132页。
③ 〔五代〕王仁裕等:《开元天宝遗事十种》,上海古籍出版社,1985年,第36页。
④ 《全唐诗》卷七一四,第8207页。
⑤ 《全唐诗》卷五一一,第5844页。
⑥ 《全唐诗》卷五一一,第5848页。
⑦ 〔五代〕王仁裕等:《开元天宝遗事十种》,第143页。

意渲染玄宗此时此地的惆怅心情:"天旋日转回龙驭,到此踌躇不能去。马嵬坡下泥土中,不见玉颜空死处。君臣相顾尽沾衣,东望都门信马归。"张祜《马嵬归》:"云愁鸟恨驿坡前,孑孑龙旗指望贤。无复一生重语事,柘黄衫袖掩潸然。"①望贤是驿站名,在咸阳,肃宗在此地迎接从蜀中归来的玄宗。②诗写玄宗从蜀中返长安,路经马嵬坡,那令他掩袖伤感无复重谈的是什么呢? 其中固然有权力的丧失和盛世的不复返,但在马嵬驿杨妃墓前,更沉重的应该还是对贵妃之事的遗恨和哀愁。温庭筠《马嵬驿》:"穆满曾为物外游,六龙经此暂淹留。返魂无验青烟灭,埋血空成碧草愁。香辇却归长乐殿,晓钟还下景阳楼。甘泉不复重相见,谁道文成是故侯?"③诗人以周穆王代指玄宗,先写玄宗蜀中归来路经马嵬,看到杨贵妃的墓,昔日那悲惨一幕重现眼前,但贵妃死而不能复生,只见碧草萋萋,徒增哀愁。《海内十洲记》记载:"聚窟洲有大树,与枫木相似,花发香闻数百里,名返魂树。死者在地,闻香即活。"又《庄子》:"苌弘死,藏其血,三年化为碧。"这里化用这两个典故,意在说明贵妃已死不可复生。长乐殿即长乐宫,汉代三宫之一,这里指唐代长生殿,那是玄宗曾和贵妃起誓"愿世世为夫妇"④的地方。玄宗乘车回到了长生殿,当宫中晨钟鸣响时仍然像先前一样从景阳楼上走下,但朝夕相伴的贵妃已一去不复返了。⑤ 这一联概括地叙述了唐玄宗在经历了一场动乱之后,回到长安,看到的是人去楼空、钟声依旧的悲切情景,饱含着他对亡妃的思念之情以及他所经历的孤独、寂寞、凄苦的生活。传说中经道士的努力,玄宗与成仙的贵妃建立了联系,但最终音信断绝,

---

① 《全唐诗》卷五一一,第5845页。
② 《旧唐书》卷九《玄宗本纪》,中华书局,1975年,第235页。
③ [唐]温庭筠著,[清]曾益等笺注:《温飞卿诗集笺注》卷四,第90页。
④ [唐]陈鸿:《长恨歌传》,《开元天宝遗事十种》,第127页。
⑤ 景阳楼,用南朝陈后主的典故,即南朝陈景阳殿,为陈后主和张妃(丽华)宴乐之所。这里借称唐玄宗和杨贵妃曾经住过的唐宫。

与杨妃魂魄相见的梦也终归破灭。① 崔道融《銮驾东回》："两川花捧御衣香,万岁山呼辇路长。天子还从马嵬过,别无惆怅似明皇。"②这些诗大都渲染玄宗与杨贵妃的生离死别,因此充满悲伤。

最后,写玄宗深宫独处缅怀思念的凄凉。玄宗与贵妃一生一死,阴阳相隔,以杨氏的美貌多情,明皇对她的百般宠爱,她死后玄宗的思念必然在人们的想象之中铺展。陈鸿《长恨歌传》写玄宗回长安的生活,云:"尊玄宗为太上皇,就养南宫,自南宫迁于西内。时移事去,乐尽悲来。每至春之日,冬之夜,池莲夏开,宫槐秋落。梨园弟子,玉管发音,闻《霓裳羽衣》一声,则天颜不怡,左右歔欷。三载一意,其念不衰。求之梦魂,杳不能得。"杨贵妃善《霓裳羽衣舞》,玄宗闻曲而念杨妃,故天颜不悦。玄宗归来后对杨妃的思念,还是白居易的《长恨歌》写得最为动人:

> 归来池苑皆依旧,太液芙蓉未央柳。芙蓉如面柳如眉,对此如何不泪垂?春风桃李花开日,秋雨梧桐叶落时。西宫南内多秋草,宫叶满阶红不扫。梨园弟子白发新,椒房阿监青娥老。夕殿萤飞思悄然,孤灯挑尽未成眠。迟迟钟鼓初长夜,耿耿星河欲曙天。鸳鸯瓦冷霜华重,翡翠衾寒谁与共?悠悠生死别经年,魂魄不曾来入梦。

诗人调动了多种艺术手法,极力渲染玄宗的深宫凄凉。吴融《华清宫四首》其三:"上皇銮辂重巡游,雨泪无言独倚楼。惆怅眼前多少事,落花明月满宫秋。"其四:"别殿和云锁翠微,太真遗像梦依依。玉皇掩泪频惆怅,应叹僧繇彩笔飞。"③两首诗都是写玄宗归来后的凄凉。徐夤《再幸华清宫》:"肠断将军改葬归,锦囊香在忆当时。年

---

① 诗里采用了当时的传说和汉武帝的典故。《史记·武帝本纪》记载,汉武帝宠姬王夫人卒,齐人少翁以方术在夜间招引王夫人,使武帝在帷幔中望见。于是武帝封少翁为文成将军,并建甘泉宫,置祭具以招天神。后来少翁的方术渐渐失灵,神不至。于是诛文成将军。陈鸿《长恨歌传》说,贵妃死后,玄宗思不能已,命方士寻找贵妃魂魄,方士称在蓬莱仙山见到了贵妃,并带回了信物。这里说玄宗与贵妃一死一生,纵建甘泉宫也不可能招致亡灵再现。诗人反用汉武帝典故,说明玄宗梦想再见贵妃的愿望不可能实现,暗示了玄宗的无尽悲哀与怀念。
② 《全唐诗》卷七一四,第8207页。
③ 《全唐诗》卷六八五,第7873页。

来却恨相思树,春至不生连理枝。雪女冢头瑶草合,贵妃池里玉莲衰。霓裳旧曲飞霜殿,梦破魂惊绝后期。"①据《明皇杂录》,玄宗蜀中归来,至德年间曾再到华清宫,在这里令谢阿蛮舞《凌波曲》,谢阿蛮曾得到杨贵妃厚遇,她拿出贵妃赠予之金粟装臂环,令玄宗十分伤感。②《杨太真外传》记载,玄宗回銮后曾密令将杨贵妃改葬。③ 这首诗写杨贵妃改葬后,玄宗在华清宫所见情景,着意渲染故宫的冷落,衬托出玄宗内心的凄凉。钱珝《蜀国偶题》:"忽忆明皇西幸时,暗伤潜恨竟谁知?佩兰应语宫臣道,莫向金盘进荔枝。"④汉宫人有贾佩兰,这里代指玄宗时的宫女。贵妃的死令玄宗伤感,因此了解她心情的宫女交代不要再进献荔枝,因为看到荔枝,玄宗就会想起喜食荔枝的贵妃。诗人极写贵妃之死对玄宗的铭心刻骨之痛。玄宗晚年再幸骊山华清宫,是他生前的最后一次,此后再不重游。为什么呢?诗人认为,即便想到贵妃的美貌会让玄宗感到一丝安慰,但华清宫的冷落引起的伤感可能更加沉重。李益《过马嵬二首》其二(一作李远诗)云:"金甲银旌尽已回,苍茫罗袖隔风埃。浓香犹自随銮辂,恨魂无由离马嵬。南内真人悲帐殿,东溟方士问蓬莱。唯留坡畔弯环月,时送残辉入夜台。"⑤诗写玄宗从蜀中回,虽路经马嵬坡,但人鬼相隔,杨氏之恨魂不可能随銮驾回宫,只剩下玄宗悲凉的思念,那高悬在马嵬坡上空的明月把残辉送到玄宗难眠的夜台。诗人写得阴郁、寒峭、深沉、凄婉。马嵬坡事件似一缕阴影,时时笼罩在玄宗心头。杜牧《华清宫》:"零叶翻红万树霜,玉莲开蕊暖泉香。行云不下朝元阁,一曲淋铃泪数行。"⑥"行云",用宋玉《高唐赋》中的典故,指杨贵妃。当玄宗回銮,再入华清宫,独处寂寞,杨贵妃却再也回不来了。

唐明皇和杨贵妃的故事代表着一个盛世和这个时代的结束,因

---

① 《全唐诗》卷七〇八,第8143页。
② 〔五代〕王仁裕等:《开元天宝遗事十种》,第35页。
③ 〔五代〕王仁裕等:《开元天宝遗事十种》,第143页。
④ 《全唐诗》卷七一二,第8197页。
⑤ 《全唐诗》卷二八三,第3219页。
⑥ 〔唐〕杜牧:《樊川文集》外集,第330页。

此感叹李杨的结局,往往包含着诗人对那个一去不复返的盛世的缅怀和叹惋,充满感伤色彩。

三、咏李杨故事,批判杨贵妃女人误国

马嵬驿兵变发生后,唐朝的形势急转直下,向唐玄宗失控的局面发展。一方面安禄山叛军进入长安,一方面太子李亨北上灵武即位。玄宗入蜀后被奉为太上皇,正式从政治舞台上退出。太子作为马嵬驿兵变的主谋和后台,宣扬诛杀杨氏兄妹的正义性,强调唐玄宗荒淫腐化和杨国忠专权误国,因此女人祸水论兴起。杨贵妃成为天宝末年政治黑暗的替罪羔羊,似乎一切悲剧都产生于她迷惑了上皇,这从杜甫的诗里已见端倪。

杜甫本来对杨氏一门便有恶感,安史之乱前的《丽人行》一诗就对杨氏一门极尽讽刺挖苦。安史之乱中,他在《北征》诗中对杨贵妃大加挞伐。这首诗是杜甫任职新朝时所写,自然站在新朝立场说话。他把杨氏比作周幽王宠妃褒姒和商纣王宠妃妲己这两位历史上有名的祸国尤物:"忆昨狼狈初,事与古先别。奸臣竟菹醢,同恶随荡析。不闻夏殷衰,中自诛褒妲。周汉获再兴,宣光果明哲。桓桓陈将军,仗钺奋忠烈。微尔人尽非,于今国犹活。"[①]当时人们都清楚,发动马嵬驿兵变的是太子、陈玄礼、李辅国等人。把杨贵妃说成褒姒和妲己,一方面为唐玄宗开脱,一方面肯定了太子之党诛杀杨氏兄妹的正义性,从而肯定了太子夺位的正当和合理。这不仅是杜甫的思想,也是太子新朝操控的舆情,所以杜甫这首诗在贬责杨贵妃的同时,极力称颂太子为"中兴主",赞美陈玄礼的"忠烈",认为有了他们,王朝才得以大厦未倾。这种女人祸水观曾经成为唐代诗人咏李杨故事的一个鲜明主题。白居易《李夫人》诗把唐玄宗怀念杨贵妃跟周穆王悼念盛姬、汉武帝思念李夫人相提并论,云:"泰陵一掬泪,马嵬坡下念杨妃。纵令妍姿艳质化为土,此恨长在无销期。

---

① 〔唐〕杜甫著,〔清〕仇兆鳌注:《杜诗详注》卷五,第404页。

生亦惑,死亦惑,尤物惑人忘不得。人非木石皆有情,不如不遇倾城色。"①他的《胡旋女》诗把安禄山和杨贵妃跳胡旋舞并提,认为他们一外一内以胡旋舞迷惑了玄宗:"中有太真外禄山,二人最道能胡旋。梨花园中册作妃,金鸡障下养为儿。禄山胡旋迷君眼,兵过黄河疑未反。贵妃胡旋惑君心,死弃马嵬念更深。从兹地轴天维转,五十年来制不禁。"②这就把唐玄宗荒淫误国的根源归结为尤物惑人误国。李商隐两首以《华清宫》为题的诗都是归罪杨妃的,其一:"华清恩幸古无伦,犹恐蛾眉不胜人。未免被他褒女笑,只教天子暂蒙尘。"③其二:"朝元阁迥羽衣新,首按昭阳第一人。当日不来高处舞,可能天下有胡尘?"④他也把杨贵妃与褒姒相提并论,把造成战乱的祸源归结为她的《霓裳羽衣舞》。罗隐《华清宫》一诗把罪责归结到杨贵妃的身上:"楼殿层层佳气多,开元时节好笙歌。也知道德胜尧舜,争奈杨妃解笑何。"⑤是说由于杨贵妃善于逢迎,狐媚惑主,造成唐玄宗这个"尧舜君"的堕落和开元盛世升平局面的丧失。唐彦谦《骊山道中》:"月殿真妃下彩烟,渔阳追房及汤泉。君王指点新丰树,几不亲留七宝鞭。"⑥认为杨贵妃导致了战乱,幸亏玄宗逃跑及时,才没有被敌人追上。有的诗对杨贵妃的专宠进行了讽刺,这样的诗在安史之乱前已经出现,杜甫《丽人行》就是人们熟知的名篇。张祜《集灵台二首》其二:"虢国夫人承主恩,平明骑马入宫门。却嫌脂粉污颜色,淡扫蛾眉朝至尊。"⑦这首诗是讽刺杨玉环姊妹的专宠,"一人得道,鸡犬升天"。《旧唐书·杨贵妃传》记载,杨贵妃得宠于唐玄宗,杨氏一门皆受封爵,大姐封韩国夫人,三姐封虢国夫人,八

---

① 〔唐〕白居易著,顾学颉点校:《白居易集》卷四,第83页。
② 〔唐〕白居易著,顾学颉点校:《白居易集》卷三,第60~61页。
③ 〔唐〕李商隐著,〔清〕冯浩笺注:《玉豁生诗集笺注》卷三,上海古籍出版社,1979年,第588页;《全唐诗》卷五三九,第6147页。
④ 〔唐〕李商隐著,〔清〕冯浩笺注:《玉豁生诗集笺注》卷三,第591页;《全唐诗》卷五三九,第6174页。
⑤ 〔唐〕罗隐著,雍文华校辑:《罗隐集·甲乙集》,第156页;《全唐诗》卷六六四,第7608页。
⑥ 《全唐诗》卷六七二,第7687页。
⑦ 《全唐诗》卷五一一,第5843页。

姐封秦国夫人,"并承恩泽,出入宫掖,势倾天下"①。乐史《杨太真外传》记载:"虢国不施妆粉,自炫美艳,常素面朝天。"②张祜的诗就是以虢国夫人素面朝天的典故,讽刺杨氏一门因贵妃而受宠。集灵台在华清宫,即长生殿。《元和郡县图志》记载:"华清宫,在骊山上,开元十一年,初置温泉宫,天宝六年改为华清宫。又造长生殿,名为集灵台,以祀神也。"③

诗人们把唐玄宗与杨贵妃放在一起进行批判。王建《华清宫感旧》:"尘到开元边使急,千官夜发六龙回。辇前月照罗衫泪,马上风吹蜡烛灰。公主妆楼金锁涩,贵妃汤殿玉莲开。有时云外闻天乐,知是先皇沐浴来。"④苏拯《经马嵬坡》:"一从杀贵妃,春来花无意。此地纵千年,土香犹破鼻。宠既出常理,辱岂同常死。一等异于众,倾覆皆如此。"⑤把马嵬坡悲剧归结为玄宗对杨贵妃的过度宠爱。白居易《长恨歌》写的是一场"此恨绵绵无绝期"的悲剧,而悲剧主角是杨贵妃,造成悲剧的原因是君王的荒淫。诗人极写杨贵妃之美,写她与玄宗的缠绵爱情,写她的生命和爱情的毁灭。而"云鬓花颜金步摇,芙蓉帐暖度春宵。春宵苦短日高起,从此君王不早朝"正是写出了唐玄宗沉湎于对贵妃的宠爱,荒废政事,揭示悲剧的原因。这首诗一方面从人性爱美的角度写杨贵妃的美造成了玄宗的误国,又从政治角度批判了最高统治者怠于朝政、逸豫亡国的罪过。

唐玄宗和杨氏的骄奢淫逸,在他们生活中有两件事具有代表性,把这一主题的两个方面缩结到一起。一是杨贵妃喜食南方荔

---

① 《旧唐书》卷五一《杨贵妃传》,第2178页。
② 〔五代〕王仁裕等:《开元天宝遗事十种》,第133页。
③ 〔唐〕李吉甫:《元和郡县图志》卷一,中华书局,1983年,第7页。
④ 〔唐〕王建著,王宗堂校注:《王建诗集校注》卷六,第302页。
⑤ 《全唐诗》卷七一八,第8253页。

枝,玄宗命人快马驿递传送;①二是玄宗谱写《霓裳羽衣曲》,而贵妃善舞。在唐后期诗人笔下,递送荔枝劳民伤财,《霓裳羽衣曲》是亡国之音。杜甫《病橘》:"忆昔南海使,奔腾献荔枝。百马死山谷,到今耆旧悲!"②《解闷十二首》之一云:"先帝贵妃俱寂寞,荔枝还复入长安。炎方每续朱樱献,玉座应悲白露团。"③贵妃已死,玄宗失势,南方的荔枝仍像天宝年间一样进献长安。两首诗都批评驿递荔枝之举。杜牧《过华清宫绝句三首》其一:"长安回望绣成堆,山顶千门次第开。一骑红尘妃子笑,无人知是荔枝来。"④这首诗中讽刺的意味隐于诗的描写中。又如张祜《马嵬坡》:"旌旗不整奈君何,南去人稀北去多。尘土已残香粉艳,荔枝犹到马嵬坡。"⑤郑谷《荔枝》:"平昔谁相爱,骊山遇贵妃。枉教生处远,愁见摘来稀。晚夺红霞色,晴欺瘴日威。南荒何所恋,为尔即忘归。"⑥都是咏叹这个众所周知的典故。

　　沉湎于乐舞是李杨奢侈生活的一部分,有的诗把《霓裳羽衣曲》与安史之乱的发生联系到一起。《霓裳羽衣曲》是唐代宫廷著名的乐舞,传说是唐玄宗李隆基所作,由贵妃杨玉环作舞表演,因此成为李杨奢侈腐化生活的代名词。乐史《杨太真外传》卷上记载:"《霓裳羽衣曲》者,是玄宗登三乡驿,望女几山所作也。故刘禹锡诗有云《伏睹玄宗皇帝望女几山诗,小臣斐然有感》:'开元天子万事足,惟

---

① 《新唐书·杨贵妃传》云:"妃嗜荔支,必欲生致之,乃置骑传送,走数千里,味未变已至京师。"《唐国史补》云:"杨贵妃生于蜀,好食荔枝,南海所生,尤胜蜀者,故每岁飞驰以进。然方暑而熟,经宿则败,后人皆不知之。"唐时岭南荔枝无法运到长安,苏轼即言"此时荔枝自涪州致之,非岭南也"(《通鉴·唐纪》注)。荔枝成熟时,玄宗和贵妃必不在骊山。因为玄宗每年冬十月进驻华清宫,次年春即回长安。《程氏考古编》亦辨其谬,陈寅恪亦复考证之。唐人诗写贵妃食荔枝事,意在讽刺玄宗宠妃,未可求诸史实。佚名《三辅黄图》卷三记载,汉代南方荔枝入贡,"邮传者疲毙于道,极为生民之患"。《后汉书·和帝纪》记载:"南海献龙眼、荔支,十里一置,五里一候,奔腾阻险,死者继路。"颇疑唐人借汉事厚诬贵妃。
② 〔唐〕杜甫著,〔清〕仇兆鳌注:《杜诗详注》卷一〇,第854页。
③ 〔唐〕杜甫著,〔清〕仇兆鳌注:《杜诗详注》卷一七,第1516页。
④ 〔唐〕杜牧:《樊川文集》卷二,第28页。
⑤ 《全唐诗》卷五一一,第5843页。
⑥ 《全唐诗》卷六七四,第7722页。

惜当时光景促,三乡驿上望仙山,归作《霓裳羽衣曲》。'"①三乡驿者,唐连昌宫(洛阳宜阳县的离宫)所在也。② 张继《华清宫》云:"天宝承平奈乐何！华清宫殿郁嵯峨。朝元阁峻临秦岭,羯鼓楼高俯渭河。玉楼长飘云外曲,霓裳间舞月中歌。只今惟有温泉水,呜咽声中感慨多。"③李益《过马嵬二首》其一:"路至墙垣问樵者,顾予云是太真宫。太真血染马蹄尽,朱阁影随天际空。丹壑不闻歌吹夜,玉阶唯有薜萝风。世人莫重霓裳曲,曾致干戈是此中。"④最后两句点明题旨,把导致安史之乱的原因归结到《霓裳羽衣曲》,正是批判玄宗的腐化和杨妃的误国。杜牧《过华清宫绝句三首》其二也是同一主旨:"新丰绿树起黄埃,数骑渔阳探使回。霓裳一曲千峰上,舞破中原始下来。"⑤张祜《春莺啭》:"兴庆池南柳未开,太真先把一枝梅。内人已唱春莺啭,花下傞傞软舞来。"⑥温庭筠《华清宫二首》其一:"风树离离月稍明,九天龙气在华清。宫门深锁无人觉,半夜云中羯鼓声。"其二:"天阁沉沉夜未央,碧云仙曲舞霓裳。一声玉笛向空尽,月满骊山宫漏长。"⑦这些诗都把李杨联系在一起,认为唐玄宗宠幸杨贵妃是战乱发生的原因,大唐盛世在歌舞升平中走向衰败。

四、咏李杨故事,批判唐玄宗荒淫误国

　　唐玄宗后期渐肆奢欲,迷信长生,奸相弄权,社会黑暗。唐代诗人认识到安史之乱的发生和唐朝由盛转衰,他负有不可推卸的责

---

① 〔五代〕王仁裕等:《开元天宝遗事十种》,第131页。
② 此曲约成于公元718—720年间,其来历有三种说法:一是说玄宗登三乡驿,望见女几山(传说中的仙山),有感而作。二是根据《唐会要》记载:天宝年间,唐玄宗以太常刻石方式,更改了一些西域传入的乐曲,此曲根据《婆罗门曲》改编。第三种则折中于前两种说法,认为此曲前部分(散序)是玄宗望见女几山后悠然神往,回宫后根据幻想而作,后部分(歌和破)则是他吸收河西节度使杨敬述进献的《婆罗门曲》音调而成。
③ 《全唐诗》卷二四二,第2724页。
④ 《全唐诗》卷二八三,第3219页。
⑤ 〔唐〕杜牧:《樊川文集》卷二,第28页。
⑥ 《全唐诗》卷五一一,第5838页。
⑦ 〔唐〕温庭筠著,〔清〕曾益等笺注:《温飞卿诗集笺注》卷九,第199页。

任,诗人们主要还是把批判的矛头指向了真正的罪魁唐玄宗,既然贵妃无罪,那么责任就在玄宗。考察这些诗,诗人们对唐玄宗的批判,其情感、立场和思想却有不同。

(一)有的诗批评玄宗贪图享乐,荒淫腐化

史载唐玄宗晚年"在位岁久,渐肆奢欲,怠于政事"①。尽管天下太平,国家富庶,也挡不住统治者荒淫腐化、奢侈浪费。唐代诗人批判玄宗陶醉于歌舞升平,忘记了忧患兴邦、逸豫亡身的古训。张祜《李谟笛》:"平时东幸洛阳城,天乐宫中夜彻明。无奈李谟偷曲谱,酒楼吹笛是新声。"②李谟是唐玄宗时的教坊艺人,擅长吹笛,"独步于当时"。诗写唐玄宗夜夜笙歌的奢靡生活。杜牧《过华清宫绝句三首》其三:"万国笙歌醉太平,倚天楼殿月分明。云中乱拍禄山舞,风过重峦下笑声。"③杜牧《华清宫三十韵》铺写当年骊宫的繁华,玄宗沉浸在歌舞升平的梦中,直到潼关失守,皇舆西奔才大梦初觉,但为时已晚。李商隐《过华清内厩门》:"华清别馆闭黄昏,碧草悠悠内厩门。自是明时不巡幸,至今青海有龙孙。"刘学锴等人认为,此诗"寓今昔盛衰之慨","借华清内厩之荒废发之,皆举隅以见全体,令人思而得之","其意本不专主马政,特借端以寄慨耳"④。司空图《华清宫》:"帝业山河固,离宫宴幸频。岂知驱战马,只是太平人。"⑤玄宗自恃"山河固",因而尽情享乐,频繁携贵妃临幸华清宫。结果终于造成战乱,而那些从事叛乱的,就是"太平"中人。温庭筠《马嵬佛寺》云:"荒鸡夜唱战尘深,五鼓雕舆过上林。才信倾城是真语,直教涂地始甘心。两重秦苑成千里,一炷胡香抵万金。曼倩死来无绝艺,后人谁肯惜青禽?"⑥温庭筠《鸿胪寺有开元中锡宴堂楼台池沼,雅为胜绝,荒凉遗址,仅有存者,偶成四十韵》:

---

① 《资治通鉴》卷二一四,唐纪三十,中华书局,1956年,第6823页。
② 《全唐诗》卷五一一,第5839页。
③ 〔唐〕杜牧:《樊川文集》卷二,第28页。
④ 〔唐〕李商隐著,刘学锴、余恕诚集解:《李商隐诗歌集解》,中华书局,1988年,第1499~1500页;《全唐诗》卷五四〇,第6200页。
⑤ 《全唐诗》卷六三二,第7255页。
⑥ 〔唐〕温庭筠著,〔清〕曾益等笺注:《温飞卿诗集笺注》卷九,第186页。

明皇昔御极,神圣垂耿光。沈机发雷电,逸躅陵尧汤。西覃积石山,北至穷发乡。四凶有獬廌,一臂无螳螂。婵娟得神艳,郁烈闻国香。紫绦鸣羯鼓,玉管吹霓裳。禄山未封侯,林甫才为郎。昭融廓日月,妥贴安纪纲。群生到寿域,百辟趋明堂。四海正夸宴,一尘不飞扬。天子自游豫,侍臣宜乐康。轧然阊阖开,赤日生扶桑。玉砌露盘纡,金壶漏丁当。剑佩相击触,左右随趋锵。玄珠十二旒,红粉三千行。顾眄生羽翼,叱嗟回雪霜。神霞凌云阁,春水骊山阳。盘斗九子粽,瓯擎五云浆。双琼京兆博,七鼓邯郸倡。琵瑟碧鸡斗,笼葱翠雉场。仗官绣蔽膝,宝马金镂钖。椒涂隔鹦鹉,柘弹惊鸳鸯。猗欤华国臣,鬓发俱苍苍。锡宴得佳致,车从真炜煌。画鹢照鱼鳖,鸣驺乱鸳鸰。飑瀲荡碧波,炫煌迷横塘。萦盈舞回雪,宛转歌绕梁。艳带画银络,宝梳金钿筐。沈冥类汉相,醉倒疑楚狂。一旦紫微东,胡星森耀芒。凭陵逐鲸鲵,唐突驱犬羊。纵火三月赤,战尘千里黄。毂函与府寺,从此俱荒凉。兹地乃蔓草,故基摧坏墙。枯池接断岸,唧唧啼寒螀。败荷塌作泥,死竹森如枪。游人问老吏,相对聊感伤。岂必见麋鹿,然后堪回肠。幸今遇太平,令节称羽觞。谁知曲江坞,岁岁栖鵉皇。①

这首诗由玄宗开元年间锡宴堂引发感慨,铺写当年玄宗君臣纸醉金迷的生活,最终导致安史之乱的发生,殿堂被毁,一派荒凉。

(二)有的诗批判玄宗迷信求仙,沉迷女色,不恤国事,不关心民间疾苦

　　玄宗晚年一是听信道士张果的话,追求长生成仙;二是迷恋杨贵妃美貌,沉醉声色。因此追求高居无为,而荒废政事,造成社会黑暗,民不聊生。杜甫《自京赴奉先县咏怀五百字》揭露了当时"朱门酒肉臭,路有冻死骨"的残酷现实。唐后期不少诗中讽刺唐玄宗求仙学道的荒唐行为。如顾况《宿昭应》:"武帝祈灵太乙坛,新丰树色

---

① 〔唐〕温庭筠著,〔清〕曾益等笺注:《温飞卿诗集笺注》卷九,第190~195页。

绕千官。那知今夜长生殿,独闭山门月影寒。"①李贺《过华清宫》云:"春月夜啼鸦,宫帘隔御花。云生朱络暗,石断紫钱斜。玉碗盛残露,银灯点旧纱。蜀王无近信,泉上有芹芽。"②玄宗曾幸蜀,故称"蜀王"。"玉碗盛残露"是其求仙之举,"无近信"说他一去不返,讽刺他求仙未成。又如姚合《晓望华清宫》(一作王建诗):"晓看楼殿更鲜明,遥隔朱栏见鹿行。武帝自知身不死,教修玉殿号长生。"③李郢《骊山怀古五首》其四:"碧瓦雕墙拥翠微,泉声一去杳难期。不闻缑岭仙成日,空想钧天梦尽时。青嶂浅深当雨静,古松疏密向风悲。近来颜色无倾国,更锁宫门欲待谁?"其五:"当时事事笑秦皇,今日追思倍可伤。珠玉影摇千树冷,绮罗风动满川香。虽名金殿长生字,误说茅山不死方。独向逝波无问处,古槐花落路茫茫。"④张祜《集灵台二首》其一:"日光斜照集灵台,红树花迎晓露开。昨夜上皇新授箓,太真含笑入帘来。"⑤授箓是颁发给职券牒文,以证其所得之法职的一种道家行为。大乱发生,玄宗不顾国家安危,只顾自己逃命,导致国家残破,山河变色。吴融《华清宫二首》其一:"四郊飞雪暗云端,唯此宫中落旋干。绿树碧檐相掩映,无人知道外边寒。"⑥"无人知道外边寒"与杜甫诗"朱门酒肉臭,路有冻死骨"同旨,批判玄宗不关心人民疾苦。

　　唐玄宗在王皇后和武惠妃死后,一时无称心之人,纳儿子寿王的妃子杨玉环为贵妃。这一点颇为当时和后世的人诟病,诗人们对此大加讽刺。李商隐《马嵬二首》其一:"冀马燕犀动地来,自埋红粉自成灰。君王若道能倾国,玉辇何由过马嵬?"⑦如果玄宗早就知道宠幸杨贵妃会遭受国家破亡的下场,哪里还会天子蒙尘,发生马嵬

---

① 《全唐诗》卷二六七,第2969页。
② 〔唐〕李贺著,〔清〕王琦等评注:《三家评注李长吉歌诗》,中华书局,1959年,第40页。
③ 《全唐诗》卷五〇〇,第5686页。
④ 童养年辑录:《全唐诗续补遗》卷八,收入陈尚君辑校:《全唐诗补编》,第431页。
⑤ 《全唐诗》卷五一一,第5843页。
⑥ 《全唐诗》卷六八四,第7857页。
⑦ 〔唐〕李商隐著,〔清〕冯浩笺注:《玉谿生诗集笺注》卷三,第604页;《全唐诗》卷五三九,第6177页。

驿之变呢？"末二句言其觉悟之不早也"①。在与杨妃的关系上，有的诗讽刺唐玄宗对杨贵妃的专宠。白居易《长恨歌》说杨贵妃"三千宠爱在一身"。有的诗批判玄宗的丧失人伦和自私无情。杨氏本是玄宗十八子寿王李瑁的妃子，玄宗召入禁中为女官，号太真，大加宠幸，又册封为贵妃。李商隐《骊山有感》云："骊岫飞泉泛暖香，九龙呵护玉莲房。平明每幸长生殿，不从金舆惟寿王。"②其《龙池》诗云："龙池赐酒敞云屏，羯鼓声高众乐停。夜半宴归宫漏永，薛王沉醉寿王醒。"③也是讽刺此事。玄宗纳杨氏为贵妃，虽然宠幸有加，但在关键时刻，他并没有保护杨氏。刘禹锡《马嵬行》写在马嵬坡兵变中，玄宗赐死杨贵妃："绿野扶风道，黄尘马嵬驿。路边杨贵人，坟高三四尺。乃问里中儿，皆言幸蜀时。军家诛戚族，天子舍妖姬。群吏伏门屏，贵人牵帝衣。低回转美目，风日为无晖。贵人饮金屑，倏忽舜英暮。"④李商隐《马嵬二首》其二："海外徒闻更九州，他生未卜此生休。空闻虎旅传宵柝，无复鸡人报晓筹。此日六军同驻马，当时七夕笑牵牛。如何四纪为天子，不及卢家有莫愁？"⑤为了保住自己的生命，玄宗不顾群臣和贵妃的哀求。再美的佳人，百般的柔情，都被他弃之如敝屣，平日的恩爱究竟有多少真情！所以李商隐诗中质问："如何四纪为天子，不及卢家有莫愁？"崔道融《马嵬》："万乘凄凉蜀路归，眼前珠翠与心违。重华不是风流主，湘水犹传泣二妃。"⑥此诗用舜与二妃的典故，重华，舜的名字，此处代指玄宗。舜死于苍梧之野，二妃闻之，哭于湘水。此以二妃喻杨妃，而说玄宗不是"风流主"，诗人认为，可能在此事件中感到悲伤的只有杨妃吧。

---

① 〔唐〕李商隐著，刘学锴、余恕诚集解：《李商隐诗歌集解》引"何曰"，第 311 页。
② 〔唐〕李商隐著，〔清〕冯浩笺注：《玉谿生诗集笺注》卷三，第 593 页；《全唐诗》卷五四〇，第 6195 页。
③ 〔唐〕李商隐著，〔清〕冯浩笺注：《玉谿生诗集笺注》卷三，第 598 页；《全唐诗》卷五四〇，第 6195 页。
④ 《全唐诗》卷三五四，第 3963 页。
⑤ 〔唐〕李商隐著，〔清〕冯浩笺注：《玉谿生诗集笺注》卷三，第 604 页；《全唐诗》卷五三九，第 6177 页。
⑥ 《全唐诗》卷七一四，第 8207 页。

(三)有的诗批判玄宗听信宠佞,疏远忠良,失治国之道

唐玄宗前期任用姚崇、宋璟、张说、张九龄等,造就了开元盛世。后来宠信李林甫、杨国忠,政治日益黑暗,终于造成社会动乱。张祜《华清宫和杜舍人》(此诗一作温庭筠诗,一作赵嘏诗,一作薛能诗)诗云:

> 五十年天子,离宫旧粉墙。登封时正泰,御宇日初长。上位先名实,中兴事宪章。举戎轻甲胄,余地取河湟。道帝玄元祖,儒封孔子王。因缘百司署,丛会一人汤。渭水波摇绿,秦山草半黄。马头开夜照,鹰眼利星芒。下箭朱弓满,鸣鞭皓腕攘。畋思获吕望,谏祇避周昌。兔迹贪前逐,枭心不早防。几添鹦鹉劝,频赐荔支尝。月锁千门静,天高一笛凉。细音摇翠佩,轻步宛霓裳。祸乱根潜结,升平意遽忘。衣冠逃犬房,鼙鼓动渔阳。外戚心殊迫,中途事可量。雪埋妃子貌,刃断禄儿肠。近侍烟尘隔,前踪辇路荒。益知迷宠佞,惟恨丧忠良。北阙尊明主,南宫逊上皇。禁清余凤吹,池冷映龙光。祝寿山犹在,流年水共伤。杜鹃魂厌蜀,蝴蝶梦悲庄。雀卵遗雕栱,虫丝胃画梁。紫苔侵壁润,红树闭门芳。守吏齐鸳瓦,耕民得翠珰。欢康昔时乐,讲武旧兵场。暮草深岩霭,幽花坠径香。不堪垂白叟,行折御沟杨。①

在这首诗里,先是肯定唐玄宗前半生励精图治及其成效,后写安史之乱造成的悲剧,而追究其原因是"益知迷宠佞,惟恨丧忠良"。唐诗中还批评玄宗滥施恩赏和轻视人才。皇甫冉《温泉即事》诗:"天仗星辰转,霜冬景气和。树含温液润,山入缭垣多。丞相金钱赐,平阳玉辇过。鲁儒求一谒,无路独如何。"②像杨国忠那样的权臣国戚和像平阳公主那样的皇亲,陪伴玄宗游幸华清宫,玄宗对他们厚加赏赐。但有才学的人却进谒无由,被拒之门外。杜牧《咏歌圣德远怀天宝因题关亭长句四韵》:"圣敬文思业太平,海寰天下唱歌行。

---

① 《全唐诗》卷五一一,第5832页。
② 《全唐诗》卷二五〇,第2813页。

秋来气势洪河壮,霜后精神泰华狞。广德者强朝万国,用贤无敌是长城。君王若悟治安论,安史何人敢弄兵。"①河湟地区经过吐蕃人长期占领后,朝廷收复七州三关,张议潮起义驱逐了河西吐蕃人,杜牧这首诗歌颂唐宣宗的"圣德",同时对比唐玄宗天宝之乱,认为宣宗"广德""用贤",故有此成就,认为天宝之乱正是因为君王不悟这种"治安"之道而造成的。

结语

　　李杨故事在安史之乱前已经进入诗人的吟咏,表现出两种倾向:一是赞美和歌颂,如李白的《清平调词三首》,作为御用诗人,李白写诗奉迎玄宗,歌唱杨玉环的美丽;二是讥讽,如杜甫的《丽人行》诗,对炙手可热的杨氏一族极尽讽刺挖苦。马嵬驿兵变后,李杨故事以其戏剧性、悲剧性、政治性和香艳色彩引起诗人的极大兴趣,咏李杨故事的作品成为唐后期诗坛一大景观,华清宫、马嵬驿、玄宗入蜀途中、玄宗独处之旧宫等与李杨悲剧紧密联系在一起的时间、地点和重大事件都成为诗人们借题发挥抒发感慨的媒介,都在唐诗中得到吟咏,其中写到华清宫和马嵬驿的数量最多。唐末僖宗再次入蜀,又引起诗人的前后对比,反思玄宗入蜀,令诗人们重新思考李杨故事的意义,写出涉及李杨故事的诗。总的来看,唐后期的诗人写到华清宫和马嵬驿时,虽然也有像卢纶的《早秋望华清宫中树因以成咏》、皇甫冉《华清宫》那样基本上属于客观写景的作品,也有个别打趣无聊之作(如李远《老僧续得贵妃袜》、李群玉《李远获贵妃袜》之类),但大部分诗作都寄托着诗人们对社会人生的感慨,表达了唐后期人们对开元盛世、天宝政治和安史之乱的反思以及对唐后期政治腐败和社会黑暗的影射和抨击。这些诗思想深刻,情感真挚,艺术手法和风格多样,有不少传世名篇。

　　安史之乱以后,唐人从多方面对安史之乱进行反思,总结其教

---

① 〔唐〕杜牧:《樊川文集》卷四,第68页;《全唐诗》卷五二三,第5979页。

训。人们从政治、经济、军事、文化甚至科举制度等方面探讨大乱发生的原因,唐诗中也有这方面的内容。诗人们用诗的形式表达了他们对这场战乱前因后果的思考,但是诗不是政论,也不是学术论文,诗人要表达他们的见解,他们要采用诗的形式,就不能空洞地说理,抽象地议论。这可以称为"诗笔"。诗笔不同于史笔,诗要通过形象化、抒情性的手段表达他们的思想和情感,人们不约而同地聚焦到李杨故事上来。唐玄宗与杨贵妃的恩爱故事,是开元盛世的象征,也是统治者荒淫腐化生活的写照;杨贵妃的死是安史之乱中最惨痛的一幕;杨贵妃死后,唐玄宗的凄凉晚年又与安史之乱后唐王朝江河日下的形势合拍;李杨故事又具有强烈的香艳色彩,因此李杨悲剧是极富诗意的事件,在这场悲剧中华清宫和马嵬驿分别代表了它的起点和终点。唐代后期出现了许多以李杨故事为题材的诗,这些诗又大多以华清宫、马嵬坡为题材。华清宫、马嵬坡寄托着诗人们复杂的情感。当写到华清宫时更多的作品表达了对开元盛世的怀念,而写到马嵬驿时更多的作品表达了对李杨悲剧的关注。

这些诗反映了诗人对安史之乱的反思,表现了他们对这一事件的观点和态度,他们的观点不同,情感不同,甚至表现出完全对立的立场和态度,有的诗人自己在不同的诗里也表现出完全不同甚至截然相反的观念。总的来看,马嵬坡兵变发生之后,唐王朝把安史之乱的发生归结为杨国忠专权和杨氏一门的受宠,人们把矛头指向杨国忠的同时,也把杨贵妃视为妲己,诗中表现出女人祸水的主题,如杜甫的《北征》诗。但随着时间的推移,人们的认识发生了变化,大家逐渐认识到安史之乱的发生有复杂的原因,主要责任在皇帝和幸臣身上,于是对杨贵妃有了更多的同情,诗人们批判的矛头更多指向唐玄宗的失道误国,诗歌中出现了为杨氏辩诬的主题。这一方面是他们的确在认识上观点不同,在思想情感上有变化;另一方面也有诗歌作为艺术创作的故作翻案,诗要有新意,艺术风格、表现手法上也要求多样。诗人们有时以传说引出议论,借题发挥,表达自己的主观感受,因此不能要求诗人所咏皆符合史实。我们必须理解诗人的主观色彩和诗歌的抒情特征,诗人们观点可能并不一致,立论也未必稳妥,但诗却是好诗。

附表:唐人咏及李杨故事的诗

诗人	诗题	出处
白居易	《法曲》	《白居易集》卷三
白居易	《上阳白发人》	《白居易集》卷三
白居易	《胡旋女》	《白居易集》卷三
白居易	《新丰折臂翁》	《白居易集》卷三
白居易	《骊宫高》	《白居易集》卷四
白居易	《李夫人》	《白居易集》卷四
白居易	《陵园妾》	《白居易集》卷四
白居易	《长恨歌》	《白居易集》卷一二
白居易	《江南遇天宝乐叟》	《白居易集》卷一二
鲍溶	《温泉宫》	《全唐诗》卷四八六
柴宿	《初日照华清宫》	《全唐诗》卷七七九
崔涂	《过绣岭宫》	《全唐诗》卷六七九
崔橹	《华清宫三首》	《全唐诗》卷五六七
崔道融	《銮驾东回》	《全唐诗》卷七一四
崔道融	《羯鼓》	《全唐诗》卷七一四
崔道融	《马嵬》	《全唐诗》卷七一四
杜甫	《丽人行》	《杜诗详注》卷二
杜甫	《哀江头》	《杜诗详注》卷四
杜甫	《北征》	《杜诗详注》卷五
杜甫	《病橘》	《杜诗详注》卷一〇
杜甫	《骊山》	《杜诗详注》卷一七
杜甫	《解闷十二首》之一	《杜诗详注》卷一七
杜牧	《华清宫三十韵》	《全唐诗》卷五二一,《樊川文集》卷二
杜牧	《过华清宫绝句三首》	《全唐诗》卷五二一,《樊川文集》卷二
杜牧	《咏歌圣德远怀天宝因题关亭长句四韵》	《全唐诗》卷五二三,《樊川文集》卷四
杜牧	《华清宫》	《全唐诗》卷五二四,《樊川文集》外集

(续表)

诗人	诗题	出处
杜牧	《经古行宫(一作经华清宫)》	《全唐诗》卷五二六(一作许浑诗)
杜常	《华清宫》	《全唐诗》卷七三一
窦巩	《过骊山》	《全唐诗》卷二七一
贾岛	《马嵬》	《全唐诗》卷五七四,《长江集新校》附集
高骈	《马嵬驿》	《全唐诗》卷五九八
高骈	《蜀路感怀》	《全唐诗》卷五九八
高蟾	《华清宫》	《全唐诗》卷六六八
顾况	《宿昭应》	《全唐诗》卷二六七
皇甫冉	《华清宫》	《全唐诗》卷二五〇
皇甫冉	《温泉即事》	《全唐诗》卷二五〇
黄滔	《马嵬》	《全唐诗》卷七〇六
黄滔	《马嵬二首》	《全唐诗》卷七〇六
卢纶	《华清宫二首》	《全唐诗》卷二七九
卢纶	《早秋望华清宫中树因以成咏》	《全唐诗》卷二七九
李白	《清平调词三首》	《全唐诗》卷一六四
李白	《上皇西巡南京歌十首》	《全唐诗》卷一六七
李白	《宫中行乐词八首》	《全唐诗》卷一六四
刘禹锡	《马嵬行》	《全唐诗》卷三五四
刘禹锡	《华清词》	《全唐诗》卷三五四
刘景复	《梦为吴泰伯作胜儿歌》	《全唐诗》卷八六八
李约	《过华清宫》	《全唐诗》卷三〇九
李郢	《骊山怀古五首》	《全唐诗续补遗》卷八
林宽	《华清宫》	《全唐诗》卷六〇六
李益	《过马嵬二首》	《全唐诗》卷二八三
李益	《过马嵬》	《全唐诗》卷二八三
李贺	《过华清宫》	《三家评注李长吉歌诗》

(续表)

诗人	诗题	出处
李洞	《绣岭宫词》	《全唐诗》卷七二三
李洞	《闻杜鹃》	《全唐诗》卷七二三
李涉	《题温泉》	《全唐诗》卷四七七
李远	《过马嵬山》(一作李益诗)	《全唐诗》卷五一九
李远	《老僧续得贵妃袜》	《青琐高议前集》六,《全唐诗续补遗》卷七
李群玉	《李远获贵妃袜》	《青琐高议前集》六,《全唐诗续补遗》卷七
李商隐	《华清宫》(1)	《全唐诗》卷五三九,《玉谿生诗集笺注》卷三
李商隐	《华清宫》(2)	《全唐诗》卷五三九,《玉谿生诗集笺注》卷三
李商隐	《过华清内厩门》	《全唐诗》卷五四〇,《李商隐诗歌集解》
李商隐	《马嵬二首》	《全唐诗》卷五三九,《玉谿生诗集笺注》卷三
李商隐	《骊山有感》	《全唐诗》卷五四〇,《玉谿生诗集笺注》卷三
李商隐	《龙池》	《全唐诗》卷五四〇,《玉谿生诗集笺注》卷三
罗隐	《华清宫》	《全唐诗》卷六六四,《罗隐集·甲乙集》
罗隐	《帝幸蜀》(一作狄归昌诗)	《全唐诗》卷六六四,《罗隐集·甲乙集》
罗隐	《马嵬坡》	《全唐诗》卷六五七,《罗隐集·甲乙集》
罗邺	《骊山》	《全唐诗》卷六五四

(续表)

诗人	诗题	出处
罗邺	《上阳宫》	《全唐诗》卷六五四
罗邺	《宫中二首》	《全唐诗》卷六五四
罗邺	《温泉》	《全唐诗》卷六五四
罗邺	《驾蜀回》	《全唐诗》卷六五四
罗虬	《比红儿诗》	《全唐诗》卷六六六
陆龟蒙	《连昌宫词二首》	《全唐诗》卷六二九
陆龟蒙	《开元杂题七首》	《全唐诗》卷六二九
唐求	《马嵬感事》	《全唐诗》卷七二四
唐彦谦	《骊山道中》	《全唐诗》卷六七二
权德舆	《朝元阁》	《全唐诗》卷三二五
钱珝	《蜀国偶题》	《全唐诗》卷七一二
司空图	《华清宫》	《全唐诗》卷六三二
苏拯	《经马嵬坡》	《全唐诗》卷七一八
薛能	《过骊山》	《全唐诗》卷五六一
徐夤	《开元即事》	《全唐诗》卷七一〇
徐夤	《马嵬》	《全唐诗》卷七一一
徐夤	《华清宫》	《全唐诗》卷七〇八
徐夤	《再幸华清宫》	《全唐诗》卷七〇八
许浑	《骊山(一作途经骊山,一作望华清宫感事)》	《全唐诗》卷五三三
许浑	《经古行宫》	《全唐诗》卷五三六
王建	《温泉宫行》	《全唐诗》卷二九八,《王建诗集校注》卷一
王建	《华清宫感旧》	《王建诗集校注》卷六
王建	《霓裳词十首》	《全唐诗》卷三〇一
王建	《宫前早春》	《全唐诗》卷三〇一
王建	《旧宫人》	《全唐诗》卷三〇一
王建	《过绮岫宫》	《全唐诗》卷三〇一

(续表)

诗人	诗题	出处
王建	《华清宫前柳》	《全唐诗》卷三〇一
韦应物	《酬郑户曹骊山感怀》	《全唐诗》卷一九〇
温庭筠	《马嵬驿》	《全唐诗》卷五七八,《温飞卿诗集笺注》卷四
温庭筠	《马嵬佛寺》	《温飞卿诗集笺注》卷九
温庭筠	《过华清宫二十二韵》	《全唐诗》卷五八〇,《温飞卿诗集笺注》卷六
温庭筠	《龙尾驿妇人图》	《全唐诗》卷五八三,《温飞卿诗集笺注》卷九
温庭筠	《华清宫二首》	《温飞卿诗集笺注》卷九
温庭筠	《鸿胪寺有开元中锡宴堂楼台池沼,雅为胜绝,荒凉遗址,仅有存者,偶成四十韵》	《全唐诗》卷五八三,《温飞卿诗集笺注》卷九
吴融	《华清宫二首》	《全唐诗》卷六八四
吴融	《华清宫四首》	《全唐诗》卷六八五
韦庄	《立春日作》	《全唐诗》卷六九六,《韦庄集笺注》卷二
于濆	《马嵬驿》	《全唐诗》卷五九九
元稹	《代曲江老人一百韵》	《元稹集》卷一〇
元稹	《行宫》(一作王建《故宫行》)	《元稹集》卷一五
元稹	《连昌宫词》	《元稹集》卷二四
元稹	《上阳白发人》	《元稹集》卷二四
元稹	《法曲》	《元稹集》卷二四
元稹	《胡旋女》	《元稹集》卷二四
姚合	《晓望华清宫》(一作王建诗)	《全唐诗》卷五〇〇

(续表)

诗人	诗题	出处
赵嘏	《冷日过骊山》(一作孟迟诗)	《全唐诗》卷五五〇
赵嘏	《咏端正春树》	《全唐诗》卷五五〇
郑谷	《荔枝》	《全唐诗》卷六七四
郑畋	《马嵬坡》	《全唐诗》卷五五七
郑嵎	《津阳门诗》	《全唐诗》卷五六七
张籍	《华清宫》	《全唐诗》卷三八六
张继	《华清宫》	《全唐诗》卷二四二
张祜	《南宫叹亦述玄宗追恨太真妃事》	《全唐诗》卷五一〇
张祜	《华清宫四首》	《全唐诗》卷五一一
张祜	《太真香囊子》	《全唐诗》卷五一一
张祜	《连昌宫》	《全唐诗》卷五一一
张祜	《雨霖铃》	《全唐诗》卷五一一
张祜	《马嵬归》	《全唐诗》卷五一一
张祜	《散花楼》	《全唐诗》卷五一一
张祜	《马嵬坡》	《全唐诗》卷五一一
张祜	《春莺啭》	《全唐诗》卷五一一
张祜	《集灵台二首》	《全唐诗》卷五一一
张祜	《华清宫和杜舍人》(此诗一作温庭筠诗,一作赵嘏诗,一作薛能诗)	《全唐诗》卷五一一
张祜	《李谟笛》	《全唐诗》卷五一一
张蠙	《青冢》	《全唐诗》卷七〇二
张保胤	《又留别同院》	《全唐诗》卷八七〇
蜀宫群仙	《太真》	《全唐诗》卷八六三
无名氏(郑户曹?)	《骊山感怀》	《全唐诗》卷七八五

唐诗中流寓和出入长安之外域人

长安是唐朝政治文化中心,是丝绸之路的起点,是唐朝开放的窗口,在广泛的中外文化交流中吸收了不少外来文明。大量周边民族和外域人入华,长安是其最大的聚集中心,长安会聚了来自周边民族和域外国家的众多人口,他们带来了不同于中原地区传统文化的风尚习俗。唐代是诗歌兴盛的时代,长安是唐代最大的诗歌中心。诗是社会生活的反映,长安的外来居民、外来文明和域外习尚反映在诗歌的歌咏和描写中。

流行长安的西域文明和唐代的外来文明,已经有不少学者进行了精细研究,特别是向达先生的《唐代长安与西域文明》和美国汉学家薛爱华(E. H. Schafer)的《撒马尔罕的金桃——唐代舶来品研究》(*The Golden Peaches of Samarkand: A Study of T'ang Exotics*)影响甚著。唐代长安外域人很多,包括唐朝周边民族和域外国家进入长安侨居以及经常出入长安的使节、商旅等。向达先生曾考证流寓长安之西域人,有突厥人、回鹘人、中亚昭武九姓国人、西域各国使人(胡客)。他把唐代流寓长安之西域人分为四类,一是北魏、北周以来入中夏者,二是逐利东来之西域商胡,三是宗教僧侣,四是入充侍卫的诸国侍子久居长安入籍为民者。分国述及,有葱岭以东于阗、龟兹、疏勒诸国,有中亚、西亚诸国等。[①] 当时侨居或出入长安者不仅有西域人,来自南亚、东南亚、东亚者亦复不少,尤其近邻朝鲜半岛、日本入唐游历和学习的人为数更多。严耕望估计新罗国人同时在唐学习者多至一二百人。[②]

---

① 向达:《唐代长安与西域文明》,生活·读书·新知三联书店,1957年,第4~6页。
② 严耕望:《新罗留学生与僧徒》,《严耕望史学论文集》,上海古籍出版社,2009年,第937页。

据统计，在长安城一百万左右人口中，各国、各族侨民和外籍居民占约总数的百分之二。其中突厥人最多，如果算上突厥后裔，其数当在百分之五左右。① 在长安活动的外域人身份各异，有使节，有商旅，有僧侣，有通过战功升迁的将军，有乐舞艺人，还有入唐学习的留学生及学成留唐做官者，有各国王室贵族等。有长期定居的，也有临时出入者。波斯贵族由于阿拉伯势力入侵而流浪天涯，国王卑路斯和他的儿子泥涅师入华而客死长安。勃律国王苏失利芝、护密国王罗真檀、陀拔国王子、新罗国王子都入华居留。长安的侨民来自不同的地区，各有自己的生活风尚和特长。

唐代长安的外域人为这个国际化大都市添加了色彩和活力，"移民是一个城市的活力所在，唐长安是中国历史上外来移民最多最活跃的国都城市"②。长安大量周边民族和异域外国人成为长安的一道风景，构成长安胡化风气和异域风情的重要内容，因为其辉煌成就、才华技艺、奇特相貌或与唐人的深厚友情等不同的缘由，成为唐诗吟咏的对象。关于长安移民虽有不少学者已经有所探讨，但在唐诗中的表现还缺乏系统和深入研究，本文在前人研究的基础上略加探讨，以就正方家。

一、唐诗中长安的"蕃将"

外族人入唐，有的投身军事冒险事业，立功为将，当时称为"蕃将"。那些在战争中立功的将军入朝做官，或退居京师，在长安有府邸。他们活跃在长安，为长安平添异域风情和尚武之风。那些英勇善战、建立了辉煌战功的将军往往引起诗人的景仰，形诸歌咏。

名将高仙芝是高丽人，唐诗中有写到高仙芝的诗。当高仙芝奋

---

① 有几个数字很能说明长安外域人之多。唐朝征服东、西突厥之后，大量突厥人和中亚人进入长安。据《唐会要》卷七三，迁居长安的突厥人近万家。据《资治通鉴》卷二二五"大历十四年七月"条，代宗以后，居留长安的回鹘人常有上千人。完全华化，衣着唐式服装和汉人混居的外国商人在两千人以上。据同书卷二三二，德宗贞元三年（787）检括长安"胡客"（侨民），有田宅者达四千人。
② 葛承雍：《唐韵胡音与外来文明》，《西域研究》2005年第3期。

战西域时,岑参曾入其幕府,其《武威送刘单判官赴安西行营便呈高开府》中的高开府便是高仙芝。① 高仙芝从西域回到长安,久不得志。杜甫《高都护骢马行》便有替他鸣不平之意:"安西都护胡青骢,声价欻然来向东。此马临阵久无敌,与人一心成大功。功成惠养随所致,飘飘远自流沙至。雄姿未受伏枥恩,猛气犹思战场利。腕促蹄高如踏铁,交河几蹴曾冰裂。五花散作云满身,万里方看汗流血。长安壮儿不敢骑,走过掣电倾城知。青丝络头为君老,何由却出横门道。"②这首诗自注:"高仙芝开元末为安西副都护。"诗字面上咏马,实是写人。马的命运随主人的遭遇而变化,通过写马曲折地写出了高仙芝的境遇。诗末四句从骢马老于马厩之中,再赴边庭而不可得,映射出高仙芝长期困守长安而不能重返边疆的处境。这首诗应当写在天宝十载(751)秋之后到天宝十四载(755)之间高仙芝困守长安之时。

哥舒翰是西突厥别部突骑施哥舒部人,任河西陇右节度使,在对吐蕃的战争中战功显赫,后病废长安。杜甫《投赠哥舒开府翰二十韵》盛赞哥舒翰的武功盖世:"今代麒麟阁,何人第一功?"又写他归来加封之荣耀:"受命边沙远,归来御席同。轩墀曾宠鹤,畋猎旧非熊。茅土加名数,山河誓始终。策行遗战伐,契合动昭融。勋业青冥上,交亲气概中。"③王建《送阿史那将军安西迎旧使灵榇(一作送史将军)》:"汉家都护边头没,旧将牵麻万里迎。阴地背行山下火,风天错到碛西城。单于送葬还垂泪,部曲招魂亦道名。却入杜陵秋巷里,路人来去读铭旌。"④阿史那是突厥人姓,这位出身突厥的将军奉朝廷之命赴安西,迎回战殁西域的将军灵榇入长安。

尉迟作为复姓,本是西域于阗国王姓,入唐尉迟姓人有的出于久已华化的后魏尉迟部,有的是隋唐之际充质子入华者,有的族系来源不明,但其族源出于西域于阗国。刘威《尉迟将军》:"天仗拥门

---

① 〔唐〕岑参著,陈铁民、侯忠义校注:《岑参集校注》卷二,上海古籍出版社,1981 年,第91 页。
② 〔唐〕杜甫著,〔清〕仇兆鳌注:《杜诗详注》卷二,中华书局,1979 年,第 86~88 页。
③ 〔唐〕杜甫著,〔清〕仇兆鳌注:《杜诗详注》卷三,第 188~191 页。
④ 《全唐诗》卷三〇〇,中华书局,1960 年,第 3411 页。

希授钺,重臣入梦岂安金。江河定后威风在,社稷危来寄托深。扶病暂将弓试力,感恩重与剑论心。明妃若遇英雄世,青冢何由怨陆沉。"①这位尉迟将军早已成为大唐的重臣。唐代浑姓者有的出于铁勒族浑部。刘禹锡《浑侍中宅牡丹》:"径尺千余朵,人间有此花。今朝见颜色,更不向诸家。"②《送浑大夫赴丰州》:"凤衔新诏降恩华,又见旌旗出浑家。故吏来辞辛属国,精兵愿逐李轻车。毡裘君长迎风驭,锦带酋豪踏雪衙。其奈明年好春日,无人唤看牡丹花。"③这两首诗写的是浑瑊和他的儿子,浑氏是皋兰州(今宁夏青铜峡南)铁勒族浑部人。浑瑊曾是郭子仪部将,战功卓著,仕至侍中。其子则"家承旧勋",亦位任方面。

二、唐诗中出入长安的外国使节

世界上许多国家与唐朝建立了通交关系,各国使节频繁入唐交往,经丝绸之路来到长安的外国使节人数众多。《新唐书·王锷传》记载:"天宝末,西域朝贡酋长及安西、北庭校吏岁集京师者数千人,陇右既陷,不得归,皆仰禀鸿胪礼宾,月四万缗,凡四十年,名田养子孙如编民。至是,锷悉藉名王以下无虑四千人。"④可见当时来到唐朝的使节人数之众。域外使节入唐的终点大多是长安。张说《奉和圣制春中兴庆宫酺宴应制》诗云:"千龄逢启圣,万域共来威。"⑤张祜在《大唐圣功诗》中歌颂唐太宗的功业:"甲子上即位,南郊赦宪瀛。八蛮与四夷,朝贡路交争。"⑥晚唐诗人王贞白《长安道》云:"晓鼓人已行,暮鼓人未息。梯航万国来,争先贡金帛。"⑦他们来到长安入贡,完成使命后回国。

---

① 《全唐诗》卷五六二,第6525页。
② 〔唐〕刘禹锡:《刘禹锡集》卷二五,上海人民出版社,1975年,第233页。
③ 〔唐〕刘禹锡:《刘禹锡集》卷二八,第255页。
④ 《新唐书》卷一七〇《王锷传》,中华书局,1975年,第5169页。
⑤ 《全唐诗》卷八八,第966页。
⑥ 孙望:《全唐诗补逸》卷一一,收入陈尚君辑校:《全唐诗补编》,中华书局,1992年,第216页。
⑦ 《全唐诗》卷七〇一,第8058页。

外国使节归国之际，唐代诗人往往写诗送行，特别是汉字文化圈的东亚国家，如朝鲜半岛的新罗国和日本。据统计，从公元618年唐朝建立至907年唐朝灭亡，289年间，新罗曾向唐朝派遣使团126次，唐朝也向新罗派遣使团34次。两国之间外交往来的频率，远远超过唐朝与其他任何国家之间的往来。新罗国使节多通汉文，归国时唐朝君臣、朋友往往写诗相赠。陶翰《送金卿归新罗》："奉义朝中国，殊恩及远臣。乡心遥渡海，客路再经春。落日谁同望？孤舟独可亲。拂波衔木鸟，偶宿泣珠人。礼乐夷风变，衣冠汉制新。青云已干吕，知汝重来宾。"① 孟郊《奉同朝贤送新罗使》："渺渺望远国，一萍秋海中。恩传日月外，梦在波涛东。浪兴豁胸臆，泛程舟虚空。既兹吟仗信，亦以难私躬。实怪赏不足，异鲜悦多丛。安危所系重，征役谁能穷？彼俗媚文史，圣朝富才雄。送行数百首，各以铿奇工。冗隶窃抽韵，孤属思将同。"② 送行的诗多达"数百首"，可见送行者之众。张乔《送朴充侍御归海东》："天涯离二纪，阙下历三朝。涨海虽然阔，归帆不觉遥。惊波时失侣，举火夜相招。来往寻遗事，秦皇有断桥。"③"海东"即新罗国。这位朴氏从新罗来，在唐朝两年，被授予侍御职务，后返回新罗。由于唐与新罗关系密切，在人们的心理上两国间的海上距离也缩短了，故云涨海虽阔，不觉路遥。

日本遣唐使多次入唐，他们到长安访问，留唐学习，有的学成返回日本，有的留在长安做官，唐诗中对他们的活动多所反映。晁衡跟中国诗人建立了深厚友谊，彼此间诗歌唱和自不待说，他离开长安回日本，王维、包佶皆有诗送行。唐玄宗也有一首《送日本使》诗，日本《高僧传》记载："天平胜宝四年（唐玄宗天宝十一载，752），藤原清河为遣唐大使，至长安见元宗。元宗曰：'闻彼国有贤君，今观使者趋揖有异，乃号日本为礼仪君子国。'命晁衡导清河等视府库及三教殿，又图清河貌纳于蕃藏中。及归赐诗：'日下非殊俗，天中嘉会朝。念余怀义远，矜尔畏途遥。涨海宽秋月，归帆驶夕飙。因惊彼

---

① 《全唐诗》卷一四六，第1477页。
② 《全唐诗》卷三七九，第4252页。
③ 《全唐诗》卷六三八，第7320页。

君子,王化远昭昭。'"① 日本僧人空海(774—835),俗名佐伯真鱼,灌顶名号遍照金刚,于桓武天皇延历廿三年(唐德宗贞元二十年,804),作为学问僧与最澄等随遣唐使入唐求法,805年到达长安。806年携带佛典经疏、法物等回国。空海此行肩负求法与奉使双重职任,当他回国时,中国诗人纷纷写诗送行。朱千乘有《送日本国三藏空海上人朝宗我唐兼贡方物而归海东诗并序》,序云:"沧溟无垠,极不可究。海外僧侣,朝宗我唐,即日本三藏空海上人也。解梵书,工八体,缮俱舍,精三乘。去秋而来,今春而往。反掌云水,扶桑梦中。他方异人,故国罗汉,盖乎凡圣不可以测识,亦不可知智。勾践相遇,对江问程,那堪此情。离思增远,愿珍重珍重!元和元年春〔姑〕(沽)洗之月聊序。当时,少留诗云。"其诗云:"古貌宛休公,谈真说苦空。应传六祖后,远化岛夷中。去岁朝秦阙,今春赴海东。威仪易旧体,文字冠儒宗。留学幽微旨,云关护法崇。凌波无际碍,振锡路何穷。水宿鸣金磬,云行侍玉童。承恩见明主,偏沭僧家风。"此外,朱少端有《送空海上人朝谒后归日本》,鸿渐、郑壬有《奉送日本国使空海上人橘秀才朝献后却还》同题之作,胡伯崇有《赠释空海歌》。②

　　域外使节入贡唐朝,是大唐王朝皇威远被的表现,他们给唐王朝进贡了异域珍奇,这是唐人津津乐道的,唐诗中对此多所反映。周存《西戎献马》:"天马从东道,皇威被远戎。来参八骏列,不假贰师功。"③这首诗意为唐王朝不是靠武力,而是凭皇威令蛮夷臣服,远贡名马。鲍防《杂感》:"汉家海内承平久,万国戎王皆稽首。天马常衔首蓿花,胡人岁献葡萄酒。五月荔枝初破颜,朝离象郡夕函关。雁飞不到桂阳岭,马走先过林邑山。甘泉御果垂仙阁,日暮无人香自落。远物皆重近皆轻,鸡虽有德不如鹤。"④这首诗虽然包含着讽谏意味,却客观上反映了四远入贡的盛况。元稹《和李校书新题乐

---

① [日]上毛河世宁纂辑:《全唐诗逸》卷上,《全唐诗》附,第10173页。
② 陈尚君辑校:《全唐诗续拾》卷二二,《全唐诗补编》,第977~980页。
③ 《全唐诗》卷二八八,第3289页。
④ 《全唐诗》卷三〇七,第3485页。

府十二首·西凉伎》:"师子摇光毛彩竖,胡姬醉舞筋骨柔。大宛来献赤汗马,赞普亦奉翠茸裘。"①从以上诗句可知西域各国进献的物品主要有名马、异兽和苜蓿、葡萄酒、皮裘等异域特产。各国使者的到来除了朝拜和进贡的目的,还带来了域外人士对大唐帝国的向往之情。正如储光羲《送人随大夫和蕃》诗云:"西方有六国,国国愿来宾。"②沈亚之有《西蕃请谒庙》一诗曰:"肃肃层城里,巍巍祖庙清。圣恩覃布濩,异域献精诚。冠盖分行列,戎夷辨姓名。礼终齐百拜,心洁表忠贞。瑞气千重色,箫韶九奏声。仗移迎日转,旌动逐风轻。休运威仪正,年推俎豆盈。不才惭圣泽,空此望华缨。"③他的这首诗见证了西蕃入朝拜谒皇庙的情形,国礼的肃穆庄严、外臣的虔诚恭谨显现无遗。

三、唐诗中长安来自异域的艺人

唐代中亚昭武九姓国人大量进入中国内地,从事争战、经商、艺术等活动。昭武九姓国人都以国为姓,有康、安、曹、石、米、何、史、穆等,他们多为武将、富商和艺人。他们把中亚宗教、乐舞带入唐朝内地,带到长安。康国人、石国人多信仰摩尼教,安国人多信仰祆教,曹国人多乐工、画师,石国人有的善舞,有的能翻译回鹘语。米国人以善乐著称,米、何、史诸国人也多属祆教徒。他们为唐代长安的宗教、艺术活动带来了新鲜内容。其中有些活跃在长安的艺人红极一时,成为诗人笔下常常歌咏的对象。这些艺人以康、安两国人最多,李白《上云乐》中的"康老胡雏"是一位来自康国的艺人,其特长就是滑稽表演。诗写康老胡雏向天子祝寿,则其活动在长安,李白此诗亦作于长安无疑。人们注意到此诗中以道教词汇指称景教教义的内容,其中有云:"大道是文康之严父,元气乃文康之老亲。"④

---

① 〔唐〕元稹撰,冀勤点校:《元稹集》卷二四,中华书局,1982年,第281页。
② 《全唐诗》卷一三九,第1414页。
③ 《全唐诗》卷四九三,第5580页。
④ 〔唐〕李白著,瞿蜕园、朱金城校注:《李白集校注》卷三,上海古籍出版社,1980年,第258页。

所谓"大道""元气"则是指胡人创造万物的先祖"天父",隐约表现出唐时入华的景教的某种观念。

活跃在长安的来自中亚诸国的艺人往往各有所长。刘禹锡《与歌者米嘉荣》写来自米国的歌手:"唱得凉州意外声,旧人唯数米嘉荣。近来时世轻先辈,好染髭须事后生。"①李颀《听安万善吹觱篥歌》中的安万善,诗中称为"凉州胡人"②,其实是来自昭武九姓国之安国人。③ 唐代的琵琶名手多姓曹,如曹保、曹善才、曹纲三代都以琵琶而著称。白居易《琵琶行》"曲罢曾教善才服"中提到的长安琵琶师曹善才,来自中亚曹国。元稹《琵琶歌》也提及昆仑、善才,从他的诗里我们还知道曹善才弹琵琶是"指拨"④。曹善才死,还引起诗人的哀悼,李绅有《悲善才》一诗,说他"紫髯供奉前屈膝,尽弹妙曲当春日"⑤。薛逢《听曹刚弹琵琶》云:"禁曲新翻下玉都,四弦振触五音殊。不知天上弹多少,金凤衔花尾半无。"⑥白居易《听曹刚琵琶,兼示重莲》诗云:"拨拨弦弦意不同,胡啼番语两玲珑。谁能截得曹刚手,插向重莲衣袖中。"⑦向达认为,白居易诗中的曹刚就是《乐府杂录》中的曹纲。白居易还有《代琵琶弟子谢女师曹供奉寄新调弄谱》诗,⑧向达先生说:"此善琵琶之女师曹供奉,疑亦是曹纲一家。"⑨李端《赠康洽》、戴叔伦《赠康老人洽》诗中的康洽来自中亚康国,⑩戴诗说他是"酒泉布衣旧才子,少小知名帝城里"⑪。酒泉是西域胡人聚居之地,康洽应从酒泉入籍长安。李诗说他诗可比鲍照,

---

① 〔唐〕刘禹锡:《刘禹锡集》卷二五,第232页。
② 《全唐诗》卷一三三,第1354页。
③ 向达说:"既云凉州胡人,则安万善当为姑臧安氏,出于安国,与安难陀、安延、安神俨同属一族。上林云云,或指安万善之流寓长安而言耳。"《唐代长安与西域文明》,第19页。
④ 〔唐〕元稹撰,冀勤点校:《元稹集》卷二六,第304页。
⑤ 《全唐诗》卷四八〇,第5466页。
⑥ 《全唐诗》卷五四八,第6334页。
⑦ 〔唐〕白居易著,顾学颉点校:《白居易集》卷二六,中华书局,1979年,第588页。
⑧ 〔唐〕白居易著,顾学颉点校:《白居易集》卷三二,第721页。
⑨ 向达:《唐代长安与西域文明》,第20页。
⑩ 向达:《唐代长安与西域文明》,第17页;第32页注[41]。
⑪ 《全唐诗》卷二七四,第3112页。

又执戟唐廷,说明他华化很深,而且早已入籍长安。① 李颀有《送康洽入京进乐府歌》当亦此人。②

域外歌舞艺人有的通过西方使臣入贡,中亚地区诸国胡旋舞非常流行,他们的使节入唐,常常向唐朝进贡胡旋舞女。例如,康国"开元初,贡锁子铠、水精杯、码磲瓶、驼鸟卵及越诺、侏儒、胡旋女子"③。米国,"开元时,献璧、舞筵、师子、胡旋女"④。史国,"开元十五年,君忽必多献舞女、文豹"⑤。俱蜜,"治山中。在吐火罗东北,……开元中,献胡旋舞女"⑥。开元、天宝年间胡旋舞女被入贡唐朝,唐诗中也有反映。元稹《胡旋女》云:"天宝欲末胡欲乱,胡人献女能胡旋。旋得明王不觉迷,妖胡奄到长生殿。"⑦白居易也有《胡旋女》一诗,并云:"天宝末,康居国献之。"诗曰:"胡旋女,胡旋女,心应弦,手应鼓。弦鼓一声双袖举,回雪飘飘转蓬舞。左旋右转不知疲,千匝万周无已时。人间物类无可比,奔车轮缓旋风迟。曲终再拜谢天子,天子为之微启齿。胡旋女,出康居,徒劳东来万里余。"⑧此康居即中亚康国。

四、唐诗中长安的胡商和胡姬

唐代入华外商多集中在长安、洛阳、扬州、广州等地。入华外域人在长安经商的不少,昭武九姓国粟特胡人也以经商著名,长期操纵丝路贸易。波斯人多以经商致富,操纵长安珠宝、香药市场。安史之乱后,回鹘留长安者常有千人。那些在长安开酒店的域外胡人被称为"酒家胡"或"贾胡"。初唐诗人王绩《过酒家五首》其五云:

---

① 《全唐诗》卷二八四,第3238页。
② 《全唐诗》卷一三三,第1351页。
③ 《新唐书》卷二二一下《西域传》下,第6244页。
④ 《新唐书》卷二二一下《西域传》下,第6247页。
⑤ 《新唐书》卷二二一下《西域传》下,第6248页。
⑥ 《新唐书》卷二二一下《西域传》下,第6255页。
⑦ 〔唐〕元稹撰,冀勤点校:《元稹集》卷二四,第286页。
⑧ 〔唐〕白居易著,顾学颉点校:《白居易集》卷三,第60页。

"有客须教饮,无钱可别沽。来时长道贳,惭愧酒家胡。"①王维《过崔驸马山池》写豪门宴云:"画楼吹笛妓,金碗酒家胡。"②刘禹锡《马嵬行》写马嵬驿兵乱后,杨贵妃遗物流入长安市场:"指环照骨明,首饰敌连城。将入咸阳市,犹得贾家惊。"③

　　在长安酒肆里往往有年轻貌美的胡人女性做招待,唐诗中写到的胡姬,就是从西域来到长安从事这种营生的女性。唐朝长安城里有许多当垆卖酒的胡姬,她们个个深目高鼻,貌美如花,身体健美,充满异域风情,成为酒肆的门面,成为唐朝开放社会的象征,成为诗人喜欢歌咏的对象。长安的胡姬给人印象深刻,岑参《青门歌送东台张判官》写送张判官从洛阳赴长安,想象着他到达长安的情景,其中便写到长安的胡姬:"青门金锁平旦开,城头日出使车回。青门柳枝正堪折,路傍一日几人别。东出青门路不穷,驿楼官树灞陵东。花扑征衣看似绣,云随去马色疑骢。胡姬酒垆日未午,丝绳玉缸酒如乳。灞头落花没马蹄,昨夜微雨花成泥。黄鹂翅湿飞屡低,关东尺书醉懒题。须臾望君不可见,扬鞭飞鞚疾于箭。借问使乎何时来?莫作东飞伯劳西飞燕。"④在诗人笔下,胡姬善于招揽顾客。李白《送裴十八图南归嵩山二首》其一云:"何处可为别?长安青绮门。胡姬招素手,延客醉金樽。"⑤其《前有樽酒行二首》其二云:"胡姬貌如花,当垆笑春风。笑春风,舞罗衣,君今不醉欲安归?"⑥酒席上她们唱歌助兴,举杯劝酒,李白《醉后赠王历阳》写酒宴上"双歌二胡姬,更奏远清朝。举酒挑朔雪,从君不相饶"⑦。岑参《送宇文南金放后归太原寓居因呈太原郝主簿》云:"送君系马青门口,胡姬垆头劝君酒。"⑧诗人和贵公子们喜欢在有胡姬的酒肆聚饮。李白《少年行

---

① 《全唐诗》卷三七,第484页。
② 〔唐〕王维撰,〔清〕赵殿成笺注:《王右丞集笺注》卷七,上海古籍出版社,1984年,第132页。
③ 〔唐〕刘禹锡:《刘禹锡集》卷二六,第236页。
④ 〔唐〕岑参著,陈铁民、侯忠义校注:《岑参集校注》卷二,第121~122页。
⑤ 〔唐〕李白著,瞿蜕园、朱金城校注:《李白集校注》卷一七,第1015页。
⑥ 〔唐〕李白著,瞿蜕园、朱金城校注:《李白集校注》卷三,第252页。
⑦ 〔唐〕李白著,瞿蜕园、朱金城校注:《李白集校注》卷一二,第773页。
⑧ 〔唐〕岑参著,陈铁民、侯忠义校注:《岑参集校注》卷一,第67页。

二首》其二云:"五陵年少金市东,银鞍白马度春风。落花踏尽游何处?笑入胡姬酒肆中。"①在《白鼻䯄》中又写道:"银鞍白鼻䯄,绿地障泥锦。细雨春风花落时,挥鞭直就胡姬饮。"②张祜《白鼻䯄》诗云:"为底胡姬酒,长来白鼻䯄。摘莲抛水上,郎意在浮花。"③贺朝有《赠酒店胡姬》诗:"胡姬春酒店,弦管夜锵锵。红氍铺新月,貂裘坐薄霜。玉盘初鲙鲤,金鼎正烹羊。上客无劳散,听歌乐世娘。"④五陵年少和那些风流的诗人醉翁之意不在酒,好像是奔着美貌的胡姬才进入酒肆畅饮的。在饮酒听歌之余,诗人与胡姬还结下友谊,写诗相赠。

　　长安胡店多设在繁华热闹的地段。杨巨源《胡姬词》:"妍艳照江头,春风好客留。当垆知妾惯,送酒为郎羞。香渡传蕉扇,妆成上竹楼。数钱怜皓腕,非是不能留。"⑤所谓"江头",向达先生疑即曲江头,曲江是唐人游赏之处。李白诗中的"青绮门"即霸城门,日本学者石田干之助认为即春明门,"长安城东春明门至曲江一带,其间当有卖酒之胡家在也"⑥。唐代长安城内有西市和东市两大贸易中心,内地商人和西域商胡多在此经商。其中西市更加发达,根据考古发现,这里街道两旁发掘出4万多家商铺,涉及220多个行业。主干道上发现重重叠叠的车辙印。西市考古发现西域舶来品,如蓝宝石、紫水晶等。因此考古学者认为西市称得上是丝绸之路贸易路的起点。⑦ 西市聚集着不少域外商人,也有不少胡人开设的酒店,唐代诗人笔下长安的胡姬,有的就是在西市从业的。李白诗中的"金市",石田干之助认为即长安之西市,向达先生也同意此说。⑧

---

① 〔唐〕李白著,瞿蜕园、朱金城校注:《李白集校注》卷六,第436页。
② 〔唐〕李白著,瞿蜕园、朱金城校注:《李白集校注》卷六,第438页。
③ 《全唐诗》卷五一一,第5833页。
④ 《全唐诗》卷一一七,第1181页。
⑤ 《全唐诗》卷三三三,第3718页。
⑥ 向达:《唐代长安与西域文明》,第39页。
⑦ 张燕:《古都西安·长安与丝绸之路》,西安出版社,2010年,第146页。
⑧ 向达:《唐代长安与西域文明》,第39页。

五、唐诗中长安的胡僧

佛教产生于南亚，自两汉以来，印度、西域僧人纷至沓来，译经传教。"唐代有大量的胡僧入华。胡僧奇特的形貌、怪异的打扮和生活习惯、苦修传道的行为、对故土的思念等，都形诸唐人笔下。唐代的胡僧群体可再细分为印度入华诗僧、西域入华诗僧和出身移民后裔的胡僧三个群体。"①唐代佛教发展进入黄金时代，大量的印度僧人来到中国。天竺国曾派遣僧人出使唐朝入贡："(开元)十七年六月，北天竺国藏沙门僧密多献质汗等药。十九年十月，中天竺国王伊沙伏摩遣其大德僧来朝贡。"②杜光庭《贺西域胡僧朝见表》云："臣某伏以西域天竺僧到阙朝觐者。天慈遐被，异域怀归，致万里之番僧，朝千年之圣主，华夷率化，亿兆同欢。"③据《续高僧传》和《宋高僧传》的记载统计，唐代外来僧人共42人，除3人国籍不明外，天竺30人，称西域者5人，吐火罗2人，何国1人，康居1人。④可见当时称胡僧者，多指天竺或西域僧人，主要是天竺僧人。实际人数远远不止于此。

唐诗中以反映来自天竺、西域的僧人为多，如沈佺期《九真山净居寺谒无碍上人》："大士生天竺，分身化日南。"⑤权德舆《锡杖歌送明楚上人归佛川》："上人远自西天竺，头陀行遍国朝寺。"⑥无名氏《天竺国胡僧水晶念珠》："天竺胡僧踏云立，红精素贯鲛人泣。"⑦刘言史《代胡僧留别》："此地缘疏语未通，归时老病去无穷。定知不彻南天竺，死在条支阴碛中。"⑧杜甫《海棕行》："移栽北辰不可得，时

---

① 查明昊：《唐人笔下的胡僧形象及胡僧的诗歌创作》，《中国典籍与文化》2008年第2期。
② 《旧唐书》卷一九八《西戎传》，中华书局，1975年，第5309页。
③ 《全唐文》卷九三〇，上海古籍出版社，1990年，第4297页。
④ 李斌城主编：《唐代文化》下册，中国社会科学出版社，2002年，第1831页。
⑤ 《全唐诗》卷九七，第1047页。
⑥ 《全唐诗》卷三二七，第3664页。
⑦ 《全唐诗》卷七八五，第8860页。
⑧ 《全唐诗》卷四六八，第5331页。

有西域胡僧识。"①有的诗写出胡僧的相貌特征,如贯休《山居诗二十四首》之十八:"白衣居士深深说,青眼胡僧远远传。"②那些胡僧礼佛虔诚,佛理甚精,成为人们钦仰请教的对象,唐诗中多所赞美:"药囊亲道士,灰劫问胡僧。"③"年华若到经风雨,便是胡僧话劫灰。"④"胡僧论的旨,物物唱圆成。"⑤还有的诗写胡僧的佛法之神奇,如岑参《太白胡僧歌》写一位"不知几百岁"的胡僧:"闻有胡僧在太白,兰若去天三百尺。一持楞伽入中峰,世人难见但闻钟。窗边锡杖解两虎,床下钵盂藏一龙。草衣不针复不线,两耳垂肩眉覆面。此僧年纪那得知,手种青松今十围。心将流水同清净,身与浮云无是非。商山老人已曾识,愿一见之何由得。山中有僧人不知,城里看山空黛色。"⑥诗中对胡僧的描写流露出对佛教的敬仰。

唐代长安已成为世界佛教中心之一,那些东来传法和奉使入华的僧人往往落脚长安。唐朝对外国僧侣入唐求法持鼓励态度,并提供生活便利。按照唐政府规定,外国僧侣入唐求法,每年赠绢二十五匹,四季给时服。当时众多僧人入华传教和留学僧入华学习佛教。耿沣《赠海明上人》诗云:"来自西天竺,持经奉紫微。年深梵语变,行苦俗流归。"⑦由此可知海明上人是来自天竺奉事朝廷的僧人。杜光庭贺天竺僧来献,写诗进呈朝廷,曾著《宣进天竺僧二十韵诗表》。⑧ 唐代长安活跃着不少天竺、中亚僧人,成为长安诗人吟咏的对象。唐明皇《题梵书》写看到梵文"唵"字的感受云:"鹤立蛇形势未休,五天文字鬼神愁。龙盘梵质层峰峭,凤展翔仪乙卷收。正觉

---

① 〔唐〕杜甫著,〔清〕仇兆鳌注:《杜诗详注》卷一一,第922页。
② 《全唐诗》卷八三七,第9427页。
③ 〔唐〕杜甫:《寄刘峡州伯华使君四十韵》,《杜诗详注》卷一九,第1721页。
④ 〔唐〕李商隐:《寄恼韩同年二首时韩住萧洞》,《玉谿生诗集笺注》卷一,上海古籍出版社,1979年,第83页。
⑤ 〔唐〕常达:《山居八咏》,《全唐诗》卷八二三,第9281页。
⑥ 〔唐〕岑参著,陈铁民、侯忠义校注:《岑参集校注》卷五,第393页。
⑦ 《全唐诗》卷二六八,第2979页。
⑧ 《全唐文》卷九三〇,第4297页。

印同真圣道,邪魔交秘绝踪由。儒门弟子应难识,碧眼胡僧笑点头。"①在欣赏梵书时有胡僧在场,别人茫然不得其解时,只有他微笑着表示理解。李贺《听颖师弹琴歌》写颖师:"竺僧前立当吾门,梵宫真相眉棱尊。古琴大轸长八尺,峄阳老树非桐孙。凉馆闻弦惊病客,药囊暂别龙须席。请歌直请卿相歌,奉礼官卑复何益。"②这是李贺在长安任奉礼郎时写的诗,他称颖师为"竺僧",又说他"梵宫真相眉棱尊",说明颖师来自天竺,在长安表演弹琴。李洞《送三藏归西天国》云:"十万里程多少碛,沙中弹舌授降龙。五天到日应头白,月落长安半夜钟。"③他笔下的这位三藏法师应该是从长安启程回印度的,所以才把他归国的时间跟长安对照,说自己身在长安,深夜难眠,思念归国远行的僧友。崔涂《送僧归天竺》云:"忽忆曾栖处,千峰近沃州。别来秦树老,归去海门秋。汲带寒汀月,禅邻贾客舟。遥思清兴惬,不厌石林幽。"④这位来自天竺的僧人经南方海路入华,此沃州当指沃洲山,在今浙江新昌县东南,他入华曾在此修行。诗人与其在长安相别,故云"别来秦树老";归天竺仍经海路,故云"归去海门秋"。在这样的诗中,常常表现出诗人对这些来自异域者性情学养的欣赏和赞美。

唐时从天竺来到中国可以选择陆路和海路,从唐诗中提到天竺僧人(或胡僧)的入唐路线,可以知道多是选择沿陆上丝绸之路而来。刘言史《病僧二首》其一:"竺国乡程算不回,病中衣锡遍浮埃。如今汉地诸经本,自过流沙远背来。"其二:"空林衰病卧多时,白发

---

① 这首诗见河南登封刻石,又见敦煌写本伯 3986 号文书:"毫(鹤)立蛇形势未休,五天文字鬼神愁。支那弟子无言语,穿耳胡僧笑点头。"王重民先生说:"这首诗虽不见《全唐诗》和《全唐诗逸》,在敦煌本没有出现以前,是曾经广泛流传的。依余所知,最早的是一〇七七年陕西咸宁县卧龙寺的石刻本,但题太宗,不作玄宗。一三〇八年河南登封县的刻石,又题玄宗,不作太宗。敦煌本标题作《玄宗题梵书》,证明这首诗在唐末已经流传,而且证明在唐末是题玄宗作的。石刻资料见于王昶的《金石萃编》卷一三七,附录于后。"见王重民:《补全唐诗》,收入陈尚君辑校:《全唐诗补编》,第 5 页。
② 〔唐〕李贺著,〔清〕王琦等评注:《三家评注李长吉歌诗》,中华书局,1959 年,第 185~186 页。
③ 《全唐诗》卷七二三,第 8300 页。
④ 《全唐诗》卷六七九,第 7776 页。

从成数寸丝。西行却过流沙日,枕上寥寥心独知。"①说明这位病僧昔年度流沙而来,如今又将西过流沙而归。贯休《遇五天僧入五台五首》其一:"十万里到此,辛勤讵可论。唯云吾上祖,见买给孤园。一月行沙碛,三更到铁门。白头乡思在,回首一销魂。"其二云:"雪岭顶危坐,乾坤四顾低。河横于阗北,日落月支西。"②诗里提到的地名都是西北丝路上的地名。刘言史《送婆罗门归本国》不但记述婆罗门僧沿陆上丝路而来,还反映了他又经海路游历各国,然后再经陆上丝路回国的经过:"刹利王孙字迦摄,竹锥横写叱萝叶。遥知汉地未有经,手牵白马绕天行。龟兹碛西胡雪黑,大师冻死来不得。地尽年深始到船,海里更行三十国。行多耳断金环落,冉冉悠悠不停脚。马死经留却去时,往来应尽一生期。出漠独行人绝处,碛西天漏雨丝丝。"③入唐僧人游化汉地,不辞辛劳。周贺《赠胡僧》:"瘦形无血色,草屦著行穿。闲话似持咒,不眠同坐禅。背经来汉地,祖膊过冬天。情性人难会,游方应信缘。"④生动刻画了一个辛苦奔波的胡僧形象。

  长安那些来自域外或出身胡族的僧人,在长安传译佛经。他们受到诗人的敬仰,往往有诗赞美其为人和学养;他们与诗人唱和,丰富了长安诗坛。新罗入唐求法僧侣人数最多,高居外国入唐求法僧侣之首。很多人湮没无闻,但有法号可考者多达130多人。入唐新罗僧人在中国拜唐朝高僧为师,与唐朝僧人一起同窗结缘。当新罗国僧人学成归国时,诗人们喜欢以诗相送,唐诗中有一些送新罗国僧人归国的诗。张乔《送僧雅觉归东海》:"山川心地内,一念即千重。老别关中寺,禅归海外峰。鸟行来有路,帆影去无踪。几夜波涛息,先闻本国钟。"⑤姚鹄《送僧归新罗》:"渺渺万余里,扁舟发落晖。沧溟何岁别,白首此时归。寒暑途中变,人烟岭外稀。惊天巨

---

① 《全唐诗》卷四六八,第 5327~5328 页。
② 《全唐诗》卷八三二,第 9380 页。
③ 《全唐诗》卷四六八,第 5322 页。
④ 《全唐诗》卷五〇三,第 5719 页。
⑤ 《全唐诗》卷六三八,第 7312 页。

鳌斗,蔽日大鹏飞。雪入行砂屦,云生坐石衣。汉风深习得,休恨本心违。"①孙逖《送新罗法师还国》:"异域今无外,高僧代所稀。苦心归寂灭,宴坐得精微。持钵何年至,传灯是日归。上卿挥别藻,中禁下禅衣。海阔杯还度,云遥锡更飞。此行迷处所,何以慰虔祈。"②这些诗大多赞美新罗僧人不畏艰险入华求法,赞扬他们的佛学修养,表达对他们行程的关切,祝愿他们回国后有所成就。诗人们喜欢与这些来自域外的僧人交游和唱和,形成长安诗坛一种风气。李白《僧伽歌》:"真僧法号号僧伽,有时与我论三车。问言诵咒几千遍,口道恒河沙复沙。此僧本住南天竺,为法头陀来此国。戒得长天秋月明,心如世上青莲色。意清净,貌棱棱。亦不减,亦不增。瓶里千年舍利骨,手中万岁胡孙藤。嗟予落泊江淮久,罕遇真僧说空有。一言忏尽波罗夷,再礼浑除犯轻垢。"③这位僧伽大师乃西域人,姓何氏,曾被唐中宗尊为国师,应该来自中亚何国。④ 这显然是李白赠诗,其中多赞美之词。

来自于阗王姓之尉迟氏入唐既久,华化亦深。玄奘门下高僧窥基,人称慈恩大师。《宋高僧传》云:"释窥基,字洪道,姓尉迟氏,京兆长安人也。尉迟之先与后魏同起,号尉迟部,如中华之诸侯国,入华则以部为姓也。……其鄂国公德(尉迟敬德)则诸父也。"⑤江满昌有《大唐大慈恩寺大师画赞》诗一首⑥,从赞美其祖先开始,写尉迟敬德的功业,再写窥基儒学根基深厚和佛法之高深:"慈恩大师尉迟氏,讳大乘基长安人。族贵五陵光三辅,鄂公敬德是其亲。智勇冠世超卫霍,李唐之初大功臣。文皇崇师称大圣,生立碑文垂丝纶。……少少之时早拔萃,龆龀之间含慈惇。依止三藏学性相,三千徒里绝等伦。七十达者四贤圣,就中大师深入神。亚圣具体比颜子,穷源

---

① 《全唐诗》卷五五三,第6406页。
② 《全唐诗》卷一一八,第1196页。
③ 〔唐〕李白著,瞿蜕园、朱金城校注:《李白集校注》卷七,第523页。
④ 《太平广记》卷九六,中华书局,1961年,第638~639页。
⑤ 〔北宋〕赞宁撰,范祥雍点校:《宋高僧传》卷四《窥基传》,中华书局,1987年,第65页。
⑥ 《全唐诗》无江满昌诗,《大唐大慈恩寺大师画赞》见日本《卍续藏经》本《玄奘三藏师资丛书》卷下,原署"特进、行门下侍郎兼镇西员外都督江满昌文",卷首目录署"唐江满昌文撰"。

尽性同大钧。三性五重唯识义,博涉学海到要津。百部疏主五明祖,著述以来谁得均?……不图汉土化等觉,开甘露门利兆民。自书般若何所至,清凉山晓五台春。"最后感叹其早逝:"天不与善化缘尽,岁五十三俄已泯。永淳二年十一月,仲旬三日为忌辰。先师墓侧行袝礼,风悲云愁惨松筠。本愿不回奉弥勒,生第四天奉华茵。名垂万古涉五竺,玄踪虽多难尽陈。"①武三思《五言和波仑师登佛授记阁一首》诗云:"帝宅开金地,神州列宝坊。龙宫横雾术,雁塔亘霞庄。窈窕分千仞,参差耸百常。绣栭悬叠槛,画拱映雕梁。宝座开千叶,金绳下八行。青龙浮刹柱,白马对祠场。树踊金银色,莲开日月光。东西分闲庑,左右控池隍。瑞叶擎朝露,祥花送晚香。天衣随劫拂,仙梵逐风扬。忽有三空士,来宣七觉芳。银函承宝帙,玉札下琱章。辟牖青云外,披轩紫□傍。山川横地轴,辰象丽天□。□□□□□,□绳待慈航。"②从名字可以判断诗中的波仑师等三人应该来自域外,从此诗乃和诗可知,波仑师等人有诗在先,才有武三思和之在后。

六、唐代长安外域人的诗歌活动

唐代外国人入华,有的在长安学习,参加科举考试,有的留在中国做官,有的回国效命。他们精通汉文,擅长吟诗,在唐期间与中国朋友赠答酬唱,赋诗咏怀。因此,这些人的诗歌活动可以分为诗歌创作和唐诗传播两个方面。

唐诗中存在一部分此类人的作品,使这些外域人成为唐诗创作的参与者,这些入华异域人的创作成为唐代诗坛的亮丽风景。当时入华学习的以新罗人和日本人最多,也以他们汉化最深,他们的诗歌创作丰富了长安诗苑。金云卿是新罗最早以宾贡身份中举的。

---

① 据《宋高僧传》卷四《窥基传》记载,窥基于永淳元年(682)十一月卒,年五十一。与江满昌赞不同。当以江赞为是。
② 佚名编:《唐诗卷》,日本藏唐抄本,日本大阪市立美术馆编《唐抄本》影印本;陈尚君辑校:《全唐诗续拾》卷七,《全唐诗补编》,第 746~747 页。

崔瀣《送奉使李仲父还朝序》云："进士取人本盛于唐。长庆初，有金云卿者始以新罗宾贡，题名杜师礼榜，由此以至天祐终，凡登宾贡科者五十有八人。"①金云卿仕唐任兖州司马。②《全唐诗逸》卷中录其《秦楼仙》诗残句："秋月夜间闻案曲，金风吹落玉箫声。"③从诗题看当是在长安所作。金立之，新罗人，敬宗宝历元年（825），随新罗王子金昕入唐，曾至长安青龙寺、清远峡山寺。回国后曾任新罗秋城郡太守。④《全唐诗逸》卷中存其残句七联，皆录自日本大江维时编《千载佳句》："烟破树头惊宿鸟，露凝苔上暗流萤。"（《秋夜望月》）"山人见月宁思寝，更掬寒泉满手霜。"（《峡山寺玩月》）"绀殿雨晴松色冷，禅林风起竹声余。"（《赠青龙寺僧》）"风过古殿香烟散，月到前林竹露清。"（《宿丰德寺》）"更有闲宵清净境，曲江澄月对心虚。"（《赠僧》）"寒露已催鸿北去，火云渐散月西流。"（《秋夕》）"园梅坼甲迎春笑，庭草抽心待节芳。"（《早春》）⑤金可纪（一作记），新罗人，唐开成、会昌、大中年间留学长安，约大中年间及第，为"宾贡进士"，隐居子午谷中修道，受道教仙祖钟离权传授内丹术。⑥《全唐诗逸》卷中录其《题游仙寺》诗残句："波冲乱石长如雨，风激疏松镇似秋。"⑦

来长安的日本人在诗歌创作方面也取得不小成就。晁衡（一作朝衡），原名阿部仲麻吕，日本奈良时代遣唐留学生，在唐朝历任校书、左补阙、秘书监等职，与李白、王维、储光羲等为友。其《思归》诗云："慕义名空在，输忠孝不全。报恩无有日，归国定何年？"⑧他一直在长安为官，这首诗作于长安无疑。晁衡还有《衔命还国作》诗："衔命将辞国，非才忝侍臣。天中恋明主，海外忆慈亲。伏奏违金阙，骓

---

① 徐居正：《东文选》卷八四，汉城：民族文化刊行社，1994年。
② 事迹见安鼎福：《东史纲目》卷五、卷九，汉城：景仁文化社，1970年。
③ 《全唐诗》附，第10203页。
④ 事迹据《旧唐书·东夷传》及《全唐诗逸》卷中（《全唐诗》附，第10193页）。
⑤ 《全唐诗》附，第10194页。
⑥ 《太平广记》卷五三，第329页。
⑦ 《全唐诗》附，第10194页。
⑧ 童养年辑录：《全唐诗续补遗》附录《友邦》，收入陈尚君辑校：《全唐诗补编》，第558页。

骖去玉津。蓬莱乡路远,若木故园林。西望怀恩日,东归感义辰。平生一宝剑,留赠结交人。"①道慈,俗姓额田,日本漆下郡人。少小出家,聪敏好学。武后长安元年(701)入唐留学,业学颖秀,妙通三藏,曾入宫讲经。开元六年(718)归日本,拜僧纲律师。晚年受命造成大安寺。存诗一首,其《在唐奉本国皇太子》诗云:"三宝持圣德,百灵扶仙寿。寿共日月长,德与天地久。"②辨正,日本人,少年出家,长安间入唐,学三论宗。曾以善棋入临淄王李隆基藩邸,后客死于唐,存诗二首。其《在唐忆本乡》诗云:"日边瞻日本,云里望云端。远游劳远国,长恨苦长安。"《与朝主人》云:"钟鼓沸城闉,戎蕃预国亲。神明今汉主,柔远静胡尘。琴歌马上怨,杨柳曲中春。唯有关山月,偏迎北塞人。"③空海在唐学法期间,有多首题寺及与唐僧赠答之作。如《青龙寺留别义操阇梨》:"同法同门喜遇深,空随白雾忽归岑。一生一别难再见,非梦思中数数寻。"表达了与中国同学依依惜别之情。他还有《过金山寺》《在唐日观昶法和尚小山》《在唐日赠剑南僧惟上离合诗》等诗。④

从印度、西域入华的僧人也有从事诗歌创作的。白居易《秋日怀杓直》诗就写到一位能诗的胡僧:"西寺老胡僧,南园乱松树。携持小酒榼,吟咏新诗句。同出复同归,从朝直至暮。"⑤这位善诗的老胡僧与诗人白居易朝朝暮暮同归同出,当有不少诗歌作品。但当时胡僧作品传世者较少。唐志怪小说《东阳夜怪录》刻画了一位生在碛西,来诣中国的善诗的胡僧智高,⑥正是胡僧善诗在小说中的反映。正像有学者指出的那样,唐代的印度入华诗僧、西域入华诗僧和出身移民后裔的胡僧,"都有人从事过诗歌创作,只是由于作品散佚,我们今天只能从散存的吉光片羽和文献记载中来追寻他们的创

---

① 《全唐诗》卷七三二,第 8375 页。
② [日]淡海三船:《怀风藻》,收入陈尚君辑校:《全唐诗续拾》卷一〇,《全唐诗补编》,第 789 页。
③ [日]淡海三船:《怀风藻》,收入陈尚君辑校:《全唐诗续拾》卷一〇,《全唐诗补编》,第 789~790 页。
④ 陈尚君辑校:《全唐诗续拾》卷二六,《全唐诗补编》,第 1051~1052 页。
⑤ [唐]白居易著,顾学颉点校:《白居易集》卷七,第 143 页。
⑥ 《太平广记》卷四九〇,第 4023~4029 页。

作情况及成因"①。玄宗时的西域僧人利涉能诗,有《涉集》十卷,已佚,当有诗作。《宋高僧传·利涉传》记载,他与韦玎辩难,"将韦字为韵,揭调长吟",偈词云:"我之佛法是无为,何故今朝得有为?无韦始得三数载,不知此复是何韦!"②由此可知利涉颇具诗才。唐末时来中国巡礼的一位梵僧曾作《长安词》四首:"天长地阔杳难分,中国众生不可闻。长安帝德承恩报,万国归投拜圣君。""汉家法用令章新,四方取则玉华吟。文章绎络如流水,白马驮经即自临。""故来行险远寻求,谁谓明君不暂留。修身不避关山苦,学问乃须度百秋。""谁知此地却回还,泪下沾衣不觉斑。愿身死作中华鬼,来生得见五台山。"③从题目和诗中"长安帝德""拜圣君""谁谓明君不暂留"云云,可知这位僧人是入长安后回国的,他没有在中国待太长时间就匆匆西返,不免伤感。他的心愿是到五台山拜佛参谒,但此行未果,故云"来生得见五台山"。

丝绸之路既是商贸之路,也是文化交流之路。作为丝绸之路的起点,从长安输出的不仅有物质文明,也有精神文明。唐诗作为唐人最重要的精神文明成果,也从长安走向域外。在这个过程中,从域外入华的各色人等发挥了重要作用。中唐诗人杨巨源的诗流传到渤海国,刘禹锡《酬杨司业巨源见寄》云:"辟雍流水近灵台,中有诗篇绝世才。渤海归人将集去,梨园弟子请词来。琼枝未识魂空断,宝匣初临手自开。莫道专城管云雨,其如心似不然灰。"④这说明杨诗靠渤海国来使归国传入其地。王建《寄杨十二秘书》云:"初移

---

① 查明昊:《唐人笔下的胡僧形象及胡僧的诗歌创作》,《中国典籍与文化》2008年第2期。
② 〔北宋〕赞宁撰,范祥雍点校:《宋高僧传》卷一七《利涉传》,第420页。
③ 任半塘:《敦煌歌辞总编》卷三"唐无名氏词",上海古籍出版社,2006年。原载敦煌文书斯5540、苏1369、伯3644号。《敦煌歌辞总编》卷三云:"题尾既缀有词字,乃歌辞之标志,说明并非徒诗。"按:此词题名伯3644号文书作《礼五台山偈一百十二字》,字句与含义皆有不同:"天长地阔杳难分,中国中天不可闻。长安帝德谁恩报,万国归朝拜圣君。汉字法度礼将深,四方取则慕华钦。文章浩浩如流水,白马驮经无自临。故来发意寻远求,谁为明君不暂留。将身岂惮千山路,学法宁辞度百秋。何期此地却回还,泪下沾衣不觉斑。愿身长在中华国,生生得见五台山。"
④ 《全唐诗》卷三六一,第4076~4077页。

古寺正南方,静是浮山远是庄。人定犹行背街鼓,月高还去打僧房。新诗欲写中朝满,旧卷常抄外国将。闲出天门醉骑马,可怜蓬阁秘书郎。"①这里的"将"就是带去之意,意思是说杨氏的诗集常常被入华外国人抄写携到国外。白居易说元稹的诗"自六宫两都八方至南蛮东夷国,皆写传之,每一章一句出,无胫而走,疾于珠玉"②。元稹说白居易的诗受到域外的欣赏和珍重,"鸡林贾人求市颇切,自云:本国宰相每以百金换一篇,其甚伪者,宰相辄能辨别之。自篇章已来,未有如是流传之广者"③。鸡林国,唐时朝鲜别称,其经商者至唐朝购求白居易的诗携回新罗。岑参诗"每一篇绝笔,则人人传写,虽闾里士庶,戎夷蛮貊,莫不讽诵吟习焉"④。孟郊"诗随过海船"⑤,流传到新罗和日本。白居易的诗浅切易晓,流播域外最广。

　　唐朝以其繁荣的经济、强大的国力以及独步海内外的诗歌艺术,吸引了世界上许多国家和地区的人来华学习。仅以日本为例,有唐一代,其遣唐使团达十三次之多,每次少则二三百人,多则五六百人。另有非官派自行入唐者,其人数亦复不少。这些遣唐使,固非为专习中国诗歌艺术而来,但他们在入唐学习和求法的同时,学习中国诗歌技能,并将大量诗歌带回本土。日本僧人圆仁入唐求法,归国时携回其在长安等处得到的佛教经论、章疏、传记、诗文集近六百部,其中包括诗集与诗歌理论和创作的著作,如《开元诗格》一卷、《祝无膺诗集》一卷、《杭越唱合诗集》一卷、《杜员外集》二卷、《百家诗集》六卷、《王昌龄诗集》二卷、《朱书诗》一卷等。日本僧人空海回国后,根据在中国的学习及所携中国诗文,撰成《文镜秘府论》一书。日本、新罗国遣唐使和留学生、留学僧中许多人掌握了中国传统诗文技巧,诗写得很好,如日本人晁衡、新罗人崔致远、越南

---

① 《全唐诗》卷三〇〇,第3413页。
② 〔唐〕白居易:《唐故武昌军节度处置等使元公墓志铭》,《白居易集》卷七〇,第1468页。
③ 〔唐〕元稹:《白氏长庆集序》,《元稹集》卷五一,第555页。
④ 〔唐〕杜确:《岑嘉州诗集序》,《岑参集校注》附录,第463页。
⑤ 〔唐〕贾岛《哭孟郊》:"身死声名在,多应万古传。寡妻无子息,破宅带林泉。冢近登山道,诗随过海船。故人相吊后,斜日下寒天。"《长江集新校》卷三,上海古籍出版社,1983年,第24页。

人姜公辅等,当其归国之时便把诗艺也带回了故国。唐诗传播域外,长安是一个传播的中心,那些来到长安的外域人回国之际,有意无意地把唐诗这一中国文学的辉煌成果传播到海外。

通过以上论述,我们看到,唐朝的强大和繁荣使当时的中国像一个巨大的磁石,吸引了无数外域人来到中国,而长安是外域人入唐的首选之地和最大聚集之地。唐代是诗歌的黄金时代,诗歌成为全社会普遍爱好的文学形式和交际工具,也是令外域人仰慕中国文化的重要因素。中外文化交流是唐诗繁荣的原因之一,外来文明为唐诗提供了新鲜素材,从唐诗与长安移民的关系可以看出移民为长安带来了怎样的活力。唐诗成为外域人喜爱的中国文化内容,唐代长安是唐王朝最大的文化中心和诗歌中心,生活在长安的外域人在外来文明与唐诗繁荣的互动中发挥了重要的中介作用。外域人及其在长安的活动不仅成为唐诗的重要素材,他们的异域特征和别样风情也是激发诗人诗兴的重要媒介;活跃在长安的诗人才子是外域人喜欢交往的朋友,优美的诗歌成为外域人仰慕和学习中国文化的动因之一,他们不仅学习唐诗写作,还把唐诗作品带到中国以外的世界,为世人所共享。唐诗走向世界,成为世界文化遗产宝库的组成部分,他们功不可没。

唐诗中长安生活方式的胡化风尚

长安是唐朝政治文化中心,是丝绸之路的起点,是唐朝开放的窗口,在广泛的中外文化交流中吸收了不少外来文明。大量周边民族和外域人入华,长安是其最大的聚集中心,长安会聚了来自周边民族和域外国家的众多人口,他们带来了不同于中原地区传统文化的风尚习俗。唐代是诗歌兴盛的时代,长安是唐代最大的诗歌中心。诗是社会生活的反映,长安的外来文明和域外习尚反映在诗歌的歌咏和描写中。美国汉学家薛爱华(E. H. Schafer)说:"唐朝人追求外来物品的风气渗透了唐朝社会的各个阶层和日常生活的各个方面","整个唐代都没有从崇尚外来物品的社会风气中解脱出来"。他还指出,长安和洛阳"是胡风极为盛行的地方"①。这种胡风进入唐诗的歌咏和描写。文化交流造成的长安社会生活的胡化风气在唐诗中的反映,本文拟在前人研究的基础上对这一问题进行探讨。

一、服饰方面

唐人在服饰方面喜欢模仿异域人,波斯、吐火罗、突厥、吐谷浑和吐蕃的服装都成为唐人模仿的对象,而以中亚和波斯服装最为流行,唐俑中一些男俑所着的折襟胡服即属波斯装。波斯萨珊王朝时代女性流行耳环,唐时妇女也喜戴耳环。唐太宗的儿子、太子李承乾"使户奴数十百人习音声,学胡人椎髻,剪彩为舞衣,……又好突厥言及所服"②。刘肃《大唐新语·从善》记载:"贞观中,金城坊有

---

① [美]薛爱华:《撒马尔罕的金桃——唐代舶来品研究》,吴玉贵译,社会科学文献出版社,2016年,第93页。
② 《新唐书》卷八〇《常山王承乾传》,中华书局,1975年,第3564页。

人家为胡所劫者,久捕贼不获。时杨纂为雍州长史,判勘京城坊市诸胡,尽禁推问。司法参军尹伊异判之曰:'贼出万端,诈伪非一,亦有胡着汉帽,汉着胡帽,亦须汉里兼求,不得胡中直觅。请追禁西市胡,余请不问。'"①这说明贞观年间长安汉人就习惯戴胡帽,仅凭戴帽无法确定是汉人还是胡人。长安时兴的胡帽有几种,表演胡腾舞者戴虚顶织成蕃帽,柘枝舞者戴卷檐虚帽,波斯男子戴白皮帽。②

唐代前期妇女喜欢佩戴的幂䍦,可能是仿自波斯女性的服饰,是以缯帛制作的方巾掩蔽全身,至迟北齐、隋代时已经传入中原地区。《隋书·秦王俊传》记载,隋文帝之子杨俊"为妃作七宝幂䍦"③。这种风气至初唐时始盛。《旧唐书·舆服志》记载:"武德、贞观之时,宫人骑马者,承齐、隋旧制,多著幂䍦。"幂䍦"发自戎夷"④,应该是对波斯妇人服大衫、披大帽帔的模仿。这种大帽帔被立国于今青海之地的吐谷浑人和白兰国丁零人称为幂䍦,长安相沿称之。⑤ 高宗永徽以后,宫人出行,"皆用帷帽,拖裙到颈,渐为浅露"。帷帽起自隋代,周围垂网,从吐谷浑的长裙缯帽、吐火罗的长裙帽发展而来,原为西域之服。⑥ 中宗时,宫人已完全不用幂䍦。玄宗时充仪仗队的骑马宫人,"皆著胡帽,靓妆露面,无复障蔽",更加暴露。而且"士庶之家,又相仿效"。甚至发展到女子露髻驰骋,穿着男子衣服靴衫,尊卑难分,男女无别。开元以后,"士女皆竞衣胡服"⑦。

唐人反思安史之乱,总结动乱的根源,有人认为跟胡化风气有关,"故有范阳羯胡之乱,兆于好尚远矣"⑧。服饰的胡化即其表现,元稹《法曲》诗写"咸洛"(长安、洛阳)风习:"自从胡骑起烟尘,毛毳腥膻满咸洛。女为胡妇学胡妆,伎进胡音务胡乐。火凤声沉多咽

---

① 〔唐〕刘肃:《大唐新语》卷九,中华书局,1984年,第138页。
② 向达:《唐代长安与西域文明》,生活·读书·新知三联书店,1957年,第46页。
③ 《隋书》卷四五,中华书局,1973年,第1240页。
④ 《旧唐书》卷四五《舆服志》,第1957页。
⑤ 向达:《唐代长安与西域文明》,第45页。
⑥ 向达:《唐代长安与西域文明》,第45~46页。
⑦ 《旧唐书》卷四五《舆服志》,第1957~1958页。
⑧ 《旧唐书》卷四五《舆服志》,第1958页。

绝,春莺啭罢长萧索。胡音胡骑与胡妆,五十年来竞纷泊。"①开元以后流行的袒领低胸的服装在唐诗中也有描写,方干《赠美人四首》其一云:"粉胸半掩疑暗雪,醉眼斜回小样刀。"其三云:"常恐胸前春雪释,惟愁座上庆云生。"②施肩吾《观美人》诗云:"漆点双眸鬓绕蝉,长留白雪占胸前。"③这种服装可能是胡装翻领的发展,也可能是受胡风感染的新式样。白居易《上阳白发人》写天宝年间流行"小头鞋履窄衣裳,青黛点眉眉细长"④。传统的宽博衣仿效胡服,改取紧身窄袖,目的是展示女性体态之美。这种样式应该受到异域胡装的影响。⑤唐代宫人有服回鹘装的。花蕊夫人《宫词》:"明朝腊日官家出,随驾先须点内人。回鹘衣装回鹘马,就中偏称小腰身。"⑥向达先生说:"唐代长安对于外国风尚之变迁,每因政治关系而转移。回鹘装束之行于长安,当在安史乱后"⑦,《宫词》"末二语盖形容其窄小耳"⑧。到了中唐时,这种服装已经过时,上阳宫白发宫女因不与外界接触,衣着式样陈旧。

与服饰有关的是梳妆,白居易《时世妆》批评当时流行的式样:"时世流行无远近,腮不施朱面无粉。乌膏注唇唇似泥,双眉画作八字低。妍蚩黑白失本态,妆成尽似含悲啼。圆鬟无鬓堆髻样,斜红

---

① 〔唐〕元稹撰,冀勤点校:《元稹集》卷二四,中华书局,1982年,第282页。
② 《全唐诗》卷六五一,中华书局,1960年,第7478页。
③ 《全唐诗》卷四九四,第5604页。
④ 〔唐〕白居易著,顾学颉点校:《白居易集》卷三,中华书局,1979年,第59页。
⑤ 向达先生说:"吐火罗人著小袖袍小口袴,大头长裙帽。波斯丈夫剪发戴白皮帽,贯头衫,两厢延下关之,并有巾帔,缘以织成;妇人服大衫,披大帽帔。长裙帽即帷帽。'贯头衫,两厢延下关之',或者与德国勒柯克(Le Coq)在高昌所发见壁画中人物之像相近似。巾帔或即肩巾,大帽帔必是羃䍦无疑也。唐代盛行长安之胡服,不果见何所似? 唯刘言史《观舞胡腾》诗有'细氎胡衫双袖小'之句,李端《胡腾儿》诗云'拾襟搅袖为君舞',张祜《杭州观舞柘枝》诗亦云'红罨画衫缠腕出',皆形容双袖窄小之辞,与姚汝能所云襟袖窄小之言合。证以迄出诸唐代女俑及绘画,所谓襟袖窄小,尤可了然。其音声队服饰尤与波斯风为近。则唐代所盛行之胡服,必有不少之伊兰成分也。陶俑中着折襟外衣勒靴者亦不少。唐代法服中有六合靴,亦是胡服,为文武百僚之服,日本正仓院有乌皮六缝靴,足征唐制。"见《唐代长安与西域文明》,第47页。
⑥ 《全唐诗》卷七九八,第8978页。
⑦ 向达:《唐代长安与西域文明》,第46页。
⑧ 向达:《唐代长安与西域文明》,第53页,注[九]。

不晕赭面状。……元和妆梳君记取,髻堆面赭非华风。"①《新唐书·五行志》云:"元和末,妇人为圆鬟椎髻,不设鬓饰,不施朱粉,惟以乌膏注唇,状似悲啼者。""唐末,京都妇人梳发以两鬓抱面,状如椎髻,时谓之'抛家髻'。"②诗中所写也是受胡风影响的结果。向达指出:"赭面是吐蕃风,堆髻在敦煌壁画及西域亦常见之。此种时妆或亦经由西域以至于长安也。"③

二、饮食方面

饮食方面则流行胡食。胡食早在汉代就流行于中国,史载汉灵帝好胡食,唐代更加盛行。《旧唐书·舆服志》记载,开元以后,"贵人御馔,尽供胡食"④。唐代慧琳《一切经音义》中说:"油饼本是胡食,中国效之,微有改变","胡食者,即饆饠、烧饼、胡饼、搭纳等是"⑤。当时长安人喜欢吃的油煎饼、烧饼、胡饼、抓饭等都是这种胡食,从西域传来。唐代街市上往往有专营胡食的商铺,其中胡饼最为常见。胡饼在汉代时已经传入,其之所以称为胡饼,有两说:一说有胡麻著其上,汉人刘熙的《释名·释饮食》云:"饼,并也,溲面使合并也。胡饼,作之大漫沍也,亦言以胡麻著上也。"⑥另一说以为"胡人所唉",即胡人的食物。《资治通鉴》卷二一八记载,安史之乱发生,唐玄宗逃出长安,至咸阳集贤宫,正值中午,"上犹未食,杨国忠

---

① 〔唐〕白居易著,顾学颉点校:《白居易集》卷四,第82页。
② 《新唐书》卷三四《五行志》,第879页。
③ 向达:《唐代长安与西域文明》,第47页。
④ 《旧唐书》卷四五《舆服志》,第1958页。
⑤ 〔唐〕慧琳:《一切经音义》卷三七,上海古籍出版社,2008年,第1154页。
⑥ 〔东汉〕刘熙撰,〔清〕毕沅疏证,王先谦补:《释名疏证补》卷四,中华书局,2008年,第135页。按:《初学记》引此段文字,"面"字之前有"麦"字;《太平御览》引此段文字,"面"作"麦"。大漫沍,一作"大漫汗",意思是无边际,形容其饼甚大。可知"胡饼"是大型的"饼",或者即所谓馕。《邺中记》云:"石勒讳胡,胡物皆改名。胡饼曰'麻饼',胡绥曰'香绥',胡豆曰'国豆'。"《艺文类聚》卷八五"豆"引,上海古籍出版社,1982年,第1453页。崔鸿《十六国春秋·赵录》云:"石勒讳胡,胡物皆改名。胡饼曰'抟炉',石虎改曰'麻饼'。"《太平御览》卷八六〇引,上海古籍出版社,2008年,第8册,第572页。

自市胡饼以献"①。卖胡饼者大概常常是胡人,唐代长安仍有胡人卖饼者。沈既济的小说《任氏》曾写道"有胡人鬻饼之舍"②。唐人皇甫氏《原化记》记载有"鬻饼胡"的故事。③ 长安流行胡饼。日本僧人圆仁《入唐求法巡礼行记》写在长安的见闻:"(开成六年正月)六日,立春节。命赐胡饼、寺粥。时行胡饼,俗家皆然。"白居易《寄胡饼与杨万州》诗云:"胡麻饼样学京都,面脆油香新出炉。寄与饥馋杨大使,尝看得似辅兴无?"④说明胡饼制法从长安传至外地。

在长安人的食物中,使用了来自域外的调料。例如,唐代从西域引进了蔗糖(石蜜)及制糖工艺。《唐会要》记载:"西番胡国出石蜜,中国贵之,太宗遣使至摩伽佗国取其法,令扬州煎蔗之汁,于中厨自造焉。色味逾于西域所出者。"⑤摩伽佗是印度古国。中国虽然种植甘蔗,却不会用来熬蔗糖。唐太宗遣人出国引进制糖技术,所得蔗糖用于长安人的饮食烹饪之中,色味俱佳。寒山《诗三百三首》中写到石蜜:"俊杰马上郎,挥鞭指绿杨。谓言无死日,终不作梯航。四运花自好,一朝成萎黄。醍醐与石蜜,至死不能尝。"⑥唐代输入的外来调味品,影响最大的应是胡椒。胡椒是原产于东南亚、南亚和非洲的藤本植物,因从域外传入,故称胡椒。胡椒籽粒含有挥发油、胡椒碱、粗脂肪、粗蛋白等,是人们喜爱的调味品。唐人苏恭《唐本草》云:"胡椒生西戎。形如鼠李子,调食用之,味甚辛辣。"⑦晚唐段成式《酉阳杂俎》说:"胡椒,出摩加陀国,……今人作胡盘肉食皆用之。"⑧还有莳萝子,又名小茴香,也是唐代引进的一种调味品,李珣《海药本草》引《广州记》称莳萝子"生波斯国","善滋食味"⑨。这些调料都被用于唐代长安人的胡食烹饪中。裴迪《辋川集二十首·椒

---

① 《资治通鉴》卷二一八,中华书局,1956年,第6972页。
② 《太平广记》卷四五二,中华书局,1961年,第3693页。
③ 《太平广记》卷四〇二,第3243页。
④ 〔唐〕白居易著,顾学颉点校:《白居易集》卷一八,第382页。
⑤ 〔北宋〕王溥:《唐会要》卷一〇〇,上海古籍出版社,2006年,第2135页。
⑥ 《全唐诗》卷八〇六,第9066页。
⑦ 〔明〕李时珍:《本草纲目》卷三二,中医古籍出版社,1994年,第789页。
⑧ 〔唐〕段成式:《酉阳杂俎》前集卷一八,中华书局,1981年,第179页。
⑨ 〔五代〕李珣著,尚志钧辑校:《海药本草》卷二,人民卫生出版社,1997年,第30页。

园》云："丹刺胃人衣，芳香留过客。幸堪调鼎用，愿君垂采摘。"①高适《奉赠贺郎诗一首》云："报贺郎，莫潜藏。障门终不免，何用漫思量。清酒浓如鸡，臊狖与白羊。不论空蒜酢，兼要好椒姜。姑姊能无语，多言有侍娘。不知何日办，急共妇平章。如其意不决，请问阿耶娘。"②

西域美酒是唐人喜爱的，其中影响最大、流行最广的是葡萄酒。唐代西域入贡的物品仍有葡萄酒。鲍防《杂感》诗写盛唐社会："汉家海内承平久，万国戎王皆稽首。天马常衔苜蓿花，胡人岁献葡萄酒。"③葡萄酒酿制方法早在东汉末年就从西域传入，唐代继续引进先进工艺。西域名酒及其制作方法传入长安，有西域的葡萄酒、高昌的马乳葡萄酒、波斯的三勒浆、乌弋山离的龙膏酒等，④据《唐会要》记载，唐初就已将高昌的马乳葡萄及其酿酒法引入长安。唐平高昌，用其地马乳葡萄酿酒，唐太宗亲自监制，酿出八种色泽的葡萄酒，"芳香酷烈，味兼醍醐，既颁赐群臣，京中始识其味"⑤。向达先生说："依高昌法制之葡萄酒及波斯法之三勒浆，当俱曾流行于长安市上。"⑥唐代诗人喜饮葡萄酒，由此产生了许多歌咏葡萄酒的唐诗，因为饮用葡萄酒时的饮器往往也是进口产品，唐诗中便连同这种舶来品一起歌咏。唐人还喜欢一边饮酒，一边欣赏乐舞，而这时表演的乐舞有的是来自域外的胡舞，这就更增添了异域情调。刘言史《王中丞宅夜观舞胡腾》描写来自中亚的艺人在长安一位官员家里表演舞艺："石国胡儿人见少，蹲舞尊前急如鸟。织成蕃帽虚顶尖，细氍

---

① 《全唐诗》卷一二九，第1315页。
② 敦煌写卷伯2976号，收入陈尚君辑校：《全唐诗续拾》卷一五，《全唐诗补编》，中华书局，1992年，第874～875页。
③ 《全唐诗》卷三〇七，第3485页。
④ 唐朝从波斯引进了三勒浆及其酿造方法，这是一种果酒。李肇《唐国史补》卷下载："三勒浆类酒，法出波斯。三勒者，谓庵摩勒、毗梨勒、诃梨勒。"上海古籍出版社，1979年，第60页。唐宪宗时从西域乌弋山离国引进龙膏酒，据苏鹗《杜阳杂编》卷中记载，其时处士伊祈玄被召入宫，饮龙膏之酒。这种酒黑如纯漆，饮之令人神爽，乃乌弋山离国所献。《景印文渊阁四库全书》，台湾商务印书馆，1986年，第1042册，第609页。
⑤ 〔北宋〕王溥：《唐会要》卷一〇〇，第2135页。
⑥ 向达：《唐代长安与西域文明》，第51页。

胡衫双袖小。手中抛下蒲萄盏，西顾忽思乡路远。跳身转毂宝带鸣，弄脚缤纷锦靴软。四座无言皆瞪目，横笛琵琶遍头促。乱腾新毯雪朱毛，傍拂轻花下红烛。酒阑舞罢丝管绝，木槿花西见残月。"①诗中写到胡儿、蕃帽、细氎胡衫、胡腾舞、葡萄酒杯、锦靴、横笛、琵琶等等，无不在渲染一种域外风情，这种风情弥漫在唐代长安这个国际大都市里，显得非常自然和谐。

唐代食具也有外来文化色彩，例如玻璃器皿的使用，所谓"葡萄美酒夜光杯"。玳瑁生活在亚洲东南部和印度洋等热带和亚热带海洋中，不光被作为美味佳肴食用，其美丽的甲壳又属珠宝，被用来装饰器物。食物中有玳瑁，或者食器用玳瑁装饰的筵席被称为"玳瑁筵"，成为唐诗中常见的意象，用来形容筵席的精美与豪华。唐太宗《帝京篇十首》之九云："建章欢赏夕，二八尽妖妍。罗绮昭阳殿，芬芳玳瑁筵。佩移星正动，扇掩月初圆。无劳上悬圃，即此对神仙。"②

三、居住方面

居住方面，长安人也引入了域外建筑方式。向达说："采用西亚风之建筑当始于唐。"他举出《唐语林》记载的唐玄宗的凉殿、京兆尹王鉷的自雨亭子，与《旧唐书·西域传》记载的拂菻国建筑形制相同，认为"当即仿拂菻风所造"③。此种建筑因极其少见，未见诗人吟咏。但宫廷中建筑使用来自异域的材料，则有诗人写及。李白《清平调词三首》其三云："名花倾国两相欢，长得君王带笑看。解释春风无限恨，沉香亭北倚栏杆。"④沉香亭，或以沉香木装饰，或以异域香木命名亭子，总之带有异域风味。

唐朝有人对北方游牧民族的毡帐感兴趣，"甚至在城市里也搭

---

① 《全唐诗》卷四六八，第 5324 页。
② 〔唐〕李世民著，吴云、冀宇编辑校注：《唐太宗集》，陕西人民出版社，1986 年，第 11 页。
③ 向达：《唐代长安与西域文明》，第 41~42 页。
④ 〔唐〕李白著，瞿蜕园、朱金城校注：《李白集校注》卷五，上海古籍出版社，1980 年，第 393 页。

起了帐篷"①。唐太宗的儿子、太子李承乾就曾经出于好奇,在东宫让宫中相貌类胡者"五人建一落,张毡舍",并在东宫空地搭建一座毡帐,"设穹庐自居"②。贵族之家出游,也喜搭毡帐野餐。杜甫《丽人行》写杨氏兄妹曲江游宴:"就中云幕椒房亲,赐名大国虢与秦。紫驼之峰出翠釜,水精之盘行素鳞。犀箸厌饫久未下,鸾刀缕切空纷纶。黄门飞鞚不动尘,御厨络绎送八珍。箫鼓哀吟感鬼神,宾从杂遝实要津。后来鞍马何逡巡,当轩下马入锦茵。"这样奢侈的宴会,应当不是露天举办,而是在临时搭建的豪华的"云幕"中进行。这一点从"当轩下马"也可知道,"轩"是有窗的房,此指带窗的毡帐。杜甫还写杨氏兄妹关系的暧昧:"杨花雪落覆白蘋,青鸟飞去衔红巾。炙手可热势绝伦,慎莫近前丞相嗔。"③这种行为当然也发生在毡帐中。这种游牧人的居室简便灵活,也为一般人所喜爱。白居易在洛阳履道坊宅内曾设青毡帐,在他的诗中多次吟咏之,并明确说明其形制、用料和色彩都是仿自北方民族的毡帐。《青毡帐二十韵》云:"合聚千羊毳,施张百子栌。骨盘边柳健,色染塞蓝鲜。北制因戎创,南移逐虏迁。"④他说毡帐所用的毛毡是羊毛毡,木头是"边柳",颜色是"塞蓝",形制模仿"戎"人的毡帐,可以像游牧民族一样随时搬迁移动。从《别毡帐、火炉》诗可知,他是天寒时入住,天暖时离开。⑤ 毡帐内有火炉,显然是模仿胡人取暖烤食。白居易诗中至少有13处写到他的青毡帐,可见他的喜爱。⑥ 因为白居易喜欢把自己的日常生活写入诗中,我们才知道他有青毡帐。当时可能不少人像他一样有这种毡帐,只是习以为常,未及形诸记述而已。

唐人居室装饰陈设多有异域风味,诗人往往有诗。长安人喜用椒泥涂壁,取其香味和增加室内温暖。过去只有皇室才能用椒泥涂

---

① 〔美〕薛爱华:《撒马尔罕的金桃——唐代舶来品研究》,第95页。
② 《新唐书》卷八〇《常山王承乾传》,第3564~3565页。
③ 〔唐〕杜甫著,〔清〕仇兆鳌注:《杜诗详注》卷二,中华书局,1979年,第158~160页。
④ 〔唐〕白居易著,顾学颉点校:《白居易集》卷三一,第703页。
⑤ 〔唐〕白居易著,顾学颉点校:《白居易集》卷二一,第474页。
⑥ 参吴玉贵:《白居易"毡帐诗"所见唐代胡风》,《唐研究》第5卷,北京大学出版社,1999年。

壁,所以后宫称"椒房"。韦庄《抚盈歌》云:"凤縠兮鸳绡,霞疏兮绮寮。玉庭兮春昼,金屋兮秋宵。愁瞳兮月皎,笑颊兮花娇。罗轻兮浓麝,室暖兮香椒。"①写的是后宫。唐代长安皇室之外显然也有人如此。张孜《雪诗》云:"长安大雪天,鸟雀难相觅。其中豪贵家,捣椒泥四壁。到处爇红炉,周回下罗幂。暖手调金丝,蘸甲斟琼液。醉唱玉尘飞,困融香汗滴。岂知饥寒人,手脚生皴劈。"②室内燃香熏香也很普遍,而其香料往往来自海外。李白《杨叛儿》云:"君歌杨叛儿,妾劝新丰酒。何许最关人?乌啼白门柳。乌啼隐杨花,君醉留妾家。博山炉中沉香火,双烟一气凌紫霞。"③沉香产于东南亚、南亚。薛能《吴姬十首》其二:"龙麝薰多骨亦香,因经寒食好风光。何人画得天生态,枕破施朱隔宿妆。"④其中"龙"即龙脑香,是来自海外的香料,龙脑树生长于东南亚。居室内的坐具则有胡床。李颀《赠张旭》云:"张公性嗜酒,豁达无所营。皓首穷草隶,时称太湖精。露顶据胡床,长叫三五声。"⑤胡床在东汉时既已从北方游牧民族那里传入,唐代更加流行。

四、出行方面

出行时的宝马、香车往往是用来自域外的珠宝和香料美化装饰的。卢照邻《行路难》写长安贵族之家的生活:"春景春风花似雪,香车玉轝恒阗咽。若个游人不竞攀,若个倡家不来折。倡家宝袜蛟龙帔,公子银鞍千万骑。"⑥韦应物《长安道》诗写贵族之家的生活:"宝马横来下建章,香车却转避驰道。"⑦其中香车、玉轝、宝马都是达官贵族的交通工具,也是其身份的象征。唐人最常见的交通工具是

---

① 《全唐诗》卷七〇〇,第 8053 页。
② 《全唐诗》卷六〇七,第 7009 页。
③ 〔唐〕李白著,瞿蜕园、朱金城校注:《李白集校注》卷四,第 287 页。
④ 《全唐诗》卷五六一,第 6519 页。
⑤ 《全唐诗》卷一三二,第 1340 页。
⑥ 〔唐〕卢照邻著,徐明霞点校:《卢照邻集》卷二,中华书局,1980 年,第 18 页。
⑦ 《全唐诗》卷一九四,第 1998 页。

马,骑马或以马驾车是当时较普遍的出行方式。唐代诗人笔下常常写到来自域外的良马和马身上的佩饰。虞世南《门有车马客行》云:"财雄重交结,戚里擅豪华。曲台临上路,高门抵狭斜。赭汗千金马,绣毂五香车。白鹤随飞盖,朱鹭入鸣筘。夏莲开剑水,春桃发露花。轻裙染回雪,浮蚁泛流霞。高谈辨飞兔,摛藻握灵蛇。逢恩借羽翼,失路委泥沙。暧暧风烟晚,路长归骑远。日斜青琐第,尘飞金谷苑。"①达官贵族之家乘汗血宝马和宝盖香车终日驰逐,在他们那里,车马的佩饰也很重要,往往佩以银鞍、明珠、香料等,也是来自域外的东西。杜甫《房兵曹胡马》诗云:"胡马大宛名,锋棱瘦骨成。竹批双耳峻,风入四蹄轻。所向无空阔,真堪托死生。骁腾有如此,万里可横行。"②兵曹是基层官吏,从这首诗来看,唐代一般官员都可能骑用从域外输入的好马。

唐代长安是外来文明汇聚之地,外来文明对长安的社会生活产生了巨大影响。在那个开放的时代,域外文化如一股股细流融入长安人的生活和情感,使唐代长安社会生活表现出超过以往任何一个时代的多姿多彩风貌。长安浸染在"胡风"之中,这种胡风为长安社会增添了新的元素,极大地丰富了长安人的生活内容,提高了长安人的生活质量,给长安文化增添了新的活力和色彩。通过诗人的生花妙笔,这种外来元素又进入其美妙的诗篇中,让我们看到中外文化交流是如何为唐诗提供了丰富素材,而唐诗又是怎样不负使命地展示了那个丰富多彩的时代的壮丽画卷,提供了丰富的唐代社会生活信息,也让我们生动地感受到长安这个国际大都市的浪漫色彩和开放气息。

---

① 《全唐诗》卷二〇,第 244~245 页。
② 〔唐〕杜甫著,〔清〕仇兆鳌注:《杜诗详注》卷一,第 18 页。

河湟的失陷与收复在唐诗中的反响

河湟,今青海和甘肃两省境内黄河和湟水流域。湟水是黄河上游支流,源出青海东部,流经西宁,至甘肃兰州西汇入黄河。《新唐书·吐蕃传》云:"湟水出蒙谷,抵龙泉与河合。河之上流,繇洪济梁西南行二千里,水益狭,春可涉,秋夏乃胜舟。其南三百里三山,中高而四下,曰紫山,直大羊同国,古所谓昆仑者也,虏曰闷摩黎山,东距长安五千里,河源其间,流澄缓下,稍合众流,色赤,行益远,它水并注则浊,故世举谓西戎地曰河湟。"①据此,河湟本指黄河与湟水合流处一带地区。安史之乱后,被吐蕃占领的河西、陇右之地泛称为"河湟",这里是丝绸之路的要道。陇右、河西陷于吐蕃,直到宣宗时发生张议潮起义,驱逐了吐蕃人在这一带的势力,这种局面才有所改观。河湟在唐朝前期是唐蕃之间反复争夺之地,安史之乱中失陷于吐蕃,后来经张议潮起义恢复,这些重大事件使它备受唐人关注,成为唐代诗人歌咏的素材,唐诗中有不少涉及河湟得失的作品。

一、河湟失陷与诗人的痛心

唐代前期河湟地区相当富裕,"是时中国盛强,自安远门西尽唐境凡万二千里,闾阎相望,桑麻翳野,天下称富庶者无如陇右"②。安史之乱前,在唐与吐蕃的反复争夺中,河湟地区一度被吐蕃人占领,哥舒翰率军收复河湟,这一带的边防形势开始引起诗人关注。杜甫《兵车行》诗云:"君不见,青海头,古来白骨无人收。"③便是对唐玄

---

① 《新唐书》卷二一六下《吐蕃传》下,中华书局,1975年,第6104页。
② 《资治通鉴》卷二一六,"天宝十二载"条,中华书局,1956年,第6919页。
③ 〔唐〕杜甫著,〔清〕仇兆鳌注:《杜诗详注》卷二,中华书局,1979年,第115~116页。

宗时河湟一带战争形势的写照。杜甫《投赠哥舒开府二十韵》称颂哥舒翰的辉煌战功："每惜河湟弃，新兼节制通。智谋垂睿想，出入冠诸公。日月低秦树，乾坤绕汉宫。胡人愁逐北，宛马又从东。"①在杜甫笔下，由于哥舒翰收复河湟，丝绸之路重新畅通，大宛国汗血马才又源源不断进贡到唐朝。

　　安史之乱中唐朝再失河湟。天宝十四载（755），安禄山叛军南下，唐王朝调河西、陇右兵马入中原平叛，西北边防空虚。吐蕃乘机进兵，河湟一带相继沦陷。"安禄山之乱，肃宗在灵武，悉召河西戍卒收复两京，吐蕃乘虚取河西、陇右，华人百万皆陷于吐蕃"②。《旧唐书·吐蕃传》记载："及潼关失守，河洛阻兵，于是尽征河陇、朔方之将镇兵入靖国难，谓之行营。曩时军营边州无备预矣。乾元之后，吐蕃乘我间隙，日蹙边城，或为虏掠伤杀，或转死沟壑。数年之后，凤翔之西，邠州之北，尽蕃戎之境，湮没者数十州。"③《新唐书·吐蕃传》记载："安禄山乱，哥舒翰悉河、陇兵东守潼关，而诸将各以所镇兵讨难，始号行营，边候空虚，故吐蕃得乘隙暴掠。"④肃宗至德元载（756）后，吐蕃占领凤翔（今陕西宝鸡）以西，邠州（今陕西彬县）以北十余州，即廓（今青海化隆）、岷（今甘肃岷县）、秦（今甘肃天水）、渭（今甘肃陇西东南）、洮（今甘肃临潭）等。代宗广德元年（763），又陷兰（今甘肃皋兰）、河（今甘肃临夏）、鄯（今青海西宁）等州，河西、安西、北庭遂与中原阻隔。次年，吐蕃又占领凉州（今甘肃武威）、甘州（今甘肃张掖）、沙州（今甘肃敦煌），河西、陇右全部为吐蕃属地。百万汉人成为吐蕃之奴。

　　河湟之地的形势，中唐人沈亚之《贤良方正能直言极谏策》云："以安西至于泾、陇，一万二千里，其间严关重阻，皆为戎有……自瀚海已东神乌、燉煌、张掖、酒泉，东至于金城、会宁，东南至于上邽、清水，凡五十郡、六镇、十五军，皆唐人子孙，生为戎奴婢，田牧种作，或

---

① 〔唐〕杜甫著，〔清〕仇兆鳌注：《杜诗详注》卷三，第190页。
② 《旧五代史》卷一三八《吐蕃传》，中华书局，1976年，第1839页。
③ 《旧唐书》卷一九六上《吐蕃传》上，中华书局，1975年，第5236页。
④ 《新唐书》卷二一六上《吐蕃传》上，第6087页。

聚居城落之间,或散处野泽之中。"①吐蕃在河湟地区推行蕃化政策,强迫汉人穿胡服,学蕃语,赭面文身。吐蕃人占领河湟地区后,唐朝西部边境大为收缩,长安受到直接威胁。德宗时吐蕃之众分三路进兵,"相次屯于所趋之地,连营数十里。其汧阳贼营,距凤翔四十里,京师震恐,士庶奔骇"。入侵的吐蕃人对当地汉人极尽残害之事,"焚烧庐舍,驱掠人畜,断吴山神之首,百姓丁壮者驱之以归,羸老者咸杀之,或断手凿目,弃之而去"②。吐蕃占领河湟期间,残害汉人的行为从未停止。宣宗时,吐蕃内部发生矛盾,宰相尚恐热与大将尚婢婢争权,"恐热大略鄯、廓、瓜、肃、伊、西等州,所过捕戮,积尸狼藉"③,"婢婢粮乏,留拓跋怀光守鄯州,帅部落三千余人就水草于甘州西。恐热闻婢婢弃鄯州,自将轻骑五千追之,至瓜州,闻怀光守鄯州,遂大掠河西鄯、廓等八州,杀其丁壮,劓刖其羸老及妇人,以槊贯婴儿为戏,焚其室庐,五千里间,赤地殆尽"④。

　　面对西部辽阔的国土丧失,百姓惨遭蹂躏,唐代诗人痛心疾首。白居易《西凉伎》写来自西域的舞狮艺人因河湟失陷而归乡道绝,表达对河湟之地丧失的痛心:"西凉伎,假面胡人假师子。刻木为头丝作尾,金镀眼睛银帖齿。奋迅毛衣摆双耳,如从流沙来万里。紫髯深目两胡儿,鼓舞跳梁前致辞。应似凉州未陷日,安西都护进来时。须臾云得新消息,安西路绝归不得。泣向师子涕双垂,凉州陷没知不知? 师子回头向西望,哀吼一声观者悲。"在这首诗里,诗人把失地难收归罪于边将:"贞元边将爱此曲,醉坐笑看看不足。享宾犒士宴三军,师子胡儿长在目。有一征夫年七十,见弄凉州低面泣。泣罢敛手白将军,主忧臣辱昔所闻。自从天宝兵戈起,犬戎日夜吞西鄙。凉州陷来四十年,河陇侵将七千里。平时安西万里疆,今日边防在凤翔。缘边空屯十万卒,饱食温衣闲过日。遗民肠断在凉州,

---

① 〔唐〕沈亚之著,肖占鹏等校注:《沈下贤集校注》卷一〇,南开大学出版社,2003年,第220~222页。
② 《旧唐书》卷一九六下《吐蕃传》下,第5254页。
③ 《新唐书》卷二一六下《吐蕃传》下,第6106页。
④ 《资治通鉴》卷二四九,第8043~8044页。

将卒相看无意收。天子每思常痛惜,将军欲说合惭羞。奈何仍看西凉伎,取笑资欢无所愧! 纵无智力未能收,忍取西凉弄为戏?"他借年迈征夫之口,痛斥边帅的荒淫奢侈、不思进取。在这首诗里,诗人自注:"平时开远门外立堠,云去安西九千九百里,以示戍人,不为万里行,其实就盈数也。今蕃汉使往来,悉在陇州交易也。"①元稹《西凉伎》与白诗表达的是同一主旨:"吾闻昔日西凉州,人烟扑地桑柘稠。蒲萄酒熟恣行乐,红艳青旗朱粉楼。楼下当垆称卓女,楼头伴客名莫愁。乡人不识离别苦,更卒多为沉滞游。哥舒开府设高宴,八珍九酝当前头。前头百戏竞撩乱,丸剑跳踯霜雪浮。师子摇光毛彩竖,胡姬醉舞筋骨柔。大宛来献赤汗马,赞普亦奉翠茸裘。一朝燕贼乱中国,河湟忽尽空遗丘。开远门前万里堠,今来蹙到行原州。去京五百而近何其逼,天子县内半没为荒陬。西京之道尔阻修,连城边将但高会,每说此曲能不羞。"在"今来蹙到行原州"句下亦有与白诗同样的自注:"平时开远门外立堠,云去安西九千九百里,以示戍人,不为万里行,其就盈故矣。"②堠是用以瞭望敌情的土堡,但盛唐时在长安开远门外所立土堡的用意不在瞭望敌情,上书"去安西九千九百里"在于揭示唐朝自此辖地万里,实际上是唐通西域万里道路的"零公里碑"。开远门外的烽堠曾经是唐王朝强大国力和富强繁华的象征,如今却时时挑起唐人的国难家愁,令唐人触景生情,无限伤感。面对失地难收的困境,白居易、元稹都把批判的矛头指向边将,其实是对最高统治者无能的指斥,是对整个边防局势的忧虑和对国家形势的痛心。

  河湟之地沦于敌手,人们的边地观念便发生了变化,正如元、白诗中指出的,往昔万里之外的安西为边地,如今距长安不远的凤翔成为边防要地。长安之西不远处的凤翔、邠州、宁州、泾州、陇州和长安之北的渭北,不断遭到吐蕃、回鹘的侵扰,故被视为边地。李端《边头作》云:"邠郊泉脉动,落日上城楼。羊马水草足,羌胡帐幕稠。

---

① 〔唐〕白居易著,顾学颉点校:《白居易集》,中华书局,1979年,第75~76页。
② 〔唐〕元稹撰,冀勤点校:《元稹集》卷二四,中华书局,1982年,第281页。

射雕过海岸,传箭怯边州。何事归朝将,今年又拜侯。"①喻凫《送武毂之邠宁》云:"戍路少人踪,边烟淡复浓。诗宁写别恨,酒不上离容。燕拂沙河柳,鸦高石窟钟。悠然一暌阻,山叠房云重。"②项斯《宁州春思》:"失意离城早,边城任见花。"③项斯《泾州听张处士弹琴》云:"边州独夜正思乡,君又弹琴在客堂。仿佛不离灯影外,似闻流水到潇湘。"④马戴《夕发邠宁寄从弟》云:"半酣走马别,别后锁边城。日落月未上,鸟栖人独行。方驰故国恋,复怆长年情。入夜不能息,何当闲此生。"⑤在这些诗里,诗人们都直接把这些本属唐王朝都城近畿的地方称为"边城""边州""边头"。马戴《陇上独望》云:"斜日挂边树,萧萧独望间。阴云藏汉垒,飞火照胡山。陇首行人绝,河源夕鸟还。谁为立勋者,可惜宝刀闲。"⑥站在陇坂上西望,所看到的树称为"边树",又看到"汉垒"与"胡山"相对,那敌手对峙的边地,本来是唐王朝首都长安的近畿。李频《送姚侍御充渭北掌书记》云:"北境烽烟急,南山战伐频。抚绥初易帅,参画尽须人。书记才偏称,朝廷意更亲。绣衣行李日,绮陌别离尘。报国将临虏,之藩不离秦。豸冠严在首,雄笔健随身。饮马河声暮,休兵塞色春。败亡仍暴骨,冤哭可伤神。上策何当用,边情此是真。雕阴曾久客,拜送欲沾巾。"⑦渭河发源于甘肃渭源县鸟鼠山,由潼关汇入黄河,流域包括甘肃、宁夏、陕西三省区。渭北之称由来已久,特指西起宝鸡,东至黄河,南与渭河平原相连,北接黄土高原丘陵沟壑区这一区域,这一带与唐首都长安仅一水之隔。安史之乱后这一带置渭北节度使,姚某赴渭北掌书记之任,李频赋诗送行。诗中称这一带为"北境",说姚某"报国将临虏",说他未离秦却已"之藩",又把这一带的形势称为"边情",都是把长安之北不远的地区视为边境临戎地区。

---

① 《全唐诗》卷二八五,中华书局,1960 年,第 3249 页。
② 《全唐诗》卷五四三,第 6272 页。
③ 《全唐诗》卷五五四,第 6408 页。
④ 《全唐诗》卷五五四,第 6422 页。
⑤ 《全唐诗》卷五五五,第 6431 页。
⑥ 《全唐诗》卷五五五,第 6439 页。
⑦ 《全唐诗》卷五八九,第 6840 页。

薛能《送李殷游京西》："立马送君地，黯然愁到身。万途皆有匠，六义独无人。莫怪敢言此，已能甘世贫。时来贵亦在，事是掩何因。投刺皆羁旅，游边更苦辛。岐山终蜀境，泾水复蛮尘。埋没餐须强，炎蒸醉莫频。俗徒欺合得，吾道死终新。展分先难许，论诗永共亲。归京稍作意，充斥犯西邻。"①李殷仅仅是"游京西"，薛能诗中却云"游边"，而且说"泾水复蛮尘"，意为京西之泾水河畔已成夷蛮之地。张蠙《过萧关》："出得萧关北，儒衣不称身。陇狐来试客，沙鹘下欺人。晓戍残烽火，晴原起猎尘。边戎莫相忌，非是霍家亲。"②提到萧关，让人想起盛唐时王维的著名诗句："萧关逢候骑，都护在燕然。"如今萧关已成边地，那里看到的是烽火、猎尘。生活在那里的人们被称为"边戎"，都说明今非昔比，这里已经沦为战线的前沿。把京畿之地称为边地，饱含着诗人的伤感。

河湟地区长期为吐蕃人统治，吐蕃人在这里推行蕃化政策，胡化严重。诗人们对这种局面十分忧伤。顾非熊《出塞即事二首》其一云："塞山行尽到乌延，万顷沙堆见极边。河上月沉鸿雁起，碛中风度犬羊膻。席箕草断城池外，护柳花开帐幕前。此处游人堪下泪，更闻终日望狼烟。"诗人之所以出塞而下泪，除看到国土沦丧戎人猖狂之外，更为失地百姓陷身胡虏失去故国且日益胡化而痛苦。其二云："贺兰山便是戎疆，此去萧关路几荒。无限城池非汉界，几多人物在胡乡。诸侯持节望吾土，男子生身负我唐。"最后诗人发出"回望风光成异域，谁能献计复河湟"的呼声。③司空图《河湟有感》诗云："一自萧关起战尘，河湟隔断异乡春。汉儿尽作胡儿语，却向城头骂汉人。"④近百年的胡化，使当地汉人忘记了民族耻辱。情况虽不全然如此，当地汉人的胡化虽未必像司空图、顾非熊所言那样严重，但土地长期沦陷，人心向背的变化总是令唐人心存不安。

---

① 《全唐诗》卷五五九，第6489页。
② 《全唐诗》卷七〇二，第8069页。
③ 《全唐诗》卷五〇九，第5790页。
④ 《全唐诗》卷六三三，第7261页。

二、唐诗中收复失地的呼声

河湟失陷,在朝野上下引起极大震动。唐代君臣并未放弃收复河湟的努力。大历时,独孤及为代宗拟《敕与吐蕃赞普书》,痛斥吐蕃侵占河湟:"自我国家有安禄山、史思明之难,朕谓言赞普必有恤邻救患之意。岂知乘我之釁,恣其侵轶,煞略河湟之人,争夺汧陇之地。"誓言收复失地:"既不得已,方思用师,正欲悉天下精兵,长驱西向,吊人问罪,然后凯旋。上以雪宗庙之仇耻,下以释将士之愤怒!"①近百年沦陷期间,唐朝君臣与失地百姓时刻盼望唐军收复失地。文宗开成年间,唐朝使节出使西域途中,"见甘、凉、瓜、沙等州城邑如故,陷吐蕃之人见唐使者旌节,夹道迎呼涕泣曰:'皇帝犹念陷蕃生灵否?'"②每年祭祖时,他们会悄悄换上汉装,之后痛苦地将衣服藏起。昔日的"天可汗"与开元盛世一去不复返。国家残破,生灵涂炭,国土丧失,这种现实不断地打击唐人的自尊心。③

河湟问题成为安史之乱后全社会舆论的焦点。中原战乱一结束,社会关注立刻转向西北失地。德宗贞元年间举国上下群情激愤,誓言兴复。杜佑分析当时的情势:"今潼关之西,陇山之东,邠坊之南,终南之北,十余州之地,已数十万家。吐蕃绵力薄材,食鲜艺拙,不及中国远甚,诚能复两渠之饶,诱农夫趣耕,择险要,缮城垒,屯田蓄力,河、陇可复,岂唯自守而已。"④贞元时秦州刺史、保义军节度使刘澭,西捍陇塞,"其军蕃戎畏之,不敢为寇,常有复河湟之志,议者壮之"⑤。凤翔节度使张敬则"常有复河湟之志,遣大将野诗良辅发锐卒至陇西,番戎大骇"⑥。礼部员外郎林蕴《上安邑李相公安边书》云:"国家有西土,犹右臂之附体,岂不固欤?臂之不存,体将

---

① 《全唐文》卷三八四,上海古籍出版社,1990年,第1726页。
② 《旧五代史》卷一三八《吐蕃传》,第1839页。
③ 徐乐军:《唐朝收复河湟始末探究》,《绥化学院学报》2010年第1期。
④ 《新唐书》卷二一五上《突厥传》上,第6026页。
⑤ 《旧唐书》卷一四三《刘澭传》,第3901页。
⑥ 《旧唐书》卷一四四《张敬则传》,第3928页。

安舒?"可是"我疆我理,陷于犬羊",当他西行目睹河湟沦于吐蕃时痛心疾首:"今所践者惟北抵幽郊,西极汧陇,不数百里,则为外域。可不痛哉!可不惜哉!"①河湟沦陷在中唐时成了有识之士的锥心之痛,河湟问题成为举世关注的问题,甚至成为科举考试中举子们应试的时事政治题。唐德宗贞元十九年(803),权德舆主试贡举,策试题《礼部策问进士五道》便有一题问及收复河湟之策:"今北方和亲,亟通礼命;南诏纳款,屡献奇功。而蠢兹西戎,尚有遗类,犹调盛秋之戍,颇动中夏之师。思欲尽复河湟之地,永销烽燧之警,师息左次,人无外徭,酌古便今,当有长策。"②从韩愈《与凤翔邢尚书书》中可知,当时的有志之士都将收复河湟作为互相激励的立功盛事:"奔走天下慕义之人,使或愿驰一传,或愿操一戈,纳君于唐虞,收地于河湟。"③

宣宗之前,众多边将、朝臣和有识之士皆有恢复雪耻之志,并对收复河湟颇多设想与建议。唐德宗贞元二年(786),润州节度使韩滉上奏,请朝廷对吐蕃用兵,收复河湟:"吐蕃盗有河湟,为日已久。大历已前,中国多难,所以肆其侵轶。臣闻其近岁已来,兵众浸弱,西迫大食之强,北病回纥之众,东有南诏之防,计其分镇之外,战兵在河、陇五六万而已。国家第令三数良将,长驱十万众,于凉、鄯、洮、渭并修坚城,各置二万人,足当守御之要。臣请以当道所贮蓄财赋为馈运之资,以充三年之费。然后营田积粟,且耕且战,收复河、陇二十余州,可翘足而待也。"④此时确为收复河湟的大好时机,据入蕃使崔翰密查,吐蕃驻河陇兵马只有五万九千人,马八万六千匹,可战兵士仅三万人,余皆老弱。吐蕃兵力薄弱,而唐朝"两河罢兵,中土宁乂"⑤,无后顾之忧,正是收复失地良机。但最高统治者畏战,只想苟且偷安,事难实行。李抱玉"曾封章上闻,请复河湟,事亦旋寝,

---

① 《全唐文》卷四八二,第2182页。
② 《全唐文》卷四八三,第2186页。
③ 〔唐〕韩愈撰,马其昶校注:《韩昌黎文集校注》卷三,上海古籍出版社,1986年,第202页。
④ 《旧唐书》卷一二九《韩滉传》,第3602页。
⑤ 《旧唐书》卷一二九《韩滉传》,第3602页。

功竟不立"①。宪宗即位,励精图治,痛心河湟沦陷,有意兴复。但宪宗的"中兴"并没有维持多久,唐王朝便陷于内忧外患之中,宪宗未能实现这一理想,他把希望寄托于后人。归融《宪宗加谥昭文章武大圣至神孝皇帝议》一文中说:"海内无事,天下一家,万国来宾,百蛮向化。方兴谋于戎房,深注意于河湟。伏以疆土开拓而有时,腥膻冠带而日。"②唐宣宗《上顺宗、宪宗谥号赦文》云:"每念河湟失坏,陷为戎房之疆,百有余年,一失莫复。元和中,将雪前愤,尝振睿思,方除孽臣,未就成业。永怀道训,明发疚心。"③

唐后期关于河湟失地的议论和恢复失地的强烈呼声,同样反映在诗人们的创作中。诗人们对河湟地区的沦陷一方面表达了痛心,一方面表达了收复失地的愿望。要求收复河湟失地的呼声近百年间不绝于诗。刘禹锡《送工部萧郎中刑部李郎中并以本官兼中丞分命充京西京北覆粮使》云:"霜简映金章,相辉同舍郎。天威巡虎落,星使出驾行。尊俎成全策,京坻阅见粮。归来房尘灭,画地奏明光。"④萧、李等奉命往京西和京北覆粮,那里正是靠近敌占区的地方,诗人希望他们归来时带来"房尘灭"的好消息。李涉《邠州词献高尚书三首》其一:"单于都护再分疆,西引双旌出帝乡。朝日诏书添战马,即闻千骑取河湟。"其二:"将家难立是威声,不见多传卫霍名。一自元和平蜀后,马头行处即长城。"其三:"朔方忠义旧来闻,尽是邠城父子军。今日兵符归上将,旄头不用更妖氛。"⑤当高氏往边地任职时,诗人寄希望于他收复河湟,从此妖氛尽无,边境安谧。鲍溶《赠李黯将军》:"细柳连营石埕牢,平安狼火赤星高。岩云入角雕龙爽,寒日摇旗画兽豪。搜伏雄儿欺魍魉,射声游骑怯分毫。圣人唯有河湟恨,寰海无虞在一劳。"⑥诗人告诫李将军,河湟未复是当今皇上的心头之痛,收复失地在于将军一战得胜。杜牧《史将军二

---

① 〔唐〕林蕴:《上安邑李相公安边书》,《全唐文》卷四八二,第 2182 页。
② 《全唐文》卷七四七,第 3426 页。
③ 《全唐文》卷八二,第 377 页。
④ 〔唐〕刘禹锡:《刘禹锡集》卷二八,上海人民出版社,1975 年,第 254 页。
⑤ 《全唐诗》卷四七七,第 5438 页。
⑥ 《全唐诗》卷四八六,第 5527 页。

首》其二:"壮气盖燕赵,耽耽魁杰人。弯弧五百步,长戟八十斤。河湟非内地,安史有遗尘。何日武台坐,兵符授虎臣。"①诗人盛赞史氏英武盖世,希望他有朝一日受命挂帅出征,收复河湟,结束藩镇割据局面。杜牧平生重要志向之一在于收复河湟失地,其《郡斋独酌》诗云:"平生五色线,愿补舜衣裳。弦歌教燕赵,兰芷浴河湟。腥膻一扫洒,凶狠皆披攘。生人但眠食,寿域富农桑。"②令狐楚《少年行四首》其三:"弓背霞明剑照霜,秋风走马出咸阳。未收天子河湟地,不拟回头望故乡。"③李频《送边将》:"防秋戎马恐来奔,诏发将军出雁门。遥领短兵登陇首,独横长剑向河源。悠扬落日黄云动,苍莽阴风白草翻。若纵干戈更深入,应闻收得到昆仑。"④河源,被认为在今青海之扎陵湖、鄂陵湖附近之黄河源头,⑤向南便是巴颜喀拉山。巴颜喀拉山与昆仑山原是吐谷浑与吐蕃交界处,吐谷浑是唐之属国。后来吐蕃灭吐谷浑,占领其地,进而占领河西、陇右。诗人希望边将不仅收复河湟之地,还应该剑指河源,进兵直到昆仑山,把吐蕃人打回老家去。李频《送凤翔范书记》云:"西京无暑气,夏景似清秋。天府来相辟,高人去自由。江山通蜀国,日月近神州。若共将军语,河兰地未收。"⑥诗人寄希望于赴任凤翔节度使掌书记的范某,希望他告诫凤翔节度使,时刻牢记国耻,勿忘收复失地。李频《赠李将军》云:"吾宗偏好武,汉代将家流。走马辞中禁,屯军向渭州。天心待

---

① 〔唐〕杜牧:《樊川文集》卷一,上海古籍出版社,1978年,第20页。
② 〔唐〕杜牧:《樊川文集》卷一,第8页。
③ 《全唐诗》卷二四,第325页。
④ 《全唐诗》卷五八七,第6809页。
⑤ 《新唐书·侯君集传》记载,唐太宗贞观九年(635),侯君集征吐谷浑,至今青海境内之"柏海"。贞观十五年(641),文成公主入藏,松赞干布率众至"柏海"亲迎。黄文弼说:"柏海,据清人考证,谓今之扎陵、鄂陵两淖尔。丁谦并实指今扎陵湖。扎,白也;陵,长也。柏,即白之转音。今云侯君集在扎陵淖尔观河源,则黄河源之发现,固于侯君集出。又据《新唐书·吐蕃传》,唐贞观十五年,以宗女文成公主妻弄赞,弄赞率兵至柏海亲迎归国,为公主筑一城,以夸后世。《唐会要》云:'弄赞至柏海,亲迎于河源。'其所述方位与地形,大致与《吐谷浑传》略同。"见氏著《西北史地论丛》,上海人民出版社,1981年,第234页。参纵瑞华、梁今知:《关于唐代的"柏海"与"河源"》,《青海社会科学》1982年第5期;李发明:《也谈唐代的"柏海"与"河源"》,《青海师范大学学报》(哲学社会科学版)1984年第4期。
⑥ 《全唐诗》卷五八九,第6837页。

破房,阵面许封侯。却得河源水,方应洗国仇。"①河源之地即在河湟地区,他希望这位同姓的将军收复失地,洗雪国耻。

　　沦陷区百姓的梦想、最高统治者的遗愿、诸多边将和朝臣对收复河湟颇多设想与建议,皆未成现实。杜牧《河湟》:"元载相公曾借箸,宪宗皇帝亦留神。旋见衣冠就东市,忽遗弓剑不西巡。牧羊驱马虽戎服,白发丹心尽汉臣。唯有凉州歌舞曲,流传天下乐闲人。"②虽然前代君臣都有收复失地的愿望和规划,但失地未复,对于唐王朝来说,陇右、河西之地只剩下一支乐曲供人欣赏了。面对河湟地区的长期沦陷,诗人们把批判的矛头指向不作为的边将。刘驾《有感》:"弓剑不自行,难引河湟思。将军半夜饮,十里闻歌吹。高门几世宅,舞袖仍新赐。谁遣一书来,灯前问边事。"③元稹《和李校书新题乐府十二首·缚戎人》:"边头大将差健卒,入抄擒生快于鹘。但逢频面即捉来,半是蕃人半戎羯。大将论功重多级,捷书飞奏何超忽。圣朝不杀谐至仁,远送炎方示微罚。万里虚劳肉食费,连头尽被毡裘喝。华茵重席卧腥臊,病犬愁鸱声咽喔。中有一人能汉语,自言家本长安窟。小年随父戍安西,河渭瓜沙眼看没。天宝未乱家数载,狼星四角光蓬勃。中原祸作边防危,果有豺狼四来伐。蕃马膘成正翘健,蕃兵肉饱争唐突。烟尘乱起无亭燧,主帅惊跳弃旌钺。半夜城摧鹅雁鸣,妻啼子叫曾不歇。阴森神庙未敢依,脆薄河冰安可越。荆棘深处共潜身,前困蒺藜后虺蜴。平明蕃骑四面走,古墓深林尽株橛。少壮为俘头被髡,老翁留居足多刖。乌鸢满野尸狼藉,楼榭成灰墙突兀。暗水溅溅入旧池,平沙漫漫铺明月。戎王遣将来安慰,口不敢言心咄咄。供进腌腌御叱般,岂料穹庐拣肥腯。五六十年消息绝,中间盟会又猖獗。眼穿东日望尧云,肠断正朝梳汉发。(原注:延州镇李如暹,蓬子将军之子也,尝没西蕃。及归自云:蕃法唯正岁一日,许唐人没蕃者服衣冠,如暹当此日,由是悲不自胜,遂与蕃妻密定归计。)近来如此思汉者,半为老病半埋骨。常

---

① 《全唐诗》卷五八九,第6838页。
② 〔唐〕杜牧:《樊川文集》卷二,第24页。
③ 《全唐诗》卷五八五,第6781页。

教孙子学乡音,犹话平时好城阙。老者傥尽少者壮,生长蕃中似蕃悖。不知祖父皆汉民,便恐为蕃心矻矻。缘边饱喂十万众,何不齐驱一时发。年年但捉两三人,精卫衔芦塞溟渤。"①李校书即李绅,此诗题注云:"近制,西边每擒蕃囚,例皆传置南方,不加剿戮。故李君作歌以讽焉。"白居易亦有同题之作,都是李绅先有《缚戎人》诗,元、白和之。在大片国土沦陷、河湟胡化严重之时,缘边诸将置酒高会,歌舞升平。国家空费大批粮草,边军每年只抓两三人作为俘虏敷衍塞责,全然不知羞耻。

由于各种原因,唐人收复失地的愿望未能实现,《新唐书·吐蕃传》记载:

> 初,太宗平薛仁杲,得陇上地;虏李轨,得凉州;破吐谷浑、高昌,开四镇。玄宗继收黄河积石、宛秀等军,中国无斥候警者几四十年。轮台、伊吾屯田,禾菽弥望。开远门揭候署曰"西极道九千九百里",示戍人无万里行也。乾元后,陇右、剑南西山三州七关军镇监牧三百所皆失之。宪宗常览天下图,见河湟旧封,赫然思经略之,未暇也。②

河湟地区一直为吐蕃所侵占,这种局面历经德、顺、宪、穆、敬、文、武诸朝。河湟之地为吐蕃占领既成现实,唐朝无力收复,河湟问题的社会关注度日渐减小,收复失地的呼声日渐微弱。诗人提及河湟,只感到无奈和悲凉。张乔《河湟旧卒》反映了唐人收复河湟的努力及失败:"少年随将讨河湟,头白时清返故乡。十万汉军零落尽,独吹边曲向残阳。"③流露出沉重的哀伤与无望之感。宪宗时虽在对内削藩方面颇有建树,但对吐蕃却处守势。德宗年间收复失地的强烈呼声未见成效之后,整个社会似乎失去了信心,由此而来的是唐朝对西部边防转入守势。元稹《论西戎表》开头云:"蒙恩顾问,窃见陛下患戎之意深矣。"为什么呢?因为当时的形势是"自贞元以来,国家所以甘亿兆之费于塞下,盖以犬戎有侵轶之患,而边人思守御之

---

① 〔唐〕元稹撰,冀勤点校:《元稹集》卷二四,第289~290页。
② 《新唐书》卷二一六下《吐蕃传》下,第6107页。
③ 《全唐诗》卷六三九,第7326页。

利也。然而河湟之地日削,田莱之业日空,塞下之人日亡,戎狄之心日炽"。他探讨河湟之地长久不得收复的原因,指出对付吐蕃之战略上的失误,但在给朝廷的建议中已经失去贞元年间君臣上下收复失地的壮志和雄心,他所提出的良策不在于收复失地,而是如何备御防守:

> 今夫邠岐汧陇之地,皆后稷、公刘之所理也。土宜植物,人务稼穑。陛下诚能使本道节制,广于荒隙,大建屯田;塞下诸军,除使令守防之外,一切出之于野;限之名田,复其租入,然后因其阡陌,制之同井,因其卒伍,树之师长,固其滕堑,以备不虞。犬戎适至,则有连阡接畛之兵;戎骑才归,则复樱锄获耩之事。若此,则曩时之聚食者,尽归之于服勤之农矣。前此之系虏者,尽化为守御之兵矣。三五年间,塞下有相因之粟,边人无侵轶之虞。①

元稹的建议完全是从防守考虑,至于其"备戎之大略",即若干年后"董之以师旅,威之于必刑,则彼琐琐之戎,陛下将署其君长,征其牛羊,奴虏以擒之可也,蝼蚁以攘之可也,又何必询王恢,使苏武,用晁错,访娄敬,而后复河湟称即叙哉",②不过是为朝廷眼下不得不妥协退守寻找借口罢了。从上引元、白《西凉伎》诗可知,他们都把失地难收归结为边帅贪图享受而不用心边防。由此可见,代宗、德宗时对西戎同仇敌忾、志欲恢复的社会情绪,至宪宗时已经转化为对收复无望的忧伤,对吐蕃入侵的民族仇恨已经转化为对边将谋私和畏战的怒斥,对西部边防的考虑已失进取之心而重在防备。

三、河湟回归与诗人对朝廷的称颂

河湟地区为吐蕃所侵占,这种局面持续到晚唐宣宗时才有所改变。吐蕃从达玛赞普在位(838—842)开始,灾荒连年,"国中地震

---

① 〔唐〕元稹撰,冀勤点校:《元稹集》卷三三,第381~382页。
② 〔唐〕元稹撰,冀勤点校:《元稹集》卷三三,第382页。

裂,水泉涌,岷山崩;洮水逆流三日,鼠食稼,人饥疫,死者相枕藉。鄯、廓间夜闻鼙鼓声,人相惊"①。吐蕃内部因赞普继位问题矛盾激化。在吐蕃统治的河湟地区,先是别将尚恐热野心大发,欲谋相位和赞普之位,击鄯州节度使尚婢婢,遭遇大败。而后二人相攻,河湟一带大乱,吐蕃实力大衰。至宣宗时,尚恐热曾谋划降唐,因无诚意而未果。唐王朝利用这大好时机进兵,先后收复了陷于吐蕃的秦、原、安乐三州及石门、驿藏、木峡、特胜、六盘、石峡和萧关等七关。《新唐书·吐蕃传》记载:"凤翔节度使李玭复清水;泾原节度使康季荣复原州,取石门等六关,得人畜几万;灵武节度使李钦取安乐州,诏为威州;邠宁节度使张钦绪复萧关;凤翔收秦州;山南西道节度使郑涯得扶州。凤翔兵与吐蕃战陇州,斩首五百级。"②河西、陇右沦陷区千余老人至长安朝贺,"天子为御延喜楼,赐冠带,皆争解辫易服。因诏差赐四道兵,录有劳者;三州七关地腴衍者,听民垦艺,贷五岁赋;温池委度支榷其盐,以赡边;四道兵能营田者为给牛、种,戍者倍其资饷,再岁一代;商贾往来于边者,关镇毋何留;兵欲垦田,与民同"③。在这种背景下,唐宣宗大中二年(848),张议潮率众起义,驱逐吐蕃沙州守将;后二年又相继光复其他为吐蕃人强占河西诸州,标志着河湟故地正式回归唐朝版图。自此,沦陷近百年的河湟地区终于收复。史载:

> 明年,沙州首领张义潮奉瓜、沙、伊、肃、甘等十一州地图以献。始义潮阴结豪英归唐,一日,众擐甲噪州门,汉人皆助之,虏守者惊走,遂摄州事。缮甲兵,耕且战,悉复余州。以部校十辈皆操挺,内表其中,东北走天德城,防御使李丕以闻。帝嘉其忠,命使者赍诏收慰,擢义潮沙州防御使,俄号归义军,遂为节度使。④

张议潮之所以起事成功,除其个人的果敢和智慧外,一是吐蕃

---

① 《新唐书》卷二一六下《吐蕃传》下,第6105页。
② 《新唐书》卷二一六下《吐蕃传》下,第6107页。
③ 《新唐书》卷二一六下《吐蕃传》下,第6107页。
④ 《新唐书》卷二一六下《吐蕃传》下,第6107~6108页。

内部矛盾造成自身的瓦解,二是唐军的进攻使吐蕃在河湟地区的统治已难维持,三在于民心的向背。陈黯《代河湟父老奏》表达了失地百姓的心声:"臣等世籍汉民也,虽地没戎虏而常蓄归心,时未可谋则俯偭偷生。……国家以内寇时起,不遑西顾。其蕃戎伺隙,侵掠边州,臣等由此家为虏有。然虽力不支而心不离,故居河湟间,世相为训。今尚传留汉之冠裳,每岁时祭享,则必服之,示不忘汉仪,亦犹越翼胡蹄,有巢嘶之异。"①沦陷区百姓盼望重归唐朝,是张议潮起事成功的根本原因。起事成功后,张议潮继续修缮甲兵,且耕且战,先后收复瓜州、伊州、西州、甘州、肃州、兰州、鄯州、河州、岷州、廓州十州。大中五年(851)八月,张议潮派其兄张议潭和州人李明达、李明振、押衙吴安正等二十九人入朝告捷,并献瓜、沙等十一州图籍。至此,除凉州外,陷于吐蕃近百年之久的河湟地区回归唐朝。唐宣宗特授众人官职,由杜牧撰写的《沙州专使押衙吴安正等二十九人授官制》云:

  自天宝以降,中原多故,莫大之虏,盗取西陲,男为戎臣,女为戎妾,不暇吊伐,今将百年。自朕君临,岂敢偷惰,乃命将帅,收复七关,爰披地图,实得天险,遂使朝廷声闻闻于燉煌。尔帅议潮,果能抗忠臣之丹心,折昆夷之长角。窦融西河之故事,见于盛时;李陵教射之奇兵,无非义旅。尔等咸能竭尽肝胆,奉事长帅,将其诚命,经历艰危。言念忠劳,岂吝爵位,官我武卫,仍峻阶级,以慰皇华,用震殊俗。②

唐军亦乘势发动进攻,收降吐蕃降人。"其后河、渭州虏将尚延心以国破亡,亦献款。秦州刺史高骈诱降延心及浑末部万帐,遂收二州,拜延心武卫将军。骈收凤林关,以延心为河、渭等州都游弈使。咸通二年,义潮奉凉州来归。"③

河湟失地回归,让日暮途穷的唐王朝感到莫大的振奋,君臣将相,额手称庆。朝廷不失时机地鼓吹皇上的英明,宣宗把功劳归于

---

① 《全唐文》卷七六七,第3538页。
② 〔唐〕杜牧:《樊川文集》卷二〇,第305页。
③ 《新唐书》卷二一六下《吐蕃传》下,第6108页。

自己的决策,"乃命将帅,收复七关",由此才造成了张议潮起义的成功。宣宗在《收复河湟制》中又说:"朕猥荷丕图,思宏景业,忧勤戚惕,四载于兹,每念河湟土疆,绵亘遐阔。自天宝末犬戎乘我多难,无力御奸,遂纵腥膻,不远京邑。事更十叶,时近百年。进士试能,靡不竭其长策;朝廷下议,皆亦听其直词。尽以不生边事为永图,且守旧地为明理。荏苒于是,收复无由。"宣宗说河湟历经近百年隔绝,无时不在其思虑之中;举国上下,才识之士虽然都关注河湟问题,但基本的态度都是得过且过,苟且偷安。自己虽然不甘心现状,但限于国力,只能迁延时日,无由收复。接着宣布河湟光复和光复的原因,他归功于"天地储祥,祖宗垂佑,左衽输款,边垒连降,刷耻建功,所谋必克。实赖枢衡妙算,将帅雄棱",把功劳归功于朝廷,仍然是在表彰自己。强调朝廷之功,意在贬低张议潮起事的意义,朝廷对河湟光复后的安排,重在奖赏唐朝各路兵马和各州将士。最后对河湟故地唐风犹存感到欣慰:"呜呼! 七关要害,三郡膏腴,候馆之残址可寻,唐人之遗风尚在。追怀往事,良用兴嗟。夫取不在广,贵保其金汤;得必有时,讵计于迟速。今则便务修筑,不进干戈,必使足食足兵,有备无患。载协亭育之道,永致生灵之安。中外臣寮,宜体朕意。"①宣宗在《允宰臣请御丹凤楼上尊号敕》中自夸:"没陷河湟,百有余岁;中原封界,咫尺戎疆,累圣含容,久劳征戍。伏思元和中将摅宿愤,常欲经营。属诛锄叛臣,未暇收复。今则恭行先志,克就前功,不远征兵,不劳财力。二州之外,兼得七关,又取维州,粗成边业。"②谦逊的语气包含着自我炫耀。宣宗《重阳锡宴群臣》是庆祝收复河湟的诗:"款塞旋征骑,和戎委庙贤。倾心方倚注,叶力共安边。"此诗题注:"时收复河湟。"③他把收复河湟推功于唐王朝的"征骑"和"庙贤",意在揽功于朝廷,这就把沙州张议潮等人的功绩湮没了。他把收复河湟视为在位时最值得夸耀的事,在其遗诏中,自述最辉煌的功业:"克复河湟,拓疆三千里外;告成宗庙,雪耻二百

---

① 《全唐文》卷七九,第360页。
② 《全唐文》卷八一,第369页。
③ 《全唐诗》卷四,第50页。

年间。"①当时朝廷编制了大型乐舞,唐宣宗亲自谱词制曲,歌唱河湟地区的回归:"又有《葱岭西曲》,士女蹹歌为队,其词言葱岭之民乐河、湟故地归唐也。"②

收复河湟是当时极具影响力和震撼效果的重大事件,全国上下都将收复河湟当作盛事。群臣把这一辉煌的事件归功于宣宗的英明,奏请上天子尊号。《新唐书·吐蕃传》记载:"至是群臣奏言:'王者建功立业,必有以光表于世者。今不勤一卒,血一刃,而河湟自归,请上天子尊号。'帝曰:'宪宗尝念河湟,业未就而殂落。今当述祖宗之烈,其议上顺、宪二庙谥号,夸显后世。'"③宣宗虽归功于"祖宗之烈",但显然也自命有功,他欣然接受了群臣之请。于是,收复河湟成为臣下歌功颂德的好题材,也成为当时诗坛最流行的话题。当时连篇累牍的诗作欢呼收复河湟的胜利,大臣们甚至进诗祝贺。薛逢《八月初一驾幸延喜楼看冠带降戎》:"城头旭日照阑干,城下降戎彩仗攒。九陌尘埃千骑合,万方臣妾一声欢。楼台乍仰中天易,衣服初回左衽难。清水莫教波浪浊,从今赤岭属长安。"④崔铉《进宣宗收复河湟诗》云:"边陲万里注恩波,宇宙群芳洽凯歌。右地名王争解辫,远方戎垒尽投戈。烟尘永息三秋戍,瑞岁遥清九折河。共遇圣明千载运,更观俗阜与时和。"⑤大中十三年(859)八月,宣宗皇帝驾崩,翌年二月下葬,来自归义军的张议潭亦参加了此大典,因作《宣宗皇帝挽歌》五首进上,其中感戴宣宗的接见:"忆别西凉日,来朝北阙时。千官捧鋬殿,独召上龙墀。宠极孤臣惧,恩深四表知。无由殉灵驾,血泪自双垂。"歌颂宣宗的功业:"九夷瞻北极,万国靡南熏。"⑥河湟的收复是宣宗时太平盛世的重要表征。李回《享太庙

---

① 《全唐文》卷八〇,第 368 页。
② 《新唐书》卷二二《礼乐志》十二,第 478 页。
③ 《新唐书》卷二一六下《吐蕃传》下,第 6107 页。
④ 《全唐诗》卷五四八,第 6328 页。
⑤ 《全唐诗》卷五四七,第 6315 页。
⑥ 汪泛舟:《敦煌诗解读》,世界图书出版公司,2015 年,第 400 页;孙望《全唐诗补逸》卷一七作无名氏《挽歌五首》,系从许国霖辑《敦煌杂录》录出,许氏拟题《进上挽歌》,收入陈尚君辑校:《全唐诗补编》,中华书局,1992 年,第 286 页。

乐章》云:"受天明命,敷佑下土。化时以俭,卫文以武。氛消夷夏,俗臻往古。亿万斯年,形于律吕。"①令狐楚《圣明乐》热情洋溢地赞颂宣宗朝边防形势:"海浪恬丹徼,边尘靖黑山。从今万里外,不复镇萧关。"②许浑《正元》:"高揭鸡竿辟帝闾,祥风微暖瑞云屯。千官共削奸臣迹,万国初衔圣主恩。宫殿雪华齐紫阁,关河春色到青门。华夷一轨人方泰,莫学论兵误至尊。"③张乔《再书边事》:"万里沙西寇已平,犬羊群外筑空城。分营夜火烧云远,校猎秋雕掠草轻。秦将力随胡马竭,蕃河流入汉家清。羌戎不识干戈老,须贺当时圣明。"④这些诗异口同声地歌颂宣宗皇帝的圣明。敦煌诗集残卷中保留有河湟地区收复后唐朝赴任河西的官员的诗,河西都防御使翁郜的一首阙题诗应是他到任后写所见所感:"河湟新复□□城,道路通流陇上清。垒净雪花迎瑞夕,重轮云齐日偏明。唐(?)覆不易今时聚,归(下阙)。"⑤河湟之地是丝绸之路要道,自从吐蕃占领后交通阻塞。诗人想象这条通向远方的道路从此恢复了通畅。总之,皇上推功于唐王朝谋臣与将士,大臣归功于宣宗的运筹庙堂,最终揽功于朝廷,对沙州起义的张议潮等人的功劳则只字不提。

吐蕃人占领河湟之地时,泾州、凤翔、邠州、岐州、汧州、陇州之地被唐人视为边州。如今河湟收复,这一带恢复了安定和平。因此诗人们再写到这一带,便成为另一种景象。李频《赠泾州王侍御》诗云:"一旦天书下紫微,三年旌旆陇云飞。塞门无事春空到,边草青青战马肥。"⑥王侍御任职泾州三年,这一带是一派祥和景象。羊士谔《送张郎中副使自南省赴凤翔府幕》:"仙郎佐氏谋,廷议宠元侯。城郭须来贡,河隍亦顺流。亚夫高垒静,充国大田秋。当奋燕然笔,铭功向陇头。"⑦薛能《早春书事》云:"百蛮降伏委三秦,锦里风回岁

---

① 《全唐诗》卷五〇八,第5776页。
② 《全唐诗》卷二七,第392页。
③ 《全唐诗》卷五三五,第6104页。
④ 《全唐诗》卷六三九,第7325页。
⑤ 徐俊纂辑:《敦煌诗集残卷辑考》上编卷下,中华书局,2000年,第662页。
⑥ 《全唐诗》卷五八七,第6813页。
⑦ 《全唐诗》卷三三二,第3698页。

已新。渠溢水泉花巷湿,日销冰雪柳营春。何年道胜苏群物,尽室天涯是旅人。焚却蜀书宜不读,武侯无可律余身。"①在诗人们的笔下,从此天下一统,再无战争,可以偃武修文,永享太平了。在这些诗中,最引人注目的是郑嵎《津阳门诗》,②这首诗长达二百句,写诗人入津阳门北酒家饮酒,店主老翁回忆自己从十五岁起入羽林军,直至眼下的所见所闻。该诗从开元盛世、天宝之乱一直写到河湟收复,把宣宗的时代比作开元盛世,称"两逢尧年",意在歌颂宣宗时代社会太平。

  刘驾的《唐乐府十首》也是歌咏唐朝收复河湟失地的,其序云:"《唐乐府》,自《送征夫》至《献贺觞》,歌河湟之事也。下土土贡臣驾,生于唐二十八年,获见明天子以德归河湟地,臣得与天下夫妇复为太平人。独恨愚且贱,蠕蠕泥土中,不得从臣后拜舞称于上前。情有所发,莫能自抑,作诗十章,目曰《唐乐府》。虽不足贡声宗庙,形容盛德,而愿与耕稼陶渔者歌田野江湖间,亦足自快。"这十首诗是《送征夫》《输者讴》《吊西人》《边军过》《望归马》《祝河水》《田西边》《昆山》《乐边人》《献贺觞》。③ 十首诗中前九首都包含着今昔对比,对比河湟收复前后不同的国家形势。诗人送新兵至长安,故从送兵写起。过去送征夫,战事辛苦;今日边境战争结束,守边时日不久即归,故"今送征夫乐"。往前线送粮也成了快乐事,因为一人出塞送粮,一家十口不再纳税。国家的事就是自家的事,所以"去者不遑宁,归者唱歌行"。河湟之地已回归大唐,将军入城,未遇抵抗。河湟之地恢复和平,从此只需务农耕种。唐王朝的大军不断从此经过西征,他们一点儿也不骚扰百姓。当他们西征归来时,人数比西行时更多,因为在他们的队伍里增添了大量俘虏。中原地区的百姓看到西征的队伍归来,不再惊慌害怕,因为将士凯旋,朝廷不会再像从前那样征发新兵去前线打仗,"亦不更征兵"。天下从此和平,一如黄河水清,"从今亿万岁,不见河浊时"。收复的河湟地区,农业生

---

① 《全唐诗》卷五五九,第 6483 页。
② 《全唐诗》卷五六七,第 6561~6566 页。
③ 《全唐诗》卷五八五,第 6776~6778 页。

产一派兴旺,兵器都销毁铸成农器,人们安心于农业生产,田野里庄稼茂盛,再无放牧羊马的空阔之处。过去产于昆山的玉特别珍贵,因为那时西域被吐蕃人占领,人们很难来到这产玉之地;如今昆山玉如尘土般不为人所重,因为昆山已回归大唐。白玉尚且不为人所重,更何况金银呢?由于边境地区恢复了和平,人们乐于到边境地区戍守,因为在家乡不免辛劳,而在边地也一样吃饱穿暖。如果父子兄弟都在边地生活,老死于此又有何不可?但诗人对此景象似乎并不满足,因为按照他们的观念,河湟之地并不是边境地区,那本来是中国的内地。大唐盛时"安西万里疆",日入之处本就该纳于大唐。所以第十首诗表达诗人的愿景,他希望唐王朝对西域的开疆拓土不应止步,应该恢复大唐盛时对西域广大地区的统治:"愿今日入处,亦似天中央。"李频《送边将》也表达了这一思想:"防秋戎马恐来奔,诏发将军出雁门。遥领短兵登陇首,独横长剑向河源。悠扬落日黄云动,苍莽阴风白草翻。若纵干戈更深入,应闻收得到昆仑。"①昆仑在古人观念中在极西之域。他希望唐军不应止于收复河湟,应该继续进军,收复西域。

张议潮等献瓜、沙诸州地图,唐王朝版图扩大,新的华夷图令诗人们备感自豪。曹松《观华夷图》:"落笔胜缩地,展图当晏宁。中华属贵分,远裔占何星。分寸辨诸岳,斗升观四溟。长疑未到处,一一似曾经。"②伍乔《观华夷图》:"别手应难及此精,须知攒簇自心灵。始于毫末分诸国,渐见图中列四溟。关路欲伸通楚势,蜀山俄耸入秦青。笔端尽现寰区事,堪把长悬在户庭。"③在想到大唐如日中天、征服四夷的时候,唐代诗人更想到对夷狄不应该赶尽杀绝,只要他们表示臣服,就应该让他们有生存的机会。贯休《胡无人》:"霍嫖姚,赵充国,天子将之平朔漠。肉胡之肉,烬胡帐幄。千里万里,唯留胡之空壳。边风萧萧,榆叶初落。杀气昼赤,枯骨夜哭。将军既立殊勋,遂有胡无人曲。我闻之,天子富有四海,德被无垠。但令一

---

① 《全唐诗》卷五八七,第6809页。
② 《全唐诗》卷七一六,第8225页。
③ 《全唐诗》卷七四四,第8462页。

物得所,八表来宾,亦何必令彼胡无人。"①意为即便我大唐强盛无比,也会让四夷生存,因为大唐天子以德治天下。张议潮宣布归唐,唐王朝名义上实现了陇右、河西的收复,因此唐朝官吏开始赴河西任职,唐诗中又出现了送人赴任河西的作品。张乔《送河西从事》云:"结束佐戎旃,河西住几年。陇头随日去,碛里寄星眠。水近沙连帐,程遥马入天。圣朝思上策,重待奏安边。"②根据冯培红的研究,张淮深再度收复河西后,唐朝在凉州地区设置了凉州都防御使、凉州西界防御使。但考虑到凉州是张淮深收复的,遂与其达成协议,实行朝廷与归义军共管,由敦煌人出任长官,而属官则由唐廷派遣官员担任。③ 张乔送朋友赴河西任从事,正是这种史实的反映。

　　唐代诗人不免过于乐观了。收复河湟并不像诗人们想象的那样,边关无事,丝路畅通。那不过是衰弱的唐朝一时回光返照现象。张议潮起义后,河湟地区仍处在吐蕃、回鹘的环伺之下。唐朝至宣宗时已是"夕阳无限好,只是近黄昏"的时光,阶级矛盾激化,内忧外患严重。唐政府无力经营西域,在处理归义军问题上的失策,导致归义军与唐王朝貌合神离,河湟回归也只是名义上而已。史载:"张义潮以瓜、沙、伊、肃、鄯、甘、河、西、兰、岷、廓十一州来归,而宣、懿德微,不暇疆理,惟名存有司而已。"④贯休《古塞下曲七首》其一:"下营依遁甲,分帅把河湟。地使人心恶,风吹旗焰荒。搜山得探卒,放火猎黄羊。唯有南飞雁,声声断客肠。"其二:"归去是何年,山连逻逤川。苍黄曾战地,空阔养雕天。旗插蒸沙堡,枪担卓槊泉。萧条寒日落,号令彻穷边。"其三:"虏寇日相持,如龙马不肥。突围金甲破,趁贼铁枪飞。汉月堂堂上,胡云惨惨微。黄河冰已合,犹未送征衣。"其四:"南北惟堪恨,东西实可嗟。常飞侵夏雪,何处有人家。风刮阴山薄,河推大岸斜。只应寒夜梦,时见故园花。"其五:

---

① 《全唐诗》卷八二六,第9303页。贯休(832—912),僧,本姓姜,字德隐,婺州兰溪(今属浙江)人,在他的有生之年,只有宣宗时才有这样的口气写出这样的诗。
② 《全唐诗》卷六三九,第7326页。
③ 冯培红:《敦煌的归义军时代》,甘肃教育出版社,2013年,第143页。
④ 《新唐书》卷四〇《地理志》四,第1040页。

"不是将军勇,胡兵岂易当。雨曾淋火阵,箭又中金疮。铁岭全无土,豺群亦有狼。因思无战日,天子是陶唐。"其六:"榆叶飘萧尽,关防烽寨重。寒来知马疾,战后觉人凶。烧逐飞蓬死,沙生毒雾浓。谁能奏明主,功业已堪封。"其七:"万战千征地,苍茫古塞门。阴兵为客祟,恶酒发刀痕。风落昆仑石,河崩首蓿根。将军更移帐,日日近西蕃。"①唐末,吐蕃、回鹘不断侵扰河湟地,唐与西域间的联系和交流仍然受到阻碍。晚唐诗人皮日休《正乐府十篇》其一《卒妻怨》:"河湟成卒去,一半多不回。家有半菽食,身为一囊灰。官吏按其籍,伍中斥其妻。处处鲁人髽,家家杞妇哀。少者任所归,老者无所携。况当札瘥年,米粒如琼瑰。累累作饿殍,见之心若摧。其夫死锋刃,其室委尘埃。其命即用矣,其赏安在哉。岂无黔敖恩,救此穷饿骸。谁知白屋士,念此翻欹欹。"②罗邺《河湟》:"河湟何计绝烽烟,免使征人更戍边。尽放农桑无一事,遣教知有太平年。"③罗邺《老将》诗云:"百战辛勤归帝乡,南班班里最南行。弓欺猿臂秋无力,剑泣虬髯晓有霜。千古耻非书玉帛,一心犹自向河湟。年年宿卫天颜近,曾把功勋奏建章。"④河湟依然是唐与吐蕃的战争的前线。"河湟"作为边境地区的意象和代名词,这种观念在晚唐时也并没有改变。

四、敦煌地区对张议潮和归义军的称颂

河湟失地收复,张议潮功不可没。唐朝廷肯定了张议潮的不世之功,酬赏河西功臣,设沙州归义军使,统领沙、甘、肃、鄯、伊、西、河、兰、岷、廓十州,以张议潮为节度、管内观察处置使。张议潮力图收复整个河湟失地,又经过三年艰苦奋斗收复凉州,朝廷置凉州节度使,由灵武节度使兼领,领凉、洮、西、鄯、河、临六州。至此,陷没

---

① 《全唐诗》卷八三〇,第9363页。
② 《全唐诗》卷六〇八,第7019页。
③ 《全唐诗》卷六五四,第7522页。
④ 《全唐诗》卷六五四,第7509页。

近百年之久的河湟失地重归国家怀抱。经过张议潮的惨淡经营,河西地区的局势业已稳定,生产得到了发展。唐懿宗咸通八年(867)二月,张议潮入觐长安,朝廷任他为右神武统军,赐给田地,并于宣阳坊赐第一区,还晋升为司徒。咸通十三年(872)八月,张议潮卒于长安,享年七十四岁。但在唐朝廷君臣的诗中很少见到对沙州张氏和归义军的歌颂,他们只顾替朝廷歌功颂德。但张氏的功绩,沙州百姓看在眼里。张议潮打败回鹘以后,"朝朝秣马,日日练兵,以备凶奴,不曾暂暇"①。归义军在得不到唐王朝实际支持的情况下,多次打退吐蕃、吐浑和回鹘残部的进攻,对稳定河湟局势起了关键作用,敦煌百姓给予了极高的评价。敦煌石室发现的《张氏勋德记》写张议潮之侄张淮深:"坐筹帷幄之中,决胜千里之外。四方犷捍,却通好而求和;八表来宾,列阶前而拜舞。北方狯犹,款少骏之駃蹄;南土蕃浑,献昆岗之白璧。九功惟叙,黎人不失于寒耕;七政调和,秋收有丰于岁稔。"②张议潮叔侄收复河湟,为河西、陇右的稳定做出了突出贡献,"河西创复,犹杂蕃浑,言音不同,羌龙嗢末,雷威慴伏,训以华风,咸会训良,轨俗一变"③。在保卫河西的同时,张氏归义军政权还大力发展生产,恢复经济,注意兴修水利。沙州修建了许多沟渠,每一沟渠设"渠头""升门"等专职管理人员。

从敦煌变文《张议潮变文》和《张淮深变文》两个残卷,可以知道张议潮和张氏归义军政权在沙州百姓中威信之高。变文中的歌唱部分大体可以看作是当地民歌民谣的总结。张议潮先后被唐朝封为尚书、仆射、太保等,在敦煌流行的变文和赞歌中,总是称其官衔而不直呼其名,如"诸川吐蕃兵马还来劫掠沙州,奸人探得事宜,星夜来报仆射"。变文中歌颂张议潮对吐浑、蕃贼、回鹘等用兵如神,所向披靡:

> 忽闻犬戎起狼心,叛逆西同把险林。星夜排兵奔疾道,此

---

① 黄征、张涌泉校注:《敦煌变文校注》卷一,中华书局,1997年,第181页。
② 巴黎藏石室本 P.2762 号,ポール・ペリォ、羽田亨共编《敦煌遗书》活字本第一集,大正十五年(1926)九月,上海:东亚考究会发行;黄永武编:《敦煌丛刊初集》,台湾新文丰出版公司,1985年,第89页。
③ 《张氏勋德记》,巴黎藏石室本 P.2762 号,黄永武编:《敦煌丛刊初集》,第88页。

时用命总须擒。雄雄上将谋如雨,蠢愚蕃戎计岂深?自十载提戈驱丑虏,三边犷悍不能侵。何期今岁兴残害,辄尔依前起逆心。今日总须摽贼首,斯须雾合已沉沉。将军号令儿郎曰:"克励无辞百载(战)劳。丈夫名宦向枪头觅,当敌何须避宝刀!"汉家持刃如霜雪,虏骑天宽无处逃。头中锋铓陪垄土,血溅戎尸透战袄。一阵吐浑输欲尽,上将威临煞气高。

变文中还称扬张议潮浴血沙场以表达对唐王朝的忠心:

> 敦煌上将汉诸侯,弃却西戎朝凤楼。圣主委令权右地,但是凶(匈)奴尽总雠。昨闻猃狁侵伊镇,伫劫边甿旦夕忧。元戎叱咤扬眉怒,当即行兵出远收。两军相见如龙斗,纳职城西赤血流。我将军意气怀文武,威胁蕃浑胆已浮。犬羊才见唐军胜,星散回兵所在抽。远来今日须诛剪,押背擒罗岂肯休。千人中矢沙场殪,铦锷搯勢坠贼头。闪铄红旗晶耀日,不悉田丹(单)纵火牛。汉主神资通造化,殄却残凶总不留。

当时敦煌一带流行的歌唱张氏的民歌民谣应该不少,除收入变文的这些作品外,在敦煌残卷中另有歌颂"太保"的唱文:

> 远涉风沙路几千,暮(沐)恩传命玉皆(阶)前。墙阴藿意初潮(朝)日,涧底松心近对天。流沙古赛(塞)改多时,人物须(虽)存改旧仪。再遇明王恩化及,远将情恳赴丹墀。敦煌昔日旧时人,虏丑隔绝不复亲。明王感化四夷静,不动干戈万里辛(新)。灵云缭绕拱丹霄,圣上临轩问百寮:"龙沙没洛(落)何年岁?笺疏犹言忆本朝。"奉奏明王入紫微,便交(教)西使诏书追。初沾圣泽愁肠散,不对天颜誓不归。龙沙西裔隔恩波,太保奉诏出京华。英才堂堂六尺貌,口如江海决县(悬)河。①

张议潮后入朝为官,由其侄张淮深为留后,袭叔父官职爵位。后嗢末人占领凉州,唐懿宗咸通二年(861),张淮深率汉、蕃兵再复

---

① 巴黎藏石室本 P.3645 号,《敦煌变文校注》卷一引,第 182 页。关于敦煌残卷中的两篇唱文,黄征等校注云:"二篇皆颂太保之作,自然写张议潮之可能性最大;但张议潮归阙不返后,张淮深皆袭其叔父之职称,亦可称太保。因此尚难确定所写者为何人。"按:只从"太保"之称固难断定是张议潮或张淮深,但其中云"不对天颜誓不归""太保奉诏出京华",这一首写张议潮无疑。

凉州,并表奏朝廷。咸通四年(863),复设凉州节度使。① 当张淮深再复凉州的捷报到达朝廷,薛逢曾激动地写诗纪念,其《凉州词》云:"昨夜蕃兵报国仇,沙州都护破凉州。黄河九曲今归汉,塞外纵横战血流。"②这是唐朝廷诗人绝无仅有的一篇歌颂张氏的诗。所谓"蕃兵报国仇"即指凉州再次失陷,"昨夜"极言其时间之短,便被沙州都护收复,显然是歌颂张淮深和归义军收复凉州的功绩的。张淮深继续坚守河湟,多次与回鹘交战,为稳定河西之地做出了重要贡献,其文治武功亦不下于张议潮。当地人民热情歌颂他,《张淮深变文》中写张议潮归阙后张淮深的功业,③不仅歌颂其击退回鹘的杰出军事才能,还歌颂其治理河西的升平景象,其中也收入当时的民歌民谣:

> 自从司徒归阙后,有我尚书独进奏。□节河西理五州,德化恩沾及飞走。天生神将□英谋,南破西戎北扫胡。万里能令烽火灭,百城黔首贺来苏。几回献捷入皇州,天子临轩许上筹:"卿能保我山河静,即见推轮拜列侯。河西沦落百年余,路阻萧关雁信稀。赖得将军开归路,一振雄名天下知。"年初弱冠即登庸,匹马单枪突九重。曾向祁连□□□,几回大漠虏元凶。西取伊□□□□,□□□□复旧疆。邻国四时□□□,□□□□□唐。退浑小丑□□□(下缺)④

敦煌残卷中另有歌颂"太保"的一篇唱文,似是歌颂张淮深治理沙州的业绩:

---

① 关于凉州节度使的置废和使主的任命,参李军:《晚唐凉州节度使考》,《敦煌研究》2007年第6期;冯培红:《敦煌的归义军时代》第四章,第113~142页。
② 《全唐诗》卷二七,第381页。
③ 按:对于《张淮深变文》残卷是写张议潮还是写张淮深,学界有争议。孙楷第认为此篇中"尚书"应是张淮深,学界多从之。见氏著《敦煌写本张淮深变文跋》,《中央研究院历史语言研究所集刊》第七本第三分,1937年;收入周绍良、白化文编:《敦煌变文论文录》,上海古籍出版社,1982年,第723~749页。伏俊琏、王伟琴据变文中朝廷使者第一次到沙州的情景叙述和尚书打回鹘的时间,认为变文中的尚书当为张议潮,而不是张淮深。参氏著《敦煌本〈张淮深变文〉当为〈张议潮变文〉考》,《新疆师范大学学报》(哲学社会科学版)2010年第4期。变文是文学作品,又是民间讲唱艺术,所谓打回鹘、迎朝使不过是一种歌颂归义军领袖的故事套子,既可用到张议潮身上,也可用到张淮深身上,不可作为信史看待。从唱词中"自从司徒归阙后,有我尚书独进奏"可知,此篇变文中的"尚书"应指张淮深,"司徒"指张议潮。
④ 黄征、张涌泉校注:《敦煌变文校注》卷一,第193~194页。

二月仲春色光辉,万户歌谣总展眉。太保应时纳福佑,夫人百庆无不宜。三光昨来转精耀,六郡尽道似尧时。田地今年别滋润,家园果树似茶脂。河中现有十砣水,潺潺流溢满百渠。必定丰熟是物贱,休兵罢甲读文书。再看太保颜如佛,恰同尧王有重眉。弓硬刀强箭又褐,头边虫鸟不能飞。四面蕃人来跪伏,献驼纳马没停时。甘州可汗亲降使,情愿与作阿耶儿。汉路当日无停滞,这回来往亦无虞。莫怪小男女吤哆语,童谣歌出在小厮儿。某乙伏承阿耶万万岁,夫人等劫石不倾移。阿耶驱来作证见,阿娘也交作保知。优偿(赏)但知与一匹锦,令某乙作个出入衣。①

与朝廷方面大力称颂宣宗的英明相对,敦煌一带社会上下都把河西的收复和治理归功于归义军领袖,归义军政权充分利用当地的文学形式宣扬自己的合法性和辉煌功业。

诗作为史料具有独特的价值,"诗言志"和"诗言情"是中国古代重要的诗歌价值观,在反映一个时代的社会心理、民族情感和价值取向方面是别的史料不可代替的。从上述分析中我们可以看出,吐蕃占领河湟地区后,近百年间唐人心理经历了从不能接受、义愤填膺并决心收复失地,到后来委曲妥协、隐忍忧伤,再到后来河湟之地收复、群情振奋的变化。唐人在诗作中反映了这种社会心理和情感的变化。河湟之地的收复是多种原因造成的,当吐蕃势力衰落之时,唐王朝军事上对吐蕃的胜利,张议潮的英雄壮举和河湟百姓民心的向背都是重要因素,都是值得歌颂和肯定的。但在河湟地区驱逐了吐蕃人势力之后,唐朝廷与河西归义军政权之间逐渐产生了复杂的矛盾和纠葛,在歌颂收复河湟胜利时,唐朝廷与河西归义军的政治立场和思想倾向是不同的。唐王朝尽力揽大功于朝廷,强调唐军收复三州和七关等对吐蕃军事上的胜利,而赞扬张议潮等归义军领袖的诗则几乎没有。河西地区则极力称颂张议潮、张淮深等归义

---

① 巴黎藏石室本 P.3500,《敦煌变文校注》卷一引,第 181~182 页。从这首诗的内容看,写河西地区升平安定局面,似是经过归义军政权长期治理的效果,文中并有"□从收复已多年,万里西门绝成烟"云云。故歌颂张淮深的可能性更大。

军领袖的智慧、胆略和勇气,歌颂他们收复和治理河湟地区的功业。这在流传下来的诗歌中也有明显的反映,除身在长安的张议潭有《宣宗皇帝挽歌》外,河西地区流传下来的文学作品几乎绝口不提朝廷和唐军在收复河湟之地的贡献。另外在歌颂朝廷的诗歌中,我们也看到不少溢美之词和过于乐观的表达。宣宗时唐王朝已经进入衰败得无可收拾的地步,收复河湟虽然好像给这个衰弱的躯体注入了一针强心剂,但终究不能挽回其衰亡的结局。而在朝廷那些歌功颂德的诗里,似乎唐王朝从此振兴,贞观之治和开元盛世的局面马上恢复,唐王朝盛时在西域和中亚地区建立起来的宗主地位也能重新开始一般。历史最终证明了这些不过是一种政治幻想。

唐诗咏海上丝绸之路行旅

在中外文化交流和诗歌发展都形成高峰的唐代，海上丝绸之路的发展为唐诗创作提供了丰富的素材，唐诗作为社会生活的反映，对于认识丝绸之路发展具有重要的参考价值。海上丝绸之路带来了商业贸易的繁荣，苍茫辽阔的大海引起人们对遥远陌生的世界的遐想，唐诗生动地反映了当时社会生活风貌。那些不畏风波之险远赴异域从事贸易的海商，还有经海路入华的相貌奇异的外国人，往往引起诗人吟咏的兴趣，通过这些诗我们可以依稀看到唐代海上丝绸之路上往来人员的身影和行踪。

一、唐诗中从事贸易的"海客"和"海商"

从事海外贸易的商人被唐代诗人称为"海客""海贾""海商"。中国人很早就在太平洋和印度洋之间从事贸易活动。汉代商使已经到黄支国（在今印度）和已程不国（今斯里兰卡）；①东晋时法显从天竺至师子国（今斯里兰卡），在无畏山僧伽蓝见到佛像前有中国商人供养的白绢扇，②说明那时已有中国商人从事海外贸易。他从师子国和耶婆提国回国，都乘商贾大船，反映了中国与东南亚和南亚之间海上贸易的兴盛。唐代海贾出海远航进行贸易活动也很活跃。出海贸易是一项风险很大的活动，柳宗元《招海贾文》极力描写大海的危险，奉劝海贾珍惜生命，不要过分贪图钱财："咨海贾兮，君胡以利易生而卒离其形？""咨海贾兮，贾尚不可为，而又海是图。死为险

---

① 《汉书》卷二八下《地理志》八，中华书局，1962年，第1671页。
② 〔东晋〕法显撰，章巽校注：《法显传校注》，中华书局，2008年，第128页。

魄兮,生为贪夫。亦独何乐哉?归来兮,宁君躯。"在柳宗元笔下,这些海贾"东极倾海流不属,泯泯超忽纷荡沃。殆而一跌兮沸入汤谷,舳舻霏解梢若木"①。汤谷即"旸谷",神话中太阳升起之处,与"虞渊"(神话中日落之处)相对。《淮南子·天文训》云:"日出于旸谷","入于虞渊"②。若木,神话中西极之地的神树。屈原《离骚》"折若木以拂日兮",王逸《楚辞章句》注云:"若木,在昆仑西极,其华照下地。"③作家用文学夸张的手法写唐代的海贾航行之远。唐代对出海贸易不曾有过禁令,在对外贸易发达的唐代,从事海外贸易的海贾应该数量众多,只是在重农抑商的传统社会,他们的活动很少受到史家的关注,但在唐诗里我们却可以看到他们的身影。

唐诗里写到海贾们的活动,往往强调他们的远航和艰险。李白《估客行》诗:"海客乘天风,将船远行役。譬如云中鸟,一去无踪迹。"④估客即贾客,在这首诗里又被称为"海客",因为他们是从事海外贸易活动的商贾,远客异方。李白《同族弟金城尉叔卿烛照山水壁画歌》:"高堂粉壁图蓬瀛,烛前一见沧洲清。洪波汹涌山崝嵘,皎若丹丘隔海望赤城。光中乍喜岚气灭,谓逢山阴晴后雪。回溪碧流寂无喧,又如秦人月下窥花源。了然不觉清心魂,只将叠嶂鸣秋猿。与君对此欢未歇,放歌行吟达明发。却顾海客扬云帆,便欲因之向溟渤。"⑤这是一首题画诗,诗人看到画面上海商扬帆远行,便想象着可以跟他们一起驶向大海深处。刘昚虚《越中问海客》:"风雨沧洲暮,一帆今始归。自云发南海,万里速如飞。初谓落何处,永将无所依。冥茫渐西见,山色越中微。谁念去时远,人经此路稀。泊舟悲且泣,使我亦沾衣。浮海焉用说,忆乡难久违。纵为鲁连子,山路有柴扉。"⑥远离家乡从事海上贸易活动,除了自然风波之险,还有人为

---

① 〔唐〕柳宗元:《柳宗元集》卷一八,中华书局,1979年,第508~510页。
② 〔西汉〕刘安:《淮南子》卷三,《二十二子》,上海古籍出版社,1986年,第1218页。
③ 〔南宋〕洪兴祖补注:《楚辞补注》,中华书局,1957年,第46页。
④ 〔唐〕李白著,瞿蜕园、朱金城校注:《李白集校注》卷六,上海古籍出版社,1980年,第455页。
⑤ 〔唐〕李白著,瞿蜕园、朱金城校注:《李白集校注》卷七,第497页。
⑥ 《全唐诗》卷二五六,中华书局,1960年,第2870页。

的灾难,比如战争和海盗。李群玉《凉公从叔春祭广利王庙》:"龙骧伐鼓下长川,直济云涛古庙前。海客敛威惊火筛,天吴收浪避楼船。阴灵向作南溟主,祀典高齐五岳肩。从此华夷封域静,潜熏玉烛奉尧年。"①南海广利王是中国神话中四海龙王之一,居住在南海,地位仅次于东海龙王。当地方官浩浩荡荡的祭祀船队赴广利王庙时,那些海商惊恐地以为有战事发生,急忙移舶远避。黄滔《贾客》:"大舟有深利,沧海无浅波。利深波也深,君意竟如何。鲸鲵齿上路,何如少经过。"②这首诗寓意跟柳宗元的《招海贾文》相同,讽劝海商重生轻利。陆龟蒙《奉和袭美吴中言怀寄南海二同年》:"曾见凌风上赤霄,尽将华藻赴嘉招。城连虎踞山图丽,路入龙编海舶遥。江客渔歌冲白荇,野禽人语映红蕉。庭中必有君迁树,莫向空台望汉朝。"③皮日休《送李明府之任海南》:"五羊城在蜃楼边,墨绶垂腰正少年。山静不应闻屈鸟,草深从使瘗贪泉。蟹奴晴上临潮槛,燕婢秋随过海船。一事与君消远宦,乳蕉花发讼庭前。"④"海舶""过海船"即海贾乘用的出海的大船。海贾出海远行,为诗歌中写离情别绪增添了新的题材。游子成为出海经历风波之险的贾客,思妇则是装束奇异的南蛮女子。张籍《蛮中》写蛮女思念远行的丈夫:"铜柱南边毒草春,行人几日到金麟。玉镮穿耳谁家女,自抱琵琶迎海神。"⑤为了祈求出海的丈夫平安归来,女子抱着琵琶去参加祭祀海神的活动。

当海贾经历风涛之险从海外归来,家乡亲人会举行仪式活动迎接他们。许浑《送客南归有怀》:"绿水暖青蘋,湘潭万里春。瓦尊迎海客,铜鼓赛江神。避雨松枫岸,看云杨柳津。长安一杯酒,座上有归人。"⑥白居易《送客春游岭南二十韵》:"已讶游何远,仍嗟别太频。离容君蹙促,赠语我殷勤。迢递天南面,苍茫海北滨。诃陵国分界,交趾郡为邻。翕郁三光晦,温暾四气匀。阴晴变寒暑,昏晓错

---

① 《全唐诗》卷五六九,第6599页。
② 《全唐诗》卷七〇四,第8094页。
③ 《全唐诗》卷六二五,第7186页。
④ 《全唐诗》卷六一四,第7081页。
⑤ 《全唐诗》卷三八六,第4361页。
⑥ 《全唐诗》卷五三〇,第6062页。

星辰。瘴地难为老,蛮陬不易驯。土民稀白首,洞主尽黄巾。战舰犹惊浪,戎车未息尘。红旗围卉服,紫绶裹文身。面苦桃榔裹,浆酸橄榄新。牙樯迎海舶,铜鼓赛江神。"①诗人所送客人远行至"诃陵",其地在今东南亚一带的大海洲中。②从诗人对"客"的叮嘱来看,此客当为贾客,所以诗人劝他:"须防杯里蛊,莫爱橐中珍。北与南殊俗,身将货孰亲。尝闻君子诫,忧道不忧贫。"③那些远航归来的海贾,了解了域外的信息,见多识广。李白《梦游天姥吟留别》:"海客谈瀛洲,烟涛微茫信难求。"④元稹《泛江玩月十二韵》:"楚塞分形势,羊公压大邦。因依多士子,参画尽敦厖。岳壁闲相对,荀龙自有双。共将船载酒,同泛月临江。远树悬金镜,深潭倒玉幢。委波添净练,洞照灭凝釭。阛咽沙头市,玲珑竹岸窗。巴童唱巫峡,海客话神泷。已困连飞盏,犹催未倒缸。饮荒情烂熳,风棹乐峥拟。胜事他年忆,愁心此夜降。知君皆逸韵,须为应筳撞。"⑤他们都喜欢听海客谈论海外的奇闻。

海贾往往携中国丝绸出海,换取海外商货,这在唐诗中也有反映。首先是珠宝,古代中外传统贸易的一个重要内容就是以中国丝绸换取域外的珠宝。陆龟蒙《奉和袭美太湖诗二十首·雨中游包山精舍》云:"包山信神仙,主者上真职。及栖钟梵侣,又是清凉域。乃知烟霞地,绝俗无不得。岩开一径分,柏拥深殿黑。僧闲若图画,像古非雕刻。海客施明珠,湘蕤料净食。有鱼皆玉尾,有鸟尽金臆。手携鞭铎佉,若在中印国。千峰残雨过,万籁清且极。此时空寂心,可以遗智识。知君战未胜,尚倚功名力。却下听经徒,孤帆有行色。"⑥海客施予高僧的是得自海外的"明珠"。李洞《送人之天台》:"行李一枝藤,云边晓扣冰。丹经如不谬,白发亦何能。浅井仙人

---

① 〔唐〕白居易著,顾学颉点校:《白居易集》卷一七,中华书局,1979年,第353页。
② 陈佳荣等:《古代南海地名汇释》,中华书局,1986年,第449页。
③ 〔唐〕白居易著,顾学颉点校:《白居易集》卷一七,第353页。
④ 〔唐〕李白著,瞿蜕园、朱金城校注:《李白集校注》卷一五,第898页。
⑤ 〔唐〕元稹撰,冀勤点校:《元稹集》卷一一,中华书局,1982年,第129页。
⑥ 《全唐诗》卷六一八,第7120页。

镜,明珠海客灯。乃知真隐者,笑就汉廷征。"①其次是香料药物。项斯《寄流人》:"毒草不曾枯,长添客健无。雾开蛮市合,船散海城孤。象迹频藏齿,龙涎远蔽珠。家人秦地老,泣对日南图。"②从唐诗里我们还看到当时海上丝绸之路上的奴隶贸易,有人把非洲和东南亚奴隶贩卖到唐朝内地,称为"海奴"。杜荀鹤《赠友人罢举赴交趾辟命》:"罢却名场拟入秦,南行无罪似流人。纵经商岭非驰驿,须过长沙吊逐臣。舶载海奴镮硾耳,象驼蛮女彩缠身。如何待取丹霄桂,别赴嘉招作上宾。"③

从唐诗里我们还了解到,那些出海经商的人还经过长江水道和京杭大运河从事商贸活动,他们把内地商货和域外洋货进行倒卖,长江水道和运河上都有他们的樯橹帆影。阿拉伯人9世纪的地理学著作《道里邦国志》讲到唐代中国南方沿海广州、扬州、杭州等城市,说:"中国的这几个港口,各临一条大河,海船能在这大河中航行。"④唐诗中关于内河海船的描写可以与此相印证。周贺《留辞杭州姚合郎中》诗云:"波涛千里隔,抱疾亦相寻。会宿逢高士,辞归值积霖。丛桑山店迥,孤烛海船深。尚有重来约,知无省阁心。"⑤诗人来杭州拜会姚合,临别之际,想象着自己回程中于深夜"海船"之上,还会盼望着践约再来。李端《古别离二首》其一:"水国叶黄时,洞庭霜落夜。行舟闻商估,宿在枫林下。此地送君还,茫茫似梦间。后期知几日,前路转多山。巫峡通湘浦,迢迢隔云雨。天晴见海樯,月落闻津鼓。人老自多愁,水深难急流。清宵歌一曲,白首对汀洲。"⑥在长江水道见到"海樯",那是从事海外贸易的商船进入三峡前往巴蜀从事贸易活动。王建《汴路即事》:"千里河烟直,青槐夹岸长。天涯同此路,人语各殊方。草市迎江货,津桥税海商。回看故宫柳,憔悴不

---

① 《全唐诗》卷七二一,第8274页。
② 《全唐诗》卷五五四,第6414页。
③ 《全唐诗》卷六九二,第7958页。
④ [阿拉伯]伊本·胡尔达兹比赫:《道里邦国志》,宋岘译注,中华书局,1991年,第72页。
⑤ 《全唐诗》卷五〇三,第5716页。
⑥ 《全唐诗》卷二六,第352页。

成行。"①诗人乘船从扬州沿运河北上,船上乘客来自四面八方,语言各异。因为船从扬州来,扬州又是繁华的国际都市,那里海内外客商云集,因此政府在运河津渡桥口设卡征税。

二、唐诗中经海上丝绸之路入华的外国人

在中外文化交流进入高潮时期的唐朝,世界上众多国家和地区与中国建立了友好交往的关系,海上丝绸之路上中外贸易十分兴盛,因此不同身份的外国人纷纷来到中国。在中国人的传统观念中,"远夷"朝贡是国家强盛、四夷宾服的表现,他们为此自豪;外国人异于中国人的体貌、语言会触发好奇的诗人写诗的兴趣和灵感,因此唐诗中有不少作品写到这些外国人。

这些诗反映了当时海上丝绸之路的繁荣景象。周繇《望海》诗:"苍茫空泛日,四顾绝人烟。半浸中华岸,旁通异域船。岛间应有国,波外恐无天。欲作乘槎客,翻愁去隔年。"②当诗人泛舟海上时,眼见波光浩渺,茫无边际。虽然杳无人烟,却有外国船在附近海域行驶。他由此想象到远处岛屿间有异国存在,但因为不能亲临其地,也只是想象而已。柳宗元《鼓吹铙歌十二篇·苞枿》序写唐初对南方地区的征服云:"梁之余,保荆、衡、巴、巫,穷南越,良将取之不以师。为《苞枿》第六。"其诗云:"苞枿黫矣,惟根之蟠。弥巴蔽荆,负南极以安。曰我旧梁氏,辑绥艰难。江汉之阻,都邑固以完。圣人作,神武用,有臣勇智,奋不以众。投迹死地,谋猷纵。化敌为家,虑则中。浩浩海裔,不威而同。系缧降王,定厥功。澶漫万里,宣唐风。蛮夷九译,咸来从。凯旋金奏,象形容。震赫万国,罔不龚。"③在大唐文治武功的昌盛声威之下,海裔蛮夷纷纷臣服,九译入贡。

经过海路入华的外国人首先是贡使,东南亚、南亚各国都经过

---

① 〔唐〕王建著,王宗堂校注:《王建诗集校注》卷五,中州古籍出版社,2006年,第226页。
② 《全唐诗》卷六三五,第7292页。
③ 〔唐〕柳宗元:《柳宗元集》卷一,第19~20页。

海路入华朝贡。刘长卿《送韦赞善使岭南》："欲逐楼船将,方安卉服夷。炎洲经瘴远,春水上泷迟。岁贡随重译,年芳遍四时。番禺静无事,空咏饮泉诗。"①刘长卿《送徐大夫赴广州》："上将坛场拜,南荒羽檄招。远人来百越,元老事三朝。雾绕龙山暗,山连象郡遥。路分江渺渺,军动马萧萧。画角知秋气,楼船逐暮潮。当令输贡赋,不使外夷骄。"②韦应物《送冯著受李广州署为录事》："郁郁杨柳枝,萧萧征马悲。送君灞陵岸,纠郡南海湄。名在翰墨场,群公正追随。如何从此去,千里万里期。大海吞东南,横岭隔地维。建邦临日域,温燠御四时。百国共臻奏,珍奇献京师。富豪虞兴戎,绳墨不易持。州伯荷天宠,还当翊丹墀。子为门下生,终始岂见遗。所愿酌贪泉,心不为磷缁。上将酬国士,下以报渴饥。"③元稹《和乐天送客游岭南二十韵》："我自离乡久,君那度岭频。一杯魂惨淡,万里路艰辛。……岛夷徐市种,庙觋赵佗神。鸢跕方知瘴,蛇苏不待春。曙潮云斩斩,夜海火磷磷。冠冕中华客,梯航异域臣。果然皮胜锦,吉了舌如人。风默秋茅叶,烟埋晓月轮。定应玄发变,焉用翠毛珍。句漏沙须买,贪泉货莫亲。能传稚子术,何患隐之贫。"④"冠冕中华客,梯航异域臣"指的就是梯山航海来中华入贡的外国使臣。陈陶《赠容南韦中丞》："普宁都护军威重,九驿梯航压要津。十二铜鱼尊画戟,三千犀甲拥朱轮。风云已静西山寇,闾井全移上国春。不独来苏发歌咏,天涯半是泣珠人。"⑤"九驿"当作"九译",诗写容南韦中丞赴任之地乃沿海地区,那些海港停泊着大量外国贡使的船舶。东南亚国家通过海路入贡犀牛、驯象。储光羲《述韦昭应画犀牛》："遐方献文犀,万里随南金。大邦柔远人,以之居山林。"⑥白居易《驯犀》一诗写外国贡使进献犀牛的事件："驯犀驯犀通天犀,躯貌骇人

---

① 《全唐诗》卷一四八,第1508页。
② 《全唐诗》卷一四九,第1529页。
③ 〔唐〕韦应物著,陶敏、王友胜校注:《韦应物集校注》卷四,上海古籍出版社,1998年,第215页。
④ 〔唐〕元稹撰,冀勤点校:《元稹集》卷一二,第139~140页。
⑤ 《全唐诗》卷七四六,第8479页。
⑥ 《全唐诗》卷一三六,第1373页。

角骇鸡。海蛮闻有明天子,驱犀乘传来万里。一朝得谒大明宫,欢呼拜舞自论功。五年驯养始堪献,六译语言方得通。上嘉人兽俱来远,蛮馆四方犀入苑。"①元稹《驯犀》云:"建中之初放驯象,远归林邑近交广。兽返深山鸟构巢,鹰雕鹞鹘无羁鞯。贞元之岁贡驯犀,上林置圈官司养。玉盆金栈非不珍,虎啖猩牢鱼食网。渡江之橘逾汶貉,反时易性安能长。腊月北风霜雪深,踡局鳞身遂长往。行地无疆费传驿,通天异物罹幽枉。乃知养兽如养人,不必人人自敦奖。不扰则得之于理,不夺有以多于赏。脱衣推食衣食之,不若男耕女令纺。尧民不自知有尧,但见安闲聊击壤。前观驯象后观犀,理国其如指诸掌。"②白居易诗里的"海蛮"即东南亚沿海国家林邑、真腊、诃陵等,它们都曾向唐朝进献驯犀,诗中写了贡使入贡并受到朝廷厚遇的过程。

其次是经商的海胡、海夷。唐朝南方沿海地区地方长官努力维护对外贸易的顺利进行,并以强大的军事力量保证了海路的畅通,外国商人往来方便而且安全,正如熊孺登《寄安南马中丞》云:"龙韬能致虎符分,万里霜台压瘴云。蕃客不须愁海路,波神今伏马将军。"③商人逐利而来,互通有无,促进了中外物质文化交流。杜甫《送重表侄王砅评事使南海》:"廷评近要津,节制收英髦。北驱汉阳传,南泛上泷舠。家声肯坠地,利器当秋毫。番禺亲贤领,筹运神功操。大夫出卢宋,宝贝休脂膏。洞主降接武,海胡舶千艘。我欲就丹砂,跋涉觉身劳。安能陷粪土,有志乘鲸鳌。或骖鸾腾天,聊作鹤鸣皋。"④"南海""番禺"都指今广州,王砅以大理评事从朝廷出使广州,途经成都遇杜甫,杜甫写诗送别,其中写到广州"海胡舶千艘",可见来到广州的海外商贾之多。刘禹锡《南海马大夫远示著述兼酬拙诗辄著微诚再有长句时蔡戎未弭故见于篇末》:"汉家旄节付雄才,百越南溟统外台。身在绛纱传六艺,腰悬青绶亚三台。连天浪

---

① 〔唐〕白居易著,顾学颉点校:《白居易集》卷三,第69页。
② 〔唐〕元稹撰,冀勤点校:《元稹集》卷二四,第283页。
③ 《全唐诗》卷四七六,第5421页。
④ 〔唐〕杜甫著,〔清〕仇兆鳌注:《杜诗详注》卷二三,中华书局,1979年,第2045~2047页。

静长鲸息,映日帆多宝舶来。闻道楚氛犹未灭,终须旌旆扫云雷。"①"映日"句写广州海上外国商船数量之多。刘禹锡《马大夫见示浙西王侍御赠答诗因命同作》:"忆逐羊车凡几时,今来旧府统戎师。象筵照室会词客,铜鼓临轩舞海夷。百越酋豪称故吏,十洲风景助新诗。秣陵从事何年别,一见琼章如素期。"②在广州马大夫的宴会上,有"海夷"献舞。薛能《送福建李大夫》:"洛州良牧帅瓯闽,曾是西垣作谏臣。红旆已胜前尹正,尺书犹带旧丝纶。秋来海有幽都雁,船到城添外国人。行过小藩应大笑,只知夸近不知贫。"③福建观察使驻福州,诗写李大夫赴任福州,沿水路而行,近城时有外国人上船。上引元稹《和乐天送客游岭南二十韵》写到岭南"舶主腰藏宝,黄家砦起尘",诗中自注:"南方呼波斯为'舶主'。胡人异宝,多自怀藏,以避强丐。"④周繇《送杨环校书归广南》:"天南行李半波涛,滩树枝枝拂戏猱。初著蓝衫从远峤,乍辞云署泊轻艘。山村象踏桃椰叶,海外人收翡翠毛。名宦两成归旧隐,遍寻亲友兴何饶。"⑤翡翠毛是贵重物品,收取可售高价,这是海商的活动。

唐代与海外的宗教交流十分密切,不少外国僧人经海路前来传道,也有外国僧人经西域入华,再由海路回国。这些外国僧人首先是佛教僧人。崔涂《送僧归天竺》:"忽忆曾栖处,千峰近沃州。别来秦树老,归去海门秋。汲带寒汀月,禅邻贾客舟。遥思清兴惬,不厌石林幽。"⑥此天竺僧欲归本国,乘贾客舟循海而行。无名氏:"寄宿山中寺,相辞海上僧。"(齐己《风骚旨格》)⑦这"海上僧"可能也是指经海路入华的僧人。印度婆罗门教僧人也有经海路入华的。婆罗门教是印度古代宗教,现在流行的印度教的古代形式,因崇拜婆罗贺摩(梵天)而得名。刘言史《送婆罗门归本国》:"刹利王孙字迦摄,

---

① [唐]刘禹锡:《刘禹锡集》卷三五,上海人民出版社,1975年,第349页。
② [唐]刘禹锡:《刘禹锡集》卷三五,第350页。
③ 《全唐诗》卷五五九,第6487页。
④ [唐]元稹撰,冀勤点校:《元稹集》卷一二,第140页。
⑤ 《全唐诗》卷六三五,第7292页。
⑥ 《全唐诗》卷六七九,第7776页。
⑦ 《全唐诗》卷七九六,第8963页。

竹锥横写叱萝叶。遥知汉地未有经,手牵白马绕天行。龟兹碛西胡雪黑,大师冻死来不得。地尽年深始到船,海里更行三十国。行多耳断金环落,冉冉悠悠不停脚。马死经留却去时,往来应尽一生期。出漠独行人绝处,碛西天漏雨丝丝。"①可止《送婆罗门僧》:"雪岭金河独向东,吴山楚泽意无穷。如今白首乡心尽,万里归程在梦中。"②有关唐代婆罗门教传入中国的文献资料很少,这两首诗有重要的史料价值。这两位印度婆罗门教僧人,一位本想经西域中亚丝绸之路进入中国,但路途险阻难行,只好改由海道:"地尽年深始到船,海里更行三十国。"经万里途程,终于实现到长安传经的夙愿,如今又要经西域回国。另一位经西域东来中国,曾经到中国南方传教。如今年迈力衰,归乡无望,也便打消了归乡之念,但梦中仍时时回到家乡。有意思的是这两首诗都用了"独"字形容婆罗门僧的行踪,反映了婆罗门教在中国遭受冷落的状况。

唐时东南亚国家还向唐朝入贡侏儒与黑人,阿拉伯、波斯商人到中国进行贸易活动,还从事奴隶贸易,他们把非洲、马来半岛的黑人、侏儒贩运到唐朝长安,成为达官贵人的家庭奴仆。这样的人被称为"昆仑奴"或"昆仑儿"。《旧唐书·南蛮传》云:"自林邑以南,皆卷发黑身,通号为'昆仑'。"③这些肤色漆黑、言语特殊的昆仑奴引起汉地人的好奇,有的诗人很感兴趣,便赋诗咏叹。如张籍《昆仑儿》诗云:"昆仑家住海中州,蛮客将来汉地游。言语解教秦吉了,波涛初过郁林洲。金环欲落曾穿耳,螺髻长卷不裹头。自爱肌肤黑如漆,行时半脱木绵裘。"④这里的昆仑儿指的是随海舶到来的南洋诸岛的居民。这种体貌奇异的昆仑儿还引起画家的好奇,成为唐代人物画的题材。顾况看到一位杜姓画家画的昆仑儿,便激发了灵感,写了一首咏画诗《杜秀才画立走水牛歌》:"昆仑儿,骑白象,时时锁著师子项。奚奴跨马不搭鞍,立走水牛惊汉官。江村小儿好夸骋,

---

① 《全唐诗》卷四六八,第 5322 页。
② 《全唐诗》卷八二五,第 9292 页。一作清江诗,见《全唐诗》卷八一二,第 9146 页,题作《送婆罗门》。
③ 《旧唐书》卷一九七《南蛮传》,中华书局,1974 年,第 5270 页。
④ 《全唐诗》卷三八五,第 4339 页。

脚踏牛头上牛领。浅草平田撩过时,大虫著钝几落井。杜生知我恋沧洲,画作一障张床头。八十老婆拍手笑,妒他织女嫁牵牛。"①在中国人看来,昆仑儿属于丑陋一类,故以"昆仑儿"作比来嘲笑相貌丑陋者或夸张某人的丑相。崔涯《嘲妓》二首其一:"虽得苏方木,犹贪玳瑁皮。怀胎十个月,生下昆仑儿。"其二:"布袍披袄火烧毡,纸补箜篌麻接弦。更著一双皮屦子,纥梯纥榻出门前。"②崔涯《嘲李端端》二首其一:"黄昏不语不知行,鼻似烟窗耳似铛。独把象牙梳插鬓,昆仑山上月初明。"其二:"觅得黄骝鞁绣鞍,善和坊里取端端。扬州近日浑成差,一朵能行白牡丹。"③据说,李端端得前诗,忧之。崔涯乃重赠此诗美化之,于是豪富之士复臻其门。当时有人戏之曰:"李娘子才出墨池,便登雪岭。"红楼以为笑乐。

从以上论述可知,唐诗里有丰富的有关海上丝绸之路发展的资料,远赴海外从事贸易的"海客"在唐诗里留下身影;经过海路入华各色外域人等,也在唐诗描写中留下了踪迹,东南亚、南亚入唐贡使,经海路入华经商的"商胡",从事宗教活动的佛教、婆罗门教僧侣和通过入贡和贩运到中国来的"昆仑儿"等,都曾引起唐代诗人吟咏的兴趣。关于唐代海上丝绸之路的发展,有丰富的文献资料和考古资料。而从诗史互证角度看,唐诗中反映海上丝绸之路的作品也有重要的史料价值,甚至具有某种重要的补充作用。在中外文化交流形成高峰的唐代,丝绸之路的发展为唐诗创作提供了丰富的素材,唐诗作为社会生活的反映,对于认识丝绸之路的发展具有重要的参考价值。本文通过梳理唐诗中经由海上交通往来中外的人物,从一个具体的方面揭示了这一现象。

---

① 《全唐诗》卷二六五,第 2946 页。
② 《全唐诗》卷八七〇,第 9858~9859 页。
③ 《全唐诗》卷八七〇,第 9859 页。

唐诗咏海上丝绸之路舶来品

在唐代海上贸易兴盛的时代，大海给中外文化交流提供了便利。唐朝对海外贸易采取开放和鼓励政策，经过海路入华的外国商人可以在中国自由贸易，政府允许他们把商品自由运进口岸，可以往来各地市易或开铺经营。广州和交州是中外通商的要地，唐代广州海外贸易进入鼎盛时期。当时南海诸国与唐朝通好的约有二十多个国家和地区，其中关系最为密切的有林邑、真腊、丹丹、盘盘、堕和罗、赤土、骠国（缅甸）、室利佛逝、堕婆登（在今苏门答腊）、诃陵、波斯、大食、婆利、印度、师子国等，这些国家与中国都有贸易往来，这种贸易往来主要是通过海上交通实现的。唐代海上交通和贸易的情况，史书上有所记载，同时也反映在唐诗的描写中。

唐代广州和交州是重要的海上国际贸易港，其政治中心南海（今广州）和龙编（在今越南）是诗人们经常往来之地，唐诗中常常写到南海和龙编的商舶与海上贸易，这些诗反映了唐代海上丝绸之路的发展。吕温《风咏》云：" 悠然返空寂，晏海通舟航。"①王建《送郑权尚书赴南海》："市喧山贼破，金贱海船来。"②韩愈《送郑尚书赴南海》写广州的对外贸易："货通师子国，乐奏武王台。"③刘禹锡《南海马大夫远示著述兼酬拙诗辄著微诚再有长句时蔡戎未弭故见于篇末》："连天浪静长鲸息，映日帆多宝舶来。"④陆龟蒙《奉和袭美吴中

---

① 《全唐诗》卷三七一，中华书局，1960 年，第 4174 页。
② 〔唐〕王建著，王宗堂校注：《王建诗集校注》卷五，中州古籍出版社，2006 年，第 280 页。
③ 〔唐〕韩愈撰，钱仲联集释：《韩昌黎诗系年集释》卷一二，上海古籍出版社，1984 年，第 1259 页。
④ 〔唐〕刘禹锡著，瞿蜕园笺证：《刘禹锡集笺证》外集卷五，上海古籍出版社，1989 年，第 1307~1308 页。

言怀寄南海二同年》：" 城连虎踞山图丽，路入龙编海舶遥。"①皮日休《送李明府之任海南》："蟹奴晴上临潮槛，燕婢秋随过海船。"②贯休《送友人之岭外》："金柱根应动，风雷舶欲来。"③这些诗句都描述了广州和交州对外贸易的繁盛。张籍《送郑尚书出镇南海》诗："蛮声喧夜市，海色浸潮台。"④不仅描述了广州夜市的热闹，还写出了当地操"蛮语"的商人之多。

唐诗中的"海舶""海船"都是指从事海外贸易的中外商舶，这些商舶从海外带来了异域物产，丰富了唐人的生活。这些来自域外的物产也引起诗人们吟咏的兴趣，因此唐诗中有不少写到这些舶来品的作品。

一、珠宝

珠宝主要是通过海上丝绸之路获取的域外珍奇之物，是传统贸易中的重要内容。汉代中国商使携"金帛"赴印度洋诸国进行贸易，所获即奇石、异物等。作为奢侈品，唐代海外珠宝仍是皇亲国戚、达官贵人和豪富之家孜孜以求的商货。韩愈《送郑尚书序》讲到广州海上贸易之利云："外国之货日至，珠、香、象、犀、玳瑁，奇物溢于中国，不可胜用。"⑤唐代诗歌中写到海舶载来犀角、象牙、翡翠、明珠、水晶、琉璃、珊瑚、翠羽等舶来品。

中国东南和东南亚沿海地区出产珍珠，唐诗反映了这些地区的采珠活动和珍珠贸易。施肩吾《岛夷行》诗："腥臊海边多鬼市，岛夷居处无乡里。黑皮年少学采珠，手把生犀照咸水。"⑥翁宏《南越行》

---

① 《全唐诗》卷六二五，第7186页。
② 《全唐诗》卷六一四，第7081页。
③ 《全唐诗》卷八三一，第9375页。
④ 〔唐〕张籍著，徐礼节、余恕诚校注：《张籍集系年校注》卷三，中华书局，2011年，第396页。
⑤ 〔唐〕韩愈著，马其昶校注：《韩昌黎文集校注》卷四，上海古籍出版社，1986年，第284页。
⑥ 《全唐诗》卷四九四，第5592页。

残句:"因寻买珠客,误入射猿家。"①项斯《蛮家》:"领得卖珠钱,还归铜柱边。看儿调小象,打鼓试新船。"②张籍《送海南(一本无南字)客归旧岛》:"海上去应远,蛮家云岛孤。竹船来桂府,山市卖鱼须。入国自献宝,逢人多赠珠。却归春洞口,斩象祭天吴。"③奇珍异宝有的通过贸易而来,所以在南方沿海地区的贸易中珠宝交易是重要内容,刘禹锡诗称外国商船为"宝舶"即此意。王建《送郑权尚书赴南海》写广州市面上堆满了宝货:"戍头龙脑铺,关口象牙堆。"④最受皇室欢迎的是域外珍品,这些奇珍异物有的通过入贡而得,而贡使是通过海上丝绸之路先至南方沿海地区,再通过地方官员奉送朝廷。张谓《杜侍御送贡物戏赠》诗:"铜柱朱崖道路难,伏波横海旧登坛。越人自贡珊瑚树,汉使何劳獬豸冠。疲马山中愁日晚,孤舟江上畏春寒。由来此货称难得,多恐君王不忍看。"⑤南方沿海地方官员有转送海外贡物之职责。韦应物《送冯著受李广州署为录事》诗:"百国共臻奏,珍奇献京师。"⑥殷尧藩《偶题》诗:"越女收龙眼,蛮儿拾象牙。长安千万里,走马送谁家。"⑦这些描写说明从海外贸易和南海入贡中获得的"珍奇"又输入京都,成为皇室和上层贵族的奢侈品。从唐诗中可知,有中国商贾赴海外从事珠宝生意。王建《南中》诗:"天南多鸟声,州县半无城。野市依蛮姓,山村逐水名。瘴烟沙上起,阴火雨中生。独有求珠客,年年入海行。"⑧唐诗中常常称豪华的宴会为"玳筵""象筵",即用玳瑁、象牙制的席子,代指豪华的宴会。杜甫《观公孙大娘弟子舞剑器行》:"玳筵急管曲复终,乐极哀来

---

① 童养年辑录:《全唐诗续补遗》卷一四,收入陈尚君辑校:《全唐诗补编》,中华书局,1992年,第514页。
② 《全唐诗》卷五五四,第6408页。
③ 〔唐〕张籍著,徐礼节、余恕诚校注:《张籍集系年校注》卷二,第227页。
④ 〔唐〕王建著,王宗堂校注:《王建诗集校注》卷五,第280页。
⑤ 《全唐诗》卷一九七,第2020页。
⑥ 〔唐〕韦应物著,陶敏、王友胜校注:《韦应物集校注》卷四,上海古籍出版社,1998年,第215页。
⑦ 《全唐诗》卷四九二,第5574页。
⑧ 〔唐〕王建著,王宗堂校注:《王建诗集校注》卷五,第222~223页。

月东出。"①刘禹锡《马大夫见示浙西王侍御赠答诗因命同作》:"象筵照室会词客,铜鼓临轩舞海夷。"②韩翃《别李明府》:"宠光五世腰青组,出入珠宫引箫鼓。醉舞雄王玳瑁床,娇嘶骏马珊瑚柱。胡儿夹鼓越婢随,行捧玉盘尝荔枝。罗山道士请人送,林邑使臣调象骑。爱君一身游上国,阙下名公如旧识。万里初怀印绶归,湘江过尽岭花飞。五侯焦石烹江笋,千户沉香染客衣。别后想君难可见,苍梧云里空山县。汉苑芳菲入夏阑,待君障日蒲葵扇。"③这位李明府是在岭南任职,地近林邑,来到京城,将归时诗人送别写此诗,其中写到李氏生活中的用具大多是海外珍奇。杜牧《送容州中丞赴镇》:"交阯同星座,龙泉似斗文。烧香翠羽帐,看舞郁金裙。鹢首冲泷浪,犀渠拂岭云。莫教铜柱北,空说马将军。"④安南向朝廷进贡珍珠,唐诗中也有反映,如皮日休《正乐府十篇·贱贡士》诗云:"南越贡珠玑,西蜀进罗绮。到京未晨旦,一一见天子。如何贤与俊,为贡贱如此。所知不可求,敢望前席事。"⑤该诗批判统治者重珠玑罗绮而轻视人才,才志之士不得其位,未展其用。

  林邑是海上丝绸之路沿线重要国家,频入唐朝贡,曾向唐朝进贡珊瑚树,唐诗中有描写。上引张谓《杜侍御送贡物戏赠》云:"越人自贡珊瑚树,汉使何劳獬豸冠。"⑥林邑国还曾向唐朝献火珠,"大如鸡卵,圆白皎洁,光照数尺,状如水精,正午向日,以艾承之,即火燃"⑦。火珠是一种能聚光引火的珠,在神话传说中是一种吉祥物,象征祥光普照永不熄灭。在中国古代宫殿、塔、廊等建筑正脊上常用它做装饰,有两焰、四焰、八焰等不同形式。它常在龙的面前,又常是雷和闪电的象征。从唐诗中可知,火珠在唐代被视为国宝。武则天时建天枢,以火珠为饰,诗人歌咏其事。《大唐新语》记载:"天

---

① 〔唐〕杜甫著,〔清〕仇兆鳌注:《杜诗详注》卷二〇,中华书局,1979年,第1818页。
② 〔唐〕刘禹锡著,瞿蜕园笺证:《刘禹锡集笺证》外集卷五,第1314页。
③ 《全唐诗》卷二四三,第2731页。
④ 〔唐〕杜牧:《樊川文集》卷二,上海古籍出版社,1978年,第29页。
⑤ 《全唐诗》卷六〇八,第7020页。
⑥ 《全唐诗》卷一九七,第2020页。
⑦ 《旧唐书》卷一九七《南蛮传》,中华书局,1975年,第5270页。

枢下置铁山,铜龙负载,狮子、麒麟围绕。上有云盖,盖上施盘龙以托火珠,珠高一丈,围三丈,金彩荧煌,光侔日月。武三思为其文,朝士献诗者不可胜纪。唯(李)峤诗冠绝当时,其诗曰:'辙迹光西崤,勋名纪北燕。何如万国会,讽德九门前。灼灼临黄道,迢迢入紫烟。仙盘正下露,高柱欲承天。山类丛云起,珠疑大火悬。声流尘作劫,业固海成田。圣泽倾尧酒,熏风入舜弦。欣逢下生日,还偶上皇年。'后宪司发峤附会韦庶人,左授滁州别驾而终。开元初,诏毁天枢,发卒销铄,弥月不尽。洛阳尉李休烈赋诗以咏之曰:'天门街里倒天枢,火急先须卸火珠。计合一条丝线挽,何劳两县索人夫。'先有讹言云:'一条线挽天枢。'言其不经久也。故休烈之诗及之。士庶莫不讽咏。"①武则天时建明堂,亦用火珠为饰,科举考试以此为题试诗。崔曙《奉试明堂火珠》:"正位开重屋,凌空出火珠。夜来双月满,曙后一星孤。天净光难灭,云生望欲无。遥知太平代,国宝在名都。"②

当唐王朝全盛之时,这些奇珍异宝源源不断地从海上输入,为皇室贵族汲汲追求。但遇到战乱或南方沿海地方官员贪腐,会影响到中外贸易的开展和珠宝的输入。李群玉《石门戍》云:"到此空思吴隐之,潮痕草蔓上幽碑。人来皆望珠玑去,谁咏贪泉四句诗。"③杜甫《自平》云:"自平中官吕太一,收珠南海千余日。近供生犀翡翠稀,复恐征戍干戈密。蛮溪豪族小动摇,世封刺史非时朝。蓬莱殿前诸主将,才如伏波不得骄。"④杜甫《诸将五首》其四云:"回首扶桑铜柱标,冥冥氛祲未全销。越裳翡翠无消息,南海明珠久寂寥。"⑤杜甫这两首诗皆作于唐代宗广德年间。当时,宦官兼广州市舶使吕太一发动叛乱,在广州城烧杀抢掠,市舶贸易遭到沉重打击,影响到京城海外奢侈品的供给,诗人有感而发,写诗记录当时南海贸易的萧条景象。从唐诗里我们还看到这种珠宝贸易也有伪劣假冒现象。

---

① 〔唐〕刘肃:《大唐新语》卷八,中华书局,1984年,第126页。
② 《全唐诗》卷一五五,第1600页。
③ 《全唐诗》卷五七〇,第6616页。
④ 〔唐〕杜甫著,〔清〕仇兆鳌注:《杜诗详注》卷二〇,第1809页。
⑤ 〔唐〕杜甫著,〔清〕仇兆鳌注:《杜诗详注》卷一六,第1368页。

元稹《送岭南崔侍御》写岭南地方"无限相忧事",其中有"蛟老变为妖妇女,舶来多卖假珠玑"①,妖妇惑众,以假珠玑出售。

二、动物

唐朝从南海国家和地区入贡或贸易所得动物主要有马、象、犀牛、鹦鹉、翡翠鸟等。中国古代主要从北方和西北方向草原地区、中亚和西亚获得域外良马,南方主要从北方获得良马。但从唐诗的描写来看似乎也有来自南海的良马,如杨炯《紫骝马》:"侠客重周游,金鞭控紫骝。蛇弓白羽箭,鹤辔赤茸鞦。发迹来南海,长鸣向北州。匈奴今未灭,画地取封侯。"②

从南方海上交通中获得的动物,主要是象和犀牛,唐诗中写海外国家物产往往写到这两种动物。中国原产象,商代黄河流域大象是常见的动物,人们不仅捕捉大象,为了实用的目的还养象。汉代时北方已经罕见大象,对于黄河流域的人来说,大象已经成为异域奇兽。在汉晋作家笔下,象已经成为今越南境内特产。东汉许慎《说文解字》云:"象,长鼻牙,南越大兽。"③汉朝人知道在东南亚、南亚和西域一些国家,象作为坐骑和战骑使用,象牙受人珍视。《史记·大宛列传》记载,在张骞向汉朝的报告中,提到身毒国"人民乘象以战"④。身毒即印度。唐代从今越南之地获得驯象。封演《封氏闻见记》云:"异方禽兽,象出南越,驼出北胡,今皆育于中国;然不如本土之宜也。"⑤前引韩翃《别李明府》:"胡儿夹鼓越婢随,行捧玉盘尝荔枝。罗山道士请人送,林邑使臣调象骑。"⑥张籍《送南迁客》:"去去远迁客,瘴中衰病身。青山无限路,白首不归人。海国战骑

---

① 〔唐〕元稹撰,冀勤点校:《元稹集》卷一七,中华书局,1982年,第202页。
② 〔唐〕杨炯著,徐明霞点校:《杨炯集》卷二,中华书局,1980年,第25页。
③ 〔东汉〕许慎:《说文解字》卷九下,中华书局,1963年,第198页。
④ 《史记》卷一二三《大宛列传》,中华书局,1982年,第3166页。
⑤ 〔唐〕封演撰,赵贞信校注:《封氏闻见记校注》卷七,中华书局,2005年,第67页。
⑥ 《全唐诗》卷二四三,第2731页。

象,蛮州市用银。一家分几处,谁见日南春。"①

汉代时中国境内仍有犀牛。《史记·货殖列传》记载:"江南出楠、梓、姜、桂、金、锡、连、丹沙、犀、玳瑁、珠玑、齿革。"②又云:"番禺亦其一都会也,珠玑、犀、玳瑁、果布之凑。"③可见在司马迁所处的时代,江南和广东沿海地区仍有犀牛。但自从有文字记载的历史时期,犀牛就越来越少见了。汉代犀牛已经是珍稀动物,犀角已经成为珍贵物产从海外国家传入。正如桓宽所云:"夫犀象兕虎,南夷之所多也,……中国所鲜,外国贱之。"④唐代诗人知道在南方岛国犀牛是常见动物。殷尧藩《寄岭南张明甫》诗残句:"瘴雨出虹蛛,蛮烟渡江急。尝闻岛夷俗,犀象满城邑。"⑤前引施肩吾《岛夷行》:"黑皮年少学采珠,手把生犀照咸水。"⑥曹唐《送羽人王锡归罗浮》:"风前整顿紫荷巾,常向罗浮保养神。石磴倚天行带月,铁桥通海入无尘。龙蛇出洞闲邀雨,犀象眠花不避人。最爱葛洪寻药处,露苗烟蕊满山春。"⑦唐代从扶南、林邑所得犀牛、大象有一种是经过驯养,能伴随音乐进行舞蹈表演的,被称为"驯犀""驯象"。这种驯犀、驯象常在唐代宫廷大型的活动中演出,受到君臣上下的赞叹,安禄山曾观看这种表演而产生觊觎皇位的野心。林邑入贡的驯象、驯犀在宫廷里的表演,进入诗人的吟咏里。常衮《奉和圣制麟德殿燕百僚应制》:"云辟御筵张,山呼圣寿长。玉阑丰瑞草,金陛立神羊。台鼎资庖膳,天星奉酒浆。蛮夷陪作位,犀象舞成行。"⑧储光羲《述韦昭应画犀牛》诗:"遐方献文犀,万里随南金。大邦柔远人,以之居山林。"⑨代宗时林邑入贡的一批驯犀被德宗放之林野,此事也见于诗

---

① 〔唐〕张籍著,徐礼节、余恕诚校注:《张籍集系年校注》卷二,第145页。
② 《史记》卷一二九《货殖列传》,第3253~3254页。
③ 《史记》卷一二九《货殖列传》,第3268页。
④ 〔西汉〕桓宽撰,王利器校注:《盐铁论校注》卷七《崇礼》,中华书局,1992年,第438页。
⑤ 《全唐诗》卷四九二,第5577页。
⑥ 《全唐诗》卷四九四,第5592页。
⑦ 《全唐诗》卷六四〇,第7340页。
⑧ 《全唐诗》卷二五四,第2858页。
⑨ 《全唐诗》卷一三六,第1373页。

人的吟咏。元稹、白居易都有《驯犀》诗,赞美唐德宗的行为。元稹《驯犀》诗云:"建中之初放驯象,远归林邑近交广。兽返深山鸟构巢,鹰雕鹞鹘无羁鞚。贞元之岁贡驯犀,上林置圈官司养。玉盆金栈非不珍,虎唅狻牢鱼食网。渡江之橘逾汶貉,反时易性安能长。腊月北风霜雪深,踡局鳞身遂长往。行地无疆费传驿,通天异物罹幽枉。乃知养兽如养人,不必人人自敦奖。不扰则得之于理,不夺有以多于赏。脱衣推食衣食之,不若男耕女令纺。尧民不自知有尧,但见安闲聊击壤。前观驯象后观犀,理国其如指诸掌。"①白居易《驯犀》诗:"驯犀驯犀通天犀,躯貌骇人角骇鸡。海蛮闻有明天子,驱犀乘传来万里。一朝得遇大明宫,欢呼拜舞自论功。五年驯养始堪献,六译语言方得通。上嘉人兽俱来远,蛮馆四方犀入苑。秣以瑶刍锁以金,故乡迢递君门深。海鸟不知钟鼓乐,池鱼空结江湖心。驯犀生处南方热,秋无白露冬无雪。一入上林三四年,又逢今岁苦寒月。饮冰卧霰苦踡局,角骨冻伤鳞甲蹜。驯犀死,蛮儿啼,向阙再三颜色低。奏乞生归本国去,恐身冻死似驯犀。君不见,建中初,驯象生还放林邑。君不见,贞元末,驯犀冻死蛮儿泣。所嗟建中异贞元,象生犀死何足言。"此诗小序云:"感为政之难终也。"②上引两首诗中提到的林邑进献驯象、驯犀之事,集中在唐大历、建中及贞元时期,也就是唐代宗后期至唐德宗时期。可以看出,这段时间内唐与林邑国的交往与交流非常频繁。德宗施政方面的变化,从他对待林邑入贡犀象的态度上表现出来,君王不能善始善终,受到了诗人的责难。

从海外得到的动物还有鸟类,主要是供观赏的珍禽。翡翠鸟是生长在东南沿海和东南亚的美丽的小鸟,雄性为翡,雌性为翠。雄性毛色红,雌性毛色青,羽毛可作饰品,非常珍贵,称为"翠羽"。古代这种鸟及其翠羽从南方沿海地区和东南亚入贡中原。前引杜甫《诸将五首》其四:"越裳翡翠无消息,南海明珠久寂寥。"③周繇《送

---

① 〔唐〕元稹撰,冀勤点校:《元稹集》卷二四,第283页。
② 〔唐〕白居易著,顾学颉点校:《白居易集》卷三,中华书局,1979年,第69页。
③ 〔唐〕杜甫著,〔清〕仇兆鳌注:《杜诗详注》卷一六,第1368页。

杨环校书归广南》:"天南行李半波涛,滩树枝枝拂戏猱。初著蓝衫从远峤,乍辞云署泊轻艘。山村象踏桄榔叶,海外人收翡翠毛。名宦两成归旧隐,遍寻亲友兴何饶。"①林邑国曾向唐朝进贡鹦鹉,唐诗中有描写。白居易《红鹦鹉》写的就是来自安南的鹦鹉:"安南远进红鹦鹉,色似桃花语似人。文章辩慧皆如此,笼槛何年出得身。"②这首诗题注云:"商山路逢。"是他于商山道上路逢安南都护府赴京上贡红鹦鹉,写下这首讽谕诗,借物喻人。林邑国的方物有时是通过安南都护府进贡的,安南都护府送到京城里的红鹦鹉可能来自林邑的入贡。

三、植物

中国很早就从域外引入各种植物,主要有两类:一类是供观赏的奇花异草;一类是实用的植物,即具有食用价值的果树或具有医药价值的草木。经过海上丝绸之路引种的品种很多,这些植物的新奇美观与果实的味美可口引起诗人吟咏的兴趣。

有的植物是从南方沿海地区移植中原的,有的是从海外移植中国南方再移植其他地区的。桂树是具有香料和医药价值的植物,来自南方。卢僎《题殿前桂叶》:"桂树生南海,芳香隔楚山。今朝天上见,疑是月中攀。"③木兰花树既美观,又散发芳香。刘长卿《题灵祐上人法华院木兰花(其树岭南移植此地)》:"庭种南中树,年华几度新。已依初地长,独发旧园春。映日成华盖,摇风散锦茵。色空荣落处,香醉往来人。菡萏千灯遍,芳菲一雨均。高柯傥为楫,渡海有良因。"④棉花是从南亚移植过来的,古代文献称为"白氎""木绵"。唐代南方沿海地区普遍种植棉花。王建《送郑权尚书赴南海》:"白氎家家织,红蕉处处栽。"⑤元稹《送岭南崔侍御》:"火布垢尘须火

---

① 《全唐诗》卷六三五,第7292页。
② 〔唐〕白居易著,顾学颉点校:《白居易集》卷一五,第313页。
③ 《全唐诗》卷九九,第1072页。
④ 〔唐〕刘长卿著,储仲君笺注:《刘长卿诗编年笺注》,中华书局,1996年,第325页。
⑤ 〔唐〕王建著,王宗堂校注:《王建诗集校注》卷五,第280页。

浣,木绵温软当绵衣。"①茉莉花从南亚地区经海路传入中国南方,后来移植到中国各地。皮日休《吴中言怀寄南海二同年》:"曲水分飞岁已赊,东南为客各天涯。退公只傍苏劳竹,移宴多随末利花。"②史载李德裕营造平泉园林,"远方之人多以土产异物奉之",时有题诗云:"陇右诸侯供语鸟,日南太守送花钱。"③从唐诗中可知,岭南的红蕉曾移植长安。刘昭禹《送人红花栽》:"世上红蕉异,因移万里根。艰难离瘴土,潇洒入朱门。叶战青云韵,花零宿露痕。长安多未识,谁想动吟魂。"④椰子树也被移植到北方皇家园林里。张谔《岐王山亭》:"王家傍绿池,春色正相宜。岂有楼台好,兼看草树奇。石榴天上叶,椰子日南枝。出入千门里,年年乐未移。"⑤

来自南海和域外的植物根茎或果实有的是可以食用的,异乡美味,新鲜可口,受到诗人赞赏。荔枝、龙眼、甘蔗之类一直是南方交州地区的贡物。汉武帝平南越之后,南方水果大量输入中原地区,因为唐玄宗宠幸杨贵妃,曾令南海快马驿递南海新鲜荔枝,受到诗人的诟病。杜甫《病橘》诗:"尝闻蓬莱殿,罗列潇湘姿。此物岁不稔,玉食失光辉。寇盗尚凭陵,当君减膳时。汝病是天意,吾愁罪有司。忆昔南海使,奔腾献荔支。百马死山谷,到今耆旧悲。"⑥戴叔伦《春日早朝应制》:"仙仗肃朝官,承平圣主欢。月沈宫漏静,雨湿禁花寒。丹荔来金阙,朱樱贡玉盘。六龙扶御日,只许近臣看。"⑦鲍防《杂感》:"汉家海内承平久,万国戎王皆稽首。天马常衔苜蓿花,胡人岁献葡萄酒。五月荔枝初破颜,朝离象郡夕函关。雁飞不到桂阳岭,马走先过林邑山。甘泉御果垂仙阁,日暮无人香自落。远物皆重近皆轻,鸡虽有德不如鹤。"⑧前引殷尧藩《偶题》:"越女收龙眼,

---

① 〔唐〕元稹撰,冀勤点校:《元稹集》卷一七,第202页。
② 《全唐诗》卷六一四,第7082页。
③ 〔唐〕康骈:《剧谈录》,古典文学出版社,1958年,第64页。
④ 《全唐诗》卷八八六,第10019~10020页。
⑤ 《全唐诗》卷一一〇,第1130页。
⑥ 〔唐〕杜甫著,〔清〕仇兆鳌注:《杜诗详注》卷一〇,第854页。
⑦ 〔唐〕戴叔伦著,蒋寅校注:《戴叔伦诗集校注》卷三,上海古籍出版社,2010年,第224~225页。
⑧ 《全唐诗》卷三〇七,第3485页。

蛮儿拾象牙。长安千万里,走马送谁家。"①扶南的甘蔗味道特别甜美,受到诗人李颀的称赞,李颀《送刘四赴夏县》写刘四诗名远播,上书朝廷,被召入麒麟阁任职:"新诗数岁即文雄,上书昔召蓬莱宫。明主拜官麒麟阁,光车骏马看玉童。高人往来庐山远,隐士往来张长公。扶南甘蔗甜如蜜,杂以荔枝龙州橘。赤县繁词满剧曹,白云孤峰晖永日。"②在写刘四于朝廷任官的惬意生活时,李颀特意提到扶南甘蔗。

刺桐原产热带亚洲。刺桐属植物约 50 种,常见的观赏品种有珊瑚刺桐、火炬刺桐、黄脉刺桐、大叶刺桐等。唐宋时南方沿海地区不少地方引种了刺桐,唐代诗人对刺桐的题咏不少,恐怕是因为其花儿的美丽和独特的南国风味。无名氏《杂曲歌辞·太和第三》:"庭前鹊绕相思树,井上莺歌争刺桐。含情少妇悲春草,多是良人学转蓬。"③曹松《送陈樵校书归泉州》诗:"巨塔列名题,诗心亦罕齐。除官京下阙,乞假海门西。别席侵残漏,归程避战鼙。关遥秦雁断,家近瘴云低。候马春风馆,迎船晓月溪。帝京须早入,莫被刺桐迷。"④徐夤《昔游》诗:"昔游红杏苑,今隐刺桐村。岁计悬僧债,科名负国恩。不书胝渐稳,频镊鬓无根。惟有经邦事,年年志尚存。"⑤罗邺《放鹧鸪》:"好傍青山与碧溪,刺桐毛竹(一作羽)待双栖。花时迁客伤离别,莫向相思树上啼。"⑥

刺桐树的花儿最易引起诗人情思。张籍《送汀州源使君》:"曾成赵北归朝计,因拜王门最好官。为郡暂辞双凤阙,全家远过九龙滩。山乡只有输蕉户,水镇应多养鸭栏。地僻寻常来客少,刺桐花发共谁看。"⑦朱庆馀《南岭(一作岭南)路》:"越岭向南风景异,人人

---

① 《全唐诗》卷四九二,第 5574 页。
② 《全唐诗》卷一三三,第 1353 页。
③ 《全唐诗》卷二七,第 382 页。
④ 《全唐诗》卷七一七,第 8242 页。
⑤ 《全唐诗》卷七〇八,第 8141 页。
⑥ 《全唐诗》卷六五四,第 7522 页。
⑦ 〔唐〕张籍著,徐礼节、余恕诚校注:《张籍集系年校注》卷四,第 583 页。

传说到京城。经冬来往不踏雪,尽在刺桐花下行。"①李郢《送人之岭南》:"关山迢递古交州,岁晏怜君走马游。谢氏海边逢素女,越王潭上见青牛。嵩台月照啼猿曙,石室烟含古桂秋。回望长安五千里,刺桐花下莫淹留。"②曹唐《奉送严大夫再领容府二首》其二:"日照双旌射火山,笑迎宾从却南还。风云暗发谈谐外,感会潜生气概间。蕲竹水翻台榭湿,刺桐花落管弦闲。无因得鞔真珠履,亲从新侯定八蛮。"③方干《送人宰永泰》:"北人虽泛南流水,称意南行莫恨赊。道路先经毛竹岭,风烟渐近刺桐花。舟停渔浦犹为客,县入樵溪似到家。下马政声王事少,应容闲吏日高衙。"④方干《题画建溪图》:"六幅轻绡画建溪,刺桐花下路高低。分明记得曾行处,只欠猿声与鸟啼。"⑤王毂《刺桐花》:"南国清和烟雨辰,刺桐夹道花开新。林梢簇簇红霞烂,暑天别觉生精神。秾英斗火欺朱槿,栖鹤惊飞翅忧烬。直疑青帝去匆匆,收拾春风浑不尽。"⑥徐夤《春末送陈先辈之清源》:"贫中惟是长年华,每羡君行自叹嗟。归日捧持明月宝,去时期刻刺桐花。春风避酒多游寺,晓骑听鸡早入衙。千乘侯王若相问,飞书与报白云家。"⑦陈陶《泉州刺桐花咏兼呈赵使君》七绝六首其一:"仿佛三株植世间,风光满地赤城闲。无因秉烛看奇树,长伴刘公醉玉山。"其二:"海曲春深满郡霞,越人多种刺桐花。可怜虎竹西楼色,锦帐三千阿母家。"其三:"石氏金园无此艳,南都旧赋乏灵材。只因赤帝宫中树,丹凤新衔出世来。"其四:"猗猗小艳夹通衢,晴日熏风笑越姝。只是红芳移不得,刺桐屏障满中都。"其五:"不胜攀折怅年华,红树南看见海涯。故国春风归去尽,何人堪寄一枝花。"其六:"赤帝常闻海上游,三千幢盖拥炎州。今来树似离宫色,红翠斜

---

① 《全唐诗》卷五一四,第5866页。
② 《全唐诗》卷五九〇,第6849页。
③ 《全唐诗》卷六四〇,第7342页。
④ 《全唐诗》卷六五〇,第7467页。
⑤ 《全唐诗》卷六五三,第7504页。
⑥ 《全唐诗》卷六九四,第7987页。
⑦ 《全唐诗》卷七〇九,第8165页。

鼗十二楼。"①李珣《南乡子》:"相见处,晚晴天,刺桐花下越台前。暗里回眸深属意,遗双翠,骑象背人先过水。"②从这些诗中涉及的地名可知,当时在广西、广东和福建等地刺桐的种植非常普遍,刺桐花的美丽给诗人留下非常深刻的印象,来到南方沿海地区的人看到这种美丽的树与花,自然写诗咏叹;没有来到南方的诗人送别朋友到南方去,也歌咏刺桐树和花的美,以赞叹朋友之行的惬意和愉快。

四、香料、药物

香料分为天然香料和人造香料,天然香料又分为动物性香料和植物性香料两类。汉代时香料有的经陆上丝绸之路从西域传入,有的经过海上交通从南方海外传入。香料经海上丝绸之路先传入中国南方沿海地区,进而传入中原。考古发现汉代时南越国已从海外输入香料和燃香习俗。中国原本没有燃香的习俗。通过海上交通联结东西方贸易的道路又称"香料之路",产于阿拉伯半岛、南亚、东非和东南亚的香料通过这条路线西传至欧洲,东传至中国。

龙涎香是得之海外的产品。传说龙涎香是龙的口水凝结而成,后世研究发现实际是由鲸消化系统的分泌物产生。大乌贼和章鱼等大型软体动物口中有坚韧的角质颚和舌齿,不易消化,当抹香鲸吞食了这种大型软体动物后,这种颚和舌齿在其胃肠内积聚,刺激肠道,肠道分泌出蜡状物,将食物残核包裹,形成龙涎香。公元前18世纪巴比伦、亚述和波斯的宗教仪式中所用的香料已经有龙涎香。古希伯来妇女把龙涎香、肉桂和安息香浸在油脂中做成香油脂,涂敷身体。龙涎香可能最早是南亚海域居民发现的,后成为王室贵族的奢侈品,唐时通过阿拉伯半岛商人传入中国。龙涎香被唐人称为"阿末香",来自阿拉伯语。过去认为宋代才传入中国,其实不然。晚唐段成式《酉阳杂俎》记载:"拨拨力国,在西南海中,不食五谷,食

---

① 《全唐诗》卷七四六,第8491~8492页。
② 《全唐诗》卷八九六,第10119页。

肉而已。……土地唯有象牙及阿末香，波斯商人欲入此国，团集数千，赍彩布，没老幼共刺血立誓，乃市其物。"①这个记载反映龙涎香是由波斯商人通过海路贩运至中国的。杜牧《瞑投云智寺渡溪不得却取沿江路往》："双岩泻一川，回马断桥前。古庙阴风地，寒钟暮雨天。沙虚留虎迹，水滑带龙涎。却下临江路，潮深无渡船。"②项斯《寄流人》："毒草不曾枯，长添客健无。雾开蛮市合，船散海城孤。象迹频藏齿，龙涎远蔽珠。家人秦地老，泣对日南图。"③陈光《送人游交趾》："挂席天涯去，想君万里心。人间无别业，海外访知音。浪歇龙涎聚，沙虚象迹深。往来应隔阔，须自惜光阴。"④贯休《怀匡山山长二首》其一："白石峰之半，先生好在么。卷帘当大瀑，常恨不如他。杉罅龙涎溢，潭坳石发多。吾皇搜草泽，争奈谢安何。"⑤这几首诗都写到"龙涎"，说明"龙涎"在唐代已经通过海道输入中国。有人认为宋代才有"龙涎"之名，⑥不确。关于其产地，宋人周去非《岭外代答》"龙涎"条云："大食西海多龙，枕石一睡，涎沫浮水，积而能坚。鲛人采之以为至宝。新者色白，稍久则紫，甚久则黑。因至番禺尝见之，不薰不莸，似浮石而轻也。人云龙涎有异香，或云龙涎气腥能发众香，皆非也。龙涎于香本无损益，但能聚烟耳。和香而用真龙涎，焚之一铢，翠烟浮空，结而不散，座客可用一蒻分烟缕。此其所以然者，蜃气楼台之余烈也。"⑦元人汪大渊《岛夷志略》记载从中国南海西行，有一岛名"龙涎屿"，产龙涎香。据苏继庼考证，其地在今苏门答腊北部南巫里附近。⑧周氏、汪氏关于龙涎香产生的传说固不可信，但言其产地说明了龙涎香来自"大食"（阿拉伯）、东南亚沿海地区和岛国应该没有问题。

龙脑香也是通过海上丝绸之路传入中国的。龙脑香是由龙脑

---

① 〔唐〕段成式：《酉阳杂俎》前集卷四，中华书局，1981年，第46页。
② 《全唐诗》卷五二六，第6020页。
③ 《全唐诗》卷五五四，第6414页。
④ 《诗渊》第6册，书目文献出版社，1984年影印本，第4449页。
⑤ 《全唐诗》卷八三一，第9373页。
⑥ 〔元〕汪大渊著，苏继庼校释：《岛夷志略校释》，中华书局，1981年，第46页。
⑦ 〔南宋〕周去非著，杨武泉校注：《岭外代答校注》卷七，中华书局，1999年，第266页。
⑧ 〔元〕汪大渊著，苏继庼校释：《岛夷志略校释》，第44~45页。

树树干析出的白色晶体,具有类似樟脑的香气。龙脑树原产于东南亚苏门答腊、加里曼丹、马来半岛和婆罗洲等地,树干经蒸馏可得结晶,即龙脑。龙脑香在汉代已经传入中国。从唐诗中可知,广州市场上有大量龙脑香出售。王建《送郑权尚书赴南海》:"戍头龙脑铺,关口象牙堆。敕设薰炉出,蛮辞咒节开。"①与龙脑香大量进口和出售有关,龙脑香在唐代社会被广泛使用,唐诗中写贵族生活常常写到龙脑香。长孙佐辅《宫怨》诗:"看笼不记熏龙脑,咏扇空曾秃鼠须。"②戴叔伦《早春曲》云:"博山吹云龙脑香,铜壶滴愁更漏长。"③李贺《春怀引》:"宝枕垂云选春梦,钿合碧寒龙脑冻。"④李贺《嘲少年》:"青骢马肥金鞍光,龙脑入缕罗衫香。"⑤薛能《吴姬十首》其二:"龙麝薰多骨亦香,因经寒食好风光。何人画得天生态,枕破施朱隔宿妆。"其六:"取次衣裳尽带珠,别添龙脑裹罗襦。年来寄与乡中伴,杀尽春蚕税亦无。"⑥段成式《戏高侍御七首》其四:"自等腰身尺六强,两重危鬓尽钗长。欲熏罗荐嫌龙脑,须为寻求石叶香。"⑦吴融《个人三十韵》写女道士:"炷香龙荐脑,辟魇虎输精。"⑧黄滔《马嵬二首》其二:"龙脑移香凤辇留,可能千古永悠悠。夜台若使香魂在,应作烟花出陇头。"⑨杜牧《八六子》:"洞房深,画屏灯照,山色凝翠沈沈。听夜雨,冷滴芭蕉,惊断红窗好梦。龙烟细飘绣衾,辞恩久归长信。凤帐萧疏,椒殿闲扃。"⑩段成式《酉阳杂俎》云:"龙脑香树,出婆利国,婆利呼为固不婆律。亦出波斯国。"⑪婆利国在今印度尼西亚加里曼丹岛,所谓"出波斯国",可能是经波斯商人将龙脑香贩运至中国。广州南越国时期的墓葬中出土的铜熏炉腹内常有灰烬

---

① 〔唐〕王建著,王宗堂校注:《王建诗集校注》卷五,第 280 页。
② 《全唐诗》卷二〇,第 261 页。
③ 〔唐〕戴叔伦著,蒋寅校注:《戴叔伦诗集校注》卷四,第 256 页。
④ 〔唐〕李贺著,叶葱奇编订:《李贺诗集》外集,人民文学出版社,1959 年,第 337 页。
⑤ 〔唐〕李贺著,叶葱奇编订:《李贺诗集》外集,第 342 页。
⑥ 《全唐诗》卷五六一,第 6519、6520 页。
⑦ 《全唐诗》卷五八四,第 6770 页。
⑧ 《全唐诗》卷六八五,第 7870 页。
⑨ 《全唐诗》卷七〇六,第 8132 页。
⑩ 《全唐诗》卷八九一,第 10059 页。
⑪ 〔唐〕段成式:《酉阳杂俎》卷一八前集《木篇》,第 177 页。

或炭粒状香料残存，广西贵县（今贵港市）罗泊湾二号汉墓出土的铜熏炉内盛有两块白色椭圆形粉末块状物，研究者认为可能属龙脑或沉香之类的树脂香料残留物。①

沉香是瑞香科植物沉香或白木香的含有树脂的木材，古代文献中有时写作"琼脂"，入水下沉，又名沉水香。古来常说的四种香料"沉檀龙麝"之"沉"即指沉香。沉香香品难得，被列为众香之首。沉香是一种特殊的香树"结"出的混合了树脂成分和木质成分的固态凝聚物。气味香如蜜，又称为"蜜香"。沉香树野生或栽培于热带地区，印度、缅甸、柬埔寨、马来半岛、菲律宾、马鲁古群岛、中国南部皆产沉香木。国外主要分布于印度、印度尼西亚、越南、马来西亚等国。② 沉香是古代国际贸易中的重要商品，汉代时就通过海上丝绸之路传入中国。沉香在唐代是用途最为广泛的香料，也是唐诗中描写最多的香料。从唐诗描写看，沉香有多种用途，有时用作建筑材料和装饰。唐玄宗时有沉香亭，李白《清平调词三首》其三："名花倾国两相欢，长得君王带笑看。解释春风无限恨，沉香亭北倚阑干。"③ 唐穆宗长庆四年（824）九月丁未，"波斯大商李苏沙进沉香亭子材"。此事受到拾遗李汉的进谏反对，认为"沉香为亭子，不异瑶台、琼室"。皇帝大怒，但未加治罪。④ 唐后期，波斯商人往往经海路入华，李苏沙的沉香应该经海路运至中国。李贺《莫愁曲》："归来无人识，暗上沉香楼。罗床倚瑶瑟，残月倾帘钩。"⑤ 刘禹锡《三阁辞四首》其三："沉香帖阁柱，金缕画门楣。"⑥ 温庭筠《菩萨蛮》："宝函钿雀金鸂鶒，沈香阁上吴山碧。"⑦ 有时用沉香木直接做成器具。杨凝《花枕》诗："席上沈香枕，楼中荡子妻。"⑧ 王建《宫词一百首》其七十七："分

---

① 兰日勇、覃义生：《广西贵县罗泊湾二号汉墓》，《考古》1982年第4期。
② 刘永新主编：《国家药典中药实用手册》，中医古籍出版社，2011年，第278页。
③ 〔唐〕李白著，瞿蜕园、朱金城校注：《李白集校注》卷五，上海古籍出版社，1980年，第393页。
④ 《旧唐书》卷一七上《敬宗纪》，第512页。
⑤ 〔唐〕李贺著，叶葱奇编订：《李贺诗集》外集，第332~333页。
⑥ 〔唐〕刘禹锡著，瞿蜕园笺证：《刘禹锡集笺证》卷二六，第801页。
⑦ 《全唐诗》卷八九一，第10065页。
⑧ 《全唐诗》卷二九〇，第3300页。

朋闲坐赌樱桃,收却投壶玉腕劳。各把沉香双陆子,局中斗累阿谁高。"①从这些诗的描写看,有的枕头和棋子用沉香木制成。

沉香有时用为燃香,在香炉里点燃,使室内芬芳温暖。李白《杨叛儿》:"君歌杨叛儿,妾劝新丰酒。何许最关人,乌啼白门柳。乌啼隐杨花,君醉留妾家。博山炉中沉香火,双烟一气凌紫霞。"②刘复《夏日》:"映日纱窗深且闲,含桃红日石榴殷。银瓶绠转桐花井,沉水烟销金博山。"③郑良士《寄富洋院禅者》:"画破青山路一条,走鞭飞盖去何遥。碍天岩树春先冷,锁院溪云昼不销。雪上茗芽因客煮,海南沈屑为斋烧。谁能学得空门士,冷却心灰守寂寥。"④李贺《贵公子夜阑曲》:"袅袅沉水烟,乌啼夜阑景。曲沼芙蓉波,腰围白玉冷。"⑤施肩吾《夜宴曲》:"兰缸如昼晓不眠,玉堂夜起沈香烟。"⑥罗隐《香》:"沉水良材食柏珍,博山炉暖玉楼春。怜君亦是无端物,贪作馨香忘却身。"⑦和凝《宫词百首》其八:"红泥椒殿缀珠珰,帐蹙金龙窣地长。红兽慢然天色暖,凤炉时复爇沈香。"⑧范成大《骖鸾录》云:"番禺人作心字香,用素馨茉莉半开者,著净器中,以沉香薄劈,层层相间,密封之。日一易,不待花蔫。花过香成。"杨慎说:"所谓心字香者,以香末萦篆成心字也,心字罗衣,则谓心字香熏之尔。"⑨

沉香有时用作熏染之香,即熏染衣物或器物,使具有香味。李峤《床》:"传闻有象床,畴昔献君王。玳瑁千金起,珊瑚七宝妆。桂筵含柏馥,兰席拂沉香。"⑩韩翃《别李明府》:"五侯焦石烹江笋,千户沉香染客衣。"⑪元稹《白衣裳二首》其二:"藕丝衫子柳花裙,空着

---

① 〔唐〕王建著,王宗堂校注:《王建诗集校注》卷一〇,第625页。
② 〔唐〕李白著,瞿蜕园、朱金城校注:《李白集校注》卷四,第287页。
③ 《全唐诗》卷三〇五,第3470页。
④ 《全唐诗》卷七二六,第8324页。
⑤ 〔唐〕李贺著,叶葱奇编订:《李贺诗集》卷一,第22页。
⑥ 《全唐诗》卷四九四,第5585页。
⑦ 〔唐〕罗隐著,雍文华校辑:《罗隐集·甲乙集》,中华书局,1983年,第31页。
⑧ 《全唐诗》卷七三五,第8393页。
⑨ 〔明〕杨慎:《词品》卷二,《词话丛编》,中华书局,1986年,第464页。
⑩ 《全唐诗》卷六〇,第713页。
⑪ 《全唐诗》卷二四三,第2731页。

沉香慢火熏。闲倚屏风笑周昉,枉抛心力画朝云。"①李商隐《效徐陵体赠更衣》:"密帐真珠络,温帏翡翠装。楚腰知便宠,宫眉正斗强。结带悬栀子,绣领刺鸳鸯。轻寒衣省夜,金斗熨沈香。"②胡宿《侯家》:"洞户春迟漏箭长,短辕初返雒阳傍。彩云按曲青岑醴,沈水薰衣白璧堂。"③韩偓《浣溪沙》二首其二:"宿醉离愁慢髻鬟,六铢衣薄惹轻寒,慵红闷翠掩青鸾。 罗袜况兼金菡萏,雪肌仍是玉琅玕,骨香腰细更沈檀。"④

　　与沉香并称的是檀香,佛家谓之"旃檀",有"香料之王"之誉,取自檀香树木质心材(或其树脂),愈近树心与根部材质愈好。分为白檀、黄檀、紫檀等品类。檀香主产于印度东部、泰国、印尼、马来西亚、澳大利亚、斐济等湿热地区。沉香在古代文献中常写作"沈香",唐诗中常把沉香与檀香并称为"沉檀"或"沈檀"。张贲《玩金鸂鶒和陆鲁望》:"翠羽红襟镂彩云,双飞常笑白鸥群。谁怜化作雕金质,从倩沈檀十里闻。"⑤和凝《宫词百首》之十七:"鱼犀月掌夜通头,自著盘鸯锦臂韛。多把沈檀配龙麝,宫中掌浸十香油。"⑥李中《宫词二首》其二:"金波寒透水精帘,烧尽沈檀手自添。风递笙歌门已掩,翠华何处夜厌厌。"⑦孙元晏《望仙阁》:"多少沈檀结筑成,望仙为号倚青冥。不知孔氏何形状,醉得君王不解醒。"⑧

　　香料往往具有医药价值,通过海上丝绸之路也有专门的药物传入。诃梨勒(或写作"诃黎勒")是产于印度的植物,其果实和树叶皆具药性。诃梨勒果实在汉代传入中国,作为药用。后来也作为一种植物移植中国,其传入的路线是海路,所以先见于南方沿海地区。晋嵇含《南方草木状》云:"诃梨勒树,似木梡,花白,子形如橄榄、六

---

① 〔唐〕元稹撰,冀勤点校:《元稹集》外集卷七,第687页。
② 〔唐〕李商隐著,〔清〕冯浩笺注:《玉谿生诗集笺注》卷三,上海古籍出版社,1979年,第681页。
③ 《全唐诗》卷七三一,第8369页。
④ 《全唐诗》卷八九一,第10070页。
⑤ 《全唐诗》卷六三一,第7237页。
⑥ 《全唐诗》卷七三五,第8394页。
⑦ 《全唐诗》卷七四八,第8526页。
⑧ 《全唐诗》卷七六七,第8711页。

路,皮肉相著,可作饮,变白髭发令黑,出九真。"①九真郡,在今越南境内,说明印度的诃梨勒是经过东南亚而来。雷云飞指出:"诃子原产波斯、印度、缅甸,马来西亚亦产。……到汉代时,诃子沿着丝绸之路传入我国,并开始栽于云南西部和广东南部。唐代鉴真和尚东渡日本时,广州乾明寺(今光孝寺)就栽有诃子数株。"②但这种栽种数量极少,唐代仍从域外传入,非常珍贵。诃梨勒不仅果实具有药用价值,树叶也具有药效,可以祛除久治不愈的疾病。包佶《抱疾谢李吏部赠诃黎勒叶》:"一叶生西徼,赍来上海查(槎)。岁时经水府,根本别天涯。方士真难见,商胡辄自夸。此香同异域,看色胜仙家。茗饮惭调气,梧丸喜伐邪。幸蒙祛老疾,深愿驻韶华。"③从包佶诗的描写可知,他获得的诃梨勒叶是经海上丝绸之路传来,并认为诃梨勒叶有"调气""伐邪"和"祛老疾"之功效。明胡震亨《唐音癸签·诂笺五》引遁叟语:"包佶《诃梨勒叶》诗:'茗饮惭调气,梧丸喜伐邪。'按《本草》:'诃梨勒树似木梡,花白,子似栀子,主消痰下气等疾。来自南海舶上,广州亦有之。'茗亦能下气,此言其功胜茗。梧丸,谓入用丸如梧子也。今医家所用诃梨勒,是其子,不闻用叶者,应是《本草》失收耳。"④

丹砂又称朱砂、辰砂,汞的硫化物矿物。中医中用作药材,具有镇静安神和杀菌等功效。古代道家用它做炼丹的原料。交州丹砂质量好,北方人士希望到南方去的朋友给自己捎带或寄来交州的丹砂。杜甫《送段功曹归广州》:"交趾丹砂重,韶州白葛轻。幸君因旅(一作估)客,时寄锦官城。"⑤施肩吾《自述》:"箧贮灵砂日日看,欲成仙法脱身难。不知谁向交州去,为谢罗浮葛长官。"⑥皮日休《寄琼州杨舍人》:"德星芒彩瘴天涯,酒树堪消谪宦嗟。行遇竹王因设奠,

---

① 〔西晋〕嵇含:《南方草木状》卷中,《中国风土志丛刊》第61册,广陵书社,2003年,第20页。
② 雷云飞等:《佛教圣树诃子及其开发利用展望》,《广东林业科技》2010年第4期。
③ 《全唐诗》卷二〇五,第2140页。
④ 〔明〕胡震亨:《唐音癸签》卷二〇,上海古籍出版社,1981年,第218页。
⑤ 〔唐〕杜甫著,〔清〕仇兆鳌注:《杜诗详注》卷一一,第928~929页。
⑥ 《全唐诗》卷四九四,第5598页。

居逢木客又迁家。清斋净溲桃榔面,远信闲封豆蔻花。清切会须归有日,莫贪句漏足丹砂。"①"句漏"即今越南北宁省顺成县。交州的薏苡具有重要医药价值,在皮日休等人《药名联句》诗中,专门提到薏苡,张贲诗云:"为待防风饼,须添薏苡杯。"②海外国家的药方有的也通过广州传至内地。唐无名氏《和剂方补骨脂丸方诗》:"三年时节向边隅,人信方知药力殊。夺得春光来在手,青娥休笑白髭须。"此诗序云:"宣宗朝,太尉张寿知广州,得补骨脂丸方于南蕃,人服之验,为诗纪之。补骨脂,《神农本草》不载,生广南诸州及海外诸国,衰年阳气衰绝,力能补之。"③

五、器物

从海外传入中国的器物,因为新奇珍贵引起诗人歌咏的兴趣。螺壳可作酒杯和碗,螺杯和螺碗来自海外国家或南方沿海地区。张籍《和韦开州盛山十二首·流杯渠》:"渌酒白螺杯,随流去复回。似知人把处,各向面前来。"④曹唐《南游》:"尽兴南游卒未回,水工舟子不须催。政思碧树关心句,难放红螺蘸甲杯。"⑤白居易《代书诗一百韵寄微之》写与元稹的友情和交游:"密坐随欢促,华樽逐胜移。香飘歌袂动,翠落舞钗遗。筹插红螺碗,觥飞白玉卮。"⑥吴融《个人三十韵》诗:"鱼网徐徐襞,螺卮浅浅倾。"⑦南海地区用花藤制成的药盒得到诗人的吟咏。朱昼《赋得花藤药合寄颍阴故人》云:"藤生南海滨,引蔓青且长。剪削为花枝,何人无文章。非才亦有心,割骨闻余芳。繁叶落何处,孤贞在中央。愿盛黄金膏,寄与青眼郎。路远莫知意,水深天苍苍。"⑧

---

① 《全唐诗》卷六一四,第 7080 页。
② 《全唐诗》卷七九三,第 8929 页。
③ 《全唐诗》卷八八〇,第 9959 页。
④ 〔唐〕张籍著,徐礼节、余恕诚校注:《张籍集系年校注》卷五,第 621 页。
⑤ 《全唐诗》卷六四〇,第 7343 页。
⑥ 〔唐〕白居易著,顾学颉点校:《白居易集》卷一三,第 246 页。
⑦ 《全唐诗》卷六八五,第 7870 页。
⑧ 《全唐诗》卷四九一,第 5561 页。

东南亚和中国西南地区的铜鼓,屡见于诗人的吟咏。许浑《送客南归有怀》:"绿水暖青蘋,湘潭万里春。瓦尊迎海客,铜鼓赛江神。"① 皮日休《吴中言怀寄南海二同年》:"铜鼓夜敲溪上月,布帆晴照海边霞。"② 温庭筠《河渎神》:"铜鼓赛神来,满庭幡盖裴回。水村江浦过风雷,楚山如画烟开。 离别櫓声空萧索,玉容惆怅妆薄。青麦燕飞落落,卷帘愁对珠阁。"③ 东南亚地区用鱼骨、贝壳制成的酒樽,被称为诃陵樽。皮日休《五贶诗·诃陵樽》:"一片鲨鱼壳,其中生翠波。买须能紫贝,用合对红螺。尽泻判狂药,禁敲任浩歌。明朝与君后,争那玉山何。"④ 陆龟蒙《奉和袭美赠魏处士五贶诗·诃陵尊》:"鱼骼匠成尊,犹残海浪痕。外堪欺玳瑁,中可酌昆仑(酒名)。水绕苔矶曲,山当草阁门。此中醒复醉,何必问乾坤。"⑤ 诃陵,古南海国名,大约位于今印度尼西亚爪哇岛或苏门答腊岛,或兼称二岛。白居易《送客春游岭南二十韵》:"诃陵国分界,交趾郡为邻。"史载贞观十四年(640)诃陵曾遣使来朝。大历三年(768)、四年(769)皆遣使朝贡。元和十年(815)遣使献僧衹僮五人、鹦鹉、频伽鸟并异种名宝。所谓"诃陵樽"当出于其国。

火浣布即石棉布,是用石棉纤维纺织而成的布。由于其具有不燃性,在火中能去污垢,所以中国早期史书称之为"火浣布"。火浣布是怎样制成的,中国人很长时间都不明就里。其产地亦有不同说法,一曰西域,二曰火洲或炎洲。所谓火洲或炎洲,其地大约在东南亚或斯里兰卡。相传汉东方朔撰《海内十洲记》记载:"炎洲在南海中,地方二千里,去北岸九万里。上有风生兽,似豹,青色,大如狸。张网取之,积薪数车以烧之,薪尽而兽不然,灰中而立,毛亦不焦。斫刺不入,打之如灰囊。以铁锤锻其头,数十下乃死。而张口向风,须臾复活;以石上菖蒲塞其鼻,即死。取其脑和菊花服之,尽十斤,得寿五百年。又有火林山,山中有火光兽,大如鼠,毛长三四寸,或

---

① 《全唐诗》卷五三〇,第6062页。
② 《全唐诗》卷六一四,第7082页。
③ 《全唐诗》卷八九一,第10067页。
④ 《全唐诗》卷六一二,第7059页。
⑤ 《全唐诗》卷六二二,第7160页。

赤或白,山可三百里许,晦夜即见此山林,乃是此兽光照,状如火光相似。取其兽毛,以缉为布,时人号为火浣布,此是也。国人衣服垢污,以灰汁浣之,终无洁净。唯火烧此衣服,两盘饭间,振摆,其垢自落,洁白如雪。"①相传东方朔撰《神异经》云:"南荒之外有火山,长三十里,广五十里,其中皆生不烬之木,昼夜火烧,得暴风猛雨不得灭。火中有鼠,重千斤,毛长二尺余,细如丝,可以作布。恒居火中,色洞赤,时时出外而色白,以水逐而沃之即死,织以为布。"②东汉杨孚《异物志》云:"斯调国有火州,在南海中。其上有野火,春夏自生,秋冬自死。有木生于其中而不消也,枝皮更活,秋冬火死则皆枯瘁。其俗常冬采其皮以为布,色小青黑;若尘垢污之,便投火中,则更鲜明也。"③斯调国即今斯里兰卡。三国吴朱应《扶南土俗传》云:"火洲在马五洲之东可千余里。春月霖雨,雨止则火燃洲上,林木得雨则皮黑,得火则皮白。诸左右洲人,以春月采木皮,绩以为布,即火浣也,或作灯炷。"④马五洲,一般认为在印度尼西亚,或谓巴厘岛,或谓马鲁古群岛。⑤ 唐诗中写到火浣布,以之为贵族服饰。李颀《行路难》:"汉家名臣杨德祖,四代五公享茅土。父兄子弟绾银黄,跃马鸣珂朝建章。火浣单衣绣方领,茱萸锦带玉盘囊。"⑥唐代多取火浣布来自炎洲或火洲之说。诗人王贞白《寄郑谷》:"五百首新诗,缄封寄去时。只凭夫子鉴,不要俗人知。火鼠重收布,冰蚕乍吐丝。直须天上手,裁作领巾披。"⑦元稹《估客乐》写商贾:"北买党项马,西擒吐蕃鹦。炎洲布火浣,蜀地锦织成。"⑧其《送岭南崔侍御》写岭南物产:"火布垢尘须火浣,木绵温软当绵衣。"⑨他们把火浣布视为珍异

---

① 〔西汉〕东方朔:《海内十洲记》,《景印文渊阁四库全书》第1042册,台湾商务印书馆,1986年,第275页。
② 《太平御览》卷八二〇《布帛部》,上海古籍出版社,2008年,第8册,第315页。
③ 《三国志》卷四《魏书·三少帝纪》,裴松之注引,中华书局,1959年,第117页。
④ 《太平寰宇记》卷一七七《四夷·南蛮》,中华书局,2007年,第3380页。
⑤ 陈佳荣等:《古代南海地名汇释》,中华书局,1986年,第167页。
⑥ 《全唐诗》卷二五,第345页。
⑦ 《全唐诗》卷七〇一,第8061页。
⑧ 〔唐〕元稹撰,冀勤点校:《元稹集》卷二三,第268页。
⑨ 〔唐〕元稹撰,冀勤点校:《元稹集》卷一七,第202页。

之物,看作南海异域国家的特产。

在中外文化交流形成高峰的唐代,海上丝绸之路的发展促进了中外贸易的繁荣,也为唐诗创作提供了丰富的素材。唐诗作为社会生活的反映,对于认识丝绸之路的发展具有重要的参考价值,以上所引唐诗中关于海外舶来品的吟咏,反映了海上丝绸之路的兴盛,具有一定的史料价值,在某种程度上可补史籍之不足。

唐诗中的阳关意象

从敦煌西行,出玉门关、阳关便进入西域。对于中原地区来说,玉门关、阳关就是通向西域的两个门户,而对于西域来说则是起点。两关因其地理位置的独特性、军事作用的关键性和对外交往的重要性,在唐人心目中具有独特的地位,由此成为丝绸之路的典型意象。据统计,唐诗中提及阳关的诗有数十首,提及玉门关的诗多达一百多首。① 在唐诗中,阳关不像玉门关那样内涵丰富,因此过去大家比较关注玉门关在唐诗中的描写,而对阳关比较忽略。实际上跟阳关在汉唐历史上具有独特的价值一样,它在唐诗中的描写也有其特殊意义。这些诗大多与丝绸之路、边塞战争、边地生活及中外交流等内容相关,阳关还是古代诗词中常见的离别意象。本文对此略加探讨。

一、丝绸之路上的"阳关道"

阳关故址,在唐沙州寿昌县西六里,②诸古地志书记载相同。③《新唐书·地理志》记载边州入四夷道第五"安西入西域道"云:"又一路自沙州寿昌县西十里至阳关故城。"④巴黎藏敦煌藏经洞发现之《沙州图经》残卷记载,阳关"在县西十里,今见毁坏,基迹见存。西通石门涧□□□□,在玉门关南,因号阳关"。向达考证阳关遗址位

---

① 庞娟、李斌:《唐诗中的阳关、玉门关》,《北方文学》2014 年第 1 期。
② 李泰《括地志》云:"玉门关在沙州寿昌县西六里。"张守节《史记正义》引,见《史记》卷一二三《大宛列传》注,中华书局,1982 年,第 3160 页。清孙星衍认为,"玉门关"当是"阳关"之误。向达从之,见氏著《两关杂考——瓜沙谈往之二》,《唐代长安与西域文明》,生活·读书·新知三联书店,1957 年,第 389 页,注[三]。
③ 参《元和郡县图志》卷四〇、《太平寰宇记》卷一五三、《舆地广记》卷一七。
④ 《新唐书》卷四三下《地理志》,中华书局,1975 年,第 1151 页。

于敦煌市西南 70 公里南湖乡西之"古董滩",①今阳关镇。公元前 139 年,汉武帝派遣张骞出使西域,联络大月氏共击匈奴。公元前 126 年,张骞回到长安,向汉武帝详细报告西域和匈奴各方面情况,使汉武帝产生了交通西域各国的念头,决心打通河西走廊交通要道。骠骑将军霍去病进攻匈奴,打垮休屠王和浑邪王,在河西地区先后设立了酒泉郡、武威郡、张掖郡、敦煌郡,筑玉门关、阳关,史称"列四郡,据两关焉"②。阳关遗址仅存一座伫立在墩墩山上的汉代烽燧,被称为"汉墩"。

阳关自古为丝绸之路西出敦煌、通西域南道的必经关卡,是西部边境之门户,很早便进入诗人的吟咏,成为诗歌意象。阳关是离开河西走廊进入西域的要道,远行的人除走玉门关之外,便走阳关,有"阳关道"之称。北周诗人庾信《重别周尚书二首》其一:"阳关万里道,不见一人归。惟有河边雁,秋来南向飞。"③阳关道是通向遥远的塞外的道路,故庾信《拟咏怀二十七首》之十云:"悲歌度辽水,弭节出阳关。李陵从此去,荆卿不复还。故人形影灭,音书两俱绝。遥看塞北云,悬想关山雪。游子河梁上,应将苏武别。"④初唐和盛唐时,唐朝向西域开拓,远征和戍边的将士往往经行阳关。在开元盛世时,大唐疆域西行万里,从西域东来或中原地区西行往安西者有的经过阳关,敦煌文书伯 5034 号《沙州图志》记载了当时通过阳关的道路:"一道南路,从(播仙)镇东去沙州一千五百里,其路由古阳关向沙州,多缘险隘,泉有八所,皆有草,道险不得夜行。春秋二时雪深,道闭不通。"⑤阳关道不是四季皆可畅行的道路,由于路险甚至夜间亦不宜经行,但它是赴西域的道路之一。唐诗中的阳关有的是实写。岑参《寄宇文判官》:"西行殊未已,东望何时还。终日风与

---

① 向达:《两关杂考——瓜沙谈往之二》,《唐代长安与西域文明》,第 374~375 页。
② 《汉书》卷九六上《西域传》上,中华书局,1962 年,第 3873 页。
③ 〔北周〕庾信撰,〔清〕倪璠注:《庾子山集注》卷四,中华书局,1980 年,第 370 页。
④ 〔北周〕庾信撰,〔清〕倪璠注:《庾子山集注》卷三,第 236 页。
⑤ 郑炳林:《敦煌地理文书汇辑校注》,甘肃教育出版社,1989 年,第 48 页。

雪,连天沙复山。二年领公事,两度过阳关。相忆不可见,别来头已斑。"①这首诗反映出当唐朝控制西域时,阳关在西行道路上的重要地位。唐代诗人往往把家国情怀融为一体,既歌颂守边将士的报国热情,又写将士们思家念亲的美好情感。因此写乡愁并不影响表达他们的壮志理想。阳关远离中原地区,远赴阳关以远的地方的人,不免思念家乡亲友。所以王维《送元二使安西》诗云:"渭城朝雨浥轻尘,客舍青青柳色新。劝君更尽一杯酒,西出阳关无故人。"②岑参《过酒泉忆杜陵别业》:"昨夜宿祁连,今朝过酒泉。黄沙西际海,白草北连天。愁里难消日,归期尚隔年。阳关万里梦,知处杜陵田。"③当诗人远赴西域时,两度过阳关,都令他思念亲友,难以忍受。当他尚在河西时,便想象过了阳关之后,万里思乡,梦中也会回到故乡杜陵。

在初唐和盛唐国力强盛的时代,将士们情绪昂扬,他们抱着立功边塞的理想远赴异域,虽有离别之愁,却无情感之悲。骆宾王《畴昔篇》写"少年重英侠","荣亲未尽礼,狥主欲申功",奉使绝域地,其途中情景:"阳关积雾万里昏,剑阁连山千种色。蜀路何悠悠,岷峰阻且修。回肠随九折,进泪连双流。寒光千里暮,露气二江秋。"④其奉使蜀地,并不经阳关,这里阳关完全是作为一个意象,指边塞绝远和年轻人追求功名远赴异乡经行之地。骆宾王《久戍边城有怀京邑》写"行役风霜久"的思乡之情:"陇阪肝肠绝,阳关亭候迁。迷魂惊落雁,离恨断飞鸢。春去荣华尽,年来岁月芜。边愁伤郢调,乡思绕吴歈。河气通中国,山途限外区。"⑤诗人久戍在外,思乡之情是自然的,也是可以理解的。他想象中的归途经陇阪和阳关,这也正是他当年远赴边城的途经之地。李昂《从军行》先写将士们远征时的

---

① 〔唐〕岑参著,陈铁民、侯忠义校注:《岑参集校注》卷二,上海古籍出版社,1981年,第86页。
② 〔唐〕王维撰,〔清〕赵殿成笺注:《王右丞集笺注》卷一四,上海古籍出版社,1984年,第263页。
③ 〔唐〕岑参著,陈铁民、侯忠义校注:《岑参集校注》卷二,第76页。
④ 《全唐诗》卷七七,中华书局,1960年,第835页。
⑤ 《全唐诗》卷七九,第863页。

壮志豪情："汉家未得燕支山，征戍年年沙朔间。塞下长驱汗血马，云中恒闭玉门关。阴山瀚海千万里，此日桑河冻流水。稽洛川边胡骑来，渔阳戍里烽烟起。长途羽檄何相望，天子按剑思北方。羽林练士拭金甲，将军校战出玉堂。幽陵异域风烟改，亭障连连古今在。夜闻鸿雁南渡河，晓望旌旗北临海。塞沙飞淅沥，遥裔连穷碛。玄漠云平初合阵，西山月出闻鸣镝。城南百战多苦辛，路傍死卧黄沙人。戎衣不脱随霜雪，汗马趁趋长被铁。杨叶楼中不寄书，莲花剑上空流血。匈奴未灭不言家，驱逐行行边徼赊。"接着写边地的艰苦和将士们的思乡之情："归心海外见明月，别思天边梦落花。天边回望何悠悠，芳树无人渡陇头。春云不变阳关雪，桑叶先知胡地秋。田畴不卖卢龙策，窦宪思勒燕然石。麾兵静北垂，此日交河湄。欲令塞上无干戚，会待单于系颈时。"①虽然阳关积雪严寒，胡地桑叶早落，但将士们杀敌报国的斗志不曾稍减。王维《奉和圣制送不蒙都护兼鸿胪卿归安西应制》："上卿增命服，都护扬归旆。杂虏尽朝周，诸胡皆自郐。鸣笳瀚海曲，按节阳关外。落日下河源，寒山静秋塞。万方氛祲息，六合乾坤大。无战是天心，天心同覆载。"②"不蒙"是蕃将之姓，可能是"夫蒙"之讹，当时任安西节度者有夫蒙灵詧，即其人。诗人希望这位安西大都护立功边塞，在他治理下诸国都臣服于唐，西域太平。

安史之乱前的这些送别的作品写到阳关，虽然表达了离别相思之情，但由于社会的安定和国力的强盛，诗中仍然充满了豪情，那正是一种盛唐气象。更可贵的是写到阳关，诗人们还表达了立功异域的壮志。王维《送平淡然判官》："不识阳关路，新从定远侯。黄云断春色，画角起边愁。瀚海经年别，交河出塞流。须令外国使，知饮月支头。"③"定远侯"是东汉班超，这里代指平判官跟从的主帅。从诗中可知，平判官是第一次出塞，因此诗人的送别之情中不免有几分离愁，但诗人希望他立功远方，其豪迈之气大大冲淡了离别的悲伤。

---

① 《全唐诗》卷一二〇，第 1209 页。
② 〔唐〕王维撰，〔清〕赵殿成笺注：《王右丞集笺注》卷一一，第 200~201 页。
③ 〔唐〕王维撰，〔清〕赵殿成笺注：《王右丞集笺注》卷八，第 140 页。

王维《送刘司直赴安西》:"绝域阳关道,胡沙与塞尘。三春时有雁,万里少行人。苜蓿随天马,蒲桃逐汉臣。当令外国惧,不敢觅和亲。"①这首诗与上首诗题旨相同,都寄厚望于对方。杜甫《送人从军》:"弱水应无地,阳关已近天。今君渡沙碛,累月断人烟。好武宁论命,封侯不计年。马寒防失道,雪没锦鞍鞯。"此诗题注:"时有吐蕃之役。"黄鹤注:"弱水、阳关,皆属陇右道,当是乾元二年秦州作。"此时陇右、河西尚在大唐手中,杜甫勉励朋友建功立业。虽然写到大雪严寒,却洋溢着豪迈的激情,"以马寒雪盛为词,极惨澹事,偏作浓丽语"②。又如刘长卿《送裴四判官赴河西军试》:"吏道岂易惬,如君谁与俦。逢时将骋骥,临事无全牛。鲍叔幸相知,田苏颇同游。英姿挺孤秀,清论含古流。出塞佐持简,辞家拥鸣驺。宪台贵公举,幕府资良筹。武士伫明试,皇华难久留。阳关望天尽,洮水令人愁。万里看一鸟,旷然烟霞收。晚花对古戍,春雪含边州。道路难暂隔,音尘那可求。他时相望处,明月西南楼。"③因为裴四远赴边地幕府,有效命府主立功报国的机会,虽然阳关路遥,边地令人生忧,但诗中并无悲苦之情。钱起《送张将军征西》:"长安少年唯好武,金殿承恩争破虏。沙场烽火隔天山,铁骑征西几岁还。战处黑云霾瀚海,愁中明月度阳关。玉笛声悲离酌晚,金方路极行人远。计日霜戈尽敌归,回首戍城空落晖。始笑子卿心计失,徒看海上节旄稀。"④这首诗想象张将军西征,想象其在边境地区的激战,阳关成为战场。最后祝将军杀敌立功,早日凯旋。耿湋《送王将军出塞》:"汉家边事重,窦宪出临戎。绝漠秋山在,阳关旧路通。列营依茂草,吹角向高风。更就燕然石,行看奏虏功。"⑤在这些送人远赴边地的诗中,诗人都以卓越的历史人物来激励朋友,期望他们立功边塞,威慑敌人,安定边境。

安史之乱后,西域陷于吐蕃,经过阳关的丝绸之路被阻断。诗

---

① 〔唐〕王维撰,〔清〕赵殿成笺注:《王右丞集笺注》卷八,第142页。
② 〔唐〕杜甫著,〔清〕仇兆鳌注:《杜诗详注》卷八,中华书局,1979年,第626~627页。
③ 《全唐诗》卷一五〇,第1549页。
④ 《全唐诗》卷二三六,第2603页。
⑤ 《全唐诗》卷二六八,第2977页。

人笔下的阳关更多的是边塞苦情和失地意象。许棠《塞下二首》其一:"胡虏偏狂悍,边兵不敢闲。防秋朝伏弩,纵火夜搜山。雁逆风鬐振,沙飞猎骑还。安西虽有路,难更出阳关。"①西域的局势令关心国事的诗人感到忧愁。高骈《赠歌者二首》其二:"公子邀欢月满楼,双成揭调唱伊州。便从席上风沙起,直到阳关水尽头。"②储嗣宗《随边使过五原》:"偶逐星车犯虏尘,故乡常恐到无因。五原西去阳关废,日漫平沙不见人。"③崔仲容《赠歌姬》:"水翦双眸雾翦衣,当筵一曲媚春辉。潇湘夜瑟怨犹在,巫峡晓云愁不稀。皓齿乍分寒玉细,黛眉轻蹙远山微。渭城朝雨休重唱,满眼阳关客未归。"④李商隐《赠歌妓二首》其一:"水精如意玉连环,下蔡城危莫破颜。红绽樱桃含白雪,断肠声里唱阳关。"⑤想到失地未复,诗人们把批判的矛头指向边将无能。耿湋《陇西行》:"雪下阳关路,人稀陇戍头。封狐犹未翦,边将岂无羞。白草三冬色,黄云万里愁。因思李都尉,毕竟不封侯。"⑥这些诗真实地反映了丝绸之路的阻绝、阳关的失陷和唐人的痛心,折射出大唐盛世的一去不返。

二、阳关音信:征夫思妇的情感纽带

"西出阳关无故人",出阳关便意味着远离家乡。阳关在中国古代诗歌中很早便是著名的离别意象,北周诗人庾信《燕歌行》:"代北云气昼昏昏,千里飞蓬无复根。寒雁邕邕渡辽水,桑叶纷纷落蓟门。晋阳山头无箭竹,疏勒城中乏水源。属国征戍久离居,阳关音信绝能疏。愿得鲁连飞一箭,持寄思归燕将书。渡辽本自有将军,寒风萧萧生水纹。妾惊甘泉足烽火,君讶渔阳少阵云。自从将军出细

---

① 《全唐诗》卷六〇三,第 6967 页。
② 《全唐诗》卷五九八,第 6920 页。
③ 《全唐诗》卷五九四,第 6887 页。
④ 《全唐诗》卷八〇一,第 9011 页。
⑤ 〔唐〕李商隐著,〔清〕冯浩笺注:《玉谿生诗集笺注》卷三,上海古籍出版社,1979 年,第 557 页。
⑥ 《全唐诗》卷二六八,第 2981 页。

柳,荡子空床难独守。盘龙明镜饷秦嘉,辟恶生香寄韩寿。春分燕来能几日,二月蚕眠不复久。洛阳游丝百丈连,黄河春冰千片穿。桃花颜色好如马,榆荚新开巧似钱。蒲桃一杯千日醉,无事九转学神仙。定取金丹作几服,能令华表得千年。"①这首诗写的是边塞征人与家乡思妇的两地相思,"阳关音信"是联系两地的情感纽带,音信的稀疏和断绝都令家乡亲人牵挂不已。庾信这首诗对唐代诗人影响很大,"阳关音信"成为唐人诗中写两地相思的常见意象。

当亲人远赴西域征战之时,家人日日夜夜盼望着来自阳关的消息。赵嘏《昔昔盐二十首·织锦窦家妻》:"当年谁不羡,分作窦家妻。锦字行行苦,罗帷日日啼。岂知登陇远,只恨下机迷。直候阳关使,殷勤寄海西。"②"直候阳关使",家人既盼望着"阳关音信",同时还要通过"阳关使"传递对阳关征人的思念。袁晖《正月闺情》:"正月金闺里,微风绣户间。晓魂怜别梦,春思逼啼颜。绕砌梅堪折,当轩树未攀。岁华庭北上,何日度阳关。"③当新春来临之际,闺中思妇想到的是征人日行渐远,在计算着他到达阳关的日子。刘元淑《妾薄命》以思妇口吻写对远征的丈夫的思念:"夜深闻雁肠欲绝,独坐缝衣灯又灭。暗啼罗帐空自怜,梦度阳关向谁说。每怜容貌宛如神,如何薄命不胜人。愿君朝夕燕山至,好作明年杨柳春。"④离别日久,妇人在梦中飞度万里,到达阳关。

战事频仍,久戍不归,征人思归、闺妇思人的诗作成为唐代边塞诗中感情最为真挚、浓烈的部分。沈佺期《春闺》:"铁马三军去,金闺二月还。边愁离上国,春梦失阳关。池水琉璃净,园花玳瑁斑。岁华空自掷,忧思不胜颜。"⑤阳关是亲人征战之地,远征的人为离开家乡而愁苦,闺中思妇梦里也惦念着阳关。阳关方面的消息一旦中断,思妇的精神支柱便会轰然坍塌。李昶《奉和重适阳关》:"衔悲向玉关,垂泪上瑶台。舞阁悬新网,歌梁积故埃。紫庭生绿草,丹墀染

---

① 〔北周〕庾信撰,〔清〕倪璠注:《庾子山集注》卷五,第407页。
② 《全唐诗》卷五四九,第6341页。
③ 《全唐诗》卷一一一,第1140页。
④ 《全唐诗》卷七七三,第8766页。
⑤ 《全唐诗》卷九六,第1032页。

碧苔。金扉昼常掩,珠帘夜暗开。方池含水思,芳树结风哀。行雨归将绝,朝云去不回。独有西陵上,松声薄暮来。"①诗中的玉关代指阳关,当行人满怀悲伤远赴阳关之时,家乡的亲人正流着泪水登高望远,此后便开始了寂寞的日子。崔湜《折杨柳》:"二月风光半,三边戍不还。年华妾自惜,杨柳为君攀。落絮缘衫袖,垂条拂髻鬟。那堪音信断,流涕望阳关。"②在这些诗中,诗人总是把边地和家乡绾合在一起来写,一边是思妇,一边是征人,两地相思,一种情怀,往往感人至深。

三、渭城一曲动千古

阳关因王维《送元二使安西》一诗而更加闻名,这首诗语言朴实,抒写的是一种最有普遍意义的情感,即与亲人朋友的离别。诗中没有特殊的背景,而自有深挚的惜别之情,使它适合于各种离筵别席演唱,成为中国音乐史上最流行、传唱最久的古曲。这首诗被谱写乐曲传唱,称《渭城曲》(或名《阳关曲》,或名《阳关三叠》),是唐代送别的名曲。白居易《对酒五首》之一:"相逢且莫推辞醉,听唱《阳关》第四声。"自注:"第四声:'劝君更尽一杯酒,西出阳关无故人。'"③可见《阳关三叠》当时已成为饯别名曲,广为流传。

唐诗反映了这支乐曲感人之深和流行的程度。白居易《醉题沈子明壁》:"不爱君池东十丛菊,不爱君池南万竿竹。爱君帘下唱歌人,色似芙蓉声似玉。我有阳关君未闻,若闻亦应愁煞君。"④唐人喜置筵送别,筵席上往往奏乐赋诗。离筵上往往奏此曲。白居易《答苏六》诗:"但喜暑随三伏去,不知秋送二毛来。更无别计相宽慰,故遣阳关劝一杯。"⑤当时有人以善唱此歌而闻名。白居易《晚春欲携酒寻沈四著作先以六韵寄之》:"病容衰惨澹,芳景晚蹉跎。无计留

---

① 逯钦立辑校:《先秦汉魏晋南北朝诗》,中华书局,1983年,第2325页。
② 《全唐诗》卷一八,第190页。
③ 〔唐〕白居易著,顾学颉点校:《白居易集》卷二六,中华书局,1979年,第598页。
④ 〔唐〕白居易著,顾学颉点校:《白居易集》卷二一,第472页。
⑤ 〔唐〕白居易著,顾学颉点校:《白居易集》卷二七,第614页。

春得,争能奈老何?篇章慵报答,杯宴喜经过。顾我酒狂久,负君诗债多。(自注:沈前后惠诗十余首,春来多醉,竟未酬答,今故云尔。)敢辞携绿蚁,只愿见青娥。最忆阳关唱,真珠一串歌。(自注:沈有讴者,善唱'西出阳关无故人'词。)"①从王维所处时代开始,《渭城曲》一直流行不衰,几十年后,便有了"古调"之称。戴叔伦《送别钱起》:"阳关多古调,无奈醉中闻。归梦吴山远,离情楚水分。孤舟经暮雨,征路入秋云。后夜同明月,山窗定忆君。"②李商隐《饮席戏赠同舍》:"洞中屐响省分携,不是花迷客自迷。珠树重行怜翡翠,玉楼双舞羡鹍鸡。兰回旧蕊缘屏绿,椒缀新香和壁泥。唱尽阳关无限叠,半杯松叶冻颇黎。"③谭用之《江馆秋夕》:"耿耿银河雁半横,梦欹金碧辘轳轻。满窗谢练江风白,一枕齐纨海月明。杨柳败梢飞叶响,芰荷香柄折秋鸣。谁人更唱阳关曲,牢落烟霞梦不成。"④张祜《听歌二首》其二:"十二年前边塞行,坐中无语叹歌情。不堪昨夜先垂泪,西去阳关第一声。"⑤从这些诗的描写来看,此曲在唐代数百年间一直传唱不衰。一曲《渭城曲》触发多少离别之情,直至晚唐别筵离席之上唱《阳关曲》,仍然感动着无数人。

由于《阳关曲》的流传和唐诗中的反复吟咏,"阳关"成为极常见的边塞和离别意象频繁出现在后世的诗词中,如五代南唐词人冯延巳《鹊踏枝》:"蜡烛泪流羌笛怨,偷整罗衣,欲唱情犹懒。醉里不辞金盏满,阳关一曲肠千断。"⑥宋代苏轼诗词中"阳关"一词出现不少于二十次,如《渔家傲》:"一曲阳关情几许,知君欲向秦川去。白马皂貂留不住,回首处,孤城不见天霏雾。"⑦李清照《凤凰台上忆吹箫》:"这回去也,千万遍《阳关》,也即难留。"⑧姜夔《琵琶仙》:"千万

---

① 〔唐〕白居易著,顾学颉点校:《白居易集》卷三三,第756页。
② 《全唐诗》卷二七三,第3072页。
③ 〔唐〕李商隐著,〔清〕冯浩笺注:《玉豁生诗集笺注》卷二,第528页。
④ 《全唐诗》卷七六四,第8673页。
⑤ 《全唐诗》卷五一一,第5844页。
⑥ 曾昭岷等编撰:《全唐五代词》卷三,中华书局,1999年,第654页。
⑦ 朱孝臧编年,龙榆生校笺:《东坡乐府笺》,台北华正书局,1985年,第302页。
⑧ 〔南宋〕李清照:《李清照集》,中华书局,1962年,第28页。

缕、藏鸦细柳,为玉尊、起舞回雪。想见西出阳关,故人初别。"①宋代有人以此诗和此曲之意作画,黄庭坚《题阳关图二首》其一:"断肠声里无形影,画出无声亦断肠。想得阳关更西路,北风低草见牛羊。"其二:"人事好乖当语离,龙眠见出断肠诗。渭城柳色关何事,自是离人作许悲。"②元曲大家白朴《水龙吟·丙午》:"短亭休唱阳关,柳丝惹尽行人怨。鸳鸯只影,荷枯苇淡,沙寒水浅。"③白朴《满江红·庚戌春别燕城》:"还又喜、小窗虚幌,伴人幽独。荐枕恰疑巫峡梦,举杯忽听阳关曲。"④宋词中有《古阳关》或《阳关引》的词牌,往往写离情别绪。如晁补之《古阳关》:"暮草蛩吟噎。暗柳萤飞灭。空庭雨过,西风紧,飘黄叶。卷书帷寂静,对此伤离别。重感叹、中秋数日又圆月。 沙觜樯竿上,淮水阔。有飞凫客,词珠玉,气冰雪。且莫教皓月,照影惊华发。问几时、清尊夜景共佳节。"⑤在后世诗词曲中,"阳关"一词的出现不胜枚举,粗略统计唐宋诗词中便有近三百篇作品,其中使用"阳关"意象者,大多表达离别相思之情。由于《渭城曲》的流行,"阳关"几乎成为单一的离别意象,只有少数诗中仍为边塞意象,如陆游《看镜》:"胡尘遮断阳关路,空听琵琶奏《石州》。"

丝绸之路从长安出发,穿越河西走廊,分别从阳关与玉门关进入西域。阳关和玉门关是古代丝绸之路上的重要关隘,分别扼守西域南北两道,唐代内地与西域交通莫不取道两关。河西走廊西端的敦煌被称为通向西域的"咽喉之地",而阳关、玉门关便是通向西域的两扇大门。向达先生说:"唐人于役西陲者,尤喜以之入于吟咏。是故两关不仅在中外交通历史上有其地位,即在文学上亦弥足以增人伤离惜别之情。"⑥阳关、玉门关这两座屹立在汉唐边陲的雄关,成为诗人喜欢吟咏的素材,引得千百年来文人墨客魂牵梦萦,反复吟

---

① 唐圭璋编:《全宋词》,中华书局,1965年,第2178页。
② 〔北宋〕黄庭坚:《山谷外集》卷七,《景印摛藻堂四库全书荟要》第385册,台北世界书局,1988年,第38页。
③ 唐圭璋编:《全金元词》,中华书局,1979年,第629页。
④ 唐圭璋编:《全金元词》,第632页。
⑤ 唐圭璋编:《全宋词》,第563页。
⑥ 向达:《两关杂考——瓜沙谈往之二》,《唐代长安与西域文明》,第373页。

唱,把雄关的沧桑留在了不朽的字里行间,成为中国文化史上一个具有独特意义的文学意象。唐代诗歌中写玉门关的作品多,写阳关的少,其原因可能是玉门关在北,古代中原政权与西北民族的战争和交往多利用玉门关,与玉门关有关的历史事件更多,因此更容易被诗人作为意象吟咏。阳关相对于玉门关战争较少,形势比较安定,道路比较通畅,生活比较平淡,人们以"阳关道"形容道路的畅通和生活的顺利,把它和"独木桥"相对,故有"你走你的阳关道,我走我的独木桥"之说。诗人们喜欢把新奇动人的物象作为意象,这方面阳关逊于玉门关。但由于《渭城曲》的流行,后世诗词曲中写到"阳关"的又多于玉门关。

唐诗中的玉门关意象

从敦煌西行,出玉门关、阳关便进入西域。对于中原地区来说,玉门关、阳关就是通向西域的两个门户,而对于西域来说则是起点。两关因其丰富的历史文化内涵以及地理位置的独特性、军事作用的关键性和对外交往的重要性,在唐人心目中拥有独特的地位,由此成为唐诗中丝绸之路的典型意象。玉门关比阳关更受诗人关注,唐诗写到玉门关的诗多达一百多首,这些诗大多与丝绸之路、边塞战争、边地生活、域外风情及中外交流等内容密切相关。唐诗中的玉门关有时是实写,大多数情况下是作为丝绸之路和边塞意象吟咏的,寄托着唐人复杂的情感。研究唐诗者早就关注诗中的玉门关意象,但尚缺乏深入探讨和分析。本文对此试作探讨,求教于方家。

一、关于玉门关地理位置的争议

玉门关始置于汉武帝开通西域道路、设置河西四郡的时代,骠骑将军霍去病进攻匈奴,打垮休屠王和浑邪王,汉朝在河西地区先后置酒泉、武威、张掖、敦煌诸郡,筑玉门关、阳关,史称"列四郡,据两关焉"[1],目的是"隔绝羌胡",维护丝绸之路的通畅。

汉武帝时置玉门关其址何在?学界对此曾有争议。李广利伐大宛,进军不利,"引兵而还,往来二岁,还至敦煌,……天子闻之,大怒,而使使遮玉门曰:'军有敢入者辄斩之。'贰师恐,因留敦煌"[2]。法国汉学家沙畹据此主张汉武帝太初以前之玉门关应在敦煌之东,

---

[1] 《汉书》卷九六上《西域传》上,中华书局,1962年,第3873页。
[2] 《史记》卷一二三《大宛列传》,中华书局,1982年,第3175页。

因此武帝使使遮玉门，贰师将军乃留敦煌，不敢东向以入关。敦煌西北之玉门关是太初以后所改置者。① 王国维《流沙坠简序》赞成其说，②其后不少人同意这一观点。夏鼐《新获之敦煌汉简》提出异议，以为汉代玉门一关并无改置之事。③ 向达比较《史记》《汉书》文字，发现《汉书·李广利传》文与《史记》同，唯"而使使遮玉门曰"作"而使使遮玉门关曰"，增一"关"字。向达判断《史记》所谓"玉门"当指汉时玉门县，在敦煌东；《汉书》多一"关"字，当为衍字。向达又验之新近发现之汉简，赞成夏鼐的意见，因考故书，申成其说。④

按照《汉书·地理志》记载，玉门关在敦煌郡龙勒县境内。龙勒县至唐为寿昌县，隶敦煌郡（沙州），寿昌县"东至州一百五里"⑤。隋唐时玉门关徙置于敦煌以东瓜州之晋昌县。《元和郡县图志》"瓜州晋昌县"条云"玉门关，在县东二十步"⑥，而称汉之玉门关为"玉门故关"。从汉时起玉门关一直为通往西域的门户，为丝绸之路通往西域北道的咽喉要隘。"玉门故关，在（寿昌）县西北一百一十七里，谓之北道，西趣车师前庭及疏勒。此西域之门户也。"⑦汉代玉门关故址，据《括地志》，在"（寿昌）县西百一十八里"⑧。汉元鼎或元封中修筑酒泉至玉门间的长城，玉门关当随之设立，建于公元前111年左右。玉门关与另一重要关隘阳关均位于敦煌郡龙勒县境，皆为都尉治所，为重要的屯兵之地。那时中原与西域交通莫不取道两关，因此两关曾是汉代重要的军事关隘和丝绸之路的交通要道。玉门关也省称"玉关"，或称"玉塞"。

清人陶保廉《辛卯侍行记》曾认为大方盘城为汉玉门关遗址。

---

① [法]沙畹（E. Chavannes）：《斯坦因在东土耳其斯坦沙漠所获中国文书考释》序论（Les documents chinois decouverts par Aurel Stein dans les sables du Turkestan oriental. Oxford. 1913, pp.6-7）。
② 王国维：《观堂集林》，中华书局，1959年，第822页。
③ 夏鼐：《考古学论文集（外一种）》，河北教育出版社，2000年，第169~182页。
④ 向达：《两关杂考——瓜沙谈往之二》，《唐代长安与西域文明》，生活·读书·新知三联书店，1957年，第377~383页。
⑤ 〔唐〕李吉甫：《元和郡县图志》卷四〇，中华书局，1983年，第1026页。
⑥ 〔唐〕李吉甫：《元和郡县图志》卷四〇，第1028页。
⑦ 〔唐〕李吉甫：《元和郡县图志》卷四〇，第1027页。
⑧ 〔唐〕李泰等著，贺次君辑校：《括地志辑校》卷四，中华书局，1980年，第228页。

大方盘城又名河仓城,在今敦煌市西北约90公里处戈壁滩上,位于小方盘城(汉玉门关)北约10公里处。伦敦藏唐《敦煌录》有河仓城储军粮的记载。此城建于汉代,是一座储粮之所,在甘肃仅发现此一处。城为夯土版筑,长方形,东西长132米,南北宽17米,残垣最高处6.7米。城内筑南北方向土墙两堵,把整座城隔成三部分。南、北残壁上留有小洞,似为通风之用。各部分皆开南门,外围东、西、北三面加筑两道围墙,第一道围墙断壁尚存。1907年4月,斯坦因在小方盘城遗址发现一枚标明"玉门都尉府"字样的汉简,认定这里是汉玉门关所在地。斯坦因所获汉简,法国学者沙畹和中国学者罗振玉、王国维皆有考释。1943年10月,夏鼐、阎文儒又在这里发掘出写有"酒泉玉门都尉"字样的汉简,遂认定这里是汉代玉门关。小方盘城位于今敦煌城西北90公里处戈壁滩中沙石岗上,关城遗址呈方形,四周城垣保存完好,黄土夯筑,开西、北两门。城墙高达10米,上宽3米,下宽5米,上有女墙,下有马道,人马可直达城墙顶部。关城东西长24米,南北宽26.4米,面积633平方米。这些与巴黎藏敦煌石室本《沙州图经》记载相合,向达同意斯坦因、夏鼐、阎文儒、王国维等人的观点,以为"是亦可为小方盘即古玉门关故城之一证也"[①]。

唐时玉门关仍是赴西域的要道。玄奘法师西行取经,至瓜州,"因访西路。或有报云:从此北行五十余里,有瓠𬬻河,下广上狭,洄波甚急,深不可渡。上置玉门关,路必由之,即西境之襟喉也"[②]。唐代玉门关遗址何在,争议较大。李并成认为应位于今甘肃省安西县(2006年更名为瓜州县)双塔堡一带,其根据是唐玉门关地理位置上应位于瓠𬬻河(今疏勒河)南岸,置于遍设烽燧的山嶂间,关外西北应有沿线烽燧,关址设在汉长城"昆仑塞"址上,关城为伊吾路(莫贺延碛道、第五道)的起点,距隋唐晋昌城不远,且在敦煌以东三四天行程处等。[③] 李正宇认为唐代玉门关的位置在今瓜州县(原安西县)

[①] 向达:《两关杂考——瓜沙谈往之二》,《唐代长安与西域文明》,第376页。
[②] 〔唐〕慧立、彦悰:《大慈恩寺三藏法师传》卷一,中华书局,2000年,第12页。
[③] 李并成:《唐玉门关究竟在哪里》,《西北师大学报》(社会科学版)2001年第4期。

锁阳城(唐瓜州城)西北,处于瓜州城往返常乐城的大道上。①李宏伟等认为在瓜州破城子遗址,位于河西走廊西端的瓜州县,这个土地面积只有2.41万平方公里的地方,随着疏勒河的一次次摆动,形成了广阔的昌马冲积扇面。在这个冲积扇面的边缘绿洲上,分布着无数人类文明的历史印迹。②如今,玉门关被列为世界文化遗产项目"丝绸之路:长安-天山廊道的路网"三十三处遗址之一。遗址群地处戈壁荒漠,包括小方盘城遗址、大方盘城遗址、汉长城边墙及烽燧遗址(包括20座烽燧、18段长城边墙遗址),东起仓亭燧,西至显明燧,在长约45公里、宽约0.5公里的区域内以小方盘城遗址为中心呈线性分布。出土文物包括2400余枚简牍文书和丝织品、兵器、积薪、大苣、屯田工具、粮食、陶器、漆器等。玉门关作为世界文化遗产,更加彰显了其文化史上的意义。

二、边塞、前线与丝绸之路交通要道

玉门关从汉代起就是重要的军事关隘,因此在诗歌中很早就成为边塞、边地、战争前线的象征。玉门关常常作为征战之地出现在诗人笔下,成为征人远戍、思妇念远之地。南朝梁吴均《和萧洗马子显古意六首》其六:"匈奴数欲尽,仆在玉门关。莲花穿剑锷,秋月掩刀环。春机鸣窈窕,夏鸟思绵蛮。中人坐相望,狂夫终未还。"③唐代玉门关作为边塞和战争意象仍不断出现在诗歌创作中,在诗中有时略称为"玉门"或"玉塞"。郑愔《塞外三首》其三:"阳鸟南飞夜,阴山北地寒。汉家征戍客,年岁在楼兰。玉塞朔风起,金河秋月团。边声入鼓吹,霜气下旌竿。海外归书断,天涯旅鬓残。子卿犹奉使,常向节旄看。"④王昌龄《从军行七首》其七:"玉门山嶂几千重,山北

---

① 李正宇:《双塔堡决非唐玉门关》,《敦煌研究》2010年第4期。
② 李宏伟等:《唐玉门关——破城子遗址》,《丝绸之路》2015年第3期。
③ 〔南朝陈〕徐陵编,〔清〕吴兆宜注,〔清〕程琰删补:《玉台新咏笺注》卷六,中华书局,1985年,第229页。
④ 《全唐诗》卷一〇六,第1108页。

山南总是烽。人依远戍须看火,马踏深山不见踪。"①崔泰之《奉和圣制送张尚书巡边》:"南庭胡运尽,北斗将星飞。旗鼓临沙漠,旌旄出洛畿。关山绕玉塞,烽火映金微。屡献帷谋策,频承庙胜威。蹀躞临河骑,逶迤度陇旂。地脉平千古,天声振九围。车马生边气,戈铤驻落晖。夏近蓬犹转,秋深草木腓。饯送纡天什,恩荣赐御衣。伫勒燕然颂,鸣驺计日归。"②李白《秋思》:"燕支黄叶落,妾望白登台。海上碧云断,单于秋色来。胡兵沙塞合,汉使玉关回。征客无归日,空悲蕙草摧。"③在这些诗中,玉门关要么是将士戍守征战之地,要么是将士远征的目的地。

唐代从击灭东西突厥后,特别是贞观十四年(640)平高昌之后,玉门关便不再作为抗敌前线。玉门关没有战争,是边境安定的表现。袁朗《饮马长城窟行》:"朔风动秋草,清跸长安道。长城连不穷,所以隔华戎。规模惟圣作,荷负晓成功。鸟庭已向内,龙荒更凿空。玉关尘卷静,金微路已通。汤征随北怨,舜咏起南风。画野功初立,绥边事云集。朝服践狼居,凯歌旋马邑。山响传凤吹,霜华藻琼钑。属国拥节归,单于款关入。日落寒云起,惊沙被原隰。零落叶已寒,河流清且急。四时徭役尽,千载干戈戢。太平今若斯,汗马竟无施。惟当事笔砚,归去草封禅。"④鲍溶《寄李都护》:"去年河上送行人,万里弓旌一武臣。闻道玉关烽火灭,犬戎知有外家亲。"⑤张惟俭《赋得西戎献白玉环》:"当时无外守,方物四夷通。列土金河北,朝天玉塞东。自将荆璞比,不与郑环同。正朔虽传汉,衣冠尚带戎。幸承提佩宠,多愧琢磨功。绝域知文教,争趋上国风。"⑥这些诗都反映了唐前期夺取西域之后边境安定的局面,玉门关征尘消弭,

---

① 〔唐〕王昌龄著,胡问涛、罗琴校注:《王昌龄集编年校注》卷一,巴蜀书社,2000年,第51页。
② 《全唐诗》卷九一,第991页。
③ 〔唐〕李白著,瞿蜕园、朱金城校注:《李白集校注》卷六,上海古籍出版社,1980年,第448页。
④ 《全唐诗》卷二〇,第241页。
⑤ 《全唐诗》卷四八七,第5539页。
⑥ 《全唐诗》卷二八一,第3192页。

四夷入塞朝贡是其象征。

玉门关从汉时起就成为通往西域各地和西北边塞的门户,是丝绸之路交通要道,为商旅、使节和征战西域的将士的必经之地。北魏温子升《凉州乐歌二首》其二:"路出玉门关,城接龙城坂。但事弦歌乐,谁道山川远。"①当唐王朝征服东、西突厥,打通了通往西域的道路以后,出玉门关远赴西域的人便多了起来,那里驼铃悠悠,人喊马嘶,商队络绎,使者不绝。唐太宗曾对安国使节说:"西突厥已降,商旅可行矣。"②袁朗《饮马长城窟行》所谓"玉关尘卷静,金微路已通"便指经过玉门关通向西域的道路,这两句诗正是对唐太宗的话的注脚。李峤《和魏典设鸾从东郊忆弟使往安西冬至日恨不得同申拜庆》:"玉关方叱驭,桂苑正陪舆。桓岭嗟分翼,姜川限馈鱼。雪花含□晚,云叶带荆舒。重此西流咏,弥伤南至初。"③诗人之弟奉使往安西,诗人想象着他经过玉门关的情形,说他在玉门关驰马奔波于丝绸之路西行时,正是自己陪皇上游于桂苑之时。

通过玉门关西去的道路称为"玉门道",或"玉关道""玉关路""玉门关外路"。南朝陈江总《陇头水二首》其二:"雾暗山中日,风惊陇上秋。徒伤幽咽响,不见东西流。无期从此别,更度几年幽。遥闻玉关道,望入杳悠悠。"④唐诗中有不少关于"玉关道"的吟咏。岑参《赠酒泉韩太守》:"太守有能政,遥闻如古人。俸钱尽供客,家计亦清贫。酒泉西望玉关道,千山万碛皆白草。辞君走马归长安,思君倏忽令人老。"⑤在诗人笔下,酒泉是行人西出玉门关赴西域、东归长安的要道。中原地区用兵西域,玉门关是必经之地。李白《王昭君二首》其一:"汉家秦地月,流影照明妃。一上玉关道,天涯去不归。汉月还从东海出,明妃西嫁无来日。燕支长寒雪作花,蛾眉憔

---

① 逯钦立辑校:《先秦汉魏晋南北朝诗》,中华书局,1983年,第2221页。
② 《新唐书》卷二二一下《西域传》下,中华书局,1975年,第6244页。
③ 《全唐诗》卷五八,第698页。
④ 〔北宋〕郭茂倩编:《乐府诗集》卷二一,中华书局,1979年,第314~315页。
⑤ 〔唐〕岑参著,陈铁民、侯忠义校注:《岑参集校注》卷二,上海古籍出版社,1981年,第87页。

悴没胡沙。生乏黄金枉图画,死留青冢使人嗟。"①李华《奉使朔方赠郭都护》:"绝塞临光禄,孤营佐贰师。铁衣山月冷,金鼓朔风悲。都护征兵日,将军破虏时。扬鞭玉关道,回首望旌旗。"②朱庆馀《送李侍御入蕃》:"远使随双节,新官属外台。戎装非好武,书记本多才。移帐依泉宿,迎人带雪来。心知玉关道,稀见一花开。"③敦煌诗集残卷有《胡桐树》诗:"张骞何处识胡桐,元出姑藏赤岸东。蓨异乌桑阴柯衺,枝生杏叶密蒙笼。徒劳大夏看筇竹,谩向楼兰种一藂。为恨玉门关□路,泪痕长滴怨秋风。"④这首诗把胡桐树拟人化,托物寓意,由胡桐泪生发想象,因为生长异地不复归乡,故"泪痕长滴"。"玉门关□路"脱字当为"外"字。胡桐树来自遥远的域外,故眼望通向异域的"玉门关外路"伤心落泪。

三、家乡与异域的阻隔

玉门关和阳关是中原与西域的分界,"东则接汉,阸以玉门、阳关"⑤。一出关门,便生异域之思;一入关门,便有落叶归根之感。所以东汉时在西域奋斗三十年的班超上书陈情:"臣不敢望到酒泉郡,但愿生入玉门关。"⑥班超故事和班超的话成为古代诗歌中常用的典故。武元衡《元和癸巳余领蜀之七年奉诏征还二月十八日清明途经百牢关因题石门洞》:"昔佩兵符去,今持相印还。天光临井络,春物度巴山。鸟道青冥外,风泉洞壑间。何惭班定远,辛苦玉门关。"⑦其《送张六谏议归朝》:"诏书前日下丹霄,头戴儒冠脱皂貂。笛怨柳营烟漠漠,云愁江馆雨萧萧。鹓鸿得路争先翥,松柏凌寒独后凋。归

---

① 〔唐〕李白著,瞿蜕园、朱金城校注:《李白集校注》卷四,第298页。
② 《全唐诗》卷一五三,第1590页。
③ 《全唐诗》卷五一四,第5869~5870页。
④ 徐俊纂辑:《敦煌诗集残卷辑考》上编卷下,中华书局,2000年,第657页。
⑤ 《汉书》卷九六上《西域传》上,第3871页。
⑥ 《后汉书》卷四七《班超传》,中华书局,1965年,第1583页。
⑦ 《全唐诗》卷三一六,第3551~3552页。

去朝端如有问,玉关门外老班超。"①令狐楚《从军词五首》其五:"暮雪连青海,阴霞覆白山。可怜班定远,生入玉门关。"②胡曾《咏史诗·玉门关》:"西戎不敢过天山,定远功成白马闲。半夜帐中停烛坐,唯思生入玉门关。"③来济《出玉关》:"敛辔遵龙汉,衔凄渡玉关。今日流沙外,垂涕念生还。"④诗中,诗人用班超的典故借古怀今,既有对古人渴望回归故土的赤诚之心的深切缅怀,又有对如今身在边关的抗敌将士不得归家的真挚同情,还有"不破楼兰终不还"的雄心壮志。

在远征塞外的将士们心中,出入玉门关成为远赴异域和身归故土的界线。玉门关寄托着远征的将军和士卒热爱家乡、眷恋故国、落叶归根的深情,唐诗表达了将士们的这种观念和情感,唐诗中玉门关是离家去国的"国门",成为远行者漂泊异乡、将士远征离别相思的意象。卢照邻《关山月》:"塞垣通碣石,虏障抵祁连。相思在万里,明月正孤悬。影移金岫北,光断玉门前。寄信闺中妇,时看鸿雁天。"⑤徐九皋《关山月》:"玉塞抵长城,金徽映高阙。遥心万余里,直望三边月。霜静影逾悬,露晞光渐没。思君不可见,空叹将焉歇。"⑥陈羽《冬晚送友人使西蕃》:"驿使向天西,巡羌复入氐。玉关晴有雪,砂碛雨无泥。落泪军中笛,惊眠塞上鸡。逢春乡思苦,万里草萋萋。"⑦西蕃指吐蕃,唐使赴吐蕃不必经玉门关,这里玉关只是用典,代指国门,出玉关即至异域。上官仪《王昭君》:"玉关春色晚,金河路几千。琴悲桂条上,笛怨柳花前。雾掩临妆月,风惊入鬓蝉。缄书待还使,泪尽白云天。"⑧王昭君从这里走出国门,入匈奴和亲。玉门关似乎隔开了两个世界,出关便是荒凉遥远的异域。这首诗写

---

① 《全唐诗》卷三一七,第 3560 页。
② 《全唐诗》卷三三四,第 3750 页。
③ 《全唐诗》卷六四七,第 7425 页。
④ 《全唐诗》卷三九,第 501 页。
⑤ [唐]卢照邻著,徐明霞点校:《卢照邻集》卷二,中华书局,1980 年,第 25~26 页。
⑥ 《全唐诗》卷二〇三,第 2119 页。
⑦ 《全唐诗》卷三四八,第 3890 页。
⑧ 《全唐诗》卷四〇,第 507 页。

王昭君,强调的是走出玉门关身处异域时对家乡的思念。王之涣《凉州词》云:"黄河远上白云间,一片孤城万仞山。羌笛何须怨杨柳,春风不度玉门关。"①"春风不度"一语双关,道出玉门关里、关外的差别。关里春风浩荡,秩序井然;关外黄沙万里,草木枯黄。关里是故乡,关外即是他乡。戍守和征战西域的将士听到羌笛吹奏的杨柳曲,那是诉说离情别绪的乐曲,自然勾起他们对家乡与亲人的思念。荒凉与绝域之地的艰苦生活,引起他们对统治者不关心边地将士生命与生活的怨愤。岑参《玉关寄长安李主簿》:"东去长安万里余,故人何惜一行书。玉关西望堪肠断,况复明朝是岁除。"②行人到玉门关,回首长安,已相隔万里;瞻望西域,沙漠苍茫,故思念亲故,肝肠寸断。高适《和王七度玉门关上吹笛》:"胡人吹笛戍楼间,楼上萧条海月闲。借问落梅凡几曲,从风一夜满关山。"③"落梅曲",即《梅花落》,古笛曲名。《梅花落》是汉乐府中二十八横吹曲之一,自魏晋南北朝以来流传不息,是古代笛子曲的代表作品,此曲多抒发幽怨之情。胡人吹笛,幽怨的《梅花落》曲引起守关将士的伤感。李白《关山月》:"明月出天山,苍茫云海间。长风几万里,吹度玉门关。汉下白登道,胡窥青海湾。由来征战地,不见有人还。戍客望边色,思归多苦颜。高楼当此夜,叹息未应闲。"④将士们身在西北边塞,月光下伫立遥望故园,长风浩浩,似掠过几万里中原国土,横度玉门关而来。诗句极言"玉门关"离家之远。李白《塞下曲六首》其五:"塞虏乘秋下,天兵出汉家。将军分虎竹,战士卧龙沙。边月随弓影,胡霜拂剑花。玉关殊未入,少妇莫长嗟。"⑤对于远征的将士来说,进入玉门关才有归国之感。戎昱《苦哉行五首(宝应中过滑州洛阳后同王季友作)》写被回鹘掳掠的汉地妇女的痛苦,其五:"可汗奉亲诏,今月归燕山。忽如乱刀剑,搅妾心肠间。出户望北荒,迢迢玉门关。

---

① 《全唐诗》卷二五三,第2849页。
② 〔唐〕岑参著,陈铁民、侯忠义校注:《岑参集校注》卷二,第168页。
③ 〔唐〕芮挺章选:《国秀集》卷下,收入〔唐〕元结、殷璠等选:《唐人选唐诗(十种)》,上海古籍出版社,1958年,第186页。
④ 〔唐〕李白著,瞿蜕园、朱金城校注:《李白集校注》卷四,第279页。
⑤ 〔唐〕李白著,瞿蜕园、朱金城校注:《李白集校注》卷五,第367页。

生人为死别,有去无时还。汉月割妾心,胡风凋妾颜。去去断绝魂,叫天天不闻。"①玉门关成为身陷异域的妇女回望家乡之地,面对那迢迢玉门关,她们几乎望眼欲穿,最后只剩下彻骨的绝望。回鹘人返回北方草原并不经玉门关,这里的玉门关就是被作为国门看的,一入北方草原,便离开了故国,永远与家乡亲人隔绝。

相思是双向的,一边是身处边关思念家乡亲人的征夫,另一边就是后方亲人对远征塞外的将士的牵挂和想念。对于家乡的思妇来说,玉门关成为她们思念征夫的寄托。那些写思妇对远戍征夫刻骨牵挂之情的唐诗,往往把玉门关当作亲人所在。崔湜《大漠行》:"单于犯蓟壖,骠骑略萧边。南山木叶飞下地,北海蓬根乱上天。科斗连营太原道,鱼丽合阵武威川。三军遥倚仗,万里相驰逐。旌旆悠悠静瀚源,鼙鼓喧喧动卢谷。穷徼上幽陵,吁嗟倦寝兴。马蹄冻溜石,胡毳暖生冰。云沙泱漭天光闭,河塞阴沉海色凝。崆峒异国谁能托,萧索边心常不乐。近见行人畏白龙,遥闻公主愁黄鹤。阳春半,岐路间,瑶台苑,玉门关。百花芳树红将歇,二月兰皋绿未还。"②诗以"瑶台苑"和"玉门关"对举,分别指闺中思妇和远征之将士所在。李白《折杨柳》:"垂杨拂渌水,摇艳东风年。花明玉关雪,叶暖金窗烟。美人结长想,对此心凄然。攀条折春色,远寄龙庭前。"③诗以"金窗"和"玉关"分别指征夫和思妇所在的处所。

玉门关是边塞的象征,思念戍边将士的心情被称为"玉关情"。李白《子夜吴歌·秋歌》:"长安一片月,万户捣衣声。秋风吹不尽,总是玉关情。"④唐诗中"玉关"成为故乡亲人心中的情结,念念不忘,挥之不去。唐人闺怨诗中写思亲念远,情感指向常常是"玉关"。李白《清溪半夜闻笛》:"羌笛梅花引,吴溪陇水情。寒山秋浦月,肠断玉关声。"⑤李白《思边》:"去年何时君别妾?南园绿草飞胡蝶。今

---

① 《全唐诗》卷二七〇,第 3007 页。
② 《全唐诗》卷五四,第 661~662 页。
③ 〔唐〕李白著,瞿蜕园、朱金城校注:《李白集校注》卷六,第 432 页。
④ 〔唐〕李白著,瞿蜕园、朱金城校注:《李白集校注》卷六,第 452 页。
⑤ 〔唐〕李白著,瞿蜕园、朱金城校注:《李白集校注》卷二三,第 1345 页。

岁何时妾忆君？西山白雪暗晴云。玉关去此三千里,欲寄音书那可闻？"①崔液《代春闺》诗云:"江南日暖鸿始来,柳条初碧叶半开。玉关遥遥戍未回,金闺日夕生绿苔。……妾恨十年长独守,君情万里在渔阳。"②刘允济《怨情》:"玉关芳信断,兰闺锦字新。愁来好自抑,念切已含嚬。虚牖风惊梦,空床月厌人。归期倘可促,勿度柳园春。"③在诗人笔下,思妇甚至在梦中来到将士们戍守的边关,虽然生活中不知道玉门关所在,却不妨碍思妇梦中来到此地。戴叔伦《闺怨》:"看花无语泪如倾,多少春风怨别情。不识玉门关外路,梦中昨夜到边城。"④白天看花,春怨幽长;日有所思,夜有所梦。长夜漫漫,春闺寂寞,远征的丈夫身在边关,闺中的少妇肝肠寸断。千山阻隔,玉门关不知在何处。千里寻夫的冲动,终于化为昨夜的一场好梦,梦中居然来到边城,与良人相见。字里行间流露出闺妇对远戍征夫那种铭心刻骨的牵挂和思念。王建《秋夜曲二首》其一:"天清漏长霜泊泊,兰绿收荣桂膏涸。高楼云鬟弄婵娟,古瑟暗断秋风弦。玉关遥隔万里道,金刀不剪双泪泉。香囊火死香气少,向帷合眼何时晓。城乌作营啼野月,秦川少妇生离别。"⑤赵嘏《昔昔盐二十首·风月守空闺》:"良人犹远戍,耿耿夜闺空。绣户流宵月,罗帷坐晚风。魂飞沙帐北,肠断玉关中。尚自无消息,锦衾那得同。"⑥苏颋《山鹧鸪词二首》其一:"玉关征戍久,空闺人独愁。寒露湿青苔,别来蓬鬓秋。"⑦王涯《春闺思》:"雪尽萱抽叶,风轻水变苔。玉关音信断,又见发庭梅。"⑧陈陶《水调词十首》其三:"忆饯良人玉塞行,梨花三见换啼莺。边场岂得胜闺阁,莫逞雕弓过一生。"⑨温庭筠《定西番》:"汉使昔年离别,攀弱柳,折寒梅,上高台。 千里玉关春雪,雁来人

---

① 〔唐〕李白著,瞿蜕园、朱金城校注:《李白集校注》卷二五,第 1485 页。
② 《全唐诗》卷五四,第 667 页。
③ 《全唐诗》卷六三,第 746 页。
④ 《全唐诗》卷二七四,第 3104 页。
⑤ 《全唐诗》卷二六,第 367 页。
⑥ 《全唐诗》卷五四九,第 6341 页。
⑦ 《全唐诗》卷七四,第 814 页。
⑧ 《全唐诗》卷三四六,第 3875 页。
⑨ 《全唐诗》卷七四六,第 8490 页。

不来。羌笛一声愁绝,月裴回。"①显然,诗人笔下的玉门关并非实指,玉门关已经成为一种意象和符号。

四、对和平生活的向往和立功异域的志向

将士们出关远征,目的是战胜敌人,保卫家乡,保卫和平。玉门关寄托着人民对和平安定生活的向往。战斗在前线的将士追求建功立业,后方的亲人盼望他们早日归来,但那是在战胜敌人、边境安定的前提下奏凯而归。虞羽客《结客少年场行》:"幽并侠少年,金络控连钱。窃符方救赵,击筑正怀燕。轻生辞凤阙,挥袂上祁连。陆离横宝剑,出没惊徂旃。蒙轮恒顾敌,超乘忽争先。摧枯逾百战,拓地远三千。骨都魂已散,楼兰首复传。龙城含晓雾,瀚海隔遥天。歌吹金微返,振旅玉门旋。烽火今已息,非复照甘泉。"②唐太宗《饮马长城窟行》:"塞外悲风切,交河冰已结。瀚海百重波,阴山千里雪。迥戍危烽火,层峦引高节。悠悠卷旆旌,饮马出长城。寒沙连骑迹,朔吹断边声。胡尘清玉塞,羌笛韵金钲。绝漠干戈戢,车徒振原隰。都尉反龙堆,将军旋马邑。扬麾氛雾静,纪石功名立。荒裔一戎衣,灵台凯歌入。"③李峤《送骆奉礼从军》:"玉塞边烽举,金坛庙略申。羽书资锐笔,戎幕引英宾。剑动三军气,衣飘万里尘。琴尊留别赏,风景惜离晨。笛梅含晚吹,营柳带余春。希君勒石返,歌舞入城闉。"④李白《子夜吴歌·秋歌》写思妇的"玉关情",但她向往的是"何日平胡虏,良人罢远征"。又如其《胡无人》:"严风吹霜海草凋,筋干精坚胡马骄。汉家战士三十万,将军兼领霍嫖姚。流星白羽腰间插,剑花秋莲光出匣。天兵照雪下玉关,虏箭如沙射金甲。云龙风虎尽交回,太白入月敌可摧。敌可摧,旄头灭,履胡之肠涉胡

---

① 《全唐诗》卷八九一,第 10062 页。
② 《全唐诗》卷二四,第 322 页。
③ 〔唐〕李世民著,吴云、冀宇编辑校注:《唐太宗集》,陕西人民出版社,1986 年,第 13 页。
④ 《全唐诗》卷六一,第 726 页。

血。悬胡青天上,埋胡紫塞旁。胡无人,汉道昌,陛下之寿三千霜。但歌大风云飞扬,安得猛士兮守四方。"①徐彦伯《胡无人行》:"十月繁霜下,征人远凿空。云摇锦车节,海照角端弓。暗碛埋沙树,冲飙卷塞蓬。方随膜拜入,歌舞玉门中。"②戎昱《塞下曲》云:"汉将归来虏塞空,旌旗初下玉关东。高蹄战马三千匹,落日平原秋草中。"③崔湜《大漠行》:"火绝烟沉右西极,谷静山空左北平。但使将军能百战,不须天子筑长城。"④诗里玉门关成为前线的象征,诗人向往战争胜利、边境安宁,不劳朝廷修长城以备胡。贯休《古出塞曲三首》其二:"玉帐将军意,殷勤把酒论。功高宁在我,阵没与招魂。塞色干戈束,军容喜气屯。男儿今始是,敢出玉关门。"⑤从这些唐诗中可以看出,上自太宗皇帝,下至普通文士,诗中提及玉门关,都表达了向往和平的理想和愿望。

和平有时是通过战争实现的,和平需要付出牺牲。汉唐间无数矢志舍身报效国家的志士为了维护国家安定和丝绸之路通畅,不畏艰辛,远赴边塞,追逐立功异域以取封侯的梦想。走出玉门关,立功异域成为好男儿志在四方的宏大抱负,唐诗中热情歌颂那些慷慨报国的英勇将士。员半千《陇头水》:"路出金河道,山连玉塞门。旌旗云里度,杨柳曲中喧。喋血多壮胆,裹革无怯魂。严霜敛曙色,大明辞朝暾。尘销营卒垒,沙静都尉垣。雾卷白山出,风吹黄叶翻。将军献凯入,万里绝河源。"⑥骆宾王《从军行》:"平生一顾念,意气溢三军。野日分戈影,天星合剑文。弓弦抱汉月,马足践胡尘。不求生入塞,惟当死报君。"⑦这首诗明显是针对班超"但愿生入玉门关"反其意而用之,表达了一种博大的军人情怀和马革裹尸、誓死报国的精神。刘希夷《从军行》:"秋来风瑟瑟,群马胡行疾。严城昼不

---

① 〔唐〕李白著,瞿蜕园、朱金城校注:《李白集校注》卷三,第269~270页。
② 《全唐诗》卷七六,第824页。
③ 《全唐诗》卷二七〇,第3021页。
④ 《全唐诗》卷五四,第661~662页。
⑤ 《全唐诗》卷八三〇,第9365页。
⑥ 《全唐诗》卷九四,第1014页。
⑦ 〔唐〕骆宾王著,〔清〕陈熙晋笺注:《骆临海集笺注》卷四,上海古籍出版社,1985年,第113页。

开,伏兵暗相失。天子庙堂拜,将军玉门出。纷纷伊洛间,戎马数千匹。军门压黄河,兵气冲白日。平生怀伏剑,慷慨既投笔。南登汉月孤,北走燕云密。近取韩彭计,早知孙吴术。丈夫清万里,谁能扫一室。"①这首诗用东汉陈蕃的典故,表达兼济天下的志向。岑参《玉门关盖将军歌》:"盖将军,真丈夫,行年三十执金吾,身长七尺颇有须。玉门关城迥且孤,黄沙万里白草枯,南临犬戎北接胡。将军到来备不虞,五千甲兵胆力粗,军中无事但欢娱。"②诗中形象地描绘了玉门关的冲要形势、毗邻戎胡的战略地位以及守关任务的艰巨,描写了玉门关守关将军的宴会和娱乐生活,边关安定的局势,而这种生活和局势是将士们英勇奋战换来的。李白关注国家安危和边境形势,抱有扫荡敌寇、建功立业的宏大志愿,其《从军行》诗:"从军玉门道,逐虏金微山。笛奏梅花曲,刀开明月环。鼓声鸣海上,兵气拥云间。愿斩单于首,长驱静铁关。"③贯休《古出塞曲三首》其一:"扫尽狂胡迹,回头望故关。相逢惟死斗,岂易得生还。纵宴参胡乐,收兵过雪山。不封十万户,此事亦应闲。"④

在歌咏玉门关的诗作中洋溢着杀敌报国的豪迈情怀。王昌龄《从军行七首》其四:"青海长云暗雪山,孤城遥望玉门关。黄沙百战穿金甲,不破楼兰终不还。"⑤虞羽客《结客少年场行》把戍边将士不惧浴血奋战,誓死保卫边疆、击溃敌军的勇气和决心抒发得淋漓尽致。这些诗字里行间迸射出奔赴边关、奋勇杀敌的豪迈理想,玉门关承载着热血男儿们杀敌卫国、建功立业的壮志豪情。骆宾王《军中行路难同辛常伯作》:"君不见玉关尘色暗边庭,铜鞮杂虏寇长城。天子按剑征余勇,将军受脤事横行。七德龙韬开玉帐,千重龟垒动金钲。阴山苦雾埋高垒,交河孤月照连营。……行路难,行路难,誓令氛祲静皋兰。但使封侯龙额贵,讵随中妇凤楼寒。"⑥当边境发生

---

① 《全唐诗》卷一九,第226页。
② 〔唐〕岑参著,陈铁民、侯忠义校注:《岑参集校注》卷二,第165页。
③ 〔唐〕李白著,瞿蜕园、朱金城校注:《李白集校注》卷六,第446页。
④ 《全唐诗》卷八三〇,第9365页。
⑤ 〔唐〕王昌龄著,胡问涛、罗琴校注:《王昌龄集编年校注》卷一,第47页。
⑥ 〔唐〕骆宾王著,〔清〕陈熙晋笺注:《骆临海集笺注》卷四,第122~125页。

战争,将军受命远征,为了报效国家,把儿女之情置之度外。唐彦谦《咏马二首》其二:"崚嶒高耸骨如山,远放春郊苜蓿间。百战沙场汗流血,梦魂犹在玉门关。"①写马实则写人,那匹久经沙场归老田园的汗血马,虽然闲放于郊野,但它的梦想还是征战边塞。贯休《塞上曲二首》其二:"去年转斗阴山脚,生得单于却放却。今年深入于不毛,胡兵拔帐遗弓刀。男儿须展平生志,为国输忠合天地。甲穿虽即失黄金,剑缺犹能生紫气。塞草萋萋兵士苦,胡虏如今勿胡虏。封侯十万始无心,玉关凯入君看取。"②胡宿《塞上》:"汉家神箭定天山,烟火相望万里间。契利请盟金匕酒,将军归卧玉门关。云沈老上妖氛断,雪照回中探骑闲。五饵已行王道胜,绝无刁斗至闟颜。"③李益《塞下曲》:"伏波惟愿裹尸还,定远何须生入关。莫遣只轮归海窟,仍留一箭定天山。"④戴叔伦《塞上曲二首》其二:"汉家旌帜满阴山,不遣胡儿匹马还。愿得此身长报国,何须生入玉门关。"⑤此诗用班超典故,反其意而用之,如果能够报效国家,宁愿终身在塞外奋战。

唐诗还运用玉门关路途遥远和环境艰苦衬托将士们的志向和抱负。在古代交通不便的情况下,对于内地人来说,玉门关是一个遥远的所在。徐夤《河流》:"洪流盘砥柱,淮济不同波。莫讶清时少,都缘曲处多。远能通玉塞,高复接银河。大禹成门崄,为龙始得过。"⑥玉塞成为绝远之地的象征,那里环境艰苦,驻防玉门关的将士、出征西域的征人和出使异域的使节往返出入于玉门关,面临着艰苦的生活和战争的危险。"玉关"成为严寒之地的代名词。骆宾王《秋晨同淄川毛司马秋九咏·秋露》:"玉关寒气早,金塘秋色归。"⑦岑参《玉门关盖将军歌》云:"玉门关城迥且孤,黄沙万里百草

---

① 《全唐诗》卷六七一,第7667页。
② 《全唐诗》卷八二七,第9315页。
③ 《全唐诗》卷七三一,第8366页。
④ 〔唐〕李益著,范之麟注:《李益诗注》,上海古籍出版社,1984年,第135页。
⑤ 〔唐〕戴叔伦著,蒋寅校注:《戴叔伦诗集校注》卷三,上海古籍出版社,2010年,第234页。
⑥ 《全唐诗》卷七〇八,第8140页。
⑦ 〔唐〕骆宾王著,〔清〕陈熙晋笺注:《骆临海集笺注》卷二,第45页。

枯,南邻犬戎北接胡。"①《玉关寄长安李主簿》云:"玉关西望堪肠断,况复明朝是岁除。"②这些诗句都强调玉门关孤城苦寒、人烟稀少的环境,但更多的诗却表达了乐观主义精神和昂扬向上的情绪,艰苦的环境成为征人将士豪迈精神的衬托。虞世南《出塞》:"上将三略远,元戎九命尊。缅怀古人节,思酬明主恩。山西多勇气,塞北有游魂。扬桴上陇坂,勒骑下平原。誓将绝沙漠,悠然去玉门。轻赍不遑舍,惊策骛戎轩。凛凛边风急,萧萧征马烦。雪暗天山道,冰塞交河源。雾锋黯无色,霜旗冻不翻。耿介倚长剑,日落风尘昏。"③这首诗写了边塞环境的恶劣,但"悠然"二字写出了那些胸怀壮志的英雄远赴绝域征战时的心态,当他们走出玉门关时全然不顾环境恶劣和战争危险。柳中庸《征怨》:"岁岁金河复玉关,朝朝马策与刀环。三春白雪归青冢,万里黄河绕黑山。"④诗风豪放,境界壮阔,诗中无怨叹之意,却充满豪迈之情。张宣明《使至三姓咽面》:"昔闻班家子,笔砚忽然投。一朝抚长剑,万里入荒陬。岂不服艰险,只思清国仇。山川去何岁,霜露几逢秋。玉塞已遐廓,铁关方阻修。东都日窅窅,西海此悠悠。卒使功名建,长封万里侯。"此诗序云:"宣明为元振判官时,使至三姓咽面,因赋此诗。时人称为绝唱。"⑤三姓咽面中西突厥贵族活动在伊犁河流域,张宣明出使其地,玉门关是必经之地。来到遥远的西域,虽然山川险阻,诗人报国的热情丝毫不减,他不为远离家乡而悲伤,一心想着建立功名。

　　玉门关是征战之地,歌咏玉门关,自然写到战争。提到边塞战争,唐代诗人有两种态度:有的表现出支持态度,积极投身边塞,杀敌报国,立功扬名。有的则表现出反战思想,反对给人民造成灾难的战争。远征西域有时是统治者穷兵黩武的表现,诗人写到玉门关,有时是对统治者战争政策的控诉。王之涣《凉州词》:"羌笛何须

---

① 〔唐〕岑参著,陈铁民、侯忠义校注:《岑参集校注》卷二,第165页。
② 〔唐〕岑参著,陈铁民、侯忠义校注:《岑参集校注》卷二,第168页。
③ 《全唐诗》卷三六,第471页。
④ 《全唐诗》卷二五七,第2876页。
⑤ 《全唐诗》卷一一三,第1151页。

怨杨柳,春风不度玉门关。"①含蓄地指责统治者只顾自己享乐,不抚慰守边战士的行径,表达了对守边战士的深切同情。李颀《古从军行》:"白日登山望烽火,黄昏饮马傍交河。行人刁斗风沙暗,公主琵琶幽怨多。野云万里无城郭,雨雪纷纷连大漠。胡雁哀鸣夜夜飞,胡儿眼泪双双落。闻道玉门犹被遮,应将性命逐轻车。年年战骨埋荒外,空见蒲桃入汉家。"②战争给双方人民都造成灾难,汉军远戍征役艰苦,胡儿哀怨落泪,双方的百姓都希望休兵罢战,但"闻道玉门犹被遮",朝廷一意孤行,战事遥遥无期,打断了"行人"思归之念。《史记·大宛列传》记载,汉武帝太初元年,贰师将军率汉军征大宛,攻战不利,请求罢兵,武帝闻之大怒,"使使遮玉门"。李颀的诗用此典故批判唐代统治者的穷兵黩武。李昂《从军行》"塞下长驱汗血马,云中恒闭玉门关"③,也是借用这一典故,"恒闭"二字传达出了统治者的薄情少恩,毫不关心士卒的生死。

五、唐后期失地的象征

安史之乱发生后,陇右、河西和西域先后陷于吐蕃。玉门关,当年出入西域的门户,现在成为吐蕃统治地区,唐后期的诗人再提到玉门关便充满痛心和伤感。王建《朝天词十首寄上魏博田侍中》其八云:"胡马悠悠未尽归,玉关犹隔吐蕃旗。老臣一表求高卧,边事从今欲问谁。"④胡曾《独不见》:"玉关一自有氛埃,年少从军竟未回。门外尘凝张乐榭,水边香灭按歌台。窗残夜月人何处,帘卷春风燕复来。万里寂寥音信绝,寸心争忍不成灰。"⑤这首诗从思妇角度写西域的丧失,玉门关陷于吐蕃,入西域驻守的夫君便一去不回,思念令妇人悲观失望,真是"一寸相思一寸灰"。张议潮起义,吐蕃

---

① 《全唐诗》卷二五三,第2849页。
② 《全唐诗》卷一三三,第1348页。
③ 《全唐诗》卷一二〇,第1209页。
④ 《全唐诗》卷三〇一,第3425页。
⑤ 《全唐诗》卷六四七,第7417~7418页。

势力被驱逐出河西,但这里并不太平。卿云《送人游塞》:"去去玉关路,省君曾未行。塞深多伏寇,时静亦屯兵。雪每先秋降,花尝近夏生。闲陪射雕将,应到受降城。"①这应是对当时通向西域的道路的真实描写。

唐后期玉门关陷于吐蕃,对于唐朝已成异域,但作为诗歌意象仍出现在诗人的吟咏中,在诗人笔下仍是边地的象征。李益《边思》:"腰悬锦带佩吴钩,走马曾防玉塞秋。莫笑关西将家子,只将诗思入凉州。"②杨凭《边情》:"新种如今屡请和,玉关边上幸无他。欲知北海苦辛处,看取节毛余几多。"③李贺《摩多楼子》:"玉塞去金人,二万四千里。风吹沙作云,一时渡辽水。天白水如练,甲丝双串断。行行莫苦辛,城月犹残半。晓气朔烟上,趑趄胡马蹄。行人临水别,陇水长东西。"④陈去疾《塞下曲》:"春至金河雪似花,萧条玉塞但胡沙。晓来重上关城望,惟见惊尘不见家。"⑤赵嘏《昔昔盐二十首·一去无还意》:"良人征绝域,一去不言还。百战攻胡虏,三冬阻玉关。萧萧边马思,猎猎戍旗闲。独抱千重恨,连年未解颜。"⑥马戴《塞下曲二首》其一:"旌旗倒北风,霜霰逐南鸿。夜救龙城急,朝焚虏帐空。骨销金镞在,鬓改玉关中。却想羲轩氏,无人尚战功。"⑦玉门关成为边关戍守之地的象征,这纯粹是文学意象了。

阳关、玉门关是古代丝绸之路上的重要关隘,分别扼守西域南北两道。阳关为丝绸之路南道关卡,玉门关为北道关卡,汉唐时内地与西域交通莫不取道两关,因而成为中国古代陆路对外交通的咽喉之地。向达说:"唐人于役西陲者,尤喜以之入于吟咏。是故两关不仅在中外交通历史上有其地位,即在文学上亦弥足以增人伤离惜

---

① 《全唐诗》卷八二五,第 9295 页。
② 《全唐诗》卷二八三,第 3226 页。
③ 《全唐诗》卷二八九,第 3296 页。
④ 〔唐〕李贺著,〔清〕王琦等评注:《三家评注李长吉歌诗》,中华书局,1959 年,第 137 页。
⑤ 《全唐诗》卷四九〇,第 5553 页。
⑥ 《全唐诗》卷五四九,第 6343 页。
⑦ 《全唐诗》卷五五五,第 6434 页。

别之情。"①玉门关这座屹立在汉唐边陲的雄关,充满了神奇的魅力,引得历代文人墨客魂牵梦萦,反复吟唱,将历史的沧桑和唐人的情感留在了不朽的字里行间,成为中国文化史上一个具有独特意义的永恒意象。

---

① 向达:《两关杂考——瓜沙谈往之二》,《唐代长安与西域文明》,第373页。

后　记

收入书中的 20 篇论文，有的已经发表过，但收入本书时都进行了修改、补充和完善，有的甚至做了较大幅度的修改；有的未刊，这次是首次发表；还有的因为发表在国外刊物上，在国内不便看到。

这本书是我的第四部论文集，我先前出版过《建安唐宋文学考论》《中古文史探微》《文明的互动——汉唐间丝绸之路与中外交流论稿》三本论文集。这本书所收论文研究领域涉及汉唐史、丝绸之路和唐诗，因此题为《丝绸之路与汉唐文史论集》。我的学术研究随着工作学习环境的改变而有所变化。这个变化从大的方面说是先从事中国古代文学的学习和研究，偏重魏晋南北朝隋唐文学；后转入历史学的学习和研究，着重从事唐代政治史研究。在历史方面是先从事魏晋南北朝隋唐史学习和研究，又转入汉唐间丝绸之路历史和文化的学习和研究。这些论文在内容上都在这些领域内。

从 2012 年起，我先后承担了北京外国语大学世界亚洲研究信息中心资助项目"丝绸之路与唐诗繁荣"、北京外国语大学"211 工程"项目"中国文学中的外来文明"、北京外国语大学校级资助项目"魏晋南北朝时期的中外交通"、北京市哲学社会科学基金项目"唐诗之中的丝绸之路文化意蕴"和国家社会科学基金后期资助项目"汉代外来文明研究"等科研项目的研究，目前都已经完成结项。收入这本书的论文有一部分属于这些项目的阶段性成果，本书的出版从这些项目中获益匪浅。在这个过程中，我的研究曾得到一些匿名评审专家的修改意见，使我受益良多。这本书的出版还得到张西平教授主持的北京外国语大学比较文明与人文交流高等研究院、中国文化走出去协同创新中心的支持。在此向近年来给我的研究提供支持和帮助的单位、领导和专家们表示感谢。

这些论文有的应杂志编辑特邀撰稿,并经过编辑老师们的细心修改和审正。这些论文能够及时面世,质量上有所提高,应该感谢他们的默默奉献。有的论文曾获《新华文摘》与中国人民大学复印报刊资料《先秦、秦汉史》等刊物转载,在此,我也要向编辑先生们表示感谢。这本书得以顺利出版,得到大象出版社领导王刘纯先生、张前进先生的帮助和支持,在此一并致谢。书中肯定存在不少错误和不足,希望得到学界的批评和指正。

作者
2018 年 11 月于北京